Colleen Hoover

It starts with us – Nur noch einmal und für immer

© Cayson

Colleen Hoover ist nichts so wichtig wie ihre Leserinnen. Seit der Veröffentlichung von »Weil ich Layken liebe« hat sie eine riesige Fangemeinde. Inzwischen ist sie die erfolgreichste Autorin der Welt und stürmt mit all ihren Romanen die Bestsellerlisten. 2023 wurde sie auf die Liste der 100 einflussreichsten Menschen der Welt des »Time«-Magazins aufgenommen. Colleen Hoover lebt mit ihrem Mann und ihren Söhnen in Texas.

Katarina Ganslandt hat schon als Kind angefangen zu übersetzen und kann sich keinen Beruf vorstellen, der ihr mehr Spaß machen würde. Hoffentlich verliert ihr nie die Lust an Büchern.

Anja Galić lebt und arbeitet in der Kölner Südstadt, wo es sie des Studiums wegen hinverschlug. Dass man beim Übersetzen Dinge recherchiert und erfährt, denen man sonst nie begegnet wäre, findet sie unglaublich spannend.

Colleen Hoover

NUR NOCH EINMAL UND FÜR IMMER

IT STARTS WITH US

Roman

Aus dem amerikanischen Englisch
von Katarina Ganslandt und Anja Galić

dtv

Von Colleen Hoover ist bei dtv außerdem lieferbar:
Weil ich Layken liebe | Weil ich Will liebe | Weil wir uns lieben
Hope Forever | Looking for Hope | Finding Cinderella
Finding Perfect
Love and Confess
Maybe Someday | Maybe Not | Maybe Now
Zurück ins Leben geliebt – Ugly Love
Nächstes Jahr am selben Tag – November 9
Never Never (zusammen mit Tarryn Fisher)
Die tausend Teile meines Herzens
Was perfekt war | Verity
All das Ungesagte zwischen uns
Layla | Für immer ein Teil von dir
Summer of Hearts and Souls
Nur noch ein einziges Mal – It ends with us
Too Late – Wenn Nein sagen zur tödlichen Gefahr wird

FSC www.fsc.org
MIX
Papier | Fördert gute Waldnutzung
FSC® C019821

Ungekürzte Ausgabe
8. Auflage 2024

Titel der amerikanischen Originalausgabe: ›It Starts with Us‹,
erschienen 2022 bei Atria, an imprint of Simon & Schuster, Inc., New York

Fotos im Interview: © All photos courtesy of Colleen Hoover and Vannoy Fite
Umschlaggestaltung: dtv nach einem Entwurf von Danielle Mazzella di Bosco /
Simon & Schuster Inc. und ZERO Werbeagentur GmbH
Umschlagmotive: Getty Images / Tanja Ivanova; Adobe Stock
Gesetzt aus der Janson und Myriad
Satz: C.H.Beck.Media.Solutions, Nördlingen
Druck und Bindung: Druckerei C.H.Beck, Nördlingen
Printed in Germany · ISBN 978-3-423-21884-9

Dieses Buch widme ich
Maria Blalock, die so großen Mut bewiesen hat

Liebe Leserinnen und Leser,

»It starts with us – Nur noch einmal und für immer« ist die Fortsetzung von »Nur noch ein einziges Mal – It ends with us« und beginnt genau an der Stelle, wo der Vorgängerband aufhört. Ich empfehle also, auf jeden Fall vorher den ersten Band zu lesen.

Nachdem ich »Nur noch ein einziges Mal – It ends with us« geschrieben hatte, war ich davon ausgegangen, dass es ein Einzeltitel bleiben würde. Ich hätte aber auch niemals zu träumen gewagt, dass das Buch von so vielen Menschen gelesen und geliebt werden würde. Es macht mich dankbar und glücklich, dass Lilys Geschichte für viele von euch genauso inspirierend ist, wie es die Geschichte meiner Mutter für mich war.

Als »Nur noch ein einziges Mal – It ends with us« dann ein paar Jahre nach seinem Erscheinen durch TikTok erneut in die Bestsellerlisten katapultiert wurde, kamen von allen Seiten Bitten, ob ich die Geschichte von Lily und Atlas nicht weitererzählen könnte. Es war mir ein großes Bedürfnis, meinen Leserinnen und Lesern, denen ich es zu verdanken habe, dass mein Leben eine so fantastische Wendung genommen hat, diesen Wunsch zu erfüllen. Mit »It starts with us – Nur noch einmal und für immer« möchte ich mich für eure Treue und riesige Unterstützung bedanken. Dieses Buch ist weniger düster – ich finde, dass Lily und Atlas Leichtigkeit verdient haben.

Ich hoffe, ihr begleitet die beiden auch dieses Mal wieder gern.

Mit Liebe
Colleen Hoover

1.

ATLAS

Ich muss an meine Mutter denken, als ich das falsch geschriebene *ASS WHOLE* sehe, das in Rot quer über die Hintertür des *Bib's* gesprayt wurde.

Sie hat immer eine kurze Pause zwischen den beiden Silben gemacht – *Arsch … loch* –, sodass es sich anhörte, als wären es zwei Wörter. Als Kind fand ich das eigentlich total lustig, aber mir ist das Lachen jedes Mal im Hals stecken geblieben, weil meistens ich damit gemeint war.

»*Ass … whole*«, sagt Darin langsam. »Kann nur irgendein Jugendlicher gewesen sein. Die meisten Erwachsenen wissen, wie man das Wort schreibt.«

»Du würdest dich wundern.« Ich streiche leicht über einen Buchstaben, es bleibt aber keine Farbe an meiner Fingerkuppe kleben. Also kann das nur gestern Nacht irgendwann nach Restaurantschluss passiert sein.

»Meinst du, die haben absichtlich *whole* statt *hole* geschrieben?«, fragt Darin. »Um anzudeuten, dass du *durch und durch* ein Arschloch bist?«

»Warum gehst du eigentlich automatisch davon aus, dass das mir gilt? Könntest doch genauso gut du damit gemeint sein oder Brad.«

»Das hier ist dein Restaurant.« Darin zieht seine Jacke aus und bricht damit eine große, im Rahmen des eingeschlagenen

Fensters stecken gebliebene Glasscherbe heraus. »Es könnte ein unzufriedener Mitarbeiter gewesen sein.«

»Habe ich unzufriedene Mitarbeiter?« Von den Leuten, die auf meiner Gehaltsliste stehen, fällt mir niemand ein, der so etwas tun würde. Die letzte Kündigung war vor fünf Monaten – eine Servicekraft, die ihr Studium abgeschlossen hatte, wir haben uns also im Guten getrennt.

»Da gab es doch diesen einen Spüler, den wir hatten, bevor du Brad eingestellt hast. Wie hieß der noch gleich? Der hatte so einen schrägen Namen, wie eine Gesteinsart oder so was.«

»Quarz«, sage ich. »Das war ein Spitzname.« Ich habe schon ewig nicht mehr an diesen Typen gedacht und kann mir nicht vorstellen, dass er nach der ganzen Zeit noch irgendeine Rechnung mit mir offen haben sollte. Ich habe ihn damals kurz nach der Restauranteröffnung entlassen, nachdem ich herausgefunden hatte, dass er das Geschirr nur dann gespült hat, wenn er noch Essensreste darauf entdeckt hat. Gläser, Teller, Besteck – egal, was von einem Tisch in die Küche zurückkam und noch halbwegs sauber aussah, hat er einfach sofort ins Trockengestell einsortiert.

Hätte ich ihn nicht gefeuert, hätte mir über kurz oder lang das Gesundheitsamt das Restaurant dichtgemacht.

»Du solltest die Sache der Polizei melden«, sagt Darin. »Wir müssen den Schaden für die Versicherung anzeigen.«

Bevor ich etwas einwenden kann, taucht Brad an der Hintertür auf, unter seinen Schuhsohlen knirschen Glasscherben. Er hat drinnen eine Bestandsaufnahme gemacht, um festzustellen, ob irgendwas geklaut wurde.

Er kratzt sich über sein stoppeliges Kinn. »Die Croutons sind weg.«

Verwirrte Stille.

»Hast du *Croutons* gesagt?«, fragt Darin schließlich.

»Hab ich. Die ganzen Croutons, die wir gestern Abend vorbereitet haben, sind weg. Aber davon abgesehen scheint nichts zu fehlen.«

Damit habe ich nicht gerechnet. Wenn jemand in ein Restaurant einbricht und weder Gerätschaften noch sonst irgendetwas mitgehen lässt, das man zu Geld machen könnte, lässt das eigentlich nur einen Schluss zu – er ist in das Restaurant eingebrochen, weil er Hunger hatte. Diese Art der Verzweiflung kenne ich aus eigener Erfahrung. »Ich erstatte keine Anzeige.«

Darin dreht sich zu mir. »Was? Wieso das denn nicht?«

»Vielleicht finden sie denjenigen, der dahintersteckt.«

»Genau das ist Sinn und Zweck der Übung.«

Ich hole einen leeren Karton aus der Papiertonne und fange an, die Glasscherben aufzusammeln. »Ich bin selbst mal in ein Restaurant eingebrochen. Hab ein Truthahnsandwich geklaut.«

Brad und Darin schauen mich mit großen Augen an. »Warst du betrunken?«, fragt Darin.

»Nein. Ich hatte Hunger. Ich will nicht, dass jemand festgenommen wird, weil er Croutons geklaut hat.«

»Okay, aber vielleicht ist das bloß der Anfang gewesen. Was, wenn der oder die wiederkommen und es das nächste Mal auf die Geräte abgesehen haben?«, sagt Darin. »Ist die Überwachungskamera immer noch kaputt?«

Er liegt mir schon seit Monaten in den Ohren, sie endlich reparieren zu lassen. »Ich bin noch nicht dazu gekommen, den Kundendienst anzurufen.«

Darin nimmt mir den Karton ab und sammelt die restlichen Scherben ein. »Brad hat recht. Kümmer dich lieber darum, bevor die wiederkommen. Oh Mann, am Ende versuchen sie es heute Abend im *Corrigan's*, weil es im *Bib's* so ein Kinderspiel war.«

»Die Überwachungskamera im *Corrigan's* funktioniert einwandfrei. Außerdem glaube ich wie gesagt nicht, dass es um mich oder meine Restaurants geht. Derjenige hat aus einer Notlage heraus gehandelt, nicht um mir zu schaden.«

»Dein Wort in Gottes Ohr«, sagt Darin.

Ich will gerade etwas erwidern, als eine Nachricht eingeht. So schnell habe ich wahrscheinlich noch nie nach meinem Handy gegriffen. Meine Aufregung bekommt einen Dämpfer, als ich sehe, dass die Nachricht nicht von Lily ist.

Heute Morgen bin ich ihr zufällig begegnet, während ich auf dem Weg ins Restaurant war. Wir hatten uns seit anderthalb Jahren nicht mehr gesehen, aber sie war spät dran und musste zur Arbeit, und ich hatte gerade die Nachricht von Darin wegen des Einbruchs bekommen. Wir haben uns ziemlich überstürzt voneinander verabschiedet, und sie hat versprochen, mir zu schreiben, sobald sie in ihrem Laden ist.

Das ist jetzt eineinhalb Stunden her und ich habe bisher nichts von ihr gehört. Eineinhalb Stunden sind nichts, ich weiß, da nagt nur dieser Gedanke in mir, der mir einzureden versucht, dass sie vielleicht gerade alles infrage stellt, was in diesem fünfminütigen Gespräch auf dem Gehweg gesagt wurde.

Ich stelle nichts von dem, was *ich* gesagt habe, infrage. Möglich, dass meine Begeisterung ein bisschen mit mir durchgegangen ist – weil sie glücklich ausgesehen hat und anscheinend von Ryle getrennt ist. Aber ich habe jedes Wort, das ich zu ihr gesagt habe, ernst gemeint.

Ich bin bereit. *So was von* bereit.

Ich scrolle in meinen Kontakten zu ihrem Namen. Wie oft habe ich mir in den letzten anderthalb Jahren ausgemalt, ihr zu schreiben, aber bei unserem letzten Gespräch damals habe ich es ausdrücklich ihr überlassen, den nächsten Schritt zu tun. Sie hatte schon genug, womit sie klarkommen musste, da wollte ich ihr Leben nicht noch komplizierter machen.

Aber inzwischen ist sie wieder Single, und für mich klang es so, als wäre sie bereit, dem, was zwischen uns sein könnte – egal, was es ist –, eine Chance zu geben. Allerdings hatte sie jetzt anderthalb Stunden Zeit, nachzudenken, und eineinhalb Stunden reichen völlig aus, um Zweifel zu bekommen. Jede Minute, die ohne eine Nachricht von ihr vergeht, fühlt sich wie ein verfluchter Tag an.

Sie steht immer noch als Lily Kincaid in meinen Kontakten und ich ändere ihren Nachnamen wieder in Bloom.

Ich spüre, wie Darin über meine Schulter aufs Handydisplay späht. »Ist das *unsere* Lily?«

Brad hebt den Kopf. »Was? Schreibt er Lily?«

»*Unsere* Lily?«, sage ich blinzelnd. »Ihr habt sie nur ein einziges Mal gesehen.«

»Ist sie noch verheiratet?«, fragt Darin.

Ich schüttle den Kopf.

»Gut für sie«, sagt er. »Sie war damals schwanger, oder? Was ist es geworden? Junge oder Mädchen?«

Ich will nicht über Lily reden, weil es noch nichts zu bereden gibt. »Ein Mädchen, und das ist die letzte Frage, die ich beantworte.« Ich werfe Brad einen Blick zu. »Kommt Theo heute?«

»Heute ist Donnerstag, also ja.«

Ich verschwinde im Restaurant. Wenn es jemanden gibt, mit dem ich über Lily sprechen werde, dann ist das Theo.

2.

LILY

Meine Hände zittern immer noch, obwohl es jetzt schon fast zwei Stunden her ist, seit Atlas und ich uns so unerwartet wiederbegegnet sind. Ich kann nicht sagen, ob das daran liegt, dass ich so aufgewühlt bin, oder daran, dass ich noch keinen einzigen Bissen gegessen habe, seit ich im Laden bin. Bisher hatte ich keine fünf Sekunden Zeit, um auch nur ansatzweise zu verarbeiten, was ich heute Morgen erlebt habe, geschweige denn das Sandwich auszupacken, das ich mir als Frühstück mitgebracht habe.

Ist das vorhin tatsächlich passiert? Habe ich Atlas wirklich diese ganzen Fragen gestellt, die ihm so absurd vorgekommen sein müssen, dass ich bei der Erinnerung daran garantiert noch in einem Jahr rot anlaufe?

Wobei ich nicht den Eindruck hatte, dass er mich seltsam fand. Ich hatte das Gefühl, er hat sich genauso gefreut, mich wiederzusehen, wie ich. Als er mich umarmt hat, war das, als würde er etwas in meinem Inneren wieder zum Leben erwecken, das tief geschlafen hat.

Aber als ich es jetzt endlich mal schaffe, auf die Toilette zu gehen, und mich anschließend im Spiegel betrachte, würde ich am liebsten heulen. Ich habe hektische rote Flecken auf den Wangen, mein Top ist voller Karottenpampe, und mein Nagellack ist abgeblättert, weil ich mir die Nägel ungefähr im Januar das letzte Mal lackiert habe.

Nicht dass ich glaube, Atlas würde äußerliche Perfektion von mir erwarten oder sich auch nur wünschen. Aber ich habe mir so oft ausgemalt, wie es wäre, ihm zufällig über den Weg zu laufen, und dann muss es ausgerechnet an einem hektischen Morgen passieren, an dem meine elfeinhalb Monate alte Tochter mich kurz vorher als Zielscheibe für matschige Karottenscheiben benutzt hat.

Er sah so gut aus. Und hat so gut gerochen.

Und ich? Ich rieche wahrscheinlich nach Muttermilch.

Keine Ahnung, was unsere Begegnung letztendlich bedeutet, aber ich bin so durcheinander, dass ich doppelt so lang gebraucht habe wie sonst, um alles für den Kurier vorzubereiten. Ich habe es noch nicht mal geschafft, auf unserer Webseite nach neuen Bestellungen zu schauen. Im Rausgehen werfe ich noch einen letzten Blick in den Spiegel, aber alles, was ich sehe, ist eine alleinerziehende Mutter, die völlig überarbeitet ist und unter massivem Schlafmangel leidet.

Als ich wieder hinter der Theke stehe, drucke ich die zu einer Bestellung gehörende Nachricht aus und lege sie in eine Klappkarte. Ausnahmsweise bin ich sogar froh, dass heute so viel zu tun ist – mein Bedürfnis nach Ablenkung war nie größer.

Irgendein Jonathan, der einen Strauß Rosen für eine Greta bestellt hat, schreibt: »*Tut mir leid wegen gestern. Kannst du mir noch mal verzeihen?*«

Ich stöhne. Solche Sträuße lösen immer ein ungutes Gefühl in mir aus, weil ich mich unweigerlich frage, wofür der Mann sich entschuldigt. Hat er sie versetzt? Ist er zu spät nach Hause gekommen? Haben die beiden gestritten?

Hat er sie geschlagen?

Manchmal bin ich versucht, die Nummer des Bostoner Frauennotrufs auf die Karte zu schreiben, aber dann mache ich mir klar, dass nicht jede Entschuldigung mit einer ähnlich traumatischen Erfahrung verbunden ist wie die, für die mein Ex-Mann mich immer wieder um Entschuldigung gebeten hat. Vielleicht ist Jonathan ja auch nur ein guter Freund von Greta, dem eine unbedachte Bemerkung leidtut. Vielleicht ist er ihr Mann, der einen Scherz ein bisschen zu weit getrieben hat.

Was auch immer der Grund für diesen Strauß ist – ich hoffe, es steckt etwas Harmloses dahinter. Ich schiebe die Karte in einen Umschlag, stecke ihn zwischen die Blumen und lege den Strauß ins Abholfach. Als ich gerade die nächste Bestellung aus dem Drucker hole, brummt mein Handy.

Ich greife so hektisch danach, als würde sich die Nachricht selbst zerstören, falls ich sie nicht innerhalb von drei Sekunden lese. Beim Blick aufs Display spüre ich einen Stich der Enttäuschung. Sie ist nicht von Atlas, sondern von Ryle.

Darf sie schon Pommes essen?

Ich tippe schnell eine Antwort – **Ja, aber nur die weichen** – und werfe das Handy auf die Theke. Eigentlich finde ich es nicht so toll, dass Emmy Pommes isst, aber Ryle hat sie nur ein oder zwei Tage die Woche, und an den anderen Tagen achte ich auf eine gesunde Ernährung.

Ich hatte Ryle tatsächlich gerade ein paar Sekunden lang vergessen, bis seine Nachricht mich wieder daran erinnert hat, dass es ihn gibt. Und ich befürchte, solange es ihn gibt, kann es keine Beziehung zwischen mir und Atlas geben. Ganz egal, in welcher Form. Wie würde Ryle reagieren, wenn Atlas ein Teil meines Lebens wäre? Wie würde er sich verhalten, falls die beiden sich begegnen sollten?

Aber was mache ich mir überhaupt solche Gedanken? Zwischen Atlas und mir ist schließlich nichts passiert.

Mein Blick fällt wieder aufs Handy. Ich habe Atlas versprochen, mich bei ihm zu melden, sobald ich den Laden aufgemacht habe, aber als ich hier ankam, standen schon die ersten Kunden vor der Tür. Und nachdem Ryle mich jetzt durch seine Nachricht daran erinnert hat, dass er – aus egal welchem Szenario – nicht wegzudenken ist, bin ich nicht sicher, ob ich Atlas überhaupt schreiben soll.

Das Glöckchen über der Tür bimmelt, und ich sehe mit Erleichterung, dass Lucy endlich kommt. Obwohl sie wie immer perfekt gestylt ist, steht ihr die schlechte Laune deutlich ins Gesicht geschrieben.

»Guten Morgen, Lucy.«

Sie legt seufzend ihre Tasche auf die Theke und schüttelt sich die Haare aus den Augen. »Was soll an diesem Morgen bitte gut sein?«

Lucy ist ein totaler Morgenmuffel, weshalb ich meistens bis elf mit meiner anderen Mitarbeiterin Serena vorne im Laden arbeite, während sie hinten Sträuße bindet. Sie braucht mindestens eine bis fünf Tassen Kaffee, bevor man sie den Kunden zumuten kann.

»Ich hab eben bei der Druckerei angerufen und erfahren, dass unsere Tischkarten deswegen noch nicht gekommen sind, weil sie nicht mehr produziert werden, und jetzt ist es zu spät, neue zu bestellen. Bis zur Hochzeit bleibt uns nicht mal mehr ein ganzer *Monat.*«

Bei der Vorbereitung dieser Hochzeit ist schon so viel schiefgelaufen, dass ich kurz versucht bin, ihr zu raten, sie lieber ganz abzublasen. Dabei bin ich eigentlich nicht abergläubisch. Sie hoffentlich auch nicht.

»Handgemachte Tischkarten sind wieder total angesagt«, tröste ich sie.

Lucy verdreht die Augen. »Genau. Weil ich ja so wahnsinnig kreativ bin«, murmelt sie. »Ich hab gar keine Lust mehr, zu heiraten. Gefühlt planen wir diese Hochzeit schon länger, als wir überhaupt zusammen sind.« *Ja, das kommt mir auch so vor.* »Vielleicht lassen wir das Ganze einfach und fliegen zu zweit nach Vegas, wie ihr es gemacht habt. Oder bereust du das inzwischen?«

Ich weiß nicht, auf welche ihrer Bemerkungen ich als Erstes reagieren soll. »Wie kannst du behaupten, dass du nicht kreativ bist? Du arbeitest in einem Blumenladen. Und ich bin mittlerweile geschieden. Klar bereue ich es.« Ich reiche ihr einen kleinen Stapel von Bestellungen, zu denen ich noch nicht gekommen bin. »Aber lustig war es schon«, gebe ich zu.

Lucy verschwindet nach hinten, um die Sträuße zu binden, während ich weiter über Atlas nachdenke. *Und über Ryle.* Und über die Schlacht um Leben und Tod, die in meinem Kopf stattfindet, wenn ich an beide gleichzeitig denke.

Ich weiß wirklich nicht, wie das mit Atlas und mir funktionieren sollte. Als wir uns heute Morgen begegnet sind, war ich so überwältigt, dass alles andere erst mal in den Hintergrund gerückt ist, einschließlich Ryle. Aber jetzt drängt er sich unweigerlich wieder in meine Gedanken. Natürlich nicht so wie früher, sondern als jemand, der sich für meine weitere Zukunft als massives Hindernis erweisen könnte. In den vergangenen eineinhalb Jahren ist mein Beziehungsleben vollkommen gradlinig und einfach verlaufen – was vor allem daran lag, dass es nicht existiert hat –, und jetzt sehe ich plötzlich überall gefährliche Schlaglöcher und Abgründe vor mir.

Ist es das wert? Atlas bedeutet mir unglaublich viel, keine Frage. Aber wäre ein potenzielles *Wir* das alles wert? Wäre eine mögliche Beziehung mit Atlas die Komplikationen wert, die sich daraus zwangsläufig für sämtliche anderen Bereiche meines Lebens ergeben würden?

Ich habe mich schon lange nicht mehr so zerrissen gefühlt.

Wie gern würde ich jetzt Allysa anrufen und ihr erzählen, dass ich Atlas getroffen habe, aber das geht nicht. Ryle ist nun mal ihr Bruder. Sie weiß, dass er immer noch etwas für mich empfindet und wie hart es ihn treffen würde, wenn Atlas in meinem Leben wieder eine Rolle spielen würde.

Mit meiner Mutter kann ich auch nicht darüber sprechen, weil sie nun mal … meine Mutter ist. Unser Verhältnis ist zwar viel enger geworden, seit sie nach Boston gezogen ist, aber ich bin noch nicht so weit, mit ihr über Atlas zu reden.

Eigentlich gibt es in meinem Leben nur eine einzige Person, der ich meine Gedanken gerade ohne Vorbehalte anvertrauen kann.

»Lucy?«

»Ja?« Sie kommt aus dem Hinterzimmer und zieht einen Kopfhörer aus dem Ohr. »Brauchst du mich?«

»Könntest du mich an der Kasse vertreten? Ich muss schnell was besorgen. Dauert höchstens eine Stunde.«

Lucy übernimmt meinen Platz hinter der Theke und ich hänge mir meine Tasche um. Seit Emerson auf der Welt ist, habe ich kaum noch Zeit für mich selbst, weshalb ich mir manchmal erlaube, eine kleine Pause zu machen, wenn ich jemanden habe, der solange im Laden ist.

In einem Leben mit Kind gibt es kaum noch Rückzugsmöglichkeiten. Ich bin selbst dann im Mutter-Modus, wenn Emmy schläft. Und im Laden kommen ständig neue Kunden und Aufträge rein, weshalb ich selten mal wirklich Ruhe habe, ohne sofort wieder aus meinen Gedanken gerissen zu werden.

Oft reicht es mir schon, eine halbe Stunde allein in meinem Wagen zu sitzen, Musik zu hören oder mir etwas Süßes von der Cheesecake Factory zu gönnen, um das Chaos in meinem Kopf zu ordnen.

Als ich eine Viertelstunde später einen Parkplatz mit Blick auf den Bostoner Hafen gefunden habe, ziehe ich Block und Stift aus meiner Tasche. Ich weiß nicht, ob das, was ich vorhabe, denselben Effekt hat wie ein Stück Cheesecake, aber früher hat es mir immer total dabei geholfen, meine Gedanken zu sortieren und die einzelnen Puzzlestücke meines Lebens zu einem Gesamtbild zusammenzufügen. Wobei ich diesmal einfach nur hoffe, dass es mir hilft, die Puzzleteile daran zu hindern, auseinanderzubrechen.

Liebe Ellen,
rate mal, wer wieder da ist?

Ich.

Atlas.

Wir beide.

Ich wäre fast mit ihm zusammengestoßen, als ich heute Morgen mit Emmy auf dem Weg zu Ryle war. Es war total schön, ihn wiederzusehen und uns kurz zu erzählen, was in der Zwischenzeit so alles in unseren Leben passiert ist, aber gleichzeitig waren wir beide auch ein bisschen befangen und außerdem in Eile. Atlas wurde in seinem Restaurant gebraucht und ich musste den Laden öffnen. Beim Abschied habe ich versprochen, mich nachher noch mal bei ihm zu melden.

Und das will ich auch. Auf jeden Fall. Als er so unerwartet vor mir stand, habe ich wieder gespürt, wie wohl ich mich immer mit ihm gefühlt habe. Wie vertraut wir uns sind.

Bis zu der Begegnung mit ihm heute Morgen war mir gar nicht klar, wie allein ich mich oft fühle. Na ja, seit Ryle und ich geschieden sind … Ach so, ja, das habe ich dir ja noch gar nicht erzählt.

Es ist viel zu lange her, dass ich dir das letzte Mal geschrieben habe. Okay, dann bringe ich dich erst mal auf den neuesten Stand.

Gleich nach der Geburt von Emmy habe ich beschlossen, mich von Ryle zu trennen. Das Timing war krass, ich weiß, aber ich habe es nicht aus Grausamkeit getan. Sondern weil ich in dem Augenblick, in dem ich meine Tochter zum ersten Mal im Arm hielt, mit jeder Faser gespürt habe, dass ich ihr zuliebe alles in meiner Macht Stehende tun muss, um den Kreislauf der häuslichen Gewalt zu durchbrechen.

Ja, es war hart, Ryle zu sagen, dass ich die Scheidung will. Ja, das hat mir das Herz zerrissen. Aber nein, ich bereue es nicht. Mittlerweile habe ich erkannt, dass die Entscheidungen, die einem am schwersten fallen, am Ende oft die positivsten Auswirkungen haben.

Wobei es gelogen wäre zu behaupten, ich würde nichts aus unserer gemeinsamen Zeit vermissen. Das tue ich. Ich vermisse das Paar, das Ryle und ich in unseren guten Momenten waren. Ich vermisse die Familie, in der Emerson hätte aufwachsen können. Aber auch wenn mich die Folgen meiner Entscheidung manchmal belasten, weiß ich, dass sie absolut richtig war. Das Schwierige ist, dass ich weiterhin mit Ryle zu tun haben muss. Wobei er ja immer noch all die guten Seiten hat, in die ich mich damals verliebt habe. Seine hässliche Seite, die zum Ende unserer Ehe geführt hat, bekomme ich jetzt nur noch selten zu sehen. Er verhält sich mir gegenüber eigentlich meistens vorbildlich. Andererseits ist ihm sicher auch bewusst, dass ich ihn wegen seiner gewalttätigen Übergriffe hätte anzeigen können. Und dann hätte er weitaus mehr verloren als nur seine Frau. Unsere Gespräche darüber, wie wir die Betreuung von Emerson regeln, verliefen friedlicher, als ich es erwartet hätte.

Das kann natürlich auch daran liegen, dass ich keinen Versuch gemacht habe, meine Interessen um jeden Preis durchzusetzen. Meine Anwältin hat ganz offen mit mir gesprochen, als ich ihr gesagt habe, dass ich am liebsten das alleinige Sorgerecht beantragen würde. Sie meinte, falls ich nicht bereit sei, die unschönen Details aus unserer Ehe vor Gericht auszubreiten, hätte ich wenig Chancen, Ryle das Sorge- oder Besuchsrecht zu verweigern. Und selbst wenn ich das, was er mir angetan hat, in die Waagschale werfen würde, sähe es nicht viel besser aus. Es käme äußerst selten vor, dass einem verhandlungsbereiten, beruflich erfolgreichen Vater, der keinerlei Vorstrafen hat und bereitwillig Unterhalt zahlt, irgendwelche Rechte entzogen werden würden.

Mir blieben also nur zwei Optionen. Entweder die Sache – praktisch ohne Aussicht auf Erfolg – vor Gericht bringen oder versuchen, eine außergerichtliche Einigung zu erzielen, mit der wir beide halbwegs leben können, indem wir festlegen, dass Emmy die meiste Zeit bei mir ist und nur an bestimmten Tagen bei ihm.

Zu guter Letzt haben wir uns auf einen Kompromiss verständigt, obwohl es keine Einigung geben kann, mit der ich mich hundertprozentig wohlfühle, solange ich meine Tochter einem Menschen anvertrauen muss, der seine Emotionen nicht im Griff hat. Trotzdem glaube ich, dass die jetzige Lösung das kleinere Übel ist. Mir bleibt nichts anderes übrig, als zu hoffen, dass Emmy die gewalttätige Seite ihres Vaters niemals kennenlernen muss.

Ich wünsche mir für sie, dass sie eine enge Beziehung zu Ryle entwickeln kann, und will ihm seine Tochter nicht vorenthalten. Ich möchte einfach nur dafür sorgen, dass sie so unbelastet wie möglich aufwachsen kann. Deswegen habe ich Ryle gebeten, sie während ihrer ersten beiden Lebensjahre erst mal nur tagsüber zu nehmen. Ich habe ihm nie direkt gesagt, dass das etwas mit meinem mangelnden Vertrauen ihm gegenüber zu tun hat, sondern es damit begründet, dass es praktischer wäre, solange ich sie stille und er jederzeit aufgrund eines Notfalls in die Klinik gerufen werden könne. Trotzdem bin ich mir ziemlich sicher, dass er den wahren Grund ahnt.

Über seine gewalttätigen Ausfälle gegen mich haben wir nie gesprochen. Wir sprechen über Emmy, wir sprechen über unsere Arbeit, wir kleben uns ein Lächeln ins Gesicht, wenn unsere Tochter dabei ist. Manchmal fühlt sich unser jetziges Verhältnis – zumindest von meiner Seite aus – unendlich falsch und künstlich an, aber es ist immer noch besser als das, was wir hätten, wenn ich ihn vor Gericht gebracht und verloren hätte. Notfalls muss ich mein Lächeln faken, bis sie achtzehn ist.

Aber eigentlich läuft es ganz gut zwischen uns, abgesehen davon, dass er immer mal wieder versucht, mich zu verunsichern oder mit mir zu flirten – worauf ich natürlich nie eingehe. Obwohl ich ihm klar gesagt habe, dass unsere Liebesbeziehung durch die Scheidung für mich beendet ist, merke ich, dass er die Hoffnung noch nicht ganz aufgegeben hat. Manchmal macht er Bemerkungen, aus denen ziemlich deutlich hervorgeht, dass er sich wünscht, wir könnten eines Tages wieder zusammenkommen. Vielleicht beruhen seine Zugeständnisse sogar zu einem großen Teil auf der Vorstellung, er könnte mich zurückgewinnen, wenn er mir nur lang genug beweist, dass er sich geändert hat. Wahrscheinlich glaubt er tatsächlich, ich würde mit der Zeit wieder weich werden.

Aber das wird nicht passieren, Ellen. Irgendwann werde ich eine neue Beziehung mit einem anderen Mann eingehen und wenn ich ehrlich bin, wünsche ich mir, dass dieser Mann Atlas ist. Und auch wenn ich im Moment natürlich noch gar nicht sagen kann, ob das überhaupt eine Möglichkeit wäre, weiß ich eins mit absoluter Sicherheit: Ich werde nie mehr mit Ryle zusammenkommen, ganz egal, wie viel Zeit vergeht.

Bald ist es ein Jahr her, dass ich die Scheidung eingereicht habe, und seit dem Vorfall, der meine Liebe zu ihm ultimativ beendet hat, sind neunzehn Monate vergangen. Das bedeutet, dass ich jetzt schon seit eineinhalb Jahren Single bin.

Ein Zeitraum von eineinhalb Jahren zwischen einer alten und einer neuen Beziehung erscheint mir eigentlich lang genug. Vielleicht würde Ryle das sogar genauso empfinden, wenn es hier nicht ausgerechnet um Atlas ginge. Verdammt, ich sehe einfach nicht, wie das funktionieren soll. Ich meine, was wäre, wenn ich Atlas jetzt eine Nachricht schreiben und er mich daraufhin zum Mittagessen einladen würde? Wenn wir uns (was garantiert der Fall wäre) super verstehen würden? Wenn wir uns dann auch mal abends treffen und nach und nach die gleichen Gefühle füreinander entwickeln würden wie früher? Was dann dazu führen würde, dass Atlas fester Bestandteil meines Lebens werden würde …

Ich weiß schon, Ellen. Ich presche in Gedanken viel zu weit voraus, aber hier geht es nun mal um Atlas. Wir wissen beide, wie leicht es mir fällt, ihn zu lieben. Und falls er nicht eine komplette Persönlichkeitsveränderung durchgemacht hat, wird auch genau das passieren, Ellen. Deswegen zögere ich so, ihm zu schreiben, verstehst du? Ich habe Angst, dass es zwischen uns funktioniert.

Ich möchte mir gar nicht vorstellen, wie Ryle darauf reagieren würde. Emerson feiert bald ihren ersten Geburtstag. Das letzte Jahr haben Ryle und ich ohne allzu große Dramen durchgestanden, was aber vor allem daran liegt, dass unsere Routine durch nichts gestört wurde. Leider habe ich die dumpfe Ahnung, dass allein schon die Erwähnung von Atlas' Namen einen Tsunami auslösen könnte.

Auch wenn Ryle es noch nicht mal ansatzweise verdient hat, dass ich seinetwegen meine Gefühle für jemand anderen unterdrücke, ist es nun mal eine Tatsache, dass er uns das Leben zur Hölle machen kann. Es kotzt mich selbst an, dass er immer noch so eine Riesenrolle in meinen Gedanken spielt. Ich meine, das hier könnte der Beginn von etwas ganz Besonderem sein, aber sobald ich es mir gestatte, mir eine Zukunft mit Atlas vorzustellen, aktiviert sich der Teil meines Gehirns, in dem ich Entscheidungen über mein eigenes Leben immer noch von Ryles möglicher Reaktion abhängig mache. Weil ich Angst davor habe.

Ich wage es ja noch nicht mal zu hoffen, dass Ryle nicht eifersüchtig wäre, weil ich leider genau weiß, dass er es sein wird. Falls ich mit Atlas zusammenkommen sollte, würde Ryle sämtlichen Beteiligten das Leben schwer machen. Die Scheidung war definitiv richtig, aber sie hat auch Konsequenzen. Eine davon ist, dass Ryle Atlas für immer als den Mann betrachten wird, der unsere Ehe zerstört hat.

Ryle ist nun mal der Vater meiner Tochter, und das bedeutet, dass die Verbindung zu ihm für immer bestehen wird. Andere Männer können kommen und gehen, er ist die Konstante. Wenn ich will, dass meine Tochter in Frieden aufwächst, muss ich für Frieden zwischen ihm und mir sorgen. Aber sollte Atlas Corrigan wieder in mein Leben treten, wird Ryle in den Krieg ziehen. Daran gibt es keinen Zweifel.

Wenn du mir doch nur sagen könntest, was ich machen soll, Ellen. Muss ich auf das verzichten, von dem ich weiß, dass es mich glücklich macht, weil ich mich vor den Folgen fürchte?

Oder sollte ich diese Folgen auf mich nehmen, weil sonst für alle Zeiten ein riesiges atlasförmiges Loch in meinem Herzen klafft?

Er wartet darauf, dass ich mich bei ihm melde, aber ich brauche einfach noch ein bisschen Zeit, um über das alles nachzudenken. Ich wüsste gar nicht, was ich ihm jetzt schreiben sollte.

Ich weiß gerade überhaupt nichts.

Ich melde mich wieder bei dir, Ellen, wenn ich eine Entscheidung getroffen habe.

Deine Lily

3.

ATLAS

»›Du kannst aufhören zu *schwimmen*, Lily, wir sind endlich angekommen‹?«, wiederholt Theo. »*Das* hast du zu ihr gesagt? Laut?«

Ich rutsche verlegen auf der Couch hin und her. »Als wir jünger waren, haben wir mal *Findet Nemo* zusammen geschaut, das ist eine wichtige gemeinsame Erinnerung.«

»Du hast eine Figur aus einem *Animationsfilm* zitiert.« Theo verdreht dramatisch die Augen. »Hat ja super funktioniert. Du bist ihr vor über acht Stunden über den Weg gelaufen und sie hat sich immer noch nicht bei dir gemeldet.«

»Vielleicht war im Laden zu viel los.«

»Oder du hast es übertrieben.« Theo beugt sich vor, klemmt die Hände zwischen die Knie und konzentriert sich wieder. »Okay, was ist passiert, nachdem du dieses peinliche Zeug von dir gegeben hast?«

Er kennt keine Gnade. »Nichts. Wir mussten beide zur Arbeit. Ich hab sie gefragt, ob sie meine Nummer noch hat, und sie hat gesagt, sie würde sie auswendig können, und dann haben wir uns verab…«

»Stopp«, unterbricht Theo mich. »Sie kann deine Nummer *auswendig*?«

»Scheint so.«

»Okay.« Er wirkt zuversichtlicher. »Das hat was zu bedeuten. Heutzutage lernt kein Mensch mehr Telefonnummern auswendig.«

Dasselbe habe ich auch gedacht, mich aber gleichzeitig gefragt, ob es einen anderen Grund dafür gibt, dass sie sich meine Nummer gemerkt hat. Ich habe sie ihr damals für den Notfall aufgeschrieben und in ihre Handyhülle gesteckt. Vielleicht wollte sie für den Tag, an dem sie sie brauchen würde, vorbereitet sein, dann hätte die Tatsache, dass sie sie auswendig gelernt hat, nichts mit ihren Gefühlen für mich zu tun.

»Also, was soll ich machen? Ihr schreiben? Sie anrufen? Warten, bis sie sich meldet?«

»Es ist acht Stunden her, Atlas. Chill mal.«

»Chill mal?«, wiederhole ich verwirrt. »Vor zwei Minuten hast du doch noch gesagt, dass acht Stunden ohne eine Nachricht von ihr zu lang sind.«

Theo zuckt mit den Achseln und stößt sich an meinem Schreibtisch ab, um sich im Bürostuhl zu drehen. »Ich bin zwölf. Ich hab noch nicht mal ein Handy, und du willst von mir wissen, wie der Textnachrichten-Verhaltenskodex lautet?«

Es überrascht mich, dass er noch kein Handy hat. Brad macht mir nicht den Eindruck, ein strenger Vater zu sein. »Warum hast du kein Handy?«

»Dad hat gesagt, ich krieg eins, wenn ich dreizehn werde. Noch acht Wochen«, seufzt er sehnsüchtig.

Seit Brads Beförderung vor sechs Monaten kommt Theo zweimal die Woche nach der Schule ins Restaurant. Er hat mir erzählt, dass er später mal Psychotherapeut werden will, und ich habe ihm angeboten, an mir zu üben. In letzter Zeit habe ich allerdings immer mehr das Gefühl, dass unsere Gespräche eher mir etwas nutzen anstatt ihm.

Brad steckt den Kopf in mein Büro. »Abmarsch. Atlas muss arbeiten.« Er gibt seinem Sohn ein Zeichen, aufzustehen, aber Theo dreht sich weiter in meinem Bürostuhl.

»Atlas hat mich zu sich gerufen. Er hat meinen Rat gebraucht.«

»Ich werde nie verstehen, was ihr beide hier macht«, stöhnt Brad. »Was sollen das für Ratschläge sein, die du von meinem Sohn kriegst? Wie man sich vor seinen Hausaufgaben drückt und bei *Minecraft* gewinnt?«

Theo steht auf und streckt sich. »Wenn du's genau wissen willst – es geht um Mädchen. Und bei *Minecraft* geht es nicht ums Gewinnen, Dad. *Minecraft* ist ein Sandbox-Game, da geht es vor allem um Kreativität.« Theo schaut im Rausgehen über die Schulter zu mir zurück. »Schreib ihr einfach«, sagt er, als wäre das die naheliegendste Lösung. Und vielleicht stimmt das ja.

Brad zieht ihn von der Tür weg.

Ich setze mich an den Schreibtisch und starre auf das schwarze Display meines Handys. *Vielleicht hat sie sich die Nummer falsch gemerkt.*

Wieder rufe ich ihren Kontakt auf, zögere dann aber. Vielleicht hat Theo recht. Vielleicht habe ich es wirklich übertrieben. Wir haben bei unserer zufälligen Begegnung zwar gar nicht so viel gesagt, aber was wir gesagt haben, war authentisch und von Bedeutung. Vielleicht hat ihr das Angst gemacht.

Oder … sie hat sich die Nummer falsch gemerkt.

Mein Daumen schwebt über der Tastatur. Ich will ihr schreiben, sie aber auch auf keinen Fall unter Druck setzen. Andererseits wird ihr genauso klar sein wie mir, dass unsere Leben komplett anders verlaufen wären, hätte ich nicht so viele Fehlentscheidungen getroffen, was sie angeht.

Jahrelang habe ich mir eingeredet, mein Leben wäre nicht gut genug für sie. Dass sie etwas Besseres verdient hätte. Dabei war Lily schon immer mein perfektes Match. Und diesmal lasse ich sie nicht einfach so gehen. Diesmal mache ich es richtig. Angefangen damit, mich zu vergewissern, dass sie meine korrekte Handynummer hat.

Es war gut, dich zu sehen, Lily.

Ich warte. Als die drei Punkte erscheinen, halte ich die Luft an.

Ja, fand ich auch.

Ich starre ewig auf ihre Antwort, hoffe, dass noch mehr kommt. Es kommt aber nicht mehr. Das ist alles, was ich kriege.

Bloß vier Wörter, aber ich kann zwischen den Zeilen lesen.

Mit einem niedergeschlagenen Seufzen lege ich das Handy auf den Schreibtisch zurück.

4.

LILY

Ryle und ich sind ziemlich ungewöhnliche Eltern. Ich kann mir jedenfalls nicht vorstellen, dass es noch viele andere Paare gibt, die am selben Tag, an dem sie die Geburtsurkunde für ihre neugeborene Tochter beantragt haben, auch die Scheidung eingereicht haben.

Es hat mich damals unendlich traurig gemacht, dass Ryle mir durch sein Verhalten keine andere Wahl gelassen hat, als unsere Ehe zu beenden. Trotzdem stand für mich von Anfang an fest, dass ich mich niemals zwischen ihn und seine Tochter stellen würde. Mir liegt viel daran, dass Emerson eine unbelastete Beziehung zu ihrem Vater hat, weshalb ich ihm, so gut ich kann, entgegenkomme, auch wenn das wegen seiner ständig wechselnden Dienste oft nicht einfach ist. Manchmal besuche ich ihn sogar mit Emmy in der Klinik, damit die beiden sich wenigstens während einer seiner Pausen sehen können.

Ich habe ihm auch einen Schlüssel zu dem Apartment gegeben, in das ich kurz nach Emmys Geburt gezogen bin, damit er sie im Notfall abends schon mal ins Bett bringen kann, wenn ich länger im Laden bin. Richtig wohl fühle ich mich allerdings nicht damit, dass er jederzeit Zugang zu meiner Wohnung hat.

Als ich vorhin gerade dabei war, den Laden abzuschließen, kam eine Nachricht von ihm. Emmy sei müde gewesen und er hätte sie zu mir gefahren. Das kommt in letzter Zeit ziemlich oft vor, und allmählich frage ich mich, ob es ihm dabei wirklich nur um Emmy geht.

Als ich eine halbe Stunde später nach Hause komme, sitzt er in der Küche. »Hey, da bist du ja. Ich hab uns was mitgebracht.« Er hält eine Papiertüte meines Lieblings-Thailänders hoch. »Wie ich dich kenne, hast du noch nichts gegessen.«

Es gefällt mir nicht, dass er sich benimmt, als wären wir immer noch ein Paar, das zusammen hier lebt. Aber nach dem Tag heute bin ich emotional so erschöpft, dass ich nur den Kopf schüttle und beschließe, das Thema ein anderes Mal anzusprechen. »Stimmt, hab ich wirklich nicht. Danke.« Ich lege meine Tasche auf den Esstisch und will zu Emmy, um nach ihr zu schauen.

»Sie ist gerade erst eingeschlafen«, warnt mich Ryle.

Ich drücke ein Ohr an die Tür und lausche einen Moment. Als tatsächlich alles ruhig bleibt, kehre ich in die Küche zurück.

So schlecht ich mich wegen meiner extrem kurzen Nachricht an Atlas auch fühle, so sehr bestätigt Ryles Verhalten mir, dass es klüger ist, mich zurückzuhalten. Wie soll ich eine neue Beziehung eingehen, wenn mein Ex-Mann mir immer noch Abendessen mitbringt und einen Schlüssel zu meiner Wohnung hat?

Erst mal muss ich mit Ryle klare Verhältnisse schaffen, bevor ich auch nur daran denken kann, Atlas in irgendeiner Form in mein Leben zu lassen.

Ryle steht vor dem kleinen Weinregal und zieht eine Flasche Rotwein heraus. »Was dagegen, wenn ich uns den hier aufmache?«

Ich zucke mit den Schultern, während ich mir eine kleine Portion von dem Pad Thai nehme. »Mach ruhig, aber ich möchte keinen.«

Er stellt die Flasche zurück und gießt sich stattdessen ein Glas Eistee ein. Ich hole mir ein Wasser aus dem Kühlschrank und wir setzen uns an den Tisch.

»Wie war sie heute?«, frage ich.

»Ein bisschen quengelig, aber ich hab ihr auch einiges zugemutet, weil ich ziemlich viel erledigen musste. Irgendwann hatte sie es wohl satt, ständig in den Kindersitz geschnallt und wieder rausgehoben zu werden. Dafür sind wir später noch bei Allysa vorbeigefahren und ab da war sie wieder fröhlicher.«

»Wann hast du deinen nächsten freien Tag?«

»Das kann ich dir gerade gar nicht sagen. Ich schau nachher im Dienstplan nach und schreib dir eine Nachricht.« Er beugt sich über den Tisch und wischt mir mit dem Daumen etwas von der Wange. Dass ich zusammenzucke, merkt er gar nicht. Vielleicht tut er auch nur so, als würde er es nicht merken. Ich weiß nicht, ob ihm auffällt, dass es mich jedes Mal triggert, wenn er mich berührt. Gut möglich, dass er sich einbildet, ich würde wohlig erschauern, weil es zwischen uns immer noch funkt.

Ich muss zugeben, dass es nach Emmys Geburt tatsächlich Momente gab, in denen es sich so angefühlt hat, als gäbe es diesen Funken noch. Wenn Ryle etwas Süßes gesagt oder gemacht hat oder Emmy im Arm hielt und ihr etwas vorgesungen hat, ist manchmal so ein sehnsüchtiges Gefühl in mir aufgestiegen. Aber das waren seltene Aussetzer. Die kleinste Erinnerung an das, was passiert ist, genügte, um jede auch nur ansatzweise romantische Regung in mir sofort wieder zu ersticken.

Es hat Zeit und Kraft gekostet, mich gefühlsmäßig ganz von ihm zu lösen, aber mittlerweile bin ich immun.

In meinem Schmuckkästchen liegt eine Liste, auf der ich all die Gründe notiert habe, warum ich mich von ihm getrennt habe – trennen *musste*. Wenn Ryle hier war, gehe ich anschließend manchmal in mein Zimmer und lese sie mir noch mal durch, um mir bewusst zu machen, dass dieses Arrangement das Beste für uns alle ist. Na ja, vielleicht nicht ganz genau *dieses* Arrangement. Meinen Schlüssel hätte ich schon gern zurück.

Als ich weiteressen will, dringt aus meiner Tasche am anderen Ende des Tischs ein leises *Pling*. Hastig lasse ich die Gabel fallen, beuge mich schnell vor und ziehe das Handy heraus, bevor Ryle es mir geben kann. Nicht dass er meine Nachrichten lesen würde, aber ich möchte auf keinen Fall riskieren, dass er womöglich Atlas' Namen auf dem Display sieht. Das würde eine Diskussion auslösen, der ich mich gerade definitiv nicht gewachsen fühle.

Die Nachricht ist aber gar nicht von Atlas, sondern von meiner Mutter, die mir ein paar Fotos geschickt hat, die sie Anfang der Woche von Emmy gemacht hat. Erleichtert lege ich das Handy zur Seite und greife wieder nach meiner Gabel, als ich Ryles Blick bemerke.

»Nur meine Mutter«, sage ich und ärgere mich sofort über mich selbst, weil ich ihm schließlich keine Erklärung schulde. Ich mag es nur nicht, wie er mich ansieht.

»Und was hattest du gehofft, von wem sie ist? Du bist ja fast über den Tisch gesprungen, um an dein Handy zu kommen.«

»Von niemandem.« Ich trinke einen Schluck Wasser, um seinem bohrenden Blick auszuweichen. Keine Ahnung, ob er meine Lüge durchschaut.

Ryle starrt mit zusammengepressten Lippen auf seinen Teller und dreht Nudeln auf die Gabel. »Triffst du dich mit jemandem?«, fragt er mit scharfem Unterton.

»Das geht dich zwar nichts an, aber nein, tu ich nicht.«

»Ich behaupte nicht, dass es mich was angeht. Ich habe nur eine harmlose Frage gestellt.«

Ich spare mir jede Erwiderung, weil das natürlich gelogen ist. Jeder kürzlich geschiedene Mann, der von seiner Ex-Frau wissen will, ob sie sich mit jemandem trifft, macht alles andere als harmlosen Small Talk.

»Ich glaube, wir sollten uns irgendwann in nächster Zeit

mal darüber unterhalten, wie wir es handhaben, falls einer von uns jemanden kennenlernt«, sagt er. »Was Emerson angeht, meine ich. Vielleicht wäre es gut, rechtzeitig ein paar Regeln festzulegen.«

Ich nicke. »Stimmt, und das ist nicht das Einzige, worüber wir uns unterhalten müssen.«

Ryle verengt die Augen. »Worüber noch?«

»Darüber, wer Zugang zu meiner Wohnung hat.« Ich schlucke. »Ich hätte gern meinen Schlüssel zurück.«

Zunächst verzieht er keine Miene, dann wischt er sich über den Mund. »Ich darf also meine eigene Tochter nicht mehr ins Bett bringen?«

»Das habe ich so nicht gesagt.«

»Du weißt, wie absurd meine Arbeitszeiten sind, Lily. Ich bekomme Emmy ja so schon kaum zu Gesicht.«

»Es geht mir nicht darum, dass du sie seltener sehen sollst. Ich will nur meinen Schlüssel zurück. Ich brauche meine Privatsphäre.«

Es zuckt in Ryles Kiefer, als hätte er Mühe, seine Wut im Zaum zu halten. Mir war schon klar, dass er das nicht gut aufnehmen würde, aber er macht mehr daraus, als es ist. Das Ganze hat nichts mit Emmy zu tun. Ich möchte einfach nur nicht, dass er nach Lust und Laune bei mir ein und ausgeht. Schließlich hatte ich weiß Gott gute Gründe, warum ich bei ihm ausgezogen bin und die Scheidung wollte.

Wenn er mir den Schlüssel zurückgibt, wird das in unserem Alltag nicht viel verändern, aber es ist ein wichtiger Schritt, um uns aus unserer ungesunden Dynamik zu lösen.

»Von mir aus. Dann behalte ich Emmy eben ab jetzt über Nacht bei mir«, sagt er und sieht mich herausfordernd an.

»Ich glaube nicht, dass ich dazu jetzt schon bereit bin«, entgegne ich so ruhig wie möglich.

Ryle wirft seine Gabel klirrend auf den Teller. »Wenn sich die Umstände ändern, müssen wir das Betreuungsmodell nun mal anpassen. Notfalls gerichtlich.«

Irgendwie gelingt es mir, meine Empörung in Zaum zu halten. Ich stehe auf und greife nach meinem Teller. »Ist das dein Ernst, Ryle? Ich bitte dich, mir den Schlüssel zu *meiner* Wohnung wiederzugeben, und du drohst mir mit gerichtlichen Schritten?«

Wir haben uns *gemeinsam* auf das aktuelle Betreuungsmodell geeinigt, und jetzt dreht er es so hin, als wäre *ich* die Einzige, die davon profitiert. Dabei weiß er ganz genau, dass ich nach allem, was ich seinetwegen durchgestanden habe, das alleinige Sorgerecht hätte beantragen können. Ich habe ihn nicht einmal angezeigt. Er sollte mir dankbar dafür sein, dass er so glimpflich davongekommen ist.

Nachdem ich den Teller in die Spüle gestellt habe, stütze ich die Hände auf die Arbeitsfläche und atme ein paarmal tief durch. *Beruhige dich, Lily. Er ist wütend und will dich provozieren.*

Ich höre Ryle seufzen. Als ich den Wasserhahn aufdrehe, um den Teller abzuspülen, kommt er in die Küche und lehnt sich an die Theke. »Kannst du mir wenigstens eine Perspektive geben?« Er bemüht sich um einen sachlichen Ton. »Wann erlaubst du mir, sie auch mal über Nacht zu behalten?«

Ich drehe mich zu ihm um. »Sobald sie reden kann.«

»Warum erst dann?«

Dass er mich dazu zwingt, es auszusprechen, macht mich wütend. »Damit sie es mir erzählen kann, falls irgendwas passiert, Ryle.«

Es dauert einen Moment, bis er begreift, dann gräbt er die Zähne in die Unterlippe und nickt frustriert. Die an seinem Hals hervortretenden Venen sind ein deutliches Zeichen dafür, dass er sich extrem zusammenreißen muss, um nicht auszurasten. Schließlich holt er wortlos seinen Schlüsselbund aus der Tasche, zieht den Schlüssel zu meiner Wohnung ab, wirft ihn auf die Theke, dreht sich um und nimmt seine Jacke vom Stuhl.

Als die Wohnungstür hinter ihm zufällt, sinke ich im ersten Moment erleichtert in mich zusammen und fühle mich im nächsten wie ein gemeines Miststück. Diese Schuldgefühle kenne ich nur allzu gut. Und wieder einmal frage ich mich: *Bin ich zu hart mit ihm? Vielleicht hat er sich ja wirklich geändert?*

Obwohl ich die Antwort auf diese Fragen genau kenne, braucht es manchmal eine zusätzliche Erinnerung. Ich gehe ins Schlafzimmer und nehme meine Liste aus dem Schmuckkästchen.

1) *Er hat dich brutal gegen einen Schrank geschleudert, weil du gelacht hast.*
2) *Er hat dich die Treppe runtergestoßen.*
3) *Er hat dich gebissen.*
4) *Er war kurz davor, dich zu vergewaltigen, und hat dann seinen Kopf so heftig gegen deinen geknallt, dass du bewusstlos wurdest.*
5) *Seinetwegen musstest du genäht werden.*
6) *Er hat dir mehr als einmal körperliche Gewalt angetan und er würde es wieder und wieder tun.*
7) *Du bist es deiner Tochter schuldig, konsequent zu bleiben.*

Ich streiche über die Tätowierung auf meiner Schulter, um die feinen Narben zu spüren, die seine Zähne dort hinterlassen haben. Wenn Ryle dazu fähig war, mir all diese Dinge in einer Zeit anzutun, in der wir eigentlich glücklich waren – wozu wäre er dann erst imstande gewesen, wenn unsere Beziehung einen Tiefpunkt erreicht hätte?

Seufzend falte ich die Liste wieder zusammen und lege sie in das Kästchen zurück, bis ich das nächste Mal eine Erinnerungsstütze brauche.

5.

ATLAS

»Diesmal ist es definitiv gezielt gewesen«, sagt Brad kopfschüttelnd.

Wer auch immer vor zwei Tagen das *Bib's* attackiert hat, hat letzte Nacht beschlossen, sich auch mein neues Restaurant vorzunehmen. Zwei Fenster des *Corrigan's* sind eingeschlagen und auf der Hintertür wurde eine weitere gesprühte Botschaft hinterlassen.

FUCK U ATLASS.

Meinem Namen ist ein zweites *s* angehängt worden und *ASS* wurde unterstrichen. Ganz schön gewitzt, fast hätte ich darüber gelacht, aber in meiner heutigen Stimmung ist kein Platz für Humor.

Der Übergriff gestern hat mich nicht sonderlich gestresst, was vielleicht daran lag, dass ich Lily gerade getroffen hatte und immer noch voller Glückshormone war. Aber seit ich heute Morgen aufgewacht bin, macht es mir schwer zu schaffen, dass sie anscheinend keinen Kontakt zu mir will. Wahrscheinlich ist das der Grund, weshalb mir der Schaden an meinem neuen Restaurant so nahegeht.

»Ich schaue mir die Aufnahmen der Überwachungskamera an.« Hoffentlich entdecke ich darauf irgendwas Nützliches. Ich weiß immer noch nicht, ob ich die Polizei einschalten soll. Vielleicht ist es ja jemand, den ich kenne, dann könnte ich denjenigen wenigstens zur Rede stellen, bevor ich dann gegebenenfalls härtere Maßnahmen ergreife.

Brad folgt mir ins Büro. Ich schalte den Computer ein und öffne die Security-App. Brad scheint zu spüren, in was für einer düsteren Stimmung ich bin, er sagt nämlich kein Wort, während ich die Aufnahmen durchgehe.

»Da!« Er zeigt auf den linken unteren Bildausschnitt. Ich verlangsame die Aufnahme, bis wir eine Gestalt erkennen.

Nachdem ich wieder auf Play getippt habe, starren wir verdutzt auf jemanden, der zusammengerollt auf der Hintertreppe des Restaurants liegt. Ungefähr eine halbe Minute später lasse ich die Aufnahme noch mal zurücklaufen und checke die Zeitangabe – derjenige bleibt über zwei Stunden auf einer der Treppenstufen liegen. Ohne Decke. Im Oktober. In Boston.

»Der hat hier *geschlafen*?«, sagt Brad. »Scheint sich ja keine allzu großen Sorgen gemacht zu haben, erwischt zu werden.«

Ich spule die Aufnahme noch weiter zurück, bis zu sehen ist, wie die Gestalt kurz nach ein Uhr nachts zum ersten Mal ins Bild tritt. Das Gesicht ist wegen der schlechten Lichtverhältnisse kaum auszumachen, aber der Körperbau lässt auf einen Jugendlichen schließen.

Er schleicht ein paar Minuten herum – wühlt im Müllcontainer. Untersucht das Schloss der Hintertür. Holt eine Sprühdose aus seinem Rucksack. Sprüht seine originelle Message.

Nachdem er eine Weile vergeblich versucht hat, mit der Dose zwei der Fenster – die im Gegensatz zu denen im *Bib's* dreifach verglast sind – einzuschlagen, um ins Restaurant zu gelangen, gibt er auf, rollt sich auf der Treppenstufe zusammen und schläft ein.

Kurz vor Sonnenaufgang wacht er auf, schaut sich um und schlendert dann vollkommen gelassen davon.

»Hast du eine Ahnung, wer das sein könnte?«, fragt Brad.

»Nein. Du?«

»Nope.«

Ich halte die Aufnahme an der Stelle an, an der die Gestalt am deutlichsten zu sehen ist, aber das Bild ist zu grobkörnig, um mehr zu erkennen, als dass sie eine Jeans und einen dunklen Hoodie anhat. Die Kapuze ist über den Kopf gezogen, sodass die Haare darunter versteckt sind.

Ausgeschlossen, dass wir denjenigen wiedererkennen könnten, wenn wir ihm gegenüberstehen würden. Die Aufnahme ist nicht scharf genug und er schaut kein einziges Mal direkt in die Kamera. Nicht mal die Polizei könnte mit diesem Bildmaterial etwas anfangen.

Ich schicke die Datei trotzdem per Mail an mich selbst. Genau in dem Moment, in dem ich auf Senden klicke, plingt ein Handy. Ich werfe einen Blick auf meins, aber es ist Brad, der eine Nachricht bekommen hat.

»Darin schreibt, im *Bib's* ist alles okay.« Er steckt sein Telefon wieder ein und steuert auf die Tür zu. »Ich fange schon mal mit Aufräumen an.«

Ich gehe in meine Mails, öffne die angehängte Datei und schaue mir die Aufnahme noch mal an. Dabei empfinde ich eher Mitgefühl als Verärgerung. Das Ganze erinnert mich einfach zu sehr an die frostigen Nächte, die ich damals in dem verlassenen Haus verbracht habe, bevor Lily mich in ihrem Zimmer aufgenommen hat. Allein bei dem Gedanken daran spüre ich wieder die eisige Kälte in den Knochen.

Ich habe wirklich keine Ahnung, wer das sein könnte. Es hat etwas Beunruhigendes, dass derjenige meinen Namen auf die Hintertür gesprayt hat und sich danach nicht sofort aus dem Staub gemacht, sondern auch noch zwei Stunden seelenruhig geschlafen hat. Fast als würde er es darauf anlegen, von mir erwischt zu werden.

Das Handy auf meinem Schreibtisch vibriert. Ich greife danach und sehe, dass der Anruf von einer unbekannten Nummer kommt. Eigentlich gehe ich in solchen Fällen nicht dran, aber mir schwirrt Lily die ganze Zeit im Hinterkopf herum. Könnte ja sein, dass sie mich vom Festnetz im Laden aus anruft.

Oh Mann, so weit ist es schon mit mir.

Ich hebe das Handy ans Ohr. »Hallo?«

Am anderen Ende der Leitung seufzt jemand. Eine Frau. Sie klingt erleichtert, dass ich drangegangen bin. »Atlas?«

Ich seufze auch, aber nicht vor Erleichterung. Ich seufze, weil es nicht Lilys Stimme ist. Ich weiß nicht, wer da anruft, aber offensichtlich löst jede Stimme, die nicht Lily gehört, Enttäuschung in mir aus.

Ich lehne mich in meinem Bürostuhl zurück. »Ja, bitte?«

»Ich bin's.«

Ich habe keine Ahnung, wer *ich* ist, und gehe im Kopf meine Ex-Freundinnen durch, aber von denen klingt keine wie diese Frau. Und ich glaube auch nicht, dass eine von ihnen davon ausgehen würde, dass ich sofort wüsste, wer sie ist, wenn sie einfach nur *Ich bin's* sagt.

»Wer ist da?«

»Ich«, sagt sie wieder und betont es so, als würde mir das auf die Sprünge helfen. »Sutton. Deine *Mutter*.«

Hastig nehme ich das Handy vom Ohr und schaue noch mal auf die Nummer. Das kann nur irgendein blöder Streich sein. Woher soll meine Mutter meine Handynummer haben? Warum sollte sie sie überhaupt haben *wollen*? Immerhin hat sie mir vor vielen Jahren eindeutig zu verstehen gegeben, dass sie mich nie wieder sehen will.

Ich sage nichts. *Ich habe nichts zu sagen.* Ich straffe mich kurz, dann beuge ich mich ein Stück vor und warte darauf, dass sie damit rausrückt, warum sie sich die Mühe macht, Kontakt zu mir aufzunehmen.

»Ich …« Sie hält inne. Im Hintergrund sind Fernsehergeräusche zu hören. Klingt nach *The Price is Right*. Ich kann praktisch vor mir sehen, wie sie auf der Couch hockt und schon morgens um zehn ein Bier in der einen und eine Zigarette in der anderen Hand hat. Früher hat sie meistens nachts durchgearbeitet, und wenn sie dann nach Hause gekommen ist, hat sie vor dem Schlafengehen noch was gegessen und *The Price is Right* geschaut.

Das war die Tageszeit, vor der mir immer am meisten gegraut hat.

»Was willst du?«, frage ich knapp.

Sie stößt die Luft aus, und auch nach all den Jahren weiß ich sofort, dass sie genervt ist. Ein einziges Schnauben, aus dem ich heraushören kann, dass sie mich nicht anrufen *wollte*. Sie tut es, weil sie *muss*. Sie meldet sich nicht, um sich zu entschuldigen, sie meldet sich, weil sie keine andere Wahl hat.

»Liegst du im Sterben?« Das wäre der einzige Grund, der mich davon abhalten würde, dieses Gespräch zu beenden.

»Ob ich im Sterben liege?«, wiederholt sie lachend, als wäre ich ein dummes, vorlautes *Arsch … Loch*. »Nein, ich liege nicht im Sterben. Mir geht es sehr gut.«

»Brauchst du Geld?«

»Wer nicht?«

In diesen wenigen Sekunden mit ihr am Telefon kehrt die ganze Angst und Beklemmung zurück, die sie früher immer in mir ausgelöst hat. Ich drücke sie weg. Es gibt nichts, was ich dieser Frau zu sagen habe. Ich blockiere ihre Nummer und bereue, überhaupt so lange mit ihr geredet zu haben. Ich hätte schon in dem Moment auflegen sollen, in dem sie mir gesagt hat, wer sie ist.

Ich verschränke die Unterarme auf dem Schreibtisch und lege den Kopf auf die Tischplatte. Mein ganzer Körper zittert.

Es überrascht mich, dass ich so heftig darauf reagiere. Mir war schon klar, dass sie sich eines Tages melden könnte, aber ich bin immer sicher gewesen, dass mich das kaltlassen würde. Ich dachte, es wäre mir genauso egal, wenn sie in mein Leben zurückkehren würde, wie es mir irgendwann egal war, dass sie mich aus ihrem Leben rausgeworfen hat. Aber damals sind mir eine Menge Dinge egal gewesen.

Jetzt *mag* ich mein Leben. Ich bin stolz auf das, was ich erreicht habe. Und das lasse ich mir von niemandem kaputt machen, schon gar nicht von ihr.

Ich reibe mir mit beiden Händen übers Gesicht und zwinge mich zur Ruhe. Dann stehe ich auf und gehe nach draußen, um Brad beim Aufräumen zu helfen und zu versuchen, den Vorfall erst mal wegzuschieben. Allerdings ist das gar nicht so leicht. Es kommt mir vor, als würde meine Vergangenheit plötzlich aus allen Richtungen auf mich einstürmen, und ich habe absolut niemanden, mit dem ich darüber reden kann.

Nachdem wir ein paar Minuten lang schweigend vor uns hin gearbeitet haben, sage ich zu Brad: »Du solltest Theo ein Handy besorgen. Er ist fast dreizehn.«

Brad lacht. »Und du solltest dir einen Therapeuten in deiner Altersklasse suchen.«

6.

LILY

»Hast du dir eigentlich schon was für Emersons Geburtstag überlegt?«, fragt Allysa.

Sie und Marshall haben zu Rylees erstem Geburtstag eine Party gegeben, die so bombastisch war, als wäre ihre Tochter volljährig geworden. »Ich kaufe ihr eine Cake-Smash-Torte und ein paar Geschenke. Bei mir in der Wohnung ist gar nicht genug Platz, um groß zu feiern.«

»Wir könnten bei uns feiern«, schlägt Allysa vor.

»Aber wen sollte ich denn einladen? Emmy wird ein Jahr alt, sie hat noch keine Freunde. Sie kann ja noch nicht mal sprechen.«

Allysa grinst. »Hallo? Kindergeburtstage macht man doch nicht für seine *Kinder*, sondern um seine Freunde zu beeindrucken.«

»Du bist meine einzige Freundin und dich muss ich zum Glück nicht beeindrucken.« Ich ziehe ein Bestellformular aus dem Drucker und reiche es ihr. »Essen wir heute zusammen?«

Ich bin mindestens zweimal die Woche bei Marshall und ihr zum Abendessen. Ryle schaut zwar manchmal auch vorbei, aber eigentlich lege ich meine Besuche immer bewusst auf die Abende, an denen er Nachtdienst hat. Ich weiß nicht, ob das Allysa schon aufgefallen ist. Falls ja, nimmt sie es mir anscheinend nicht übel. Sie sagt, dass es ihr im Herzen wehtut, Ryle zu beobachten, wenn wir beide da sind, weil sie wie ich den Verdacht hat, dass er sich noch Hoffnungen macht, wir könnten wieder zusammenkommen. Deswegen trifft sie sich lieber allein mit ihm.

»Geht nicht, weißt du doch. Heute kommen Marshalls Eltern.«

»Ach ja, stimmt. Viel Spaß.« Allysa kommt gut mit Marshalls Eltern aus, trotzdem glaube ich nicht, dass es überhaupt jemanden gibt, der sich auf einen Besuch der Schwiegereltern freut, wenn sie gleich eine ganze Woche bleiben.

Die Ladenglocke bimmelt, und Allysa und ich schauen gleichzeitig hoch, aber ich bezweifle, dass ihre Welt in diesem Moment genauso aus den Angeln gehoben wird wie meine. Atlas steht in der Tür.

»Ist das …?«

»Oh. Mein. Gott«, stoße ich leise hervor.

»Stimmt. Er *ist* ein Gott«, flüstert Allysa andächtig.

Was macht Atlas hier?

Und warum sieht er tatsächlich aus wie ein Gott? Das macht die Entscheidung, die ich treffen muss, so unendlich viel schwieriger. Ich bin ja noch nicht mal in der Lage, *Hallo* zu sagen, weil mir die Stimme versagt. Stattdessen lächle ich nur dümmlich und starre ihm stumm entgegen, als er ganz lässig durch den Laden auf uns zugeschlendert kommt, was gefühlt in etwa so lange dauert, als wäre die Strecke nicht nur ein paar Meter, sondern eine Meile lang.

Währenddessen schaut er mich die ganze Zeit an. Erst als er vor uns steht, lächelt er Allysa kurz zu, sieht dann wieder mich an und hält mir einen To-go-Behälter hin. »Lunch für dich«, sagt er mit einer Selbstverständlichkeit, als würde er mir jeden Tag Essen vorbeibringen und ich hätte sicher schon darauf gewartet.

Diese Stimme. Ich hatte ganz vergessen, was für eine Wirkung sie auf mich hat. Wie sie durch meinen ganzen Körper vibriert.

Ich nehme ihm den Behälter ab, weiß aber nicht, was ich sagen soll. Allysas Anwesenheit hemmt mich total. Ich werfe ihr einen vielsagenden Blick zu, den sie geflissentlich ignoriert, worauf ich so streng die Brauen zusammenziehe, dass sie schließlich doch klein beigibt.

»Alles klar, dann … ähm … dann geh ich mal nach den Blumen schauen«, stammelt sie und verschwindet im hinteren Bereich des Ladens.

Ich halte den Behälter hoch. »Danke. Was ist das?«

»Unser heutiges Spezialgericht«, sagt er. »Die *Warum-versteckst-du-dich-vor-mir?*-Pasta.«

»Ich verstecke mich nicht …«, widerspreche ich lachend, verstumme dann aber und schüttle den Kopf. »Doch«, sage ich. »Ich verstecke mich vor dir.« Seufzend stütze ich die Ellbogen auf die Theke und schlage die Hände vors Gesicht. »Tut mir leid.«

Als Atlas darauf nichts sagt, nehme ich die Hände wieder runter und sehe ihn an. Er erwidert meinen Blick ernst und fragt: »Soll ich lieber wieder gehen?«

Ich schüttle den Kopf, worauf sich die Fältchen in seinen Augenwinkeln vertiefen. Was in seinem Gesicht passiert, ist so subtil, dass man es eigentlich kaum als Lächeln bezeichnen kann, und trotzdem durchströmt mich sofort eine tröstliche Wärme.

Bei unserer Begegnung gestern Morgen habe ich wie ein Wasserfall geredet, jetzt bin ich so überfordert, dass ich praktisch kein Wort herausbringe. Ich weiß nicht, wie ich es schaffen soll, mit ihm über all die Dinge zu sprechen, die mir in den letzten vierundzwanzig Stunden durch den Kopf gegangen sind.

Als wir uns damals in Plethora angefreundet haben, war ich noch so unerfahren. Ich hatte ja keine Ahnung, wie selten Männer wie Atlas sind und was für ein Glück ich hatte, ihm begegnet zu sein.

Jetzt weiß ich es und das blockiert mich. Ich habe panische Angst, das hier kaputt zu machen. Oder dass *Ryle* es kaputt macht.

Um Zeit zu gewinnen, löse ich den Deckel von der Schale mit der Pasta und schnuppere daran. »Mhmm, riecht total lecker.«

»Schmeckt auch lecker. Hab ich selbst gekocht.«

Normalerweise würde ich über diese Bemerkung lachen oder wenigstens lächeln, aber in mir ist alles in Aufruhr. Wortlos schiebe ich den Behälter zur Seite. Als ich Atlas danach wieder ansehe, nickt er. Selbst nach all den Jahren funktioniert unsere nonverbale Verständigung heute genauso gut wie damals. Er hat in meinem Blick gelesen, dass mir die Funkstille der letzten vierundzwanzig Stunden leidtut, und ich in seinem, dass mir nichts leidtun muss. Auch die Frage, wie es jetzt mit uns weitergehen soll, braucht keiner von uns auszusprechen.

Atlas legt seine Hand neben meine auf die Ladentheke und streicht mit dem Zeigefinger über meinen kleinen Finger. Es ist eine hauchzarte, fast unmerkliche Berührung, aber sie löst so viel in mir aus, dass es mir für einen Moment den Atem nimmt.

Atlas zieht seine Hand zurück und ballt sie zur Faust, als hätte er genau das Gleiche gefühlt wie ich. Er räuspert sich. »Darf ich dich heute Abend anrufen?«

Ich will gerade nicken, da kommt Allysa mit aufgerissenen Augen nach vorn gestürzt. Sie beugt sich zu mir und flüstert: »Ryle ist gleich hier.«

Mir gefriert das Blut in den Adern. »*Wie bitte?*« Das sage ich natürlich nicht, damit sie es wiederholt, sondern weil ich so geschockt bin, aber Allysa wiederholt es trotzdem.

»Ryle ist gleich hier. Er hat mir eine Nachricht geschickt.« Sie deutet mit dem Kinn auf Atlas. »Dir bleiben noch ungefähr zehn Sekunden, um ihn zu verstecken.«

Atlas, der mir meine Panik mit Sicherheit ansieht, fragt ruhig: »Wo soll ich hin?«

Ich schiebe ihn schnell in Richtung meines Büros. Kaum sind wir dort, halte ich unsicher inne. »Vielleicht kommt er hier rein.« Ich presse mir meine zitternde Hand auf den Mund und schaue mich fieberhaft um. »Ah, das müsste gehen!« Ich laufe zu dem Schrank, den ich als Garderobe und Büromaterial-Lager benutze. »Kannst du dich da drin verstecken?«

Atlas zieht die Brauen hoch. »Im Schrank?«

Das Glöckchen an der Ladentür bimmelt und ich werde noch nervöser. »Bitte?«, flehe ich und reiße die Tür auf. Ihn im Schrank zu verstecken ist das totale Klischee, ich weiß, aber er ist immerhin ziemlich geräumig. Atlas wird genug Platz haben.

Ich schaffe es nicht, ihm in die Augen zu schauen, als er an mir vorbeigeht und sich in den Teil des Schranks stellt, der als Garderobe dient. Am liebsten würde ich sterben. »Tut mir echt total leid«, flüstere ich und drücke die Tür hinter ihm zu.

Danach atme ich erst mal tief durch, bevor ich die Schultern straffe und in den Laden zurückgehe, als wäre nichts gewesen. Ryle steht an der Theke und begrüßt mich mit einem Nicken, wendet sich dann aber gleich wieder Allysa zu, die in ihrer Handtasche wühlt.

»Vorhin waren sie noch hier drin«, sagt sie. »Ganz sicher.«

Ryle sieht ungeduldig aus.

»Was suchst du denn?«, frage ich.

»Die Autoschlüssel. Ich hab sie aus Versehen mitgenommen, aber Marshall braucht den SUV, um seine Eltern vom Flughafen abzuholen.«

»Bist du sicher, dass du sie nicht schon rausgelegt hast, als ich dir heute Morgen geschrieben habe, dass ich sie mittags abhole?« In Ryles Stimme liegt ein gereizter Unterton.

Ich schaue Allysa an. Hat sie etwa die ganze Zeit gewusst, dass er hier auftauchen würde? »Hey, du hast mir gar nicht gesagt, das Ryle kommt«, sage ich so ruhig wie möglich, damit er nicht misstrauisch wird. Wie konnte sie vergessen, mir das rechtzeitig zu sagen?

Sie wird rot. »Ich wollte es dir sagen, aber dann bin ich abgelenkt worden ... durch ... unerwartete Ereignisse. Ha!«, ruft sie triumphierend. »Da sind sie ja!« Sie lässt die Schlüssel in Ryles Hand fallen. »Okay, dann kannst du jetzt ja wieder gehen.«

Ryle wendet sich tatsächlich um, hält aber abrupt inne. »Was riecht hier so gut?«

Unsere Blicke fallen alle gleichzeitig auf den Behälter mit der Pasta auf der Theke. Ich erstarre. »Ach so, ja.« Allysa greift hastig danach und drückt ihn sich an die Brust. »Ich hab für Lily und mich was zum Mittagessen gekocht.«

Ryle zieht eine Augenbraue hoch. »*Du* hast gekocht?« Er streckt die Hand aus. »Das muss ich sehen. Was ist es denn?«

Allysa zögert, hält ihm den Behälter dann aber hin. »Hähnchen...barabadoula...fleisch.« Dabei sieht sie mich mit aufgerissenen Augen an. *Sie ist eine erbärmliche Lügnerin.*

»Hähnchen ...?« Ryle öffnet den Deckel und betrachtet den Inhalt skeptisch. »Für mich sieht das eher nach Pasta mit Garnelen aus.«

Allysa räuspert sich. »Ja, eben. Garnelen, die in Hühnerbrühe gekocht werden, deswegen heißt es Hähnchenbarabadoulafleisch.«

Ryle schließt den Behälter wieder und wirft mir einen gespielt besorgten Blick zu, als er ihn über die Theke zu Allysa zurückschiebt. »An deiner Stelle würde ich mir lieber eine Pizza bestellen.«

Ich lache verkrampft und Allysa stimmt lauthals mit ein. Dass wir beide über einen so lahmen Scherz lachen, macht uns natürlich verdächtig.

Ryle verengt misstrauisch die Augen, ist zum Glück aber so an unsere albernen Insiderwitze gewöhnt, dass er nicht weiter nachhakt, sondern kopfschüttelnd aus dem Laden geht, um Marshall den Schlüssel zu bringen. Allysa und ich stehen wie versteinert da, bis wir hören, dass er in seinen Wagen steigt und davonfährt.

Ich sehe sie fassungslos an. »Hähnchenbarba*was*? Hast du gerade eine neue Sprache erfunden?«

»Ich musste doch *irgendwas* sagen«, stöhnt sie. »Du warst ja komplett neben der Spur! Bitte schön, gern geschehen.«

Ich warte noch ein paar Minuten, um ganz sicherzugehen, dass Ryle nicht wiederkommt, und laufe sogar kurz auf die Straße raus und vergewissere mich, dass er wirklich weg ist. Dann gehe ich ins Büro, um Atlas zu sagen, dass die Luft rein ist. Bevor ich die Schranktür öffne, atme ich einmal tief durch. Ich kann mich nicht erinnern, wann mir das letzte Mal irgendetwas so unangenehm war.

Atlas lehnt völlig ungerührt mit verschränkten Armen an der Rückwand, als hätte er absolut kein Problem damit, in einem Schrank versteckt worden zu sein.

»Gott, das tut mir so leid.« Ich weiß nicht, wie viele Entschuldigungen es braucht, um das jemals halbwegs wiedergutzumachen, aber wenn nötig, werfe ich mich noch siebzigmal vor ihm in den Staub.

»Ist er weg?«

Ich nicke, aber statt herauszukommen, greift Atlas nach meiner Hand, zieht mich zu sich rein und schließt die Tür.

Jetzt stehen wir beide im Schrank.

Im *dunklen* Schrank. Allerdings ist es nicht so dunkel, dass ich nicht das Glitzern in seinen Augen sehen könnte, das mir zeigt, dass er ein Grinsen unterdrückt. *Vielleicht hasst er mich ja doch nicht für alle Ewigkeit dafür, dass ich ihm das angetan habe.*

Atlas lässt meine Hand los, aber hier drin ist es so eng, dass sich unsere Körper trotzdem berühren. Mein Herz schlägt wie verrückt. Ihn so dicht neben mir zu spüren, hat etwas Wärmendes, Tröstliches. Wir sind uns so nahe, dass ich sein Shampoo riechen kann. Mir läuft ein Prickeln über den Rücken, und ich zwinge mich, gleichmäßig weiterzuatmen.

»Also, was ist? Darf ich?«, flüstert er.

Obwohl ich keine Ahnung habe, worum es geht, bin ich stark versucht, *Ja* zu sagen und ihm alles zu erlauben, was er will – ganz egal, was es ist. Stattdessen zähle ich stumm bis drei und frage dann: »Darfst du was?«

»Dich heute Abend anrufen.«

Oh … okay. Er setzt das Gespräch exakt an der Stelle fort, an der wir vorhin durch Ryles Ankunft unterbrochen wurden. Ich grabe die Zähne in die Unterlippe, unsicher, was ich sagen soll. Natürlich möchte ich, dass er mich anruft, aber die Tatsache, dass ich ihn vor Ryle im Schrank versteckt habe, muss ihm doch auch gezeigt haben, wie schwierig jede Form von Beziehung zwischen uns wäre.

»Atlas …«, sage ich mit Grabesstimme.

»Lily«, unterbricht er mich. In seiner Stimme liegt ein Lächeln, als könnte keine Situation, die uns beide betrifft, so schlimm sein, dass sie eine Grabesstimme rechtfertigt.

»Mein Leben ist kompliziert.« Das klingt wie eine Warnung.

»Ich würde dir gern helfen, es weniger kompliziert zu machen.«

»Ich habe aber Angst, dass du es noch komplizierter machen würdest.«

Atlas zieht eine Braue hoch. »Würde ich *dein* Leben komplizierter machen oder das von Ryle?«

»Wenn es für ihn kompliziert ist, wird es zwangsläufig auch für mich kompliziert. Er ist nun mal der Vater meiner Tochter.«

»Ganz genau«, sagt er. »Er ist ihr Vater. Aber er ist nicht mehr dein Mann. Es gibt also keinen Grund, warum du aus Rücksicht auf seine Gefühle auf das Zweitbeste verzichten solltest, was dir in deinem Leben je passieren könnte.«

Er sagt das mit so viel Überzeugung, dass sich mein Herz kurz zusammenzieht und dann wieder weitet. *Das Zweitbeste, was mir in meinem Leben je passieren könnte.* »Was ist denn das Beste, was mir je passiert ist?«

Er sieht mich liebevoll an. »Emerson.«

Dass er meine Tochter das Beste nennt, was mir je passiert ist, lässt mich dahinschmelzen. Ich schlinge die Arme um meinen Oberkörper und unterdrücke ein Lächeln. »Du machst es mir echt schwer, weißt du das?«

Atlas schüttelt langsam den Kopf. »Das ist das Letzte, was ich möchte, Lily.« Er beugt sich vor und stößt die Schranktür auf, sodass wir mit einem Mal von Helligkeit umflutet sind und ich so geblendet bin, dass ich blinzeln muss, als er fragt: »Wann wäre denn eine gute Zeit, um dich heute Abend anzurufen?« Er wirkt so vollkommen entspannt, dass ich ihn am liebsten an mich ziehen und küssen würde. Vielleicht würde dadurch etwas von seiner Gelassenheit auf mich abfärben. »Wann immer du willst«, antworte ich mit belegter Stimme.

Atlas' Augen ruhen für einen Moment auf meinen Lippen, und ich spüre seinen Blick in jeder Faser meines Körpers. Dann schiebt er sich an mir vorbei, drückt von außen die Schranktür zu, und es wird wieder dunkel um mich.

Tja, ich schätze, ich habe es nicht anders verdient.

Eine Mischung aus Verlegenheit, Nervosität und vielleicht

auch ein bisschen Erregung lässt mir die Hitze ins Gesicht steigen. Ich bleibe reglos stehen, bis das leise Bimmeln der Ladentür anzeigt, dass er gegangen ist.

Als Allysa kurz darauf die Schranktür aufreißt, fächle ich mir gerade Luft zu. »Oh.« Ich lasse die Hand wie ertappt sinken.

Allysa verschränkt die Arme vor der Brust. »Du hast ihn im *Schrank* versteckt?«

Ich lächle beschämt. »Geht gar nicht, ich weiß.«

Sie sieht mich kopfschüttelnd an. »Ich meine, klar musstest du ihn verstecken. Ich will mir gar nicht ausmalen, was passiert wäre, wenn Ryle ihn gesehen hätte. Aber … in einem Schrank, Lily? Du hast ihn einfach da reingesteckt wie einen … einen alten Mantel?«

So auf den Punkt gebracht, flammen meine Schuldgefühle von Neuem auf. Aber was hätte ich denn sonst machen sollen?

Ich seufze und gehe, gefolgt von Allysa, wieder nach vorne in den Laden. »Ich hatte keine andere Wahl. Wenn es auf dieser Welt einen Mann gibt, den Ryle niemals an meiner Seite akzeptieren würde, dann ist das Atlas.«

»Ich sage es dir ja nur ungern, aber es gibt auf dieser Welt nur einen einzigen Mann, den Ryle an deiner Seite akzeptieren würde, und dieser Mann ist Ryle.«

Ich erwidere darauf nichts, weil sie damit wohl leider recht hat.

»Moment mal«, ruft Allysa plötzlich. »Seid ihr etwa zusammen? Du und Atlas?«

»Was? Nein.«

»Aber du hast gerade gesagt, dass er der eine Mann ist, den Ryle niemals *an deiner Seite* akzeptieren würde.«

»Das habe ich gesagt, weil Ryle, wenn er Atlas hier gesehen hätte, garantiert geglaubt hätte, dass wir zusammen sind.«

Allysa stützt die Ellbogen auf die Theke und schüttelt den

Kopf. »Ich fühle mich hier gerade extrem außen vor gelassen. Irgendwie fehlt mir der Mittelteil.«

»Mittelteil? Wovon redest du?« Ich tue beschäftigt, ziehe eine Vase zu mir heran und sortiere die Blumen darin neu. Allysa nimmt mir die Vase aus der Hand.

»Er hat dir Mittagessen gebracht. Warum sollte er dir was zu essen bringen, wenn ihr beide nicht irgendeine Art von Beziehung hättet? Warum hast du mir nichts davon erzählt?«

Ich nehme ihr die Vase mit einem Ruck wieder ab. »Wir sind uns gestern zufällig über den Weg gelaufen. Da war nichts. Als ich das letzte Mal mit ihm Kontakt hatte, war Emmy noch nicht mal geboren.«

Allysa holt sich die Vase zurück. »Ich laufe jeden Tag zufällig irgendwelchen Leuten über den Weg. Die bringen mir aber nie Mittagessen vorbei. Also?« Sie schiebt mir die Vase hin, als wäre sie so etwas wie ein ritueller Gegenstand, um der anderen das Wort zu erteilen.

»Deine Freunde sind aber wahrscheinlich keine Köche, und das ist das, was Köche nun mal tun. Sie kochen Essen für andere Leute.« Ich schiebe ihr die Vase wieder rüber, aber Allysa sagt nichts. Sie sieht mich nur mit zusammengezogenen Brauen an, als würde sie angestrengt versuchen, meine Gedanken zu lesen. Offensichtlich glaubt sie mir kein Wort. Ich greife nach der Vase und drücke sie mir an die Brust. »Ehrlich, Allysa. Zwischen uns ist nichts. *Noch* nicht. Und falls sich daran irgendwas ändern sollte, bist du die Erste, die es erfährt. Versprochen.«

Allysa sieht einen Moment lang so aus, als würde diese Antwort sie zufriedenstellen, aber dann huscht ein Ausdruck über ihr Gesicht, den ich nicht richtig deuten kann, und sie dreht schnell den Kopf weg. Vielleicht ist es Sorge, vielleicht Traurigkeit, jedenfalls spreche ich sie nicht darauf an. Ich weiß, wie hart das alles für sie sein muss. Natürlich macht es ihr zu schaffen, dass irgendein Mann, der nicht ihr Bruder ist, mir Essen vorbeibringt.

In Allysas Traumvorstellung von einer perfekten Welt hätte sie einen Bruder, der mich niemals verletzt hätte, und ich wäre immer noch ihre Schwägerin.

7.

ATLAS

»Bei einer Flunder muss man das Messer so ansetzen.« Ich halte die stumpfe Seite an das Schwanzende, aber sobald ich anfange, den Fisch zu entschuppen, schaut Theo weg.

»Oh Mann, ist das eklig«, murmelt er und presst sich eine Hand auf den Mund. »Ich kann das nicht.« Er flüchtet sich ans gegenüberliegende Ende der Theke, um einen Sicherheitsabstand zwischen sich und den Kochunterricht zu bringen.

»Ich entschuppe sie doch bloß. Ich hab noch nicht mal angefangen, sie auszunehmen.«

Theo gibt ein Würgegeräusch von sich. »Mit Lebensmitteln zu arbeiten ist nicht mein Ding. Ich bin lieber weiter dein Therapeut.« Er stößt sich von der Theke ab. »Apropos – hast du Lily geschrieben?«

»Habe ich.«

»Hat sie geantwortet?«

»Mehr oder weniger. Es war eine kurze Nachricht, also habe ich ihr heute Mittag ein kleines Lunchpaket vorbeigebracht, um herauszufinden, was in ihrem Kopf vor sich geht.«

»Ganz schön gewagt.«

»Was Lily betrifft, habe ich in meinem Leben viel zu wenig gewagt. Ich wollte dafür sorgen, dass sie diesmal weiß, wo ich stehe.«

»Oh nein«, stöhnt Theo. »Hast du wieder irgendwas Kitschiges von dir gegeben wie beim letzten Mal?«

Ich hätte ihm niemals erzählen dürfen, dass ich zu Lily gesagt habe, sie könne aufhören zu schwimmen. Das werde ich mir jetzt bis an mein Lebensende anhören dürfen. »Sei du mal schön still. Jede Wette, dass du bis jetzt noch nicht mal mit einem Mädchen geredet hast. Du bist zwölf.«

Theo lacht, aber ich bemerke, dass sich ein unbehaglicher Ausdruck auf sein Gesicht legt, als er denkt, dass ich nicht hinschaue. Es sind mindestens noch fünf andere Leute in der Küche, aber alle sind so in ihre Arbeit vertieft, dass garantiert niemand etwas von unserer Unterhaltung mitbekommt.

»Gibt es denn jemanden, den du gut findest?«, frage ich Theo.

Er zuckt mit den Achseln. »Kann sein.«

Die Gespräche zwischen Theo und mir sind meistens ziemlich einseitig. Sosehr er es liebt, mir Fragen zu stellen, so wortkarg wird er, wenn es mal umgekehrt ist, also lasse ich es behutsam angehen. »Ach echt?«, sage ich so beiläufig wie möglich, damit er sich entspannt. »Wer ist sie?«

Theo schaut auf seine Hände und kratzt an seinem Daumennagel herum, aber mir entgeht nicht, wie seine Schultern etwas nach unten sinken. Irgendetwas muss ich gerade falsch gemacht haben.

Vielleicht habe ich auch etwas Falsches *gesagt*.

»Oder *er*.« Ich flüstere, um sicherzugehen, dass nur Theo es hört.

Sein Blick zuckt zu mir.

Er muss nichts bestätigen oder leugnen. Die Sorge in seinen Augen ist Antwort genug. Ich lenke meine Aufmerksamkeit wieder auf die Flunder und sage, so locker ich kann: »Ist er auf deiner Schule?«

Theo antwortet nicht sofort. Für den Fall, dass ich der Erste bin, dem er diese Seite von sich zeigt, will ich ihm unbedingt das Gefühl geben, dass er sich bei mir sicher fühlen kann. Er soll wissen, dass er in mir einen Verbündeten hat, genau wie in seinem Vater, worüber er sich hoffentlich im Klaren ist.

Theo schaut sich um, um sich zu vergewissern, dass niemand in der Nähe ist, der etwas von unserem Gespräch aufschnappen könnte. »Er ist mit mir im Mathe-Club.« Er spricht schnell und abgehackt, als wollte er die Worte loswerden und sie dann nie wieder sagen.

»Weiß dein Dad davon?«

Theo schüttelt den Kopf und schluckt nervös.

Die Flunder ist mittlerweile entschuppt und filetiert, und ich gehe zu dem Spülbecken, wo Theo steht, um mir die Hände zu waschen. »Ich kenne deinen Dad jetzt schon ganz schön lange. Es gibt einen Grund, warum er einer meiner besten Freunde ist. Ich lasse keine Leute in mein Leben, die Ansichten haben, mit denen ich nicht klarkommen würde.« Das scheint ihn tatsächlich ein bisschen zu beruhigen, aber er wirkt auch peinlich berührt und hätte mit Sicherheit nichts dagegen, das Thema zu wechseln. »Ich würde dir ja empfehlen, dass du dieser Person, die du gut findest, mal eine Nachricht schreiben solltest, aber womöglich bist du der einzige Zwölfjährige auf diesem Planeten, der kein Handy hat. So wirst du nie jemanden daten. Wahrscheinlich wirst du für immer handylos und Single bleiben.«

Theo ist sichtlich erleichtert, dass ich ihn auf vertrautes Terrain zurücklotse und ein bisschen foppe. »Ich bin echt froh, dass du Koch geworden bist und nicht Therapeut. Deine Ratschläge sind total mies.«

»Hey! Ich gebe verdammt gute Ratschläge.«

»Okay, Atlas. Wenn du meinst.« Er scheint sich wieder gefangen zu haben und folgt mir, als ich an meine Station zurückkehre. »Hast du Lily denn nach einem Date gefragt, als du bei ihr im Laden warst?«

»Nein. Ich frag sie heute Abend. Wir haben ausgemacht, dass

ich sie anrufe, wenn ich zu Hause bin.« Ich gehe zum Gefrierschrank und zause Theo im Vorbeigehen durch die Haare.

»Ähm, Atlas?«

Ich bleibe stehen. Sein Blick ist besorgt, und er will gerade etwas sagen, als sich einer der Kellner zwischen uns hindurchschiebt und er den Mund wieder schließt. Aber er muss gar nichts sagen.

»Ich werde keinen Ton darüber verlieren, Theo. Die Verschwiegenheitspflicht gilt für beide Seiten.«

Sein Gesicht entspannt sich wieder. »Gut, weil wenn du was zu meinem Dad sagen würdest, müsste ich ihm erzählen, wie peinlich deine Anmachsprüche sind.« Theo presst sich beide Hände an die Wangen. *»Du kannst aufhören zu schwimmen, mein kleiner Wal, wir sind endlich da.«*

Ich stemme die Hände in die Hüften. »So hab ich das nicht gesagt.«

Theo zeigt auf den hinteren Bereich der Küche. *»Ob du's glaubst oder nicht: Da drüben ist Land in Sicht!«*

»Okay, ist gut jetzt.«

»Lily, oh Schreck, unser Boot hat ein Leck!«

Theo läuft mir durch die Küche hinterher und reißt Witze auf meine Kosten, bis sein Dad seine Schicht endlich beendet und ihn zu sich ruft. Ich bin noch nie so froh gewesen, ihn von hinten zu sehen.

8.

LILY

Mittlerweile ist es kurz vor halb zehn und Emerson schläft schon seit eineinhalb Stunden tief und fest. Normalerweise ist sie ab sechs Uhr morgens wieder hellwach, weshalb ich meistens schon gegen zehn ins Bett gehe. Wenn ich nicht mindestens acht Stunden Schlaf bekomme, funktioniere ich nur auf Zombie-Level. Allerdings bezweifle ich, dass ich überhaupt einschlafen kann, falls Atlas sich bis zehn noch nicht gemeldet hat. Womöglich nimmt er es mir im Nachhinein doch übel, dass ich ihn wie in einer schlechten Slapstick-Nummer im Schrank versteckt habe, was ich absolut verstehen könnte. Vielleicht hätte ich mich doch siebzigmal vor ihm in den Staub werfen sollen.

Ich nehme das Handy mit, als ich ins Bad gehe, um mich abzuschminken. Seit Atlas mich heute Mittag gefragt hat, ob er mich abends anrufen darf, habe ich es nicht aus den Augen gelassen. Jetzt verfluche ich mich dafür, nicht nachgehakt zu haben, was *abends* für ihn konkret bedeutet.

In Atlas' Welt beginnt der Abend vielleicht erst gegen elf Uhr, wenn er in meiner schon längst zu Ende ist.

Wahrscheinlich haben wir zwei komplett unterschiedliche Definitionen von morgens und abends. Er ist ein erfolgreicher Koch mit zwei eigenen Restaurants, der vermutlich um Mitternacht nach Hause fährt und dort dann erst mal langsam runterkommen muss, während ich schon ab sieben in meinen Schlafklamotten rumlaufe.

Mitten in meine Grübeleien hinein klingelt dann endlich das Handy – allerdings ist es nicht der normale Klingelton, sondern der für einen FaceTime-Anruf.

Bitte mach, dass das nicht Atlas ist.

Ich habe mir gerade Peelingschaum auf dem Gesicht verteilt und kann jetzt unmöglich einen Videocall mit ihm starten. Aber ein Blick aufs Display sagt mir, dass der Anruf tatsächlich von ihm kommt. *Shit.*

Ich nehme ihn zwar an, drehe das Handy aber schnell um und lege es auf den Waschbeckenrand, damit er mich nicht sehen kann. »Du hast gesagt, dass du *anrufst*. Das hier ist ein Videocall.«

Er lacht. »Ich kann dich nicht sehen.«

»Sollst du auch nicht. Ich wasche mir nämlich gerade das Gesicht und mache mich bettfertig.«

»Ich würde dich aber trotzdem gern sehen, Lily.«

Seine schöne, warme Stimme vibriert ganz tief in meinem Inneren. »Okay, du hast es nicht anders gewollt.« Seufzend greife ich nach dem Handy und schaue mit einem *»Was-habe-ich-dir-gesagt«*-Blick in die Kamera. »Bitte schön.« Ich habe ein Handtuch um meine frisch gewaschenen Haare geschlungen, trage ein Nachthemd, das wahrscheinlich mal meiner Großmutter gehört hat, und mein Gesicht ist mit grünem Schaum bedeckt.

Atlas lächelt mich ganz entspannt an. Gott, sieht er gut aus. Er sitzt in einem weißen T-Shirt im Bett und lehnt sich an ein Kopfteil aus schwarz lackiertem Holz. Ich war nie in seinem Schlafzimmer, als ich nach der Sache mit Ryle damals ein paar Tage bei ihm übernachtet habe. Die Wand hinter ihm ist meerblau gestrichen.

»Wow. Dieser Anblick ist es definitiv wert, dich per FaceTime angerufen zu haben«, sagt er grinsend.

Ich lehne das Handy schräg gegen die Wand und spüle mir den Schaum vom Gesicht. »Vielen Dank für das tolle Mittagessen.« Wobei »toll« noch untertrieben ist. In Wirklichkeit war es die beste Pasta, die ich in meinem Leben je gegessen habe. Und das, obwohl sie längst kalt war, als ich endlich dazu gekommen bin, Mittagspause zu machen.

»Ach, sag bloß, meine *Warum-versteckst-du-dich-vor-mir?*-Pasta hat dir geschmeckt.«

»Du weißt genau, dass sie sensationell war.« Nachdem ich im Bad fertig bin, gehe ich ins Schlafzimmer, lehne das Handy gegen ein Kissen und lege mich auf die Seite. »Wie war dein Tag?«

»Gut«, sagt Atlas, klingt dabei aber nicht sonderlich überzeugend.

Ich ziehe zweifelnd die Brauen hoch.

Er wendet den Blick ab und scheint kurz nachzudenken, dann macht er eine wegwerfende Handbewegung und schaut wieder in die Kamera. »War bloß eine von diesen Wochen. Die kennst du ja bestimmt auch. Aber jetzt geht es mir schon viel besser.« Er sieht mich mit einem so süßen Lächeln an, dass ich unwillkürlich auch lächeln muss. Von mir aus brauchen wir gar nicht zu reden, mich würde es schon glücklich machen, ihn eine Stunde lang einfach nur schweigend anschauen zu dürfen.

»Wie heißt dein neues Restaurant eigentlich?« Ich habe zwar danach gegoogelt, aber das muss er ja nicht wissen.

»Wie ich, also wie mein Nachname. *Corrigan's*.«

»Gibt es dort dasselbe zu essen wie im *Bib's*?«

»Es ist auch gehobene Küche, aber mit einer eher italienisch inspirierten Speisekarte.« Atlas rutscht im Bett ein Stück nach unten und dreht sich auch auf die Seite, sodass wir uns praktisch in der gleichen Position gegenüberliegen. Es fühlt sich an wie früher, wenn wir lange wach in meinem Bett lagen und geredet haben. »Ich will aber nicht über mich sprechen. Wie geht es dir? Wie läuft der Blumenladen? Wie ist es, Mutter zu sein und eine Tochter zu haben?«

»Das sind eine Menge Fragen.«

»Ich habe sogar noch viel mehr, aber lass uns erst mal mit diesen drei anfangen.«

»Okay. Also … Mir geht es gut. Ich bin zwar praktisch dauermüde und ausgelaugt, aber das ist wahrscheinlich total normal, wenn man alleinerziehende Mutter ist und dazu noch ein eigenes Geschäft hat.«

»Du siehst kein bisschen ausgelaugt aus.«

Ich lache. »Das liegt am gedämpften Licht hier.«

»Wann hat Emerson Geburtstag?«

»Am elften. Wenn ich daran denke, kommen mir die Tränen. Das Jahr ist so schnell vergangen.«

»Es ist unfassbar, wie ähnlich sie dir sieht.«

»Findest du?«

Er nickt. »Und der Blumenladen läuft gut, ja? Bist du zufrieden?«

Ich wiege nachdenklich den Kopf. »Es ist okay.«

»Warum nur okay?«

»Ach, ich weiß nicht. Manchmal bin ich das Blumenverkaufen leid. Vielleicht hat das aber auch nur mit meiner ständigen Müdigkeit zu tun. Es ist einfach sehr viel Arbeit für wenig Geld. Natürlich bin ich stolz, dass ich mittlerweile so viele Stammkunden habe und guten Umsatz mache, aber manchmal träume ich davon, in einer Fabrik am Fließband zu stehen und wenigstens im Job keine große Verantwortung tragen zu müssen.«

»Das kann ich nachvollziehen«, sagt er. »Die Vorstellung, nach der Arbeit nach Hause zu kommen und nicht mehr darüber nachdenken zu müssen, ist wirklich verlockend.«

»Bist du das Kochen auch manchmal leid?«

»Manchmal schon, ja. Ehrlich gesagt war das mit ein Grund, warum ich das *Corrigan's* aufgemacht habe. Ich wollte mich lieber ein bisschen mehr um die geschäftliche Seite kümmern und weniger in der Küche stehen. Momentan koche ich aber trotzdem noch an mehreren Abenden pro Woche, und es kostet mich eine Menge Zeit, die beiden Läden zu organisieren.«

»Das heißt im Klartext, du arbeitest wie ein Verrückter?«

»So ungefähr, ja. Aber meine Verrücktheit hat Grenzen. Ich würde mir deswegen zum Beispiel nie ein Date mit dir entgehen lassen.«

Ich muss lächeln und zupfe verlegen an meiner Bettdecke. »Ist das etwa eine Einladung?«

»Ist es. Nimmst du sie an?«

»Ich könnte mir einen Abend freischaufeln.«

Jetzt lächeln wir beide. Im nächsten Moment räuspert sich Atlas und sagt: »Darf ich dir eine vielleicht unangenehme Frage stellen?«

»Okay«, sage ich vorsichtig.

»Du hast heute Mittag gesagt, dass dein Leben kompliziert ist. Ich frage für den Fall, dass das … dass das mit *uns* … etwas wird. Ging es dabei um Ryle? Wäre das denn ein Problem für ihn?«

»Definitiv«, sage ich, ohne zu zögern.

»Warum?«

»Weil er dich nicht mag.«

»Mich im Besonderen oder jeden Mann, der Interesse an dir haben könnte?«

Ich verziehe gequält das Gesicht. »Dich. Dich im Besonderen.«

»Wegen der Prügelei damals in meinem Restaurant?«

»Wegen einer Menge Dinge.« Ich rolle mich auf den Rücken und halte das Handy über mich. »Er denkt, du wärst der Grund für das gewesen, was passiert ist.« Als Atlas mich verwundert ansieht, wird mir klar, dass ich nicht darum herumkommen werde, es ihm genauer zu erklären. »Du erinnerst dich vielleicht noch daran, dass ich früher immer Tagebuch geschrieben habe.«

»Na klar. Obwohl du mir nie erlaubt hast, was davon zu lesen.«

»Tja, Ryle hat die Tagebücher gefunden … und gelesen. Und was er gelesen hat, hat ihm nicht gefallen.«

Atlas seufzt. »Lily, wir waren praktisch noch Kinder.«

»Eifersucht kennt anscheinend kein Verfallsdatum.«

Er presst die Lippen aufeinander. »Es tut mir wahnsinnig leid, dass du dir seinetwegen um Dinge Sorgen machen musst, die noch nicht mal passiert sind. Aber ich kann dich total gut verstehen. Das ist tatsächlich keine einfache Situation.« Er lächelt mir aufmunternd zu. »Wir lassen es langsam angehen, okay?«

»*Ganz* langsam«, betone ich.

»Abgemacht. Ganz, ganz langsam.« Er knautscht sein Kissen zusammen und legt den Kopf wieder darauf. »Immer wenn ich damals mitbekommen habe, wie du Tagebuch geschrieben hast, habe ich mich gefragt, was du wohl über mich schreibst. Also, *falls* du auch etwas über mich geschrieben hast.«

»Ich habe sogar fast nur über dich geschrieben.«

»Hast du die Hefte eigentlich noch?«

»Ja, sie liegen in einem Karton in meinem Schrank.«

Atlas setzt sich auf. »Liest du mir was daraus vor?«

»Wie bitte? Nein! *Gott*, nein, ganz sicher nicht.«

»Lily.«

Er sieht mich treuherzig an, aber … nein, ausgeschlossen. Ich kann ihm auf keinen Fall meine Teenagergedanken laut über FaceTime vorlesen. Ich werde ja schon beim bloßen Denken daran rot.

»Bitte?«

Sein Welpenblick ist so herzzerreißend, dass ich mir die Augen zuhalte. »Nein, mach das nicht.« Wenn er nicht aufhört, mich so anzusehen, werde ich garantiert schwach.

Atlas wittert seine Chance. »Bitte, Lily, tu mir diesen kleinen Gefallen. Ich würde so gern wissen, wie du mich damals erlebt hast. Nur einen einzigen Absatz, ja? Bitte!«

Wie soll ich denn da hart bleiben? Stöhnend setze ich mich auf. »Na gut. Gib mir zwei Minuten.« Ich stehe auf, gehe zum Schrank, angle den Karton vom obersten Brett und setze mich damit wieder aufs Bett. »Okay. Was willst du hören? Wie unser erster Kuss war?«

»Wir wollten es doch *ganz* langsam angehen lassen«, sagt er lachend. »Also vielleicht erst mal was vom Anfang, als wir uns kennengelernt haben.«

Okay, das macht es leichter. Ich greife nach dem ersten Tagebuch aus der Atlas-Zeit und blättere darin, bis ich eine Stelle finde, die ziemlich kurz ist und nicht superpeinlich. »Erinnerst du dich noch an den Abend, an dem ich weinend zu dir rübergekommen bin, weil es zwischen meinen Eltern mal wieder gekracht hatte?«

»Ich erinnere mich.« Er legt sich zurück und verschränkt die Arme hinter dem Kopf.

Ich verdrehe die Augen. »Genau. Mach's dir ruhig gemütlich, während ich hier mein Innerstes nach außen kehre.«

»Ich bin's, Lily. *Wir* sind's, und da gibt es nichts, was dir peinlich sein müsste.«

Seine Stimme hat immer noch dieselbe beruhigende Wirkung auf mich wie früher. »Okay.« Ich setze mich im Schneidersitz hin, halte das Handy in der einen und das Tagebuch in der anderen Hand und beginne vorzulesen.

… Im nächsten Moment hat Atlas die Tür aufgemacht und schnell nach rechts und links geschaut, ob sonst noch jemand da ist. Erst danach hat er mitbekommen, dass ich geweint habe. »Hey, was ist los?«, hat er gefragt, als ich mir mit dem Ärmel die Tränen aus dem Gesicht gewischt habe.

Er hat mich nicht reingebeten, sondern ist rausgekommen, und wir haben uns nebeneinander auf die Verandatreppe gesetzt.

»Mit mir ist alles okay, ich bin bloß wütend«, habe ich gesagt und mir wieder die Tränen weggewischt. »Manchmal muss ich weinen, wenn ich wütend bin.«

Atlas hat sich zu mir rübergebeugt und mir die Haare hinters Ohr gestrichen und plötzlich war ich nicht mehr so wütend. Dann hat er seinen Arm um mich gelegt und mich so eng an sich gezogen, dass mein Kopf an seiner Schulter lag. Er hat kein einziges Wort gesagt, aber irgendwie hat er es geschafft, dass ich mich getröstet gefühlt habe. Manche Menschen haben einfach eine total beruhigende Wirkung und genau zu diesen Menschen gehört er. Das absolute Gegenteil von meinem Vater.

Wir saßen eine ganze Weile so da, bis in meinem Zimmer das Licht anging.

»Du solltest jetzt gehen«, hat Atlas mir ins Ohr geflüstert, als wir meine Mom am Fenster sahen. Mir wurde erst in dem Moment klar, was für einen perfekten Blick auf mein Zimmer man von der Veranda aus hat.

Als ich durch den dunklen Garten zurückgegangen bin, habe ich mich gefragt, ob ich mich in der Zeit, in der Atlas jetzt schon drüben in dem Haus wohnt, irgendwann einmal ausgezogen habe, ohne vorher die Vorhänge zuzumachen.

Weißt du, was verrückt ist, Ellen? Ich würde es gar nicht so schlimm finden, wenn er mich nackt gesehen hätte.
Deine Lily

Atlas grinst nicht amüsiert, als ich wieder aufschaue, sondern sieht mich mit so viel Gefühl an, dass es mir das Herz zusammenzieht.

»Wir waren so jung«, sagt er, und ich höre den Schmerz in seiner Stimme.

»Das waren wir. Viel zu jung, um all dem gewachsen zu sein, womit wir uns auseinandersetzen mussten. Besonders du.«

Atlas hat den Blick jetzt gesenkt, aber er nickt zustimmend. Ich frage mich, ob er gerade vielleicht an etwas ganz anderes denkt, und dann fällt mir wieder ein, dass er vorhin wegwerfend gesagt hat, es sei *eine von diesen Wochen* gewesen.

»Dich beschäftigt doch irgendwas.«

Sein Blick kehrt zur Kamera zurück. Einen Moment sieht er aus, als wollte er es wieder abtun, aber dann seufzt er und setzt sich aufrecht hin, sodass er sich wieder am Kopfteil anlehnen kann. »Jemand hat es auf meine Restaurants abgesehen, sie mit Graffiti besprüht und so was.«

»Auf beide?«

»Ja, es hat vor ein paar Tagen angefangen.«

»Denkst du, das ist jemand, den du kennst?«

»Ich hab sogar Bilder von der Überwachungskamera, aber die sind ziemlich verschwommen, und man kann nicht wirklich was erkennen. Ich hab aber auch noch nicht die Polizei eingeschaltet.«

»Warum nicht?«

Atlas runzelt die Stirn. »Er wirkt irgendwie noch ziemlich jung. Vielleicht … keine Ahnung … ich halte es für möglich, dass es ein Jugendlicher ist, der in einer ähnlichen Situation ist wie ich damals. Kein Geld, keine Bleibe …« Sein Blick wird weicher. »Und keine Lily, die ihn rettet.«

Es dauert ein paar Sekunden, bis ich richtig begriffen habe, was er eben gesagt hat. Ich schlucke den Kloß herunter, der sich in meiner Kehle gebildet hat. Es ist nicht das erste Mal, dass Atlas sagt, ich hätte ihn damals gerettet, aber ich habe immer das Bedürfnis, zu widersprechen. Ich habe ihn nicht gerettet, ich habe mich bloß in ihn verliebt.

Und in diesem Moment verstehe ich wieder sehr gut, *warum* ich mich damals in ihn verliebt habe. Welcher Restaurantbesitzer macht sich schon mehr Gedanken über die Person, die sein Lokal besprüht hat, als über den Schaden, der angerichtet wurde? »Du bist eben einer von den *Guten*«, sage ich leise.

»Was hast du gesagt?«, fragt er.

Eigentlich wollte ich das gar nicht laut aussprechen. Mein Gesicht wird heiß. »Ich? Gar nichts.«

Atlas räuspert sich und beugt sich zur Kamera. Um seine Mundwinkel spielt ein amüsiertes Lächeln. »Okay, zurück zu deinem Tagebuch«, sagt er. »Ich hab mich immer gefragt, ob dir klar war, wie gut ich in dein Zimmer schauen konnte … Nach dem Abend bei mir damals hast du jedenfalls ziemlich oft das Licht angelassen.«

Froh darüber, dass wir wieder zu einem leichteren Thema zurückgefunden haben, sage ich: »Na ja, du hattest ja keinen Fernseher. Ich wollte dir ein bisschen Unterhaltung bieten.«

Atlas lacht, dann stöhnt er. »Du *musst* mich auch noch den Rest lesen lassen, Lily. Bitte.«

»Nein.«

»Darf ich dich daran erinnern, dass du mich heute in *einen Schrank* eingesperrt hast? Wenn du mir erlauben würdest, einen Blick in deine Tagebücher zu werfen, könnte das stark dazu beitragen, dass ich dir die Aktion verzeihe.«

»Ich dachte, das hätte dir nichts ausgemacht.«

»Ich glaube, mir wird gerade erst klar, wie schlimm das für mich war.« Er nickt gespielt nachdenklich. »Ja … wenn ich mich jetzt so zurückerinnere, muss ich sagen, dass es doch ganz schön demütigend war.«

Ich lache, als ich aus Emmys Zimmer gegenüber plötzlich leises Wimmern höre. So ungern ich das Gespräch mit Atlas beenden möchte – mein Kind hat immer Vorrang. »Emmy ist aufgewacht. Ich muss zu ihr rüber. Aber du schuldest mir ein Date.«

»Wann hast du Zeit?«, fragt er.

»Sonntags ist der Laden geschlossen, deswegen wäre Samstag gut.«

»Morgen ist Samstag«, sagt Atlas. »Aber das ist dir vielleicht zu bald. Du wolltest ja, dass wir es ganz langsam angehen lassen.«

»Schon, aber … Zwischen dem Tag, an dem wir uns kennengelernt haben, und diesem Samstag liegen viele, viele Jahre. Das heißt, dass wir es ganz, ganz langsam angegangen sind mit unserem ersten Date.«

»Sechs Uhr?«

Ich lächle. »Sechs ist perfekt.«

»Moment.« Atlas kneift kurz die Augen zusammen. »Morgen kann ich nicht. *Shit.* Wir haben eine geschlossene Gesellschaft. Die brauchen mich im Restaurant. Sonntag?«

»Diesen Sonntag habe ich Emmy, und ich würde lieber noch warten, bevor wir einen Abend zu dritt verbringen.«

»Verstehe ich total«, sagt Atlas. »Also nächsten Samstag?«

»Das würde mir genug Zeit geben, jemanden zu suchen, der auf sie aufpasst.«

Atlas strahlt. »Dann habe wir ein Date.« Er greift nach dem Handy, steht auf und geht durchs Schlafzimmer. »Sonntags hast du frei, hast du gesagt? Darf ich dich dann am Sonntag wieder anrufen?«

»Meinst du mit anrufen wieder Videochat? Nächstes Mal würde ich gern vorzeigbarer aussehen.«

»Du kannst gar nicht *nicht* vorzeigbar aussehen, noch nicht mal, wenn du es darauf anlegen würdest«, sagt Atlas. »Und ja, genau. Wieder FaceTime. Warum soll ich mich mit deiner Stimme begnügen, wenn ich dich auch sehen kann?«

Ich mag es, wenn Atlas mit mir flirtet. Und muss mir auf die Unterlippe beißen, um mein seliges Grinsen zu verstecken. »Gute Nacht, Atlas.«

»Gute Nacht, Lily.«

Er sieht mich so eindringlich an, dass mein Magen einen Salto schlägt, dann wird das Display schwarz. Ich lege das Handy weg, drücke mein Gesicht ins Kissen und quietsche, als wäre ich wieder sechzehn.

9.

ATLAS

»Zeig mal ein Foto von ihr«, sagt Theo, der auf einer der Stufen der Hintertreppe sitzt und mir dabei zuschaut, wie ich Glasscherben und auf dem Boden verstreuten Müll aufsammle. Gestern Abend ist es zum dritten Mal passiert. Brad hat heute Morgen angerufen, um mir zu sagen, dass es wieder das *Bib's* erwischt hat. Er und Theo sind gekommen, um mir beim Aufräumen zu helfen, obwohl ich ihm gesagt habe, dass das nicht nötig ist. Meine Mitarbeiter sollen nicht auch noch am einzigen Tag in der Woche, an dem wir geschlossen haben, herkommen müssen.

»Ich hab keins«, sage ich zu Theo.

»Weil sie hässlich ist?«

Ich werfe einen Karton mit Glasscherben in den Müllcontainer. »Sie sieht umwerfend aus und spielt in einer ganz anderen Liga als ich.«

»Na ja, das ist nicht schwer. Du spielst ja schon in der untersten«, entgegnet er trocken. »Aber sie ist doch bestimmt im Internet unterwegs?«

»Schon, aber ihre Profile sind alle privat gestellt.«

»Bist du nirgendwo mit ihr befreundet? Facebook? Instagram? Snapchat? Falls du überhaupt weißt, was Snapchat ist.«

»Ach, aber du bist Snapchat-Experte, oder was? Du hast ja noch nicht mal ein Handy.«

»Ich weiß mir zu helfen«, sagt er.

Sein Dad kommt mit neuen Müllbeuteln nach draußen. Er hält einen davon auf, und wir werfen etwas von dem herumliegenden Abfall hinein, während Theo auf der Treppe sitzen bleibt. »Ich würde ja mitmachen, aber ich bin gerade erst frisch geduscht«, sagt er.

»Du hast gestern geduscht«, sagt Brad.

»Genau, und ich bin immer noch sauber.« Theo konzentriert sich wieder auf mich. »Also? Bist du auf irgendwelchen Social-Media-Kanälen angemeldet?«

»Für so was hab ich keine Zeit.«

»Woher weißt du dann, dass sie ihre Accounts privat gestellt hat?«

Ich habe ab und zu im Netz nach Lily gesucht, was ich nur ungern zugebe, obwohl ich mir sicher bin, dass so ziemlich jeder schon mal jemanden gegoogelt hat, den er von früher kennt. »Ich hab ein bisschen recherchiert. Man muss ein Profil haben und ihr folgen, um sich ihre Seite anschauen zu können.«

»Dann leg dir ein Profil zu und folge ihr«, sagt Theo. »Ich schwöre, manchmal machst du die Dinge komplizierter als nötig.«

»Es *ist* kompliziert. Sie hat einen Ex-Mann, der mich nicht mag, und wenn er sehen würde, dass wir online befreundet sind, könnte sie Probleme bekommen.«

»Warum mag er dich nicht?«, fragt Theo.

»Wir hatten mal eine kleine Prügelei. Hier im Restaurant, um genau zu sein.«

Theos Brauen gehen nach oben. »Im Ernst? Eine echte Prügelei?«

Brad richtet sich auf. »Warte. *Das* war der Typ, mit dem Lily verheiratet war?«

»Ich dachte, du wüsstest das«, sage ich.

»Von uns wusste keiner, wer der Kerl war oder warum ihr aneinandergeraten seid. Aber das war das erste und einzige Mal, dass wir gesehen haben, wie du jemanden aus dem Restaurant geworfen hast. Jetzt verstehe ich, warum.«

Wahrscheinlich habe ich tatsächlich mit niemandem darüber geredet. Nach der Sache bin ich sofort nach Hause gefahren, weshalb mich keiner darauf ansprechen konnte. Und als ich am folgenden Montag zur Arbeit gekommen bin, haben die anderen wahrscheinlich gespürt, wie ich drauf war und dass ich immer noch keine Lust hatte, darüber zu reden.

»Wieso hast du dich mit ihm geprügelt?«, fragt Theo.

Ich werfe Brad einen Blick zu. Er weiß, was Lily durchgemacht hat. Sie hat es ihm und Darin erzählt, als sie nach dem letzten schlimmen Vorfall mit Ryle bei mir Zuflucht gesucht hat. Aber Brad scheint es mir überlassen zu wollen, ob ich Theo die Wahrheit sage. Das tue ich normalerweise immer, aber es steht mir nicht zu, über Lilys Privatleben zu sprechen.

»Ich kann mich noch nicht mal mehr erinnern«, murmle ich.

Eigentlich wäre das eine gute Gelegenheit, Theo zu vermitteln, wie man den Menschen, mit dem man eine Beziehung hat, auf gar keinen Fall behandeln sollte, aber ich möchte nicht in Lilys Abwesenheit über diesen Teil ihres Lebens sprechen. Einen Teil ihres Lebens, in den ich mich damals nicht hätte einmischen sollen, auch wenn ich es nicht einmal dann rückgängig machen würde, wenn ich es könnte. Vielleicht war es nicht besonders erwachsen, dass ich auf Ryle losgegangen bin, aber ich habe mich an dem Abend sogar noch zurückgehalten. In meinem ganzen Leben bin ich noch nie so wütend auf einen anderen Menschen gewesen – noch nicht mal auf meine Mutter oder meinen Stiefvater. Noch nicht mal auf Lilys Vater.

Die Wut, die ich empfinde, wenn mich jemand schlecht behandelt, ist nichts im Vergleich zu der Wut, die in mir aufsteigt, wenn jemand den Menschen schlecht behandelt, der mir auf dieser Welt am allerwichtigsten ist.

Mein Handy vibriert in der Hosentasche. Ich ziehe es schnell heraus und sehe, dass es Lily ist. Sie ist im Wagen unterwegs gewesen, als ich sie vor einer Stunde über FaceTime angerufen habe, und wollte sich zurückmelden, sobald sie zu Hause ist.

Seit unserem Gespräch am Freitag haben wir uns zwar mehrmals geschrieben, aber ich sehne mich danach, wieder mit ihr zu sprechen und sie dabei zu sehen.

Theo hebt den Kopf. »Ist sie das?«

Ich nicke und gehe an ihm vorbei die Treppe hoch, aber er steht auf und folgt mir.

»Ernsthaft jetzt, Theo?«, sage ich streng und drehe mich zu ihm um.

»Ich will sehen, wie sie aussieht.«

Wenn ich nicht endlich drangehe, ist der Anruf weg, also wische ich übers Display und versuche gleichzeitig, vor Theo durch die Tür zu schlüpfen. »Ich mache einen Screenshot für dich. Und jetzt geh und hilf deinem Dad.« Die Videoverbindung wird aufgebaut, während Theo sich immer noch an mir vorbei nach drinnen drängen will. »Hey«, sage ich lächelnd, als Lily im Display erscheint, und versuche, die Tür hinter mir zu schließen.

»Hey«, sagt Lily.

»Lass mich gucken«, flüstert Theo und streckt die Hand durch den Türspalt, um nach meinem Handy zu greifen.

»Warte kurz, Lily.« Ich drücke das Handy mit dem Display an meine Brust und öffne die Tür dann noch mal so weit, dass ich Theo meine andere Hand aufs Gesicht legen und ihn zum Treppenabsatz zurückschieben kann. »Brad, kümmer dich bitte um dein Kind.«

»Komm runter, Theo, und pack hier mit an«, ruft Brad.

Theo lässt die Schultern hängen, gibt sich dann endlich geschlagen und dreht sich zu seinem Vater. »Ich bin aber *frisch geduscht*«, brummt er.

Nachdem ich die Tür endgültig zugemacht habe, nehme ich das Handy wieder von der Brust. Lily lacht. »Was war das denn?«

»Nichts.« Ich flüchte mich in mein Büro und schließe sicherheitshalber hinter mir ab. »Wie war dein Tag?«, frage ich und lasse mich auf die Couch fallen.

»Gut. Wir sind gerade vom Mittagessen mit meiner Mutter und ihrem Freund zurückgekommen. Wir waren in einem echt netten kleinen Sandwich-Laden in Borden.«

»Wie geht es deiner Mutter?« Lily hat zwar erwähnt, dass ihr Vater gestorben ist, ansonsten haben wir aber noch nicht über ihre Eltern gesprochen.

»Sehr gut«, sagt sie. »Rob, der Mann, mit dem sie zusammen ist, macht sie glücklich. Manchmal fühlt es sich zwar ein bisschen komisch an, sie so verknallt zu sehen, aber ich mag ihn.«

»Wohnt sie mittlerweile auch in Boston?«

»Ja, sie ist nach dem Tod meines Vaters hierhergezogen, um in meiner Nähe zu sein.«

»Das ist schön. Ich bin froh, dass du Familie hier hast.«

»Was ist mit dir? Lebt dein Onkel noch in Boston?«

Mein Onkel?

Oh, stimmt. Ich reibe mir über den Nacken. »Ach so, ja. Mein Onkel …« Ich kann mich noch nicht mal mehr richtig an die Lügengeschichte erinnern, die ich ihr damals erzählt habe. »Mein Onkel ist gestorben, als ich neun war, Lily.«

Sie runzelt verwirrt die Stirn. »Aber du bist doch mit achtzehn zu einem Onkel von dir gezogen, der in Boston gelebt hat. Deswegen bist du damals aus Maine weggegangen.«

Ich seufze und wünsche mir, ich könnte in die Vergangenheit zurückkehren, um all das nachzuholen, was ich damals versäumt habe. Um die Dinge richtigzustellen, die ich zu ihr gesagt oder aus Rücksicht auf ihre Gefühle nicht gesagt habe. Aber wer würde nicht gern in seine Jugend zurückreisen und ein paar Sachen anders machen? »Ich habe dich damals angelogen. Ich hatte zu dem Zeitpunkt keinen Onkel in Boston.«

»Was?« Sie schüttelt immer noch den Kopf. »Bei wem hast du dann gewohnt?«

»Bei niemandem. Ich hätte mich nicht ewig jeden Abend heimlich in dein Zimmer schleichen können. Ich wusste, dass das nicht gut ausgehen würde, und außer dir gab es in Plethora niemanden, der mir wirklich hätte weiterhelfen können. In Boston gab es Anlaufstellen und verschiedene Hilfsangebote. Das mit meinem Onkel habe ich dir nur erzählt, damit du dir keine Sorgen um mich machst.«

Lily lässt den Kopf in den Nacken fallen und schließt einen Moment die Augen. »Ach, Atlas.« Ihre Stimme klingt mitfühlend. Als sie die Augen wieder öffnet und mich ansieht, schimmern sie verdächtig. »Ich weiß gar nicht, was ich sagen soll. Ich dachte, du hättest hier Familie.«

»Tut mir leid, ich wollte dich nicht anlügen. Ich wollte dir nur ersparen, dass …«

»Du brauchst dich nicht zu entschuldigen«, unterbricht sie mich. »Du hast dich damals richtig entschieden. Der Winter stand vor der Tür und womöglich hättest du dir in diesem Abbruchhaus den Tod geholt.« Sie lächelt. »Ich kann mir noch nicht mal ansatzweise vorstellen, wie hart das gewesen sein muss. In dem Alter nach Boston zu ziehen, mit nichts in der Hand. Ganz allein.«

»Es ist gut ausgegangen«, sage ich und grinse schief, um sie aus ihren düsteren Gedanken zu holen. »Alles ist gut ausgegangen. Ich meine, schau, wo wir heute stehen.«

»Ja.« Sie lächelt. »Wo bist du gerade? Ist das ein Büro?«

»Ja, genau.« Ich wechsle die Kameraansicht und zeige ihr den Raum. »Viel passt nicht rein. Eigentlich nur eine Couch und ein Computer, aber die meiste Zeit bin ich sowieso in der Küche.«

»Bist du gerade im *Bib's*?«

»Ja. Sonntags haben beide Restaurants geschlossen. Ich bin bloß hier, um ein bisschen aufzuräumen.«

»Ich bin schon total gespannt auf das *Corrigan's*. Können wir bei unserem Date nächsten Samstag dort essen?«

Ich lache. »Auf keinen Fall. Meine Mitarbeiter interessieren sich viel zu sehr für mein Privatleben.«

Sie grinst. »Lustig, ich interessiere mich nämlich auch für dein Privatleben.«

»Ich will wie ein offenes Buch für dich sein. Was möchtest du wissen?«

Sie denkt kurz nach. »Ich würde gern mehr über dein Umfeld erfahren. Damals hattest du praktisch niemanden, aber jetzt bist du erwachsen, hast zwei Restaurants, Freunde und ein Leben, über das ich so gut wie nichts weiß. Wer sind deine Leute, Atlas Corrigan?«

Ich weiß nicht, was ich darauf antworten soll, deswegen lache ich bloß.

Aber sie bleibt ernst, und ich begreife, dass sie die Frage eher aus Sorge um mich als aus Neugier gestellt hat. Ich lächle beruhigend. »Ich habe gute Freunde«, sage ich. »Ein paar davon hast du ja damals bei mir zu Hause kennengelernt. Okay, ich habe keine Familie, aber das empfinde ich nicht als Mangel. Ich mag meine Arbeit und mein Leben.« Ich halte kurz inne und sage dann etwas, das ich – wie mir in dem Moment klar wird – auch wirklich absolut so meine. »Ich bin glücklich, falls es das ist, was du dich fragst.«

Um ihre Lippen zuckt ein kleines Lächeln. »Gut. Ich wollte immer wissen, was aus dir geworden ist. Ich habe versucht, dich im Netz zu finden, hatte aber kein Glück.«

Ich muss an das denken, worüber Theo und ich uns eben unterhalten haben, und lache. »Ja. Ich hab es nicht so mit den sozialen Netzwerken.« Theo würde es garantiert nicht gutheißen, wenn ich Lily gestehen würde, dass ich mich jeden Tag dort rumtreiben würde, wenn ihre Accounts nicht privat wären. »Die Restaurants haben natürlich beide eine eigene Webseite, die wird aber von einem Mitarbeiter verwaltet.« Ich lasse den Kopf ins Polster der Couch sinken. »Mir fehlt dafür einfach die Zeit. Vor ein paar Monaten habe ich mir TikTok runtergeladen – schwerer Fehler. Ich bin die halbe Nacht nicht davon losgekommen und hab am nächsten Morgen ein Meeting verpasst. Danach hab ich es wieder gelöscht.«

Lily lacht. »Ich würde sonst was dafür geben, dir dabei zuzuschauen, wie du TikTok-Videos machst.«

»Wird nie passieren.«

Lilys Aufmerksamkeit ist für einen Moment abgelenkt. Sie richtet sich in ihrem Bett auf. »Warte, ich muss kurz mein Handy hinlegen.« Das Bild wackelt, und als es wieder scharf wird, sehe ich, wie sie sich Emerson von einer Brust an die andere legt. Der Moment ist so schnell vorbei, dass ich kaum etwas mitbekomme. Aber ich bin mir sicher, dass sie keine Ahnung hat, dass die Kamera die ganze Zeit auf ihren Oberkörper gerichtet ist und ihr das wahnsinnig unangenehm wäre.

Prompt fällt ihr Blick aufs Handy. Sie reißt die Augen auf, dann wird das Display schwarz. Als ihr Gesicht wieder auftaucht, hält sie eine Hand vor die Augen und späht zwischen den Fingern hindurch. »Tut mir leid!«

»Was tut dir leid?«

»Ich glaub, du hast mich gerade kurz halb nackt gesehen.«

»Stimmt, aber dafür musst du dich nicht entschuldigen. Ich sollte mich bei dir bedanken.«

Lily lacht. »Nichts, was du nicht schon mal gesehen hättest«, sagt sie mit einem verlegenen Achselzucken, das wahnsinnig süß ist. Sie rückt das Kissen zurecht, das unter ihrem Arm liegt, um Emerson zu stützen. »Ich versuche gerade, sie abzustillen. Mittlerweile sind wir bei einmal am Tag, aber sonntags ist es schwer, dabei zu bleiben, weil ich da den ganzen Tag mit ihr zusammen bin.« Sie schüttelt den Kopf. »Sorry. Du bist bestimmt nicht an solchen Details interessiert.«

»Mir fällt kein einziges Thema ein, mit dem du mich langweilen könntest.«

»Das sagst du jetzt. Warte es ab, bis zu unserem Date fällt mir bestimmt noch eins ein«, sagt sie, als ginge es hier um eine Challenge. Ihr Blick wandert nach unten. Auch wenn ich Emerson nicht mehr sehen kann, weiß ich, dass Lily sie anschaut, weil sie immer nur dann auf diese besondere Weise lächelt, wenn sie über ihre Tochter spricht. Dieses stolze, fast ehrfürchtige Lächeln mag ich an ihr ganz besonders.

»Sie schläft ein«, flüstert Lily. »Ich sollte Schluss machen.«

»Ja, ich auch.« Ich will Brad und Theo nicht alles allein aufräumen lassen.

»Ich könnte dich später noch mal anrufen, wenn das für dich okay wäre«, sagt Lily.

»Mehr als okay.« Mir fällt ein, dass ich Theo einen Screenshot von ihr versprochen habe. Als ich die Kamera auslöse und das verräterische Klicken ertönt, legt Lily den Kopf schräg.

»Hast du etwa gerade …«

»Ich wollte ein Foto von dir«, sage ich schnell. »Bis später, Lily.« Ich beende die Verbindung und würde am liebsten im Erdboden versinken. Mir war nicht bewusst, dass sie das Geräusch hören würde. Wehe, Theo weiß das nicht zu schätzen.

Als ich in die Küche komme, ist Brad gerade dabei, den Boden zu fegen. Ich bleibe verdutzt stehen. Die Küche wird jeden Abend nach Restaurantschluss eigentlich blitzblank geputzt. »Hat die Truppe von gestern Abend den Boden vergessen?«

»Nein, nein, alles tipptopp. Ich tue nur so, als würde ich fegen.«

Als Brad mein verwirrtes Gesicht sieht, schiebt er hinterher: »Ich wollte, dass Theo sich allein um das restliche Chaos da draußen kümmert, weil er sich vorhin so davor gedrückt hat. Erziehungsmaßnahme.«

»Ah. Verstehe.« Ich verstehe es zwar *nicht*, lasse Brad aber weiter den sauberen Küchenboden fegen und gehe wieder nach draußen.

Theo hebt mit spitzen Fingern und angewidertem Gesicht eine schmierige Verpackung vom Boden auf. »Das ist so ekelhaft«, sagt er, als er sie in den Müllbeutel fallen lässt. »Du solltest einen privaten Sicherheitsdienst oder so was anheuern, das nimmt hier echt überhand.«

Die Idee ist gar nicht so schlecht.

Ich halte Theo das Handy hin, um ihm den Screenshot von Lily zu zeigen.

Er zieht die Brauen hoch. »*Das* ist Lily?«

»Das ist Lily.« Ich stecke das Handy wieder ein und nehme Theo den Müllbeutel ab.

»Jetzt ist alles klar.« Er lässt sich auf eine der Stufen fallen.

»Was ist klar?«

»Warum du in ihrer Nähe einen Knoten in der Zunge hast und so bescheuertes Zeug von dir gibst.«

Ich finde nicht, dass die Dinge, die ich zu Lily sage, bescheuert sind, aber in einem Punkt gebe ich ihm vollkommen recht. Sie ist so schön, dass ich manchmal tatsächlich einen Knoten in der Zunge habe. »Ich kann es nicht erwarten, bis du endlich anfängst zu daten«, sage ich. »Ich werde dir das Leben so dermaßen schwer machen.«

10.

LILY

»Mom, alles okay. Wirklich«, sage ich, das Handy zwischen Ohr und Schulter geklemmt. »Ich stehe gerade schon vor Allysas Haus, gar kein Problem.«

»Bist du sicher? Rob ist eben zurückgekommen und meint, dass er gerne auf sie aufpassen kann.«

»Nein, Rob muss schon auf dich aufpassen.«

»Na gut. Richte Emmy aus, dass es ihrer Nannie sehr leidtut.«

»*Nannie*? So sollen wir dich ab jetzt nennen, ja?«

»Wir können es zumindest mal probieren«, sagt sie. »Ich finde, *Grandma* macht mich so alt.«

Seit Emmy auf der Welt ist, hat meine Mutter schon vier verschiedene Namensvarianten für ihren neuen Status als Großmutter getestet, sich bisher aber mit keiner davon wohlgefühlt. »Okay, ich hab dich lieb, Mom. Gute Besserung.«

»Ich hab dich auch lieb.«

Ich stecke das Handy weg und hebe Emmy aus dem Kindersitz. Als ich auf das Apartmentgebäude zugehe, stelle ich erleichtert fest, dass Ryles Wagen nicht auf seinem Parkplatz steht. Eigentlich hatte ich nicht geplant, heute herzukommen und Allysa zu bitten, sich um Emmy zu kümmern.

Aber als ich sie gestern von meiner Mutter abgeholt habe, hatte sie erhöhte Temperatur und ist um zwei Uhr nachts mit richtig Fieber aufgewacht. Zum Glück ist es bis zum Morgen wieder runtergegangen, sodass ich sie zu meiner Mutter bringen konnte, bevor ich in den Laden gefahren bin. Nur hat es dann Mom leider nachmittags mit voller Wucht erwischt und ich musste Emmy während der Arbeitszeit wieder abholen. Eigentlich war ich mir sicher, dass ich mein Date mit Atlas heute Abend verschieben muss, aber Allysa hat mich gerettet.

Ich habe ihr nicht gesagt, was ich vorhabe, sondern nur eine Nachricht geschickt und gefragt, ob sie eventuell ein paar Stunden auf Emmy aufpassen könnte, weil meine Mutter krank sei. Ihre Antwort bestand aus drei Wörtern.

Her mit ihr

Natürlich habe ich sie gewarnt, dass Emmy letzte Nacht Fieber hatte, aber Emmy und Rylee verbringen so viel Zeit miteinander, dass wir uns mittlerweile keine Sorgen mehr darüber machen, ob sie sich gegenseitig anstecken. Womöglich hat Emmy sich das Fieber ja sogar ursprünglich bei Rylee geholt.

Als ich oben aus dem Aufzug steige, erwartet Allysa uns schon und streckt die Arme nach Emerson aus. »Komm an mein Herz«, ruft sie und drückt sie an sich. »Emmy riecht immer so gut. Rylee riecht gar nicht mehr nach Baby.« Dann stößt sie die Tür weiter auf und winkt mich herein. Als ich die Wickeltasche abstelle und mich aufrichte, mustert Allysa mich mit großen Augen. »Stopp mal.« Sie deutet mit dem Zeigefinger auf mich. »Wieso bist du so aufgestylt? Was hast du vor? Warum soll ich Emmy heute Abend nehmen?«

Eigentlich wollte ich ihr nicht sagen, mit wem ich mich treffe, aber Allysa kennt mich nun mal besser als jeder andere und interpretiert meine schuldbewusste Miene natürlich sofort richtig.

»Ist das ein … *Date*-Outfit?«, flüstert sie und schließt die Tür. »Triffst du dich etwa mit dem griechischen Gott?«

»Mit Atlas. Ja. Aber erzähl es bitte nicht deinem Bruder.«

Ich drehe mich um und erstarre, als ich in der Tür zum Wohnzimmer Marshall stehen sehe, der sich aber sofort die Ohren zuhält. »Ich hab nichts gehört. Ich hab nichts gesehen. Lalalalalala.« Singend geht er an uns vorbei durch den Eingangsbereich in die Küche.

Allysa wedelt mit der Hand. »Du weißt ja, Marshall ist die personifizierte Neutralität. Wegen ihm musst du dir keine Sorgen machen.« Sie macht mir ein Zeichen, ihr ins Wohnzimmer zu folgen, wo Rylee in der Spielecke auf einer Decke liegt. »Rylee! Schau mal, wer da ist!«

Rylee strahlt über das ganze Gesicht, als Allysa Emmy neben sie setzt. Die Mädchen erkennen sich inzwischen und glucksen immer vor Freude, wenn sie sich sehen. Ich finde es toll, dass die beiden nur sechs Monate auseinander sind. Je älter Emmy wird, desto weniger fällt der Altersunterschied ins Gewicht.

»Wo geht ihr denn hin?«

Ich streiche meinen seidenen Jumpsuit glatt und zupfe einen Fussel ab. »In irgendein Restaurant, aber ich weiß nicht, in welches. Hoffentlich bin ich nicht overdressed.«

»Ist das heute euer erstes Date? Du wirkst so nervös.«

»Ja, ist es, und ja, ich *bin* nervös. Aber auf eine gute Art. Nicht, wie wenn man einen ganzen Abend mit einem praktisch Fremden verbringen muss. Ich kenne Atlas ja schon so lange.«

Allysa betrachtet mich liebevoll. »Du freust dich auf den Abend«, stellt sie fest. »So strahlend hab ich dich schon seit Ewigkeiten nicht mehr erlebt. Ich hab diese Seite an dir vermisst.«

»Ja, ich auch.« Ich gehe in die Hocke und drücke erst Emmy und dann Rylee einen Kuss auf die Stirn. »Ich muss noch mal zum Laden zurück, um für Lucy abzuschließen. Atlas holt mich dann gleich dort ab. Ich schätze, ich bin so gegen halb zehn wieder da. Vielleicht schaffst du es ja, Emmy bis dahin wach zu halten, damit sie danach durchschläft.«

»Warum willst du denn schon so früh wiederkommen? Macht euch doch einen richtig schönen Abend.«

»Ich hab letzte Nacht kaum ein Auge zugetan und bin total erledigt. Aber ich wollte ihm auch nicht absagen und versuche einfach, ein paar Stunden durchzuhalten.«

»Oh Mann. Mutterschicksal.« Allysa verdreht die Augen. »Ich halte die Kleine wach. Amüsier dich. Trink einen Kaffee oder irgendeinen Energydrink.«

Ich lächle bloß matt, weil das kaum helfen wird. Ich kann die ganzen Tassen Kaffee, die ich heute getrunken habe, schon gar nicht mehr zählen. »Hab dich lieb. Danke, dass du mich gerettet hast«, sage ich auf dem Weg nach draußen.

»Dafür bin ich schließlich da«, ruft Allysa mir hinterher.

11.

ATLAS

Obwohl ich dafür gesorgt habe, dass das *Bib's* heute Abend mit der kompletten Mannschaft arbeitet, habe ich bei den Vorbereitungen in der Küche geholfen, damit die Zeit schneller rumgeht. Blöd nur, dass meine Finger jetzt total nach Knoblauch riechen. Alles Schrubben hat nichts geholfen, und wenn ich jetzt nicht losfahre, komme ich zu spät.

Weil wir es ja *ganz langsam* angehen lassen, hole ich Lily nicht zu Hause ab, sondern im Laden. Ich habe keine Ahnung, ob sie noch in dem Apartment wohnt, in dem ich vor fast zwei Jahren einmal war, als sie mich verzweifelt angerufen und um Hilfe gebeten hat. Das ist in unseren Gesprächen bisher aus irgendeinem Grund nie Thema gewesen. Wahrscheinlich weiß sie gar nicht, dass ich das Haus, das sie kennt, Anfang des Jahres verkauft habe und in die Stadt gezogen bin. Ich bin gespannt, wie weit wir jetzt voneinander entfernt wohnen.

»Ich rieche Aftershave«, sagt Darin, als er auf dem Weg zur Kühlkammer an mir vorbeigeht. Er bleibt stehen und mustert mich von oben bis unten. »Wieso riechst du nach Aftershave? Und warum bist du so schick angezogen?«

Ich schnüffle an meinen Fingern. »Ich rieche nicht nach Knoblauch?«

»Nein, du riechst, als würdest du mit jemandem ausgehen. Haust du ab?«

»Yep. Bin aber kurz vor Restaurantschluss wieder da. Ich will über Nacht hierbleiben und schauen, ob ich unseren Vandalen auf frischer Tat ertappen kann.«

Die letzten paar Tage ist es ruhig gewesen, aber gestern Abend ist es zum vierten Mal passiert. Allerdings war der Schaden diesmal nicht besonders groß. Es wurde bloß wieder mal der Inhalt unserer Mülltonnen durch die Gegend geschmissen. Das ist um einiges einfacher wieder in Ordnung zu bringen, als die Graffiti vom Gebäude zu entfernen oder neue Fenster einsetzen zu lassen. Brad hat Theo auch weiterhin dazu verdonnert, beim Aufräumen zu helfen. Vielleicht sollte ich ihm mal den Tipp geben, sich nicht so sehr dagegen zu sträuben, dann lässt sein Vater die Zügel nämlich garantiert ein bisschen lockerer.

Ich hoffe wirklich, dass ich den Randalierer heute Nacht zur Rede stellen kann, um herauszufinden, warum er das macht. Es wäre mir nach wie vor lieber, die Polizei nicht einzuschalten. Meiner Erfahrung nach lassen sich eigentlich die meisten Dinge in einem offenen und ehrlichen Gespräch klären, allerdings habe ich keine Ahnung, mit wem ich es zu tun habe.

Darin geht an mir vorbei und raunt: »Mit wem triffst du dich? Mit Lily?«

Ich trockne mir die Hände an einem Geschirrtuch ab und nicke.

Er läuft lächelnd weiter. Es ist ein gutes Gefühl, dass meine Freunde Lily mögen. Nach dem Pokerabend damals haben sie noch ein paarmal nach ihr gefragt, aber wohl schließlich gespürt, wie sehr mir das Ganze zu schaffen machte. Ich wollte nicht über Lily reden, weil sie kein Teil von meinem Leben war.

Aber genau das könnte sich jetzt wieder ändern. *Vielleicht*. Natürlich bin ich deswegen nervös. Mir ist vollkommen bewusst, wie viel Lily riskiert, wenn sie sich heute Abend mit mir trifft. Sollte sich etwas zwischen uns entwickeln, könnte sie dadurch richtig Probleme mit Ryle bekommen. Das ist der Grund, warum ich vor zwei Stunden angefangen habe, mich total unter Druck zu setzen, um alles richtig zu machen, damit unser Date für sie das Risiko wert ist.

Dass ich rieche, als wollte ich eine Horde Vampire in die Flucht schlagen, war allerdings nicht Teil meines Plans.

Fünf Minuten vor sechs biege ich auf den Parkplatz. Lily muss schon auf mich gewartet haben. Kaum habe ich den Wagen abgestellt, kommt sie aus ihrem Laden und schließt die Tür hinter sich ab.

Ihr Anblick macht mich noch nervöser. Sie sieht unglaublich toll aus in ihrem schwarzen Jumpsuit und den hohen Schuhen. Während wir aufeinander zugehen, zieht sie ihre Jacke an, dann stehen wir uns gegenüber.

Ich gebe ihr zur Begrüßung einen Kuss auf die Wange. »Du siehst umwerfend aus«, sage ich und könnte schwören, dass sie leicht rot wird.

»Wirklich? Ich habe letzte Nacht kein Auge zugemacht und das Gefühl, wie neunzig auszusehen.«

»Was war los?«

»Emmy hatte die ganze Nacht Fieber. Heute geht es ihr besser, aber …« Lily gähnt. »Tut mir leid. Ich hab gerade einen Kaffee getrunken, kann nicht mehr lange dauern, bis er wirkt.«

»Kein Problem. Ich bin zwar nicht müde, stinke dafür aber nach Knoblauch.«

»Ich mag Knoblauch.«

»Das ist gut.«

Lily lehnt sich etwas zurück und schaut an sich hinunter. »Ich war mir nicht sicher, was ich anziehen soll. Du wolltest mir ja nicht verraten, wo wir hingehen.«

»Ich war selbst noch nie dort. Aber ich habe das Gefühl, du bist genau richtig angezogen.« Das Restaurant, das ich ausgesucht habe, ist noch relativ neu, und ich wollte es unbedingt mal testen. Die Fahrt dorthin dauert zwar sicher eine Dreiviertelstunde, aber die Zeit können wir nutzen, um uns gegenseitig ein bisschen auf den neuesten Stand zu bringen.

»Bevor wir losfahren, muss ich noch kurz zu meinem Wagen«, sagt Lily. »Ich hab dir nämlich was mitgebracht.«

Ich folge ihr zu ihrem Auto, wo sie etwas von der Ablage nimmt. Als sie es mir hinhält, muss ich lächeln. »Dein Tagebuch?« Gestern Abend hat sie noch eine Passage daraus vorgelesen, aber dann wurde es ihr zu peinlich, und sie hat mittendrin aufgehört.

»Eins davon. Und nicht in meiner Gegenwart reinschauen. Ob du mehr zu sehen kriegst, hängt ganz davon ab, wie der Abend läuft.«

»Nur kein Druck.« Wir gehen zu meinem Wagen und ich öffne ihr die Beifahrertür. Beim Einsteigen gähnt sie wieder.

Sie wirkt wirklich total erschöpft und ich kriege ein schlechtes Gewissen. Ich habe keine Ahnung, was es bedeutet, sich um ein Kind zu kümmern, und vielleicht braucht sie jetzt eher Schlaf als ein Date mit mir. »Wenn du lieber nach Hause und ins Bett möchtest, können wir uns auch nächstes Wochenende sehen«, sage ich, bevor ich vom Parkplatz fahre, weil ich kein gedankenloser Egoist sein will.

»Es gibt nichts, was ich heute Abend lieber tun würde, als Zeit mit dir zu verbringen, Atlas. Schlafen kann ich noch, wenn ich tot bin.« Sie schnallt sich an. »Du riechst übrigens echt nach Knoblauch.«

Ich glaube, sie will mich bloß ärgern. Das ist eine Seite, die ich schon früher wahnsinnig an Lily gemocht habe – dass sie Humor hat und es selbst dann schafft, Leichtigkeit zu verbreiten, wenn alles um sie herum schwer ist. Es ist genau diese Stärke, die ich an ihr bewundert habe, als sie damals in der Notaufnahme von ihrer Schwangerschaft erfahren hat. Ich weiß, dass das einer der absoluten Tiefpunkte in ihrem Leben war, und trotzdem hat sie in den Tagen danach nie ihr Lächeln verloren und an dem Pokerabend damals sogar meine Freunde mit ihrem Humor beeindruckt.

Jeder geht anders mit Stress um, und jede Methode hat wohl ihre Berechtigung, aber Lily zeigt unter Druck innere Größe. Und zufälligerweise ist diese Größe eine der Eigenschaften, die ich an anderen Menschen am anziehendsten finde.

»Wie hast du es überhaupt geschafft, dir an einem Samstagabend freizunehmen?«, fragt Lily.

Ich würde sonst was dafür geben, jetzt nicht am Steuer sitzen und auf den Verkehr achten zu müssen, sondern sie anschauen zu können, während wir reden. Ich habe sie noch nie als so … weiblich? … empfunden. Ist das ein Kompliment? Keine Ahnung. Ich spreche es besser nicht laut aus, für den Fall, dass es keins ist. Aber als Lily und ich uns verliebt haben, waren wir gefühlt fast noch Kinder. Und heute sind wir Erwachsene. Wir sind Erwachsene, die sich eine eigene berufliche Existenz aufgebaut haben, und sie ist nicht nur ihr eigener Boss, sondern auch noch Mutter. Eine starke, unabhängige Frau. *Das finde ich unfassbar sexy.*

Natürlich waren wir auch vor knapp zwei Jahren schon erwachsen, aber damals war sie theoretisch noch mit Ryle zusammen, weshalb es sich nicht richtig angefühlt hätte, so an sie zu denken, wie ich es jetzt tue. *Erst jetzt kann ich mir eingestehen, dass ich sie … immer noch will.*

Ich halte den Blick weiter auf die Straße gerichtet und zwinge meine Gedanken in eine andere Richtung, um die Gesprächspause nicht noch länger werden zu lassen, bin zu meiner eigenen Überraschung aber immer noch extrem aufgeregt und nervös.

»Wie habe ich es geschafft, mir freizunehmen«, wiederhole ich, als würde ich über ihre Frage nachdenken und nicht gegen das übermächtige Bedürfnis ankämpfen, sie anzuschauen. »Ich beschäftige eben zuverlässige Leute.«

Lily lächelt. »Arbeitest du an den Wochenenden immer?«

Ich nicke. »Normalerweise nehme ich mir sonntags frei, wenn wir sowieso zuhaben. Manchmal auch montags.«

»Was gefällt dir an deiner Arbeit am meisten?«

Sie hat heute Abend eine Menge Fragen. Ich werfe ihr einen Blick von der Seite zu und lächle. »Die Restaurantbewertungen zu lesen.«

Sie schnaubt verblüfft. »Sorry, aber hast du gerade *Restaurantbewertungen* gesagt? Du liest die Bewertungen für deine eigenen Restaurants?«

»Jede einzelne.«

»*Was?* Oh mein Gott, so was wie Unsicherheit kennst du gar nicht, oder? Ich überlasse es Serena, sich um unsere Social-Media-Kanäle zu kümmern, damit ich *keine* Bewertungen lesen muss.«

»Die Bewertungen für deinen Laden sind großartig.«

Sie dreht sich praktisch mit ihrem ganzen Körper im Sitz zu mir. »Du liest die Bewertungen, die *mein* Laden kriegt?«

»Ich lese die Bewertungen von allen Leuten, die ich kenne, die ein eigenes Business haben. Findest du das schräg?«

»Na ja. Es ist jedenfalls nicht *nicht* schräg.«

Ich setze den Blinker. »Es macht mir einfach Spaß. Die Bewertungen sagen ja auch etwas über mich als Geschäftsinhaber aus, und mich interessiert, was die Leute von meinen Restaurants halten. Ist die Kritik konstruktiv, finde ich das total hilfreich. Im Vergleich zu vielen anderen Restaurantchefs fehlt es mir noch an Erfahrung und durch Kritik kann man einiges lernen.«

»Und was lernst du, wenn du die Kritiken über die Geschäfte *anderer* Leute liest?«

»Eigentlich nichts. Die finde ich einfach unterhaltsam.«

»Habe ich auch schlechte Bewertungen?« Lily lehnt sich wieder in ihren Sitz zurück und schaut nach vorn. »Egal, ich will es gar nicht wissen. Ich rede mir lieber ein, dass ich nur gute bekomme und alle meine Sträuße toll finden.«

»Und genau so ist es auch.«

Ich werfe ihr einen kurzen Blick zu und sehe, wie sie versucht, ein Lächeln zu unterdrücken. »Was magst du an deinem Job am *wenigsten*?«, fragt sie.

Ich finde es schön, dass sie keine Scheu hat, neugierig zu sein. Das erinnert mich an die vielen Nächte, in denen wir wach nebeneinander im Bett lagen und sie mich mit Fragen über mich und mein Leben gelöchert hat. »Bis letzte Woche waren das definitiv die Inspektionen vom Gesundheitsamt«, antworte ich. »Die sind immer extrem anstrengend.«

»Und was ist seit letzter Woche anders?«

»Die Graffiti und die Verwüstungen.«

»Ist es schon wieder passiert?«

»Zweimal diese Woche.«

»Und du weißt immer noch nicht, wer dahintersteckt?«

Ich schüttle den Kopf. »Nein, keine Ahnung.«

»Hast du vielleicht irgendwelche Ex-Freundinnen, die nicht gut auf dich zu sprechen sind?«

»Nein, das glaube ich nicht. Dafür ist keine von ihnen wirklich der Typ.«

Lily schlüpft aus ihren Schuhen und zieht einen Fuß auf den Sitz. »Wie viele ernsthafte Beziehungen hattest du?«

Okay, sie schlägt eine neue Richtung ein. »Definiere *ernsthaft*.«

»Ich weiß nicht. Länger als zwei Monate?«

»Eine«, sage ich.

»Wie lange wart ihr zusammen?«

»Knapp über ein Jahr. Ich hab sie während meiner Zeit bei den Marines kennengelernt.«

»Warum habt ihr euch getrennt?«

»Wir sind zusammengezogen.«

»Das war der Trennungsgrund?«

»Irgendwie ist uns erst in dem Moment, als wir zusammengewohnt haben, richtig klar geworden, dass wir gar nicht zusammenpassen. Vielleicht standen wir auch einfach an komplett unterschiedlichen Punkten in unserem Leben. Mir war es damals vor allem wichtig, beruflich weiterzukommen, und ihr, welche Klamotten sie in irgendwelche angesagten Clubs anziehen soll, in die ich nie mitgekommen bin, weil ich zu müde war. Nach meiner Zeit bei der Army bin ich wieder nach Boston gegangen, sie ist geblieben und mit zwei Freundinnen zusammengezogen.«

Lily lacht. »Ich kann mir dich nicht in einem Club vorstellen.«

»Eben. Was wahrscheinlich der Grund dafür ist, dass ich Single bin.« Bevor ich die Frage an sie zurückgeben kann, kriege ich einen Anruf aus dem *Corrigan's* aufs Handy. »Sorry, da muss ich kurz ran«, entschuldige ich mich.

»Kein Problem.«

Ich nehme den Anruf über Kopfhörer an. Es geht um ein Problem mit der Kühlkammer, wegen dem ich noch zwei weitere Anrufe erledigen muss, bevor sich ein Reparaturdienst auf den Weg ins Restaurant macht. Als ich endlich wieder zu Lily rüberschauen kann, sehe ich, dass sie eingeschlafen ist. Ihr Kopf ist auf ihre Schulter gesunken und sie gibt sehr süße Schnarchgeräusche von sich.

Tja, der Kaffee scheint doch nicht gewirkt zu haben.

Ich lasse sie die restliche Fahrt zum Restaurant schlafen. Um zehn vor sieben biege ich auf den Parkplatz. Mittlerweile ist es dunkel, und das Restaurant sieht gut besetzt aus, aber wir haben noch ein paar Minuten, bevor wir reinmüssen, um meine Reservierung zu bestätigen, also lasse ich Lily noch ein bisschen weiterschlafen.

Ihr Schnarchen ist so bezaubernd wie sie selbst. Ganz zart, fast nicht zu hören. Ich nehme ein kurzes Video von ihr auf, um sie später damit zu necken, dann drehe ich mich zur Rückbank und zögere kurz, bevor ich nach dem Tagebuch greife, das sie mir mitgebracht hat. Sie hat zwar gesagt, ich soll es nicht in ihrer Gegenwart lesen, aber genau genommen tue ich das ja auch nicht. Sie schläft.

Ich schlage es auf und beginne zu lesen.

Obwohl ich mir nicht sicher bin, ob das wirklich okay ist, kann ich nach dem ersten Eintrag nicht anders, als weiterzulesen.

Nach dem dritten Eintrag gehe ich auf die Webseite des Restaurants und storniere unsere Reservierung. Wenn wir es noch halbwegs pünktlich schaffen wollten, müsste ich sie jetzt sofort wecken. So freut sich bestimmt jemand über unseren frei gewordenen Tisch, und Lily kann ein bisschen von dem Schlaf nachholen, den sie offensichtlich dringend braucht.

Außerdem will ich weiterlesen. Wenn sie aufwacht, fahren wir zum Essen einfach woandershin.

Jedes Wort, das sie geschrieben hat, versetzt mich in die Zeit damals zurück. Viele Stellen wecken in mir das Bedürfnis, über das, was sie schreibt und *wie* sie es schreibt, laut zu lachen, aber ich verkneife es mir, um sie nicht zu wecken.

Irgendwann komme ich zu einem Abschnitt, von dem ich mir fast sicher bin, dass er mit unserem ersten Kuss endet. Ich werfe einen Blick auf die Uhr. Seit unserer Ankunft sind dreißig Minuten vergangen, aber Lily schläft immer noch tief und fest, und ich kann jetzt nicht mittendrin aufhören. Also blättere ich zur nächsten Seite um und hoffe, dass sie noch so lange schläft, dass ich den Eintrag zu Ende lesen kann.

»… Ich muss dir was erzählen«, sagte er auf einmal, und ich habe die Luft angehalten, weil ich nicht wusste, was jetzt kommen würde.

»Heute habe ich mit meinem Onkel telefoniert. Er lebt in Boston. Als Kind haben meine Mutter und ich ein paar Jahre bei ihm gewohnt. Er hat einen Montagejob und ist viel unterwegs, aber er meint, dass ich zu ihm kommen und bei ihm wohnen kann.«

Ich weiß, ich hätte mich für ihn freuen sollen. Ich hätte lächeln und ihn beglückwünschen sollen. Aber das habe ich nicht geschafft. In dem Moment habe ich mich total unreif und wirklich wie ein Kind gefühlt, weil ich die Augen zugekniffen habe und mir selbst leidtat.

»Und? Ziehst du zu ihm?«, habe ich nach einer Weile gefragt.

Atlas hat mit den Schultern gezuckt. »Ich weiß es nicht. Ich wollte erst mit dir darüber reden.«

Er war mir so nah. Ich konnte seinen warmen Atem spüren. Er roch nach Minze, und ich habe mich gefragt, ob er sich die Zähne putzt, bevor er zu mir rüberkommt. Ich gebe ihm immer ein paar Flaschen Wasser mit, wenn er geht. Vielleicht benutzt er das.

Ich zupfte eine halb herausstehende Daunenfeder aus dem Kissen und drehte sie zwischen den Fingern, während ich überlegte, was ich sagen sollte.

»Es wäre total super für dich, wenn du bei ihm wohnen könntest, aber was ist mit der Schule?«, habe ich schließlich gefragt.

»Ich könnte meinen Abschluss in Boston machen«, sagte er.

Ich habe nur genickt, weil sich das anhörte, als hätte er die Entscheidung schon getroffen. »Und wann würdest du nach Boston gehen?«

Ich weiß nicht genau, wie weit Boston weg ist. Wahrscheinlich nur ein paar Stunden, aber wenn man kein Auto hat, könnte es genauso gut am anderen Ende der Welt liegen.

»Das weiß ich noch nicht.«

Ich ließ die Daunenfeder aufs Kissen segeln. »Und wovon hängt das ab? Ich meine, ist doch toll, dass dein Onkel dir anbietet, bei ihm zu wohnen, oder?«

Atlas hat die Lippen zusammengepresst und genickt. Dann hat er die Daunenfeder genommen und auch angefangen, sie zwischen den Fingern hin und her zu drehen. Er hat sie wieder aufs Kissen gelegt, und als Nächstes hat er etwas getan, womit er mich total überrascht hat. Er hat mir über die Lippen gestrichen.

Oh Gott, Ellen. Ich habe noch nie so viel auf einmal gespürt wie in diesem Moment. Es war so unfassbar schön, dass ich gedacht habe, ich muss sterben. Atlas hat die Finger ein paar Sekunden auf meinen Lippen liegen lassen, und dann hat er gesagt: »Danke, Lily. Danke für alles.« Er hat mir über die Haare gestreichelt, sich vorgebeugt und mich auf die Stirn geküsst. Ich hatte das Gefühl, keine Luft mehr zu kriegen, und konnte mich selbst laut atmen hören. Dann hat er sich auf die Ellbogen gestützt und auf mich runtergeschaut. »Bist du schon mal geküsst worden, Lily?«

Ich habe den Kopf geschüttelt und ihm das Gesicht entgegengehoben, weil ich in dem Moment wusste, dass sich das unbedingt ändern muss, sonst hätte ich womöglich nie mehr Luft bekommen.

Und dann hat er sich zu mir gebeugt und seinen Mund auf meinen gelegt. Ganz sanft. So als wären meine Lippen zerbrechlich wie Eierschalen. Er hat seinen Mund einfach auf meinem liegen lassen. Ich wusste nicht, ob er erwartet, dass ich irgendwas mache, aber das war mir egal. Ich hätte die ganze Nacht so liegen bleiben können, mit seinen Lippen auf meinen. Selbst wenn er überhaupt nichts gemacht hätte, wäre das für mich das Schönste gewesen, was ich je erlebt habe.

Aber dann hat er doch etwas gemacht. Seine Lippen haben sich auf meinen geöffnet, und ich habe gespürt, wie er mit der Zungenspitze über meine Lippen gestrichen hat und … Ellen, das Gefühl war so unglaublich, dass ich fast gestorben wäre. Dann strich seine Zunge noch mal über meine Lippen, und beim dritten Mal habe ich meine Zunge auch ein bisschen bewegt, und als sich unsere Zungenspitzen berührt haben, musste ich über mich selbst lachen, weil ich mir vorher immer so viele Gedanken über meinen ersten Kuss gemacht habe. Wann er passieren würde und mit wem. Aber ich hätte mir nie, niemals, nicht in einer Million Jahren vorgestellt, dass es so sein würde.

Nach einer Weile hat Atlas mich auf den Rücken gedreht und seine Hand an meine Wange gelegt, mich dabei aber die ganze Zeit weitergeküsst. Ich konnte mich immer mehr entspannen und es wurde immer schöner. Das Schönste war, als er sich einen kurzen Moment lang aufgerichtet und mich ganz intensiv angeschaut hat und sich dann richtig hungrig auf mich gestürzt hat.

Ich weiß nicht, wie lange wir uns so geküsst haben. Lange. So lange, dass meine Lippen irgendwann anfingen zu brennen und ich meine Augen nicht mehr aufhalten konnte. Ich bin mir ziemlich sicher, dass wir Mund an Mund eingeschlafen sind.

Über Boston haben wir nicht mehr geredet.

Ich weiß immer noch nicht, ob und wann er dort hinzieht …

Wow.

Wow.

Ich klappe das Tagebuch zu und schaue zu Lily rüber. Sie hat unseren ersten Kuss so detailliert beschrieben, dass ich meinem Teenager-Ich gegenüber Minderwertigkeitskomplexe habe.

Ist das wirklich so passiert?

Ich erinnere mich natürlich bis ins letzte Detail an diesen Abend, aber ich war so viel nervöser, als Lily mich anscheinend erlebt hat. Wahrscheinlich glaubt jeder Jugendliche, er wäre der einzige unerfahrene, nervöse Mensch auf diesem Planeten und alle anderen wüssten viel besser, wie das Leben so läuft, dabei stimmt das gar nicht. Wir hatten beide Angst. Und wir fanden uns gegenseitig toll. Und wir waren verliebt.

Allerdings habe ich mich lange vor unserem ersten Kuss in sie verliebt. Ich habe sie damals schon mehr geliebt als jemals irgendjemanden davor. Ich glaube, ich habe sie mehr geliebt als jemals irgendjemanden *danach*.

Gut möglich, dass sich daran nichts geändert hat.

Es gibt so viel, was Lily über diesen Teil meines Lebens nicht weiß. So viel, was ich ihr erzählen möchte, jetzt wo ich in ihrem Tagebuch ihre Sicht auf bestimmte Momente unserer gemeinsamen Vergangenheit gelesen habe. Fest steht, dass sie keine Ahnung hat, wie prägend sie damals für mein Leben war. Zu einer Zeit, in der mir jeder den Rücken zugekehrt hatte, war Lily die Einzige, die für mich da war.

Sie schläft immer noch fest, also hole ich mein Handy heraus und öffne eine neue Notiz in der Memo-App. Ich fange an zu tippen, versuche in Worte zu fassen, wie mein Leben ausgesehen hat, bevor sie darin aufgetaucht ist, und schreibe viel mehr, als ich eigentlich vorhatte, aber anscheinend gibt es wirklich eine ganze Menge, was ich ihr sagen möchte.

Zwanzig Minuten später bin ich fertig, und weitere fünf Minuten später beginnt Lily, sich schläfrig zu rühren.

Nicht sicher, ob ich ihr das, was ich gerade geschrieben habe, wirklich zu lesen geben soll, stecke ich mein Handy in den Getränkehalter. Vielleicht warte ich noch ein paar Tage ab. Oder ein paar Wochen. Sie will es *ganz* langsam angehen lassen, und es könnte sein, dass das, was ich am Ende dieses Briefs geschrieben habe, nicht zu dem passt, was sie sich unter *ganz* langsam vorstellt.

Lily reibt sich über die Stirn und dreht schlaftrunken den Kopf zum Seitenfenster, sodass ich nicht sehen kann, ob sie die Augen schon geöffnet hat. Aber dann richtet sie sich ruckartig auf und wirft noch einen Blick aus dem Fenster, bevor sie zu mir herumfährt. An ihrer Wange klebt eine Haarsträhne.

Ich lehne mit dem Rücken an der Innenseite meiner Tür und sehe sie lächelnd an, als wäre das hier ein ganz normales erstes Date.

»Atlas …« In ihrer Stimme liegt ein entschuldigender und gleichzeitig entsetzter Unterton.

»Kein Problem. Du bist einfach hundemüde gewesen.«

Hektisch greift sie nach ihrem Handy und checkt die Uhrzeit. »Oh mein *Gott*.« Sie beugt sich vor und vergräbt das Gesicht in den Händen. »Ich fasse es nicht.«

»Alles gut, Lily. Wirklich.« Ich halte das Tagebuch hoch. »Du hast mir Gesellschaft geleistet.«

Sie stöhnt beim Anblick des Hefts. »Das ist alles so was von *peinlich*.«

Ich lege es wieder auf die Rückbank. »Also ich für meinen Teil fand es extrem aufschlussreich.«

Lily boxt mich spielerisch in die Schulter. »Hör auf, darüber zu lachen. Das ist nicht witzig. Ich fühle mich schrecklich.«

»Fühl dich nicht schrecklich, du bist einfach total durch. Und hast wahrscheinlich einen Bärenhunger. Wir könnten auf der Rückfahrt irgendwo anhalten und Burger essen.«

Lily lässt sich theatralisch in ihren Sitz zurückfallen. »Genau. Geht der Spitzenkoch mit dem Mädchen, das sein Date verschlafen hat, eben einfach in einen Fast-Food-Laden. Warum auch nicht?« Sie klappt die Sonnenblende herunter, betrachtet sich in dem kleinen Spiegel und zupft an der Haarsträhne, die ihr an der Wange klebt. »Oh Mann, ich bin so eine *Mom*. Ist das unser letztes Date? Na klar, was frage ich noch. Sag ehrlich, habe ich es schon jetzt versaut? Ich könnte es dir nicht verübeln.«

Ich schalte in den Rückwärtsgang. »Nicht mal ansatzweise, nach allem, was ich gerade gelesen habe. Ich wüsste nicht, was dieses Date noch toppen könnte.«

»Deine Messlatte hängt ziemlich tief, Atlas.«

Ihre Selbstironie ist extrem sexy. »Ich habe eine Frage zu deinem Tagebuch.«

»Was für eine?« Sie wischt sich verschmierte Wimperntusche

unter den Augen weg. Obwohl sie total geknickt wirkt und anscheinend tatsächlich denkt, sie hätte unser Date vermasselt, kann ich einfach nicht aufhören zu lächeln.

»An dem Abend, an dem wir uns zum ersten Mal geküsst haben … hast du da die Decken absichtlich in die Waschmaschine gesteckt … damit ich in deinem Bett schlafe?«

Sie zieht eine kleine Grimasse. »So weit hast du gelesen?«

»Du hast ziemlich lange geschlafen.«

Sie denkt einen Moment über meine Frage nach und nickt dann. »Ich hab mir damals gewünscht, dass du der Erste bist, der mich küsst, und dazu wäre es nicht gekommen, wenn du weiter auf dem Boden geschlafen hättest.«

Das stimmt wahrscheinlich. Und ihr Trick hat funktioniert.

Tut er *noch*. Als ich gelesen habe, wie sie unseren ersten Kuss beschrieben hat, habe ich wieder alles gefühlt, was ich an jenem Abend gefühlt habe. Selbst wenn sie auch noch die komplette Rückfahrt verschlafen würde, wäre dieses Date das beste meines Lebens.

12.

LILY

»Oh Gott, ich fasse es nicht, dass du mich einfach hast schlafen lassen.« Obwohl ich mittlerweile schon seit zehn Minuten wach bin, möchte ich vor Scham am liebsten immer noch im Boden versinken. »Hast du in der Zeit etwa das ganze Heft durchgelesen?«

»Keine Sorge. Nach unserem ersten Kuss hab ich es brav weggelegt.«

Das beruhigt mich tatsächlich, weil die Kuss-Stelle nicht ganz so peinlich ist. Wenn er allerdings mit mir schnarchend auf dem Nebensitz den Eintrag über unser erstes Mal gelesen hätte, weiß ich nicht, ob ich mich jemals von meiner Scham-Attacke erholt hätte.

»Das ist nicht fair«, murmle ich. »Dafür musst du jetzt auch irgendwas machen, was dir peinlich ist, damit das Gleichgewicht zwischen uns wiederhergestellt ist, sonst kann ich dir nie mehr in die Augen schauen.«

Atlas lacht. »Du glaubst, dass es dir besser geht, wenn ich mich erniedrige?«

Ich nicke. »Absolut. Das ist das Gesetz des Universums. Auge um Auge, Scham um Scham.«

»Hm.« Atlas trommelt mit dem Daumen auf das Lenkrad, während er sich mit der anderen Hand das Kinn reibt. Dann nickt er in Richtung seines Handys, das im Getränkehalter steckt. »Na gut. Mach mal die Memo-App auf und lies die neueste Notiz.«

O…kay. Eigentlich hatte ich das ja eher als Witz gemeint, aber wenn das so ist … Ich greife blitzschnell nach seinem Handy, bevor er es sich noch mal anders überlegt. »Gibst du mir deinen Code?«

»Neun fünf neun fünf.«

Ich tippe die Ziffern ein und schüttle lachend den Kopf, als der Startbildschirm erscheint. Atlas' Apps sind alle nach ihrer Funktion geordnet, er hat exakt null ungelesene Nachrichten und nur eine einzige ungelesene Mail. »Du bist ja der totale Ordnungsfreak. Wer hat denn bitte nur eine ungelesene Mail?«

»Ich mag nun mal keine Unordnung«, sagt er. »Die kriegt man bei der Army gründlich ausgetrieben. Wie viele ungelesene Mails hast du denn?«

»Äh … tausend?« Ich öffne die App und klicke auf die neueste Notiz. Sobald ich die beiden Wörter sehe, mit denen der Eintrag beginnt, lasse ich das Handy sinken und drücke es mit dem Display nach unten auf meinen Oberschenkel. »*Atlas.*«

»Lily.«

Mir wird warm vor Glück, und auf einmal schäme ich mich kein bisschen mehr, sondern fühle mich ihm ganz nah. »Du hast mir einen *Liebe-Lily*-Brief geschrieben?«

Er nickt lächelnd. »Ich musste mir ja irgendwie die Zeit vertreiben, während du geschlafen hast.« Aber im nächsten Moment wird seine Miene plötzlich ernst, als wäre er sich nicht mehr sicher, ob er mich wirklich lesen lassen soll, was er geschrieben hat. Er schaut wieder nach vorn, und ich sehe, wie er trocken schluckt.

Den Kopf an die Scheibe der Beifahrerseite gelehnt, beginne ich stumm zu lesen.

Liebe Lily,
es wird dir so peinlich sein, dass du bei unserem ersten Date eingeschlafen bist. Ist es schlimm, dass ich auf deine Reaktion gespannt bin? Aber die Wahrheit ist: Ich bin froh, dass du dich ein bisschen ausruhen kannst, du hast so müde gewirkt, als ich dich abgeholt habe.

Die letzten Tage kommen mir fast unwirklich vor. Ich hatte gerade angefangen, mich von der Hoffnung zu verabschieden, jemals ein Teil von deinem Leben zu sein, vielleicht sogar ein wichtiger, und dann stehst du plötzlich vor mir.

Ich könnte mich seitenweise darüber auslassen, was mir diese Begegnung bedeutet hat, aber ich habe meinem Therapeuten versprochen, keine kitschigen Sachen mehr zu dir zu sagen. Was nicht heißt, dass ich vorhabe, dieses Versprechen zu halten, aber du hast mich gebeten, es ganz langsam angehen zu lassen, deshalb reiße ich mich noch für ein paar weitere Dates zusammen.

Stattdessen werde ich deine Tagebuch-Idee klauen und über unsere Vergangenheit schreiben. Ich glaube, so ist es nur fair. Das ist eine so schwierige Zeit in deinem Leben gewesen und trotzdem hast du mir einen Einblick in deine innerste Gedanken- und Gefühlswelt von damals erlaubt. Das Mindeste, was ich tun kann, ist, dir einen Einblick in mein damaliges Leben zu geben.

Ich versuche, dir die schlimmsten Einzelheiten zu ersparen, aber ich bin nicht sicher, ob du wirklich verstehen kannst, was deine Freundschaft mir bedeutet hat, wenn du nicht weißt, was ich erlebt habe, bevor ich dir begegnet bin.

Ein paar Dinge habe ich dir erzählt – wie es dazu gekommen ist, dass ich obdachlos wurde und in dem verlassenen Haus gelandet bin. Aber gefühlt hatte ich schon viel länger kein Zuhause mehr. Eigentlich habe ich nie eins gehabt, obwohl ich in einem Haus gewohnt habe, eine Mutter hatte und ab und zu einen Stiefvater.

Ich kann mich nicht daran erinnern, wie es war, als ich noch klein war. Ich habe diese Fantasievorstellung, dass Sutton vielleicht irgend-

wann mal eine gute Mutter war. Woran ich mich erinnern kann, ist ein Ausflug nach Cape Cod, wo wir zum ersten Mal Coconut Shrimps gegessen haben, aber sollte sie auch abgesehen von diesem einen Tag, von diesem einen gemeinsamen Mittagessen, eine gute Mutter gewesen sein, hat es dieser Teil von ihr nicht in meine Erinnerungen geschafft.

Dafür erinnere ich mich umso besser an die vielen Stunden, in denen ich entweder allein zu Hause gewesen bin oder versucht habe, ihr aus dem Weg zu gehen, wenn sie da war. Sie war jähzornig und ihr ist schnell die Hand ausgerutscht. Die ersten zehn Jahre meines Lebens war sie stärker und schneller als ich, also habe ich den Großteil dieser Zeit damit verbracht, mich vor ihrer Hand, ihren brennenden Zigaretten, ihrer scharfen Zunge zu verstecken.

Ich weiß, dass sie überfordert war. Eine alleinerziehende Mutter, die nachts gearbeitet hat, um sich und mich durchzubringen. Aber egal, wie viele Entschuldigungen ich damals für sie gesucht habe, mittlerweile habe ich genügend alleinerziehende Mütter kennengelernt, die ihr Leben meistern, ohne zu den Mitteln zu greifen, zu denen meine Mutter gegriffen hat.

Du hast meine Narben gesehen. Mehr will ich dazu gar nicht sagen, aber als sie zum dritten Mal geheiratet hat, wurde es sogar noch schlimmer. Ich war zwölf, als sie und Tim sich kennengelernt haben.

Zu dem Zeitpunkt wusste ich noch nicht, dass darauf das einzige halbwegs friedliche Jahr meiner Kindheit folgen würde. Sie war kaum zu Hause, weil sie ständig bei ihm abhing, und wenn sie zurückkam, war sie sogar ganz okay gelaunt, weil sie verliebt war. Schon krass, dass die Liebe, die sie für jemand anderen empfand, darüber entschieden hat, wie sie sich ihrem eigenen Kind gegenüber verhalten hat.

Aber dann wurde ich dreizehn, Tim zog bei uns ein, und die nächsten vier Jahre meines Lebens waren die Hölle auf Erden. Entweder fand meine Mutter einen Grund, auf mich wütend zu sein, oder Tim fand einen. Wenn ich zu Hause war, wurde ich wegen jeder Kleinigkeit fertiggemacht. Wenn ich in der Schule war, verwüsteten sie während ihrer Streitereien das Haus und erwarteten von mir, dass ich hinter ihnen aufräumte, sobald ich nach Hause kam.

Das Leben mit den beiden war ein Albtraum, und als ich endlich stark genug war, um mich zu wehren, kam Tim zu dem Schluss, dass er nicht mehr mit mir unter einem Dach leben wollte.

Meine Mutter entschied sich für ihn. Ich musste gehen. Sie brauchten mich nicht zweimal darum zu bitten, ich war froh, von dort wegzukommen, aber nur, weil ich einen Ort gefunden hatte, an dem ich willkommen war.

Bis ich ihn dann nicht mehr hatte. Drei Monate später ist die Familie des Freunds, bei dem ich untergekommen war, nach Colorado gezogen.

Ich stand auf der Straße, hatte niemanden, zu dem ich hätte gehen können, und keinen einzigen Cent in der Tasche, sodass mir nichts anderes übrig blieb, als wieder bei meiner Mutter anzuklopfen und zu fragen, ob ich nach Hause zurückkommen könnte.

Ich kann mich noch gut an den Tag erinnern, an dem ich wieder vor diesem Haus stand. Alles wirkte total verwahrlost, als hätte sich schon seit Jahren niemand mehr um irgendwas gekümmert, dabei war ich gerade mal drei Monate weg gewesen. Der Garten war von Unkraut überwuchert, die Fliegengitter an den Fenstern waren zerrissen, und an der Eingangstür fehlte der Türknauf.

Der Wagen meiner Mutter stand in der Einfahrt, der von Tim nicht. Ihr Auto schien aber schon seit einer ganzen Weile nicht mehr bewegt worden zu sein. Neben der hochgeklappten Motorhaube lag Werkzeug auf dem Boden, vor dem Garagentor hatte jemand ein paar Dutzend leere Bierdosen zu einer Pyramide aufgetürmt.

Auf dem rissigen Weg zum Haus sammelte ich alte, durchweichte Zeitungen auf und legte sie zum Trocknen auf einen der alten schmiedeeisernen Verandastühle, bevor ich an die Tür klopfte.

Es war ein komisches Gefühl, an die Tür von dem Haus zu klopfen, in dem ich aufgewachsen war. Ich hatte zwar immer noch einen Schlüssel, wollte aber nicht sofort einen Streit provozieren, für den unwahrscheinlichen Fall, dass Tim doch zu Hause war. Er hatte mir mehr als deutlich zu verstehen gegeben, dass er mich wegen Hausfriedensbruch anzeigen würde, sollte ich jemals wieder versuchen, einen Fuß in das Haus zu setzen.

Ich hörte Schritte, die durchs Wohnzimmer näher kamen. Dann bewegte sich der Vorhang des kleinen Türfensters und meine Mutter spähte nach draußen.

Nachdem sie mich einen Moment lang ausdruckslos angestarrt hatte, öffnete sie die Tür. Nur einen Spaltbreit, aber das reichte, um zu sehen, dass sie um zwei Uhr nachmittags immer noch im Schlafanzug war, der in ihrem Fall aus einem viel zu großen Weezer-T-Shirt bestand, das einer ihrer Ex-Freunde bei ihr vergessen hatte. Ausgerechnet von Weezer. Ich mochte die Band, aber jedes Mal, wenn sie das Shirt anhatte, hat sie mir ihre Musik ein bisschen mehr vermiest.

Sie fragte, was ich wollte, und statt ihr sofort zu sagen, warum ich da war, habe ich gefragt, ob Tim zu Hause sei.

Sie zog die Tür ein Stück weiter auf und verschränkte so fest die Arme vor der Brust, dass eines der Bandmitglieder auf dem Shirt aussah, als wäre es geköpft worden. Tim wäre bei der Arbeit, sagte sie und fragte dann noch mal, was ich wollte.

Als ich sie bat, mich kurz reinzulassen, dachte sie einen Moment nach und ließ dabei prüfend den Blick über meine Schulter Richtung Straße wandern. Keine Ahnung, was das sollte. Vielleicht hatte sie Angst, ein Nachbar könnte beobachten, wie sie ihrem Sohn erlaubt, sie zu besuchen.

Schließlich drehte sie sich um, ließ die Tür offen stehen und verschwand im Schlafzimmer, um sich umzuziehen. Ich weiß noch, wie dunkel es in dem Haus war. Alle Vorhänge waren zugezogen, sodass man gar nicht richtig hätte sagen können, welche Tageszeit es war.

Die acht Stunden nachgehende blinkende Uhr am Herd verstärkte diesen Eindruck noch. Hätte ich noch dort gewohnt, hätte ich mich längst darum gekümmert.

Hätte ich noch dort gewohnt, wären die Vorhänge nicht zugezogen gewesen. Auf der Küchentheke hätte sich kein schmutziges Geschirr gestapelt. Der Türknauf wäre nicht abgefallen, der Garten gemäht, die Zeitung immer rechtzeitig reingeholt worden. In dem Moment wurde mir klar, dass ich derjenige gewesen war, der in diesem Haus all die Jahre für Ordnung gesorgt hatte.

Das hat mir Hoffnung gemacht. Hoffnung, dass die beiden vielleicht eingesehen hatten, dass ich eher nützlich als lästig war, und mir erlauben würden, wieder zu Hause zu wohnen, bis ich die Highschool abgeschlossen hätte.

Auf dem Küchentisch lag ein neuer Türknauf samt Quittung. Laut dem Datum war er schon vor zwei Wochen gekauft worden.

Meine Mutter war immer noch im Schlafzimmer, also holte ich Werkzeug aus der Küchenschublade und machte mich an die Arbeit. Als sie ein paar Minuten später ins Wohnzimmer kam, hatte ich den Türknauf schon angebracht.

Sie wollte wissen, was ich da machte, und ich habe den Knauf gedreht und die Tür ein Stück geöffnet, um ihr zu zeigen, dass er funktionierte.

Ich werde ihre Reaktion nie vergessen. Sie schnaubte und sagte: »Was soll die Scheiße? Man könnte fast meinen, du legst es drauf an, dass er dich hasst.« Dann hat sie mir den Schraubenzieher aus der Hand gerissen und gesagt: »Vielleicht gehst du besser wieder, bevor er merkt, dass du hier warst.«

Ich hatte es in diesem Haus noch nie jemandem recht machen können. Wenn ich mich ungefragt um irgendwelche Dinge gekümmert habe, warf Tim mir vor, dass ich das nur machen würde, um ihn zu provozieren. Wenn ich bei irgendwas nicht mitgeholfen habe, warf er mir vor, ein faules, undankbares Stück Scheiße zu sein.

»Ich will Tim nicht aufregen«, sagte ich. »Ich hab den neuen Türknauf angebracht. Ich wollte bloß helfen.«

»Er wollte sich darum kümmern, sobald er Zeit hat.«

Tims Problem war, dass er eigentlich immer Zeit hatte. Er behielt keinen Job länger als sechs Monate und verbrachte mehr Zeit an irgendwelchen Spielautomaten als mit meiner Mutter.

»Hat er einen Job?«, fragte ich sie.

»Er ist auf der Suche.«

»Ist er deswegen grade nicht da?«

Ich habe ihr angesehen, dass Tim nicht auf Jobsuche war. Egal, wo er sich rumtrieb, brockte er meiner Mutter garantiert noch mehr Schulden ein, als sie sowieso schon hatte. Genau die waren wahrscheinlich auch der Tropfen gewesen, der das Fass zum Überlaufen gebracht und für meinen Rauswurf gesorgt hatte – ich hatte damals jede Menge Kreditkartenabrechnungen auf ihren Namen gefunden und Tim zur Rede gestellt.

Er wurde nicht gern zur Rede gestellt. Ihm war die kindlichere Version von mir lieber gewesen als die des heranwachsenden Jugendlichen. Die Version von mir, die er herumschubsen konnte, ohne zurückgeschubst zu werden. Die er schikanieren konnte, ohne dass ihm die Stirn geboten wurde.

Das änderte sich, als ich so fünfzehn, sechzehn war. Und als Tim klar wurde, dass er mir körperlich nicht mehr drohen konnte, versuchte er mit anderen Mitteln, mir das Leben zu vermiesen. Am Ende gewann er und sorgte dafür, dass ich obdachlos wurde.

Jedenfalls habe ich meinen Stolz an dem Tag irgendwann runtergeschluckt und meiner Mutter gesagt, dass ich auf der Straße stehe und nicht wüsste, wohin.

Sie zeigte nicht das geringste Mitgefühl, sondern verzog nur genervt das Gesicht. »Du willst mich doch hoffentlich nicht fragen, ob du wieder hier wohnen kannst, nach allem, was du dir geleistet hast.«

»Was ich mir geleistet habe? Du meinst, dass ich ihn wegen seiner Spielsucht zur Rede gestellt habe, die dich noch tiefer in die Schulden geritten hat?«

Daraufhin beschimpfte sie mich als Arschloch. Oder als Arsch … Loch. Sie hat das Wort immer ausgesprochen, als ob es zwei Wörter wären.

Ich war sogar bereit, sie anzuflehen, aber sie reagierte sofort auf ihre altbewährte Methode und schleuderte den Schraubenzieher nach mir. Das kam so plötzlich und unerwartet – wir hatten uns ja noch nicht mal gestritten –, dass ich mich nicht schnell genug ducken konnte. Er traf mich an der linken Augenbraue.

Ich strich mit den Fingern darüber und sah, dass sie voller Blut waren.

Alles, was ich getan hatte, war, sie zu fragen, ob ich nach Hause zurückkommen könnte. Ich hatte sie nicht respektlos behandelt. Ich hatte sie nicht beschimpft. Ich war bloß aufgetaucht, hatte die Eingangstür repariert und versucht, mit ihr zu reden.

Ich weiß noch, wie ich auf meine blutverschmierten Finger gestarrt und gedacht habe: Das war nicht Tim. Das war meine Mutter.

Für alles, was in diesem Haus schiefgelaufen war, hatte ich immer Tim die Schuld gegeben. Dabei war Tim nur eine Art Verstärker gewesen, der das Elend, das mit ihr angefangen hatte, noch schlimmer gemacht hatte.

Ich weiß noch, wie ich dachte, dass ich lieber sterben würde, als jemals wieder mit ihr zusammenzuleben. Bis dahin hatte irgendein Teil in mir noch an ihr festgehalten. Vielleicht aus so was wie Respekt davor, dass sie sich um mich gekümmert hatte, als ich noch klein war. Aber ist das nicht das Mindeste, was eine Mutter tun sollte, wenn sie sich entschließt, ein Kind in die Welt zu setzen?

Mir wurde klar, dass ich viel zu lange Entschuldigungen für sie gesucht hatte. Unsere nicht vorhandene Beziehung hatte nichts damit zu tun, dass sie alleinerziehend war. Andere Mütter mussten auch kämpfen und bauten trotzdem eine liebevolle Beziehung zu ihren Kindern auf. Sie verteidigten ihre Kinder, wenn sie schlecht behandelt wurden. Sie schauten nicht weg, wenn ihr dreizehnjähriger Sohn ein blaues Auge und eine geplatzte Lippe hatte, nachdem er von seinem Stiefvater verprügelt worden war. Sie hätten nicht zugelassen, dass ihr neuer Ehemann ihr schulpflichtiges Kind in die Obdachlosigkeit zwingt. Sie hätten keinen Schraubenzieher nach ihrem Kind geworfen.

Sie war ein gefühlskalter Mensch. Und obwohl ich das jetzt endlich kapiert hatte, versuchte ich, ihr einen letzten Rest Menschlichkeit abzuringen. »Kann ich wenigstens ein paar von meinen Sachen holen, bevor ich gehe?«

»Die sind weg«, sagte sie. »Wir haben das Zimmer gebraucht.«

Sie schien sich nichts mehr zu wünschen, als mich aus ihrem Leben auszuradieren. Also beschloss ich, ihr dabei zu helfen.

Ich bin gegangen, ohne sie noch einmal anzusehen.

Der Rest dieses Tags war ein einziger dunkler Abgrund, für den ich kaum Worte habe. Ich habe mich so unglaublich ungewollt, ungeliebt und allein gefühlt. Ich hatte niemanden. Hatte kein Geld, nichts, was mir gehörte, keine Familie.

Bloß eine klaffende Wunde.

Man ist beeinflussbar, wenn man jung ist. Wenn man jahrelang von den Menschen, denen man das Wichtigste sein sollte, eingebläut bekommt, dass man ein Nichts ist, glaubt man es irgendwann und wird tatsächlich zu einem Nichts.

Aber dann bin ich dir begegnet, Lily. Und obwohl ich ein Nichts war, hast du etwas in mir gesehen, wenn du mich angeschaut hast. Etwas, das ich nicht sehen konnte. Du bist die Erste gewesen, die sich dafür interessiert hat, wer ich als Mensch bin. Noch nie hatte jemand so viel über mich wissen wollen wie du. In den wenigen Monaten, die wir uns damals kennenlernen konnten, habe ich aufgehört, mich wie ein Nichts zu fühlen. Du hast mir das Gefühl gegeben, liebenswert zu sein und einzigartig. Deine Freundschaft hat mir das Gefühl gegeben, etwas wert zu sein.

Danke, Lily. Selbst wenn dieses Date heute aus irgendwelchen Gründen nirgendwohin führt und wir nie wieder miteinander reden sollten, werde ich dir immer dankbar dafür sein, dass du etwas in mir gesehen hast, für das meine eigene Mutter blind war.

Du bist mein Lieblingsmensch, Lily. Und jetzt weißt du, warum.
Atlas

Meine Kehle ist wie zugeschnürt, als ich Atlas' Brief zu Ende gelesen habe. Ich lege das Handy auf meinen Oberschenkel und wische mir mit beiden Händen die Tränen aus dem Gesicht. Wäre er doch nur nicht losgefahren. Wenn wir noch auf dem Parkplatz stehen würden, würde ich ihn jetzt so fest umarmen, wie er noch nie umarmt worden ist. Wahrscheinlich würde ich ihn mit mir auf die Rückbank ziehen und ihn küssen, weil mir noch nie jemand etwas gesagt hat, das so traurig, so herzzerreißend und zugleich so schön ist.

Atlas nimmt das Handy und steckt es wieder in den Getränkehalter, dann greift er nach meiner linken Hand und verschränkt seine Finger mit meinen, ohne den Blick von der Straße zu nehmen. Ein warmes Gefühl durchflutet mich und ich lege meine rechte Hand über seine. Es ist ein bisschen so wie früher, wenn wir frierend und traurig im Schulbus nebeneinandersaßen und uns schweigend aneinander festhielten.

Ich schaue aus dem Seitenfenster, Atlas hat den Blick auf die Straße gerichtet, und keiner von uns sagt ein Wort, während wir in die Stadt zurückfahren.

Bei einem Drive-in in der Nähe meines Ladens holen wir uns zwei Burger-Menüs. Ich habe Atlas gesagt, dass ich Emerson nicht zu spät ins Bett bringen will, weshalb wir auf den Parkplatz vor *Lily Blooms* fahren und im Wagen essen. Die Stimmung ist mittlerweile wieder viel lockerer, sodass ich sogar selbst darüber lachen kann, dass ich einfach eingeschlafen bin, noch bevor unser Date richtig angefangen hat. Vielleicht habe ich es ja tatsächlich gebraucht, dass Atlas sich mir von seiner verletzlichen Seite gezeigt hat, um zu begreifen, dass ich mich vor ihm nicht schämen muss.

Wir reden über die Reisen, die wir gemacht haben, aber ich kann nicht mal ansatzweise mit Atlas mithalten. Während seiner Zeit bei den Marines ist er insgesamt in fünf verschiedenen Ländern gewesen, während ich es gerade mal bis nach Kanada geschafft habe.

»Du warst noch nie in Mexiko?«, fragt er.

Ich wische mir mit der Serviette über den Mund. »Nie.«

»Wo haben Ryle und du die Flitterwochen verbracht?«

Ich verziehe das Gesicht, weil ich heute Abend am liebsten gar nicht an Ryle denken würde. »Nach unserer Spontanhochzeit in Vegas hatten wir keine Zeit für Flitterwochen.«

Atlas nickt und trinkt einen Schluck aus seinem Becher. Als er mich wieder ansieht, ist sein Blick so intensiv, als wollte er bis tief zu den Gedanken durchdringen, die ich nicht ausspreche. »Hättest du denn eine richtige Hochzeit gewollt?«

»Weiß ich nicht«, sage ich achselzuckend. »Ryle hat immer betont, dass er eigentlich überhaupt nicht heiraten will, deswegen habe ich mich gefreut, als er mir den Antrag gemacht und vorgeschlagen hat, nach Vegas zu fliegen. Ich dachte, besser so, als gar nicht zu heiraten.«

»Mal angenommen, du würdest irgendwann noch mal heiraten. Würdest du es dann anders machen?«

Ich muss über die Frage lachen, nicke aber. »Definitiv. Dann würde ich das volle Programm wollen. Blumen, Brautjungfern, Ballons.« Ich schiebe mir die letzte Pommes in den Mund. »Romantische Liebesschwüre, noch romantischere Flitterwochen.«

»Und wo?«

»In Paris, in Rom und in London. Ich hätte keine Lust, schwitzend irgendwo im Sand zu hocken. Ich will die ganzen Städte in Europa sehen, die man aus den klassischen Liebesfilmen kennt, und ich will in jeder Stadt Sex haben. Ich will Fotos von einem Kuss vor dem Eiffelturm. Ich will echte französische Croissants essen und im Zug sitzen und Händchen halten.« Ich knülle das leere Pommestütchen zusammen und lasse es in die braune Papiertüte fallen. »Und du?«

Atlas greift nach meiner Hand und drückt sie, aber statt zu antworten, lächelt er nur, als wäre das ein Geheimnis, das er noch nicht verraten möchte.

Seine Hand zu halten fühlt sich unglaublich vertraut an, was wahrscheinlich daran liegt, dass wir uns als Jugendliche so oft an den Händen gehalten haben. Ich habe das Gefühl, es wäre absurd, wenn wir nebeneinandersitzen und uns *nicht* an den Händen halten würden.

Obwohl die erste Hälfte unseres ersten richtigen Dates durch meinen Schlaf-Anfall etwas missglückt ist, ist es jetzt doch noch ein total schöner und entspannter Abend geworden. Es kommt mir vor, als wäre es das Natürlichste der Welt, mit Atlas zusammen zu sein. Ich streiche über sein Handgelenk. »Leider muss ich langsam nach Hause.«

»Ich weiß«, sagt er und reibt mit seinem Daumen über meinen, als sein Handy brummt. Er fischt es aus dem Getränkehalter, liest die Nachricht und steckt es anschließend stöhnend wieder zurück.

»Irgendwas Blödes?«, frage ich.

Atlas ringt sich ein Lächeln ab und schaut auf unsere Hände. Dann dreht er meine Handfläche nach oben und zeichnet langsam die Linien darin nach. Die Berührung fühlt sich an, als würden aus seinen Fingerkuppen elektrische Blitze durch meinen ganzen Körper zucken. »Letzte Woche hat meine Mutter angerufen … das erste Mal nach all den Jahren.«

Ich sehe ihn überrascht an. »Was wollte sie?«

»Keine Ahnung. Ich hab das Gespräch beendet, bevor sie damit rausrücken konnte, aber ich gehe mal davon aus, dass sie Geld braucht.«

Ich verschränke meine Finger fest mit seinen. Es muss bitter sein, so lange nichts von seiner Mutter zu hören und dann davon ausgehen zu müssen, dass sie nur anruft, weil sie etwas will. Umso dankbarer bin ich, dass es zwischen mir und meiner eigenen Mutter mittlerweile so viel besser läuft und sie ein fester Bestandteil meines Lebens geworden ist.

»Ich wollte dir das eigentlich lieber mal irgendwann in Ruhe erzählen. Du musst los. Außerdem brauchen wir ja auch noch ein bisschen Gesprächsstoff für unser zweites Date.« Er lächelt mich an und sofort ist das Gefühl der Leichtigkeit wieder da. Verrückt, was er mit einem einzigen Lächeln in mir auslösen kann. »Komm, ich bring dich noch zu deinem Wagen.«

Ich muss darüber lachen, weil ich direkt neben ihm parke, aber Atlas steigt tatsächlich aus, geht um sein Auto herum und öffnet mir gentlemanlike die Beifahrertür. Zwei kleine Schritte später stehen wir vor meinem Wagen.

»Vielen Dank, sehr aufmerksam von dir«, sage ich.

Er grinst nur. Das Glitzern in seinen Augen bewirkt, dass mir trotz der kühlen Nachtluft ganz warm wird. Atlas späht über meine Schulter hinweg in mein Auto. »Hast du noch mehr Tagebücher da drin?«

»Ich hatte nur das eine mit.«

»Schade.« Er lehnt sich an den Wagen. Ich folge seinem Beispiel und sehe ihn an.

Wenn wir uns jetzt küssen würden, hätte ich nichts dagegen. Andererseits … ich habe gerade rohe Zwiebeln gegessen und davor über eine Stunde geschlafen … Okay, vielleicht doch keine so gute Idee.

»Hab ich es trotzdem in den Recall geschafft?«, frage ich.

»In den Recall?«

»Bekomme ich eine Chance auf ein zweites Date? Nächstes Mal würde ich auch alles geben, um wach zu bleiben, versprochen.«

Atlas lacht, dann verstummt er plötzlich und sieht mich einen Herzschlag lang eindringlich an. »Ich hatte vergessen, wie lustig es mit dir immer ist.«

Ich schüttle den Kopf, weil *lustig* so ungefähr das letzte Wort ist, mit dem ich unsere Jugend beschreiben würde. Es war vor allem eine verdammt traurige Zeit. »Du fandest es lustig?«

Er zuckt kurz mit der Schulter. »Ich weiß schon, was du meinst. Wir sind damals beide durch die Hölle gegangen. Trotzdem gehört die Zeit mit dir zu meinen allerschönsten Erinnerungen.«

Ich spüre, wie ich rot werde. Zum Glück ist es dunkel.

Er hat recht. Mir geht es ja genauso. Die Monate mit ihm waren die Highlights meiner Jugend. Trotz der schlimmen Umstände haben wir dem Leben damals so viel Leichtigkeit und Spaß abgetrotzt wie möglich. Das muss man erst mal schaffen. Wie viel Spaß wir wohl erst miteinander haben könnten, wenn es uns gut geht?

Mir wird klar, dass diese Gedanken das genaue Gegenteil von dem sind, was ich letzte Woche über Ryle gedacht habe. Ich habe Atlas am absoluten Tiefpunkt seines Lebens kennengelernt, und trotzdem hat er mir in jeder Sekunde, die wir zusammen waren, hundertprozentigen Respekt entgegengebracht. Der Mann, den ich mir als Ehemann ausgesucht hatte, hat mich dagegen so respektlos behandelt, wie es kein Mensch verdient hat – und das in einer Zeit, in der in unserem Leben alles total glattlief.

Ich bin so froh, Atlas kennengelernt zu haben. Er ist der Maßstab, an dem ich von jetzt an alle messen werde. Er ist der Mann, an dem ich Ryle von Anfang an hätte messen sollen.

Eine heftige Windböe fegt über uns hinweg – das wäre jetzt die perfekte Gelegenheit für Atlas, schützend die Arme um mich zu legen, aber er tut es nicht. Wir stehen uns schweigend gegenüber, bis so viel Spannung in der Luft liegt, dass uns eigentlich nur noch zwei Optionen bleiben: Entweder passiert es jetzt oder wir verabschieden uns.

Er streicht mir eine Strähne aus der Stirn. »Ich werde dich heute nicht küssen.«

Ich hoffe, mir ist die Enttäuschung nicht zu sehr anzusehen, obwohl ich vor seinen Augen praktisch in mich zusammensacke. »Als Strafe dafür, dass ich eingeschlafen bin?«

»Wie bitte? Blödsinn, Lily. Ich traue mich bloß nicht. Seit ich deine Beschreibung von unserem ersten Kuss gelesen habe, habe ich Minderwertigkeitskomplexe.«

Ich pruste. »Minderwertigkeitskomplexe gegenüber wem? Etwa dir selbst?«

»Klar.« Er nickt. »Nach dem, was du über den jungen Atlas geschrieben hast, scheint er ein Wahnsinnstyp gewesen zu sein.«

»Das ist der erwachsene Atlas auch.«

»Super. Leg die Messlatte ruhig noch ein bisschen höher.« Er stöhnt leise, als würde er sich plötzlich geradezu danach sehnen, es mit seinem jüngeren Selbst aufzunehmen. Ich habe das Gefühl, jetzt wird es ernst. Mein Herz schlägt schneller, als er sich vom Wagen abstößt und sich vor mich stellt. Den Rücken gegen die Wagentür gedrückt, sehe ich erwartungsvoll zu ihm auf und bin fast überzeugt, dass ich gleich geküsst werde.

»Außerdem hast du mich darum gebeten, es langsam angehen zu lassen, also …«

Shit. Habe ich wirklich. Ich glaube, ich habe ihn sogar darum gebeten, es *ganz* langsam angehen zu lassen. *Wie konnte ich nur so dumm sein?*

Atlas neigt sich zu mir, ich schließe die Augen und spüre, wie sein Atem über meine Wange streicht, bevor er mir einen schnellen Kuss auf die Schläfe drückt. »Gute Nacht, Lily.«

»Okay.«

Okay? Warum habe ich gerade *okay* gesagt? Ich bin total durcheinander.

Atlas lacht leise. Als ich die Augen wieder öffne, geht er gerade zur Fahrerseite seines Wagens. Bevor er einsteigt, dreht er sich noch mal um und sieht mich lächelnd an. »Ich hoffe, du bekommst heute Nacht ein bisschen mehr Schlaf.«

Ich nicke, obwohl ich keine Ahnung habe, wie das funktionieren soll. Gerade habe ich das Gefühl, dass jeder einzelne Milliliter Kaffee, den ich heute getrunken habe, erst in diesem Moment zu wirken beginnt. Nein, ich werde nach diesem Date ganz bestimmt kein Auge zumachen können. Ich werde über jedes einzelne Wort aus seinem Brief nachdenken, werde in meinem Kopfkino in Dauerschleife unseren ersten Kuss durchspielen und mich fragen, wie sich das Sequel wohl anfühlen wird.

»*Einfach schwimmen. Einfach schwimmen, schwimmen, schwimmen …*« Als ich das Apartment von Allysa und Marshall betrete, dringen Sätze aus dem Wohnzimmer, die mir sehr vertraut sind.

Marshall, der in der Küche vor dem gigantischen Kühlschrank steht und beide Türen weit aufhält, dreht den Kopf, aber ich nicke ihm nur schnell im Vorbeigehen zu, weil ich es nicht erwarten kann, Emmy in die Arme zu nehmen.

Im Wohnzimmer angekommen, stockt mir kurz der Atem. Ryle sitzt zurückgelehnt auf dem Sofa. Emerson schlummert an seiner Brust und von Allysa keine Spur. Er hat mir gegenüber mit keinem Wort erwähnt, dass er heute Abend freihat. »Hey.«

Ryle bleibt stumm und starrt weiter auf den Fernseher. Es ist offensichtlich, dass ihm irgendwas nicht passt. Er mahlt mit dem Kiefer, wie er es immer macht, wenn er sauer ist. Ich würde Emerson gern hochnehmen, aber sie sieht so friedlich aus, dass ich es lasse. »Seit wann schläft sie schon?«

Ryle nimmt den Blick nicht vom Fernseher. Er legt eine Hand schützend auf Emmys Rücken, die andere schiebt er hinter seinen Kopf. »Seit der Film angefangen hat.«

Also seit ungefähr einer Stunde. Ich kenne *Findet Nemo* schließlich in- und auswendig.

In diesem Moment kommt Allysa ins Zimmer und die frostige Stimmung im Raum löst sich etwas. »Lily! Sorry, dass sie jetzt doch eingeschlafen ist, wir haben echt alles versucht, um sie wach zu halten.« Sie sieht mich entschuldigend an, und ich weiß, dass sich der Blick auch darauf bezieht, dass Ryle hier ist. Ich gebe ihr stumm zu verstehen, dass ihr das nicht leidtun muss. Die beiden sind Bruder und Schwester. Ich kann nicht verlangen, dass sie ihn wieder wegschickt, wenn er vorbeikommt und sie gerade seine Tochter hütet.

Ryle macht ihr ein Zeichen. »Legst du Emerson in ihr Bettchen? Ich hab was mit Lily zu besprechen.«

Sein schroffer Ton lässt uns beide zusammenzucken. Allysa nimmt ihm Emerson ab, und wir tauschen einen angespannten Blick, als sie mit ihr durch den Raum geht. Am liebsten würde ich die Arme nach Emmy ausstrecken.

Ryle steht auf und sieht mich zum ersten Mal an, seit ich reingekommen bin. Als er meinen Jumpsuit und die High Heels bemerkt, zieht er leicht die Brauen zusammen und schluckt. Dann deutet er nach oben, um mir zu verstehen zu geben, dass er auf der Dachterrasse mit mir sprechen will.

Was auch immer das für eine Unterhaltung werden soll, Ryle will sie offensichtlich ohne Publikum führen.

Ohne sich noch einmal nach mir umzudrehen, geht er aus dem Apartment. Ich werfe Allysa einen ratsuchenden Blick zu, bevor ich ihm folge. »Ich hab ihm gesagt, dass du heute auf einer Veranstaltung bist«, flüstert sie, sobald er außer Hörweite ist.

»Danke.« Allysa hatte mir geschworen, Ryle nichts von meinem Date zu erzählen, aber wenn er gar nicht weiß, wo ich gewesen bin, verstehe ich erst recht nicht, warum er so sauer ist. »Was hat er denn?«

Sie zuckt mit den Schultern. »Keine Ahnung. Als er vor einer Stunde gekommen ist, war er noch total entspannt.«

Ich weiß besser als jeder andere, dass Ryles Stimmung innerhalb von Sekunden von einem Extrem zum anderen kippen kann, aber normalerweise kenne ich den Grund für seine Wut.

Hat er irgendwie herausbekommen, dass ich mich mit einem Mann getroffen habe? *Ahnt er, dass es Atlas war?*

Kurz darauf stoße ich die schwere Stahltür zur Dachterrasse auf und sehe Ryle, der an der Brüstung steht und in die Tiefe starrt. Alles in meinem Inneren verhärtet sich. Meine Absätze klackern auf den Betonfliesen, als ich auf ihn zugehe.

Ryle dreht sich kurz um. »*Gut* siehst du aus.« Das klingt bei ihm allerdings eher nach einer Beleidigung als nach einem Kompliment. Vielleicht kommt es mir aber auch nur so vor, weil ich mich tatsächlich irgendwie schuldig fühle.

»Danke.« Ich stütze mich auf die Brüstung.

»Kommst du gerade von einer Verabredung mit einem Typen?«

»Ich war auf einer Veranstaltung«, wiederhole ich Allysas Lüge. Es ist zu früh, Ryle die Wahrheit zu sagen, solange ich noch nicht weiß, ob und wie es mit Atlas und mir weitergehen wird. Ich drehe mich um, lehne mich gegen die Brüstung und verschränke die Arme. »Worum geht es, Ryle?«

Er wartet einen Moment, dann sagt er: »Ich hab den Film heute zum ersten Mal gesehen.«

Ich bin irritiert. Habe ich mir etwa nur eingebildet, dass er wegen irgendetwas sauer ist, und er möchte sich einfach nur mit mir unterhalten? Ich verstehe nicht, worauf er hinauswill …

Aber dann begreife ich plötzlich. *Natürlich.*

Er kennt meine Tagebücher. Deswegen weiß er, wie viel *Findet Nemo* mir bedeutet. Nachdem er den Film jetzt selbst gesehen hat, hat er die Puzzleteile zusammengesetzt und anscheinend auch noch ein paar eigene hinzugefügt.

»Du hast unsere Tochter *Dory* genannt.« Seine Stimme klingt verletzt. »Du hast meiner Tochter einen zweiten Namen gegeben, der einen eindeutigen Bezug zu *diesem* Mann hat?«

In meinen Schläfen beginnt es zu pochen. *Zu diesem Mann.* Ich weiche seinem Blick aus und suche fieberhaft nach einer Entgegnung. Dass ich Dory als zweiten Namen für Emerson ausgesucht habe, hatte nichts mit Atlas zu tun. *Findet Nemo* war schon mein Lieblingsfilm, bevor ich ihn kennengelernt habe.

Ich räuspere mich und sage das, was die Wahrheit ist. »Ich habe den Namen für sie ausgesucht, weil ich den Film als kleines Mädchen gesehen habe und Dory mir Mut gemacht hat. Ich fand sie toll.«

Ryle lacht hart auf. »Du bist so ein Miststück, Lily.«

Ich würde mich gern wehren, aber seine Wortwahl und sein Ton machen mir Angst. Das hier ist genau das Verhalten, das ich von früher kenne und dem ich mich keine Sekunde länger aussetzen will.

»Das reicht, Ryle. Ich bringe Emmy jetzt nach Hause.« Ich stoße mich von der Brüstung ab, bin aber noch keine drei Schritte weit gekommen, als er mich überholt und mir den Weg zum Treppenhaus versperrt. Ich mache einen Schritt zurück und umklammere mein Handy, um im Zweifelsfall Hilfe rufen zu können.

»Wir lassen den Zweitnamen ändern«, verkündet Ryle.

Ich atme tief durch. »Wir haben sie nach deinem Bruder Emerson genannt«, sage ich mit fester Stimme und um Ruhe bemüht. »Dieser Name hat eine Bedeutung für dich. Dory hat für mich eine Bedeutung und das ist nur fair so. Du interpretierst zu viel in meine Entscheidung hinein.«

Ich will an ihm vorbei zur Tür, aber er lässt mich nicht.

Mit einem nervösen Blick über die Schulter versuche ich die Entfernung zur Brüstung abzuschätzen. Nicht dass ich ernsthaft glaube, er wäre fähig, mich vom Dach zu stoßen, aber ich hätte ihm auch niemals zugetraut, mich eine Treppe hinunterzustoßen.

»Weiß er es?«, fragt Ryle.

Er braucht Atlas' Namen nicht auszusprechen, mir ist auch so klar, wen er meint. Plötzlich steigt ein leichtes Schuldgefühl in mir auf, und ich habe wahnsinnige Angst, dass Ryle es spürt.

Ja, Atlas weiß, dass Emerson mit zweitem Namen Dory heißt. Ich habe es ihm bei unserem Wiedersehen erzählt. Aber das ändert nichts daran, dass es bei der Namensgebung nicht um ihn ging. Die Figur war mein Vorbild, bevor ich überhaupt wusste, dass Atlas Corrigan existiert. Ich bewundere Dory für ihre Stärke und ihre Unerschütterlichkeit und wollte Emerson nach ihr nennen, weil ich mir genau diese Eigenschaften für meine Tochter wünsche.

Trotzdem verunsichert mich Ryles Reaktion, weil ich nicht leugnen kann, dass *Findet Nemo* auch uns beiden – Atlas und mir – etwas bedeutet. Deshalb bin ich Atlas nach unserer Begegnung noch mal hinterhergerannt, um ihm zu erzählen, dass ich Emerson mit zweitem Namen Dory genannt habe.

Also muss ich Ryle vielleicht zugestehen, wütend zu sein.

Aber genau das ist unser Problem. Selbst wenn Ryle Grund hat, wütend zu sein, gibt ihm das nicht das Recht, seine Wut an mir auszulassen. Ich tappe wieder in genau dieselbe Falle wie während unserer Ehe und vergesse, dass nichts, was ich jemals getan habe, seine aggressiven Reaktionen rechtfertigt.

Ich bin nicht perfekt, klar, aber deswegen habe ich es noch lange nicht verdient, um meine Gesundheit und mein Leben fürchten zu müssen, nur weil ich unabsichtlich irgendwas gesagt oder getan habe, das Ryle verletzt hat. Ja, das mit dem Namen war vielleicht nicht die klügste Entscheidung, und ich bin gerne bereit, darüber mit ihm zu diskutieren. Aber nach allem, was ich mit Ryle erlebt habe, will ich dieses Gespräch auf keinen Fall allein hier oben auf der Dachterrasse führen.

»Du machst mich nervös. Können wir bitte wieder runtergehen?«

Ryles Stimmung wechselt übergangslos von wütend zu gekränkt. »Jetzt übertreib nicht wieder, Lily«, stöhnt er und tritt demonstrativ zur Seite. »Wir haben eine ganz normale *Meinungsverschiedenheit*. Nichts weiter.« Dann wendet er sich kopfschüttelnd ab und entfernt sich ein paar Schritte.

Er versucht es auf die alte Tour. Mich verunsichern und alles so hindrehen, als wäre ich diejenige, die sich irrational verhält. Als wäre meine Angst vor ihm völlig überzogen, obwohl er genau weiß, dass sie absolut berechtigt ist. Ich starre einen Moment lang stumm in seine Richtung. Er kehrt mir den Rücken zu. Ist dieses unsägliche Gespräch damit für ihn beendet oder hat er noch irgendwas zu sagen? Aber warum frage ich mich das überhaupt? *Ich* habe nichts mehr zu sagen. Entschlossen gehe ich auf die Stahltür zu und ziehe sie auf.

»Lily, warte.«

Zögernd bleibe ich stehen und lasse sie wieder zufallen. Ryles

Stimme klingt auf einmal wieder viel ruhiger und gefasster. Vielleicht ist er heute wider Erwarten doch in der Lage, eine ganz normale *Meinungsverschiedenheit* mit mir zu haben, die nicht total eskaliert.

Er kommt mit zerknirschter Miene auf mich zu. »Tut mir leid. Du weißt, wie empfindlich ich bin, was ihn angeht.«

Ja, das weiß ich leider nur allzu gut. Genau deswegen erlaube ich mir gar nicht erst, mir vorzustellen, dass Atlas wieder eine wichtige Rolle in meinem Leben spielen könnte.

Allein bei dem Gedanken, Ryle davon zu erzählen, sträubt sich alles in mir. Und mit seiner Reaktion gerade liefert er den besten Beweis dafür, dass ich mit meinem Bauchgefühl richtigliege.

»Ich konnte plötzlich den Gedanken nicht mehr abschütteln, dass du unserer Tochter diesen Namen gegeben hast, um mich absichtlich zu verletzen. Verstehst du das nicht, Lily? Es ist doch ganz normal, dass ich das im ersten Moment wie einen Schlag in den Magen empfunden habe und kurz die Fassung verloren habe.«

Ich lehne mich mit verschränkten Armen neben der Tür an die Wand. »Noch mal, Ryle: Es hatte nichts mit dir oder Atlas zu tun, sondern einzig und allein mit mir. Und das ist die Wahrheit.« Es reicht, Atlas' Namen laut auszusprechen, und sofort vibriert wieder die Luft zwischen uns. Ich sehe, wie Ryle die Faust ballt, und warte angespannt darauf, dass er explodiert.

Stattdessen presst er dann aber doch nur die Lippen zusammen und nickt, als würde er meine Antwort akzeptieren. Prompt meldet sich wieder mein schlechtes Gewissen. Habe ich Emmy diesen Namen womöglich unbewusst tatsächlich gegeben, um ihn zu verletzen? Ich kann plötzlich nicht beschwören, dass es nicht so war. Ryle schafft es mit seinem Verhalten, dass ich mir selbst nicht mehr über den Weg traue.

Gott, das alles fühlt sich so grauenhaft vertraut an.

Wir stehen uns ein paar Atemzüge lang schweigend gegenüber. Ich möchte einfach nur zu Emerson nach unten, aber Ryle sieht aus, als hätte er noch etwas zu sagen. Er kommt abrupt näher, beugt sich ein Stück vor und stützt sich mit der Hand neben meinem Kopf ab. In seinem Blick liegt keine Wut mehr, wie ich erleichtert feststelle, allerdings weiß ich nicht, ob ich den Ausdruck, den er jetzt in den Augen hat, beruhigender finde. Es ist nicht das erste Mal seit unserer Trennung, dass er mich so ansieht.

Alles in mir erstarrt, als er den Kopf so senkt, dass sein Gesicht meinem viel zu nah ist, und mich durchdringend anschaut.

»Lily«, flüstert er heiser. »Was tun wir hier eigentlich?«

Ich erwidere nichts. Soweit es mich angeht, führen wir ein Gespräch, das er angefangen hat.

Er zupft am Ausschnitt meines Jumpsuits und seufzt dann so tief, dass ich seinen Atem in meinen Haaren spüre. »Alles könnte so viel einfacher sein, wenn wir nur …« Er verstummt. Vielleicht sucht er nach den richtigen Worten für das, was er sagen möchte. Für das, was ich nicht hören will.

»Stopp«, sage ich leise.

Ryle spricht nicht weiter, macht aber auch keine Anstalten, wieder auf angemessenen Abstand zu gehen. Im Gegenteil, es fühlt sich eher so an, als würde er mir noch näher kommen. Ich habe ihm in den letzten anderthalb Jahren nie einen Grund gegeben, zu glauben, es wäre okay, sich mir auf diese Weise zu nähern. Zu hoffen, es könnte zwischen uns jemals wieder eine Verbindung geben, die über die gemeinsame Betreuung unserer Tochter hinausgeht. Er ist derjenige, der ständig versucht, die Grenzen zu verschieben und die rote Linie zu missachten, die ich gezogen habe. Ich bin das alles so leid.

»Was, wenn ich mich geändert habe?«, fragt er plötzlich fast schüchtern. »*Wirklich* geändert?« Sein Blick wirkt aufrichtig.

Aber er löst nichts in mir aus. *Absolut nichts.*

»Es spielt keine Rolle für mich, ob du dich geändert hast oder nicht, Ryle. Ich hoffe für dich, dass es so ist. Aber ich habe nicht vor, das Versuchskaninchen zu spielen, um mich davon überzeugen zu lassen.«

Das hat gesessen. Es kostet ihn sichtlich Mühe, die scharfe Erwiderung herunterzuschlucken, von der er weiß, dass er sie besser für sich behält.

Stattdessen schnaubt er frustriert, wendet sich ab und zieht die Tür zum Treppenhaus auf, um – hoffentlich – in seine eigene Wohnung zu verschwinden. Die Tür fällt krachend hinter ihm ins Schloss.

Ich bleibe noch einen Moment an die Wand gelehnt stehen und atme tief durch.

Es ist nicht das erste Mal, dass Ryle solche Andeutungen macht. Er tut gern so, als wäre unsere Scheidung nur ein dummes kleines Spiel, das ich mir als Bestrafung für ihn ausgedacht habe. Meistens sind es beiläufig oder scherzhaft klingende Bemerkungen. Aber ich erkenne die Absicht dahinter, seine Versuche, mich zu manipulieren. Er denkt, er müsste mir nur lange genug einimpfen, die Scheidung wäre im Grunde bloß eine Überreaktion von mir gewesen, dann würde ich früher oder später einknicken und ihn wieder zurücknehmen.

Klar. Sein Leben wäre um einiges einfacher, wenn wir zusammen wären. Genau wie das von Allysa und Marshall, weil sie dann nicht mehr diesen ständigen Eiertanz um uns aufführen müssten.

Aber *mein* Leben wäre nicht einfacher. Ich wäre wieder der ständigen Angst ausgesetzt, bedroht oder verletzt zu werden, nur weil ich etwas angeblich Falsches gesagt oder getan habe.

Und Emersons Leben wäre auch nicht einfacher. Das weiß ich, weil ich dieses Leben selbst gelebt habe. Es gibt nichts

Schlimmeres, als mit einem cholerischen, gewalttätigen Elternteil aufzuwachsen.

Eigentlich wollte ich erst wieder nach unten, wenn meine Wut verflogen ist, aber als ich schließlich die Stufen zu Allysas Apartment runtergehe, merke ich, dass sie eher noch wächst. Gleichzeitig meldet sich auch wieder mein schlechtes Gewissen. Steigere ich mich vielleicht zu sehr hinein und sehe das alles zu drastisch? Nein. Nein, tue ich nicht. Schuldgefühle sind doch genau das, was Ryle mit seinem Verhalten erzeugen will … oder? Ach, keine Ahnung. Ich bin einfach zu erschöpft, um klar denken zu können. Das beinahe missglückte Date mit Atlas steckt mir auch noch in den Knochen. Egal, was es letztlich ist – als ich vor Allysas Wohnungstür stehe, schießen mir die Tränen in die Augen.

Ich will aber auf keinen Fall, dass Emmy mich in so einem aufgelösten Zustand erlebt, also setze ich mich im Gang auf den Boden und lasse den Tränen freien Lauf. Das passiert mir nicht zum ersten Mal. Zwischendurch ist der Druck, unter dem ich stehe, einfach zu groß, und ich muss die ganze Anspannung aus mir herausfließen lassen.

Eine Scheidung ist anstrengend; alleinerziehende Mutter zu sein, ist anstrengend; ein eigenes Geschäft zu führen, ist anstrengend; sich permanent mit seinem Ex-Mann auseinandersetzen zu müssen, vor dem man immer noch Angst hat, ist anstrengend.

Und dann sind da die Selbstzweifel, die sich immer wieder in mir regen, wenn Ryle andeutet, unsere Scheidung wäre ein Fehler gewesen. In solchen Momenten frage ich mich manchmal schon, ob ich mich vielleicht weniger überfordert fühlen würde, wenn ich noch einen Ehemann an meiner Seite hätte, mit dem ich mir den Kraftakt, ein Kind großzuziehen, teilen könnte. Oder ob ich übertrieben ängstlich bin, weil ich nicht will, dass meine Tochter bei ihrem eigenen Vater übernachtet. Leider gibt einem niemand eine Gebrauchsanweisung, in der steht, was zu tun ist, wenn man eine Beziehung eingeht, sie wieder löst und die Betreuung des gemeinsamen Kindes regeln muss.

Natürlich mache ich nicht immer alles richtig, aber ich strenge mich wirklich an und könnte gut auf einen Ex-Mann verzichten, der permanent versucht, mich zu manipulieren und zu verunsichern.

Wäre ich jetzt zu Hause, würde ich zu meinem Schmuckkästchen gehen und mir meine Erinnerungsliste durchlesen. Nächstes Mal fotografiere ich sie mit dem Handy ab, damit ich sie in Zukunft immer griffbereit habe. Ich habe eindeutig unterschätzt, wie schwierig und verwirrend die Begegnungen mit Ryle sein können.

Wie schaffen es Menschen nur, sich aus einer toxischen Beziehung zu befreien, wenn sie nicht die Unterstützung von Freunden und ihrer Familie haben, so wie ich sie hatte? Woher nehmen sie die Kraft, jeden Tag aufs Neue stark zu bleiben, wenn doch schon ein einziger Moment der Unsicherheit reichen kann, um auf einmal zu glauben, mit der Trennung die falsche Entscheidung getroffen zu haben?

Alle, die jemals einen manipulativen oder gewalttätigen Partner verlassen haben und es schaffen, sich nicht vom Kurs abbringen zu lassen, haben eine Medaille verdient. Nein, ein Denkmal. Ach was, ein eigenes Superheldinnen-Genre.

Irgendwie haben wir alle immer die falschen Helden bewundert. Wahre Stärke zeigt sich nämlich nicht darin, ob man mit bloßen Händen einen fahrenden Zug stoppen kann, sondern ob man es schafft, sich auf Dauer aus einer missbräuchlichen Beziehung zu lösen.

Mir laufen immer noch die Tränen übers Gesicht, als ein paar Minuten später die Tür aufgeht und Marshall mit zwei Müllsäcken aus dem Apartment kommt.

»Oh.« Er schaut kurz den Flur hoch und runter, als würde er hoffen, dass vielleicht noch jemand in der Nähe ist, der sich um mich kümmern könnte. Ich nehme ihm das nicht übel, weil ich auch alleine klarkomme und sowieso für mich sein möchte.

Zögernd stellt er die Müllsäcke ab, setzt sich mir gegenüber auf den Boden, streckt die Beine aus und kratzt sich am Knie. »Sorry, ich weiß gerade nicht, was ich sagen soll. Ich bin nicht so richtig gut im Trösten.«

Seine Unbeholfenheit bringt mich trotz meiner Tränen zum Lachen. »Nicht schlimm«, sage ich und hebe resigniert die Hände. »Es ist nur wegen Ryle … er schafft es manchmal immer noch, mich zum Weinen zu bringen.«

»Hat er dir wehgetan?« Durch Marshall geht ein Ruck, als wollte er aufspringen und Ryle sofort zur Rede stellen.

»Nein. Nein, er hat sich halbwegs im Griff gehabt.«

Marshall lehnt sich wieder zurück und im nächsten Moment schütte ich ihm plötzlich mein Herz aus. Keine Ahnung, warum es gerade ihn trifft, wahrscheinlich hat er einfach das Pech, verfügbar zu sein.

»Ich glaube, genau das ist es, was mich so fertigmacht. Dass er diesmal vielleicht sogar tatsächlich einen Grund hatte, wütend auf mich zu sein, und trotzdem relativ ruhig geblieben ist. Wir hatten eine Meinungsverschiedenheit, nichts weiter. Der Streit ist nicht eskaliert. Und in solchen Momenten frage ich mich manchmal, ob ich womöglich überreagiert habe, als ich die Scheidung durchgesetzt habe. Ich meine, ich weiß, dass ich nicht überreagiert habe. Ich *weiß* es. Aber irgendwie schafft er es immer wieder, mich an mir selbst und meiner Wahrnehmung zweifeln zu lassen, und dann denke ich, dass vielleicht alles besser geworden wäre, wenn ich ihm nur mehr Zeit gelassen hätte, an sich zu arbeiten …« Ich stocke, weil es mir plötzlich leidtut, ausgerechnet Marshall damit zu belasten. Ryle ist schließlich sein ältester und bester Freund. »Entschuldige. Das ist nicht dein Problem.«

»Allysa hat mich betrogen.«

Mir bleibt der Mund offen stehen. »*Was?*«

»Ist schon lange her.« Er zuckt mit den Schultern. »Wir haben ausführlich darüber gesprochen und die Geschichte geklärt, aber … es hat so verdammt wehgetan. Sie hat mir das Herz gebrochen.«

Ich schüttle den Kopf und muss diese Information erst mal verarbeiten, aber Marshall ist noch nicht fertig.

»War keine einfache Zeit damals. Wir haben an verschiedenen Colleges studiert und versucht, eine Fernbeziehung zu führen. Wir waren jung. Und dabei ist noch nicht mal so richtig viel passiert. Sie war betrunken und hat auf einer Party mit einem Typen rumgemacht, bis ihr dann rechtzeitig doch wieder eingefallen ist, was für einen supertollen Freund sie hat. Aber als sie es mir erzählt hat … Oh Mann, ich bin noch nie in meinem Leben so wütend gewesen. Es hat so verflucht wehgetan. Ich wollte mich rächen. Ich wollte sie auch betrügen, damit sie am eigenen Leib spürt, wie sich das anfühlt, wollte ihre Reifen aufschlitzen, ihre Kreditkarte überziehen und alle ihre Klamotten verbrennen. Aber ganz egal, wie wütend ich war – als sie vor mir stand, da habe ich nicht ein Mal, wirklich nicht eine Sekunde lang das Bedürfnis gehabt, ihr irgendwie körperlich wehzutun. Im Gegenteil, ich wollte sie umarmen und mich an ihrer Schulter ausheulen.«

Marshalls Miene ist ernst. »Jedes Mal, wenn ich daran denke, dass Ryle dich geschlagen hat, packt mich eine solche Wut auf ihn. Weil ich ihn liebe. Ich liebe ihn wirklich. Er ist mein bester

Freund, seit wir Kinder waren. Und gleichzeitig hasse ich ihn dafür, dass er kein besserer Mann sein kann. Nichts, was du jemals getan hast oder in der Zukunft vielleicht tun wirst, gibt einem Mann das Recht, die Hand gegen dich zu erheben, ganz egal, wie wütend er ist. Vergiss das bitte nie, Lily. Dass du dich aus dieser Situation befreit hast, war die einzig richtige Entscheidung. Du darfst deswegen niemals Schuldgefühle haben. Im Gegenteil. Du solltest stolz auf dich sein.«

Ich glaube, mir war gar nicht klar, *wie* sehr mich das alles belastet hat, aber Marshalls Worte nehmen so viel Gewicht von mir, dass ich das Gefühl habe, schweben zu können.

Das hat auch sehr viel damit zu tun, dass er es ist, der mir das sagt. Dass jemand, der Ryle wie einen Bruder liebt, mich in meiner Entscheidung so sehr unterstützt, gibt mir unglaublich Kraft.

»Du unterschätzt dich, Marshall. Du kannst verdammt gut trösten.«

Marshall steht lächelnd auf und hilft mir hoch. Dann greift er wieder nach den Müllsäcken, und ich gehe zu meiner Tochter, um sie endlich ganz fest in die Arme zu schließen.

13.

ATLAS

Verrückt, wie sich der Abend, auf den ich jahrelang gehofft und nach dem ich mich gesehnt habe, in den Abend verwandeln kann, vor dem mir jahrelang gegraut hat.

Ich hätte Lily zum Abschied geküsst, wenn ich nicht kurz vorher diese Nachricht bekommen hätte. Aber so wollte ich es nicht. Ich möchte, dass mein Kopf vollkommen frei ist, wenn wir uns das erste Mal als erwachsene Menschen küssen.

Die Nachricht kam von Darin, um mich zu informieren, dass Sutton im *Bib's* aufgetaucht ist. Ich habe Lily nichts davon gesagt, weil ich ihr noch nicht erzählt hatte, dass meine Mutter plötzlich wieder auf der Bildfläche erschienen ist. Aber sie hat meinen Stimmungswechsel gespürt, weshalb ich kurz erwähnt habe, dass sie mich neulich angerufen hat. Und jetzt wünsche ich mir, ich hätte es nicht getan. Wir hatten so einen guten Abend und ausgerechnet am Ende musste ich die Stimmung dämpfen.

Ich habe Darin nicht zurückgeschrieben. Erst hatte ich keine Lust, weil ich noch mit Lily zusammen war, und nachdem wir uns verabschiedet hatten, brauchte ich einen Moment für mich und bin eine Stunde lang ziellos durch die Gegend gefahren, um darüber nachzudenken, was ich tun soll.

Als ich jetzt zum Restaurant fahre, hoffe ich, dass es meiner Mutter mittlerweile zu blöd geworden ist, auf mich zu warten.

Falls nicht, habe ich wohl keine andere Wahl, als mir anzuhören, was sie von mir will.

Ich parke in der kleinen Gasse hinter dem *Bib's*, damit ich durch die Küche ins Restaurant gehen kann. Keine Ahnung, ob sie mich überhaupt wiedererkennen würde, wenn sie mich sieht, aber sollte sie noch da sein und im Empfangsbereich oder an einem Tisch warten, habe ich lieber den Vorteil auf meiner Seite, sie zuerst zu sehen.

Darin läuft sofort auf mich zu, als er mich durch die Hintertür kommen sieht.

»Hast du meine Nachricht gekriegt?«

Ich nicke und ziehe meine Jacke aus. »Ist sie noch da?«

»Ja. Sie hat darauf bestanden, zu warten. Ich hab sie an Tisch acht gesetzt.«

»Danke.«

Er zögert. »Hoffentlich trete ich dir damit jetzt nicht zu nahe, aber ... Ich könnte schwören, dass du gesagt hast, deine Mutter sei tot.«

Fast muss ich lachen. »Ich hab nie gesagt, dass sie *tot* ist, sondern dass sie für mich tot ist. Das ist nicht dasselbe.«

»Ich kann ihr auch einfach sagen, dass du heute Abend nicht mehr kommst.« Er scheint meine Anspannung zu spüren.

»Schon okay. Ich habe so das Gefühl, dass sie erst wieder geht, wenn ich mit ihr geredet habe.«

Darin nickt und kehrt an seine Station in der Küche zurück.

Ich bin froh, dass er mir keine weiteren Fragen gestellt hat. Schließlich weiß ich selbst nicht, warum sie hier ist oder was in der Zwischenzeit aus ihr geworden ist. Wahrscheinlich will sie Geld. Verdammt, ich würde ihr sogar welches geben, wenn sie mich danach in Ruhe lassen und nie wieder hier auftauchen würde.

Um vorbereitet zu sein, gehe ich noch kurz in mein Büro und

hole eine Handvoll Bargeld aus dem Safe, bevor ich mich durch die Küche auf den Weg ins Restaurant mache und mich zögernd umsehe.

Als ich entdecke, dass sie tatsächlich an Tisch acht sitzt, mir aber den Rücken zukehrt, durchströmt mich Erleichterung.

Ich atme noch einmal tief durch, steuere dann auf sie zu und setze mich ihr wortlos gegenüber. Weder will ich sie umarmen müssen noch irgendwelche hohlen Höflichkeitsfloskeln austauschen.

Ihr Gesichtsausdruck ist genauso emotionslos wie früher, als sie mich über den Tisch hinweg ansieht. Um ihren Mund liegt ein abweisender Zug. Der war früher auch schon da. Alles an ihr wirkt abweisend, das ist sozusagen ihre Werkseinstellung, auch wenn sie sich dessen wahrscheinlich gar nicht bewusst ist.

Sutton macht einen abgekämpften Eindruck. Es ist ungefähr dreizehn Jahre her, dass ich sie das letzte Mal gesehen habe, aber gemessen an den Falten um ihre Augen und ihren Mund könnten es auch ein paar Jahrzehnte sein.

Sie betrachtet mich einen Moment lang. Obwohl ihr aufgefallen sein muss, wie sehr ich mich seit unserer letzten Begegnung äußerlich verändert habe, verrät nichts an ihr, ob sie darüber überrascht ist. Ihr Blick ist vollkommen ungerührt, als wäre sie der Meinung, ich sollte als Erster anfangen zu reden. Aber das sehe ich anders.

»Gehört das alles dir?«, fragt sie schließlich und macht eine ausholende Armbewegung.

Ich nicke.

»Wow.«

Wer sie nicht kennt, würde denken, sie sei beeindruckt. Aber ich weiß es besser. Was sie mit diesem einen kleinen Wort eigentlich sagen will, ist: *Wow, Atlas. Findest du nicht, dass das ein paar Nummern zu groß für dich ist?*

»Wie viel brauchst du?«

Sie verdreht die Augen. »Ich bin nicht wegen Geld hier.«

»Warum dann? Brauchst du eine Niere? Ein *Herz*?«

Sie lehnt sich zurück und legt die Hände in den Schoß. »Hatte ganz vergessen, wie anstrengend es ist, sich mit dir zu unterhalten.«

»Warum versuchst du es dann überhaupt?«

Sie kneift leicht die Augen zusammen. Der Atlas, den sie von früher kennt, hat sich von ihr einschüchtern lassen. Die Zeiten sind vorbei. Ich bin nicht mehr eingeschüchtert. Bloß wütend und enttäuscht.

Sie stößt ein Schnauben aus, dann verschränkt sie die Unterarme auf dem Tisch und sieht mich durchdringend an. »Ich weiß nicht, wo Josh ist. Ich kann ihn nirgends finden und hatte gehofft, dass du vielleicht was von ihm gehört hast.«

Ich weiß, es ist viel Zeit vergangen, seit ich meine Mutter das letzte Mal gesehen habe, aber … *Wer zum Teufel ist Josh?* Ein neuer Freund, von dem ich ihrer Meinung nach wissen sollte? *Nimmt sie immer noch Drogen?*

»Er ist schon ein paarmal abgehauen, aber so lang war er noch nie weg. Und wenn er nicht bald wieder in der Schule aufkreuzt, kriege ich eine Anzeige wegen Verletzung der Schulpflicht oder wie das heißt.«

Ich habe keine Ahnung, wovon sie redet. »Wer ist Josh?«

Sie stöhnt, als wäre sie genervt, dass ich ihr nicht folgen kann. »*Josh.* Dein kleiner Bruder. Er ist mal wieder ausgerissen.«

Mein … *Bruder?*

Bruder.

»Hast du gewusst, dass man als Elternteil in den Knast wandern kann, wenn man nicht dafür sorgt, dass das Kind regelmäßig in die Schule geht? Mir droht eine *Haftstrafe*, Atlas.«

»Ich habe einen *Bruder*?«

»Du wusstest doch, dass ich schwanger bin, als du dich aus dem Staub gemacht hast.«

Ich wusste nicht, *dass* … »Ich habe mich nicht aus dem Staub gemacht, ihr habt mich rausgeworfen.« Das weiß sie ganz genau, sie versucht nur, die Schuld von sich wegzuschieben. Aber jetzt verstehe ich umso besser, warum sie mich damals vor die Tür gesetzt haben. Sie und Tim haben ein Baby erwartet und ich habe nicht mehr ins Bild gepasst.

Ich verschränke die Hände im Nacken. Frustriert. Geschockt. Schließlich lasse ich sie wieder sinken und beuge mich vor. »Ich habe einen *Bruder*? Wie alt ist er? Wer ist der … Er ist von Tim, oder?«

»Er ist elf. Und ja, Tim ist sein Vater, aber der ist vor Jahren abgehauen. Ich weiß noch nicht mal, wo er jetzt lebt.«

Das muss ich erst mal verarbeiten. Ich habe mit allem gerechnet, aber nicht *damit*. Mir liegen so viele Fragen auf der Zunge, doch die müssen warten. Viel wichtiger ist, herauszufinden, wo dieser Junge ist. »Wann hast du ihn das letzte Mal gesehen?«

»Vor ungefähr zwei Wochen.«

»Bist du zur Polizei gegangen?«

Sie verzieht das Gesicht. »Natürlich nicht. Er wird nicht vermisst, er versucht bloß, mir eins reinzudrücken.«

Ich muss die Finger gegen meine Schläfen pressen, um nicht laut zu werden. Es ist mir immer noch ein Rätsel, wie sie mich gefunden hat oder warum sie glaubt, ein elfjähriges Kind würde ihr eine Lektion erteilen wollen, aber im Moment interessiert mich nur, wo der Junge sein könnte. »Wohnst du jetzt wieder in Boston? Ist er hier verschwunden?«

Sie runzelt verwirrt die Stirn. »*Wieder* in Boston?«

Anscheinend sprechen wir nicht dieselbe Sprache. »Bist du wieder hergezogen oder lebst du immer noch in Maine?«

»Oh Gott«, murmelt sie und denkt nach. »Ich bin vor, keine

Ahnung, ungefähr zehn Jahren hierhergezogen. Josh war damals noch ein Baby.«

Sie lebt seit *zehn Jahren* hier in der Stadt?

»Die werden mich in den Knast stecken, Atlas.«

Ihr Kind ist seit zwei Wochen verschwunden, und das Einzige, was ihr Sorgen macht, ist die Aussicht, vielleicht ins Gefängnis zu kommen. *Manche Menschen ändern sich nie.* »Was soll ich tun?«

»Ich weiß nicht. Ich hatte gehofft, dass er Kontakt zu dir aufgenommen hat und dass du vielleicht weißt, wo er steckt. Aber wenn du noch nicht mal gewusst hast, dass es ihn überhaupt gibt …«

»Warum sollte er versuchen, Kontakt zu mir aufzunehmen? Weiß er von mir? Was hast du ihm über mich erzählt?«

»Außer deinem Namen? Nichts. Du bist ja nie da gewesen.«

Mein Adrenalinpegel schießt nach oben. Am liebsten würde ich aufstehen und gehen. Stattdessen beuge ich mich mühsam beherrscht zu ihr vor. »Nur damit ich das richtig verstehe … Ich habe einen jüngeren Bruder, von dessen Existenz ich keine Ahnung hatte, der aber denkt, es wäre mir egal, dass es ihn *gibt*?«

»Wenn er überhaupt irgendwas über dich denkt, Atlas. Ich glaube, das tut er eher nicht. Du bist in seinem Leben ja nie vorgekommen.«

Stimmt, aber das ist ihre Schuld, nicht meine. Und natürlich denkt ein Kind in dem Alter über den Bruder nach, von dem es glaubt, er hätte es im Stich gelassen. Wahrscheinlich hält er mich für einen absoluten Scheißkerl. Oh Mann, vielleicht ist er sogar derjenige, der … *Shit. Natürlich.*

Das erklärt so einiges. Ich würde glatt meine beiden Restaurants darauf verwetten, dass er hinter den Verwüstungen steckt. Und dass es kein Zufall war, dass der Schreibfehler mich an meine Mutter erinnert hat. Der Junge ist elf. Alt genug, um zu wissen, wie man jemanden googelt.

»Wo wohnt ihr?«, frage ich.

Sutton rutscht unbehaglich auf ihrem Stuhl hin und her. »Wir sind dabei, umzuziehen, und haben die letzten Monate übergangsweise im Risemore Inn gewohnt.«

»Da solltest du auch bleiben, für den Fall, dass er wieder auftaucht«, sage ich.

»Das kann ich mir nicht länger leisten. Ich hab gerade den Job gewechselt und bin für ein paar Tage bei einem Freund untergekommen.«

Ich stehe auf, hole das Bündel Dollarscheine aus meiner Hosentasche und lasse es vor sie auf den Tisch fallen. »Die Nummer, unter der du mich neulich angerufen hast, ist das deine Handynummer?«

Sie nickt und schiebt die Scheine von der Tischplatte in ihre Hand.

»Falls ich irgendwas rausfinde, melde ich mich. Geh in das Motel zurück und versuch, wieder dasselbe Zimmer zu kriegen. Du musst da sein, falls er zurückkommt.«

Sutton nickt wieder, und ihre Miene zeigt zum ersten Mal so etwas wie Beschämung. Ich lasse sie mit diesem Gefühl am Tisch sitzen, ohne mich zu verabschieden. Hoffentlich spürt sie wenigstens dieses eine Mal, und sei es auch nur zu einem Bruchteil, was ich ihretwegen jahrelang durchgemacht habe. Was mein Bruder wahrscheinlich gerade wegen ihr durchmacht.

Ich fasse es nicht. Da kriegt sie ein zweites Kind und verschwendet keinen Gedanken daran, mir das zu erzählen?

Ich stürme durch die Küche und durch die Hintertür nach draußen. Zum Glück macht gerade niemand eine Zigarettenpause, sodass ich einen Moment Zeit habe, mich wieder zu fangen. Aber es fällt mir schwer.

Ihr Kind läuft irgendwo da draußen alleine durch Boston, und sie wartet zwei gottverdammte Wochen, bevor sie irgendwas unternimmt? Aber warum überrascht mich das überhaupt? So ist sie nun mal. So ist sie schon immer gewesen.

Mein Handy klingelt. Ich bin so gereizt, dass ich es am liebsten gegen den Müllcontainer schleudern würde, aber dann sehe ich, dass es Lily ist, die mich über FaceTime zu erreichen versucht.

Ich wische übers Display, um ihr zu sagen, dass es gerade schlecht ist, aber als ich ihr Gesicht sehe, habe ich das Gefühl, dass sie genau das ist, was ich jetzt brauche. Ich bin wahnsinnig froh, von ihr zu hören, obwohl wir uns erst vor eineinhalb Stunden verabschiedet haben, und würde alles dafür geben, sie durchs Handy umarmen zu können.

»Hey.« Ich versuche, so gelassen wie möglich zu klingen, aber Lily kann ich nichts vormachen. Ihr Gesicht nimmt sofort einen besorgten Ausdruck an.

»Bist du okay?«

Ich nicke. »Seit ich ins Restaurant gekommen bin, ist der Abend ziemlich den Bach runtergegangen. Aber ich bin okay, ja.«

Obwohl sie lächelt, wirkt ihr Blick traurig. »Meiner auch.«

Mir fällt erst jetzt auf, dass sie anscheinend geweint hat. Ihre Augen sind glasig und die Lider leicht geschwollen. »Bist *du* okay?«

Sie ringt sich wieder ein Lächeln ab. »Ich komme schon wieder in Ordnung. Ich wollte mich nur für den Abend bedanken, bevor ich schlafen gehe.«

Ich ertrage es nicht gut, sie so traurig zu sehen. Das war schon früher so, nur dass ich sie damals dann wenigstens in den Arm nehmen konnte. *Vielleicht kann ich das immer noch.*

»Würde eine Umarmung helfen?«

Sie lächelt zaghaft. »Sogar sehr. Aber ich versuche einfach, ein bisschen Schlaf zu kriegen, dann geht's mir bestimmt besser. Hören wir uns morgen?«

Ich habe keine Ahnung, was zwischen unserem Date und diesem Anruf passiert ist, aber Lily wirkt unendlich niedergeschlagen. Sie sieht so aus, wie ich mich fühle.

»Eine Umarmung dauert zwei Sekunden und danach wirst du umso besser schlafen. Die werden hier gar nicht mitkriegen, dass ich kurz weg bin. Wo wohnst du?«

Sie lächelt verblüfft. »Du willst fünf Meilen fahren, nur um mich zu umarmen?«

»Ich würde fünf Meilen *rennen*, nur um dich zu umarmen.«

Ihr Lächeln vertieft sich. »Ich schicke dir eine Nachricht mit meiner Adresse. Aber klopf bitte leise, ich habe Emmy gerade hingelegt.«

»Bis gleich.«

14.

LILY

Ist *Umarmung* heutzutage womöglich ein Codewort für etwas ganz anderes? Ich bin schon so lange nicht mehr im Datingkarussell mitgefahren, dass ich mich nicht mehr auskenne.

Andererseits ... was soll es denn sonst bedeuten?

Ich bin ja schon in Sachen Social Media komplett überfordert, wie sollte ich dann noch die ganzen neuen Ausdrücke kennen. Gibt es überhaupt einen unhipperen Millennial als mich? Ich fürchte nein. Bei mir ist das so, als wäre ich über die Generation X direkt ins Boomerland zurückgesprungen. Genau, ich bin ein Boomer Millennial. Ein *Boollennial.* Mal im Ernst, meine Mutter ist ein Boomer und weiß wahrscheinlich mehr über Dating als ich. Immerhin ist sie diejenige, die einen neuen Freund hat. Ich sollte sie anrufen und mir von ihr Tipps holen.

Für den Fall, dass mit *Umarmung* auch noch ein Kuss mitgemeint ist, putze ich mir zur Sicherheit die Zähne. Dann laufe ich schnell wieder ins Schlafzimmer und ziehe mich mehrmals um, nur um mich am Ende wieder für den Pyjama zu entscheiden, den ich eben auf FaceTime anhatte. Aaahhhh. Ich versuche viel zu angestrengt, so auszusehen, als hätte ich mich überhaupt nicht angestrengt. Machen Männer auch so einen Quatsch?

Während ich auf Atlas warte, tigere ich unruhig in meiner Wohnung auf und ab. Keine Ahnung, warum ich so nervös bin.

Immerhin habe ich heute schon drei Stunden allein mit ihm in seinem Wagen verbracht.

Okay, eineinhalb, wenn man mein Nickerchen abzieht.

Kurz darauf klopft es leise an meiner Tür. Obwohl ich weiß, dass es Atlas ist, werfe ich einen Blick durch den Spion.

Atlas sieht sogar gut aus, wenn sein Gesicht durch das dicke Glas eines Gucklochs grotesk verzerrt wird. Ich muss lächeln, als mir auffällt, dass er sich tatsächlich umgezogen hat. Zumindest teilweise. Vorhin hatte er einen schwarzen Mantel an, jetzt einen einfachen grauen Hoodie.

In dem er total cool aussieht.

Als ich die Tür aufmache, zögert Atlas keine Sekunde. Im einen Moment sehen wir uns noch an, im nächsten hat er mich schon in seine Arme gezogen.

Er drückt mich so fest an sich, dass ich ihn am liebsten fragen würde, ob in den letzten sechzig Minuten vielleicht irgendwas wirklich Schlimmes passiert ist, aber dann lasse ich es doch. Stattdessen erwidere ich einfach nur seine Umarmung und genieße seine tröstliche Nähe.

Atlas ist noch nicht mal richtig reingekommen. Wir stehen immer noch eng umschlungen in der Tür, als wäre eine Umarmung nach wie vor nichts weiter als eine Umarmung. Er riecht so gut. Irgendwie nach Sommer, als würde er versuchen, der Kälte zu trotzen. Vorhin hat er sich solche Sorgen gemacht, dass er nach Knoblauch stinken könnte, aber ich habe nur sein Aftershave gerochen.

Er legt mir sanft eine Hand in den Nacken. »Bist du okay?«

»Jetzt schon«, sage ich dumpf an seiner Schulter. »Und du?«

Atlas seufzt, sagt aber nichts. Ich lasse das erst mal so stehen und schaue zu ihm hoch, als er mich widerstrebend loslässt und mir durch die Haare streicht. »Ich hoffe, du bekommst heute Nacht ein bisschen mehr Schlaf.«

»Du hoffentlich auch«, sage ich.

»Ich übernachte im Restaurant.« Er macht eine wegwerfende Handbewegung, als wollte er jeden Gedanken daran abschütteln. »Lange Geschichte, aber ich muss wieder fahren. Ich erzähl dir morgen alles.«

Obwohl ich gern wissen würde, was bei ihm los ist, hake ich nicht nach. Mir wäre gerade auch nicht danach, ihm von meiner Begegnung mit Ryle zu erzählen. Aber ich würde ihm gern irgendwas Gutes tun. Und dann fällt mir etwas ein.

»Brauchst du vielleicht neuen Lesestoff?«

Seine Augen leuchten auf. »Könnte ich tatsächlich gebrauchen.«

»Bin gleich wieder da.« Ich gehe ins Schlafzimmer, ziehe das nächste Heft aus dem Karton mit den Tagebüchern und bringe es ihm. »Das hier ist allerdings nicht ganz jugendfrei«, sage ich lachend.

Atlas greift mit der einen Hand nach dem Heft und legt mir die andere um die Taille, um mich an sich zu ziehen. Dann küsst er mich so hauchzart auf die Schläfe, dass ich es eigentlich erst mitbekomme, als es schon vorbei ist.

»Gute Nacht, Lily.«

»Gute Nacht, Atlas.«

Wir rühren uns nicht von der Stelle. Stehen reglos da, als wäre die Vorstellung, uns voneinander zu lösen, unerträglich. Atlas zieht mich sogar noch etwas enger an sich und presst die Lippen auf die Stelle an meiner Schulter, wo der Pyjama das Tattoo verbirgt. Das Tattoo, von dessen Existenz er nichts ahnt, als er es jetzt küsst. Dann geht er.

Nachdem ich die Tür hinter ihm zugemacht habe, presse ich die Stirn dagegen. Ich spüre ein verliebtes Flattern im Bauch, aber diesmal ist es mit sorgenvollen Gedanken gemischt, obwohl es hier um Atlas geht und Atlas einer von den Guten ist.

Daran ist Ryle schuld. Er hat den letzten Rest von Vertrauen zerstört, den ich nach der Erfahrung mit meinem Vater noch in Männer hatte.

Dass ich überhaupt in der Lage bin, ein Gefühl der Verliebtheit zu empfinden, könnte ein Anzeichen dafür sein, dass Atlas mir vielleicht zurückgeben kann, was mein Vater und Ryle mir genommen haben. Aber aus dem leichten, flatternden Gefühl wird ein zentnerschwerer Stein, als ich mir vorstelle, wie Ryle reagieren würde, wenn er davon wüsste.

Je glücklicher mich die Begegnungen mit Atlas machen, desto mehr graut mir davor, Ryle davon erzählen zu müssen.

15.

ATLAS

Während meiner Zeit bei den Marines habe ich mich mit einem Kameraden angefreundet, der in Boston Familie hatte. Seine Tante und sein Onkel hatten beschlossen, in den Ruhestand zu gehen, und wollten ihr Restaurant verkaufen. Es hieß *Milla's*, und als ich vor meinem Abschied aus der Army ein paar Tage auf Urlaub hier war, habe ich es mir angesehen und mich sofort verliebt. Wenn ich jetzt sagen würde, dass es am guten Essen lag oder an der Tatsache, dass es sich um ein Lokal in meiner Lieblingsstadt Boston handelte, wäre das nicht wirklich gelogen. Aber vor allem habe ich mich wegen des Baums in der Mitte des Gastraums in das Restaurant verliebt.

Der Baum erinnerte mich an Lily.

Wahrscheinlich ist es nicht unbedingt ideal, wenn man durch Bäume an seine erste große Liebe erinnert wird. Bäume sieht man buchstäblich überall. Das könnte der Grund dafür gewesen sein, dass ich jeden Tag an sie gedacht habe. Vielleicht lag es aber auch einfach daran, dass ich bis heute das Gefühl habe, ihr mein Leben zu verdanken.

Ich bin mir nicht sicher, ob es tatsächlich der Baum war oder all die anderen Gründe plus die Tatsache, dass das Restaurant mit dem kompletten Inventar und samt Mitarbeitern abgegeben wurde, aber als es schließlich frei wurde, hatte ich den Drang, es zu kaufen. Ich hatte nicht vorgehabt, direkt nach meinem Austritt aus der Army Restaurantbesitzer zu werden. Eigentlich hatte ich erst mal eine Weile als Koch arbeiten wollen, um Erfahrungen zu sammeln, aber als sich diese Gelegenheit bot, konnte ich sie nicht ziehen lassen. Ich hatte während meiner Zeit als Marine Geld gespart, nahm einen Kredit auf, änderte den Namen des Restaurants und entwickelte eine komplett neue Speisekarte.

Manchmal nagen Schuldgefühle an mir, weil das *Bib's* so gut läuft – als hätte ich mir das nicht selbst erarbeitet. Ich habe damals nicht nur ein perfekt eingespieltes Team übernommen, sondern auch etliche Stammgäste. Ich habe dieses Restaurant nicht mit eigenen Händen aufgebaut und komme mir deshalb immer wie ein Hochstapler vor, wenn mir jemand zu meinem Erfolg mit dem *Bib's* gratuliert.

Das war auch ein Grund, weshalb ich noch ein zweites Restaurant eröffnet habe. Ich wollte vor allem mir selbst beweisen, dass ich dazu in der Lage bin. Ich wollte mich der Herausforderung stellen, aus dem Nichts etwas zu erschaffen und zu sehen, wie es wächst und gedeiht. Ähnlich wie Lily in ihrem Tagebuch beschrieben hat, warum es ihr als Kind so viel gegeben hat, ein eigenes Stück Garten zu haben.

Vielleicht hänge ich deswegen noch ein bisschen mehr am *Corrigan's* als am *Bib's*, weil ich das Restaurant von Grund auf selbst aufgebaut habe. Was wohl auch die Erklärung dafür ist, dass das *Corrigan's* eine funktionierende Überwachungskamera und eine Alarmanlage hat, wodurch es sehr viel schwerer ist, dort einzubrechen als im *Bib's*.

Also habe ich mich entschlossen, die Nacht im *Bib's* zu verbringen, obwohl nach dem Rotationsplan dieses Jungen das *Corrigan's* als Nächstes dran wäre – in der ersten Nacht war es das *Bib's*, in der zweiten das *Corrigan's*, dann blieb es ein paar Tage ruhig, und beim dritten und vierten Mal erwischte es wieder das *Bib's*. Vielleicht irre ich mich, aber ich habe so eine Ahnung, dass er wieder hier auftauchen wird, bevor er sich noch mal das *Corrigan's* vornimmt, einfach weil er hier mehr Erfolg hatte. Ich hoffe nur, dass heute nicht eine der Nächte ist, in denen er beschließt, überhaupt nicht aufzutauchen.

Wenn er Hunger hat, kommt er definitiv. Was Essen angeht, ist das *Bib's* die sicherere Bank. Deshalb sitze ich jetzt hinter einem der Müllcontainer verborgen und warte. Ich habe mir einen von den klapprigen Stühlen geholt, die die Raucher unter meinen Mitarbeitern in ihren Pausen benutzen, und vertreibe mir die Zeit mit Lesen. Lilys Tagebuch leistet mir Gesellschaft. So gute Gesellschaft, dass ich zwischendurch total in den Inhalt versunken bin und vergesse, wachsam zu sein.

Natürlich kann ich nicht mit Sicherheit sagen, ob der Junge, der in meine Restaurants eingebrochen ist, derselbe ist, der sich eine Mutter mit mir teilt, aber das Timing spricht dafür. Genau wie die gesprayten Botschaften. Mir fällt sonst niemand ein, der mehr Grund hätte, wütend auf mich zu sein, als ein Junge, der sich von seinem älteren Bruder im Stich gelassen fühlt.

Mittlerweile ist es kurz vor zwei Uhr morgens. Ich checke die Security-App des *Corrigan's* auf meinem Handy, aber dort ist bis jetzt ebenfalls alles ruhig geblieben.

Auch wenn die letzten Tagebuch-Einträge eine Menge Schmerz in mir hochgeholt haben, lese ich weiter. Mir ist nicht bewusst gewesen, welche Auswirkungen mein Weggang nach Boston für Lily hatte. In meiner Selbstwahrnehmung damals habe ich mich für sie und ihr Leben als Belastung gesehen. Ich hatte keine Ahnung, dass sie mich als *Bereicherung* empfunden hat.

Die Einträge aus der Zeit setzen mir wirklich viel mehr zu, als ich erwartet habe. Ich dachte, es würde Spaß machen, in Lilys Gedanken einzutauchen, aber als ich anfing zu lesen, ist mir wieder klar geworden, wie grausam das Leben in unserer Kindheit zu uns war. Ich denke nicht mehr oft daran, weil ich mittlerweile von alldem so weit weg bin, aber anscheinend werde ich im Moment aus allen möglichen Richtungen mit dieser Vergangenheit konfrontiert. Die Tagebucheinträge, meine Mutter, die Entdeckung, dass ich einen Bruder habe – es kommt mir vor, als hätte alles, vor dem ich wegzulaufen versucht habe, ein Leck geschlagen, das mein Boot zum Kentern zu bringen droht.

Aber dann ist da Lily und das perfekte Timing, mit dem sie in mein Leben zurückgekehrt ist. Sie scheint immer genau dann aufzutauchen, wenn ich einen Rettungsring brauche.

Ich blättere durch den Rest des Tagesbuchs und sehe, dass ich schon die Hälfte des allerletzten Eintrags gelesen habe. Die Nacht damals endete so schrecklich, dass ich nur bruchstückhafte Erinnerungen daran habe. Etwas in mir will sie noch nicht mal aus Lilys Perspektive erneut durchleben, aber ich muss wissen, mit welchen Gefühlen ich sie all die Jahre zurückgelassen habe.

Ich schlage den letzten Eintrag auf und lese weiter, wo ich aufgehört habe.

Danach hat er meine Hände genommen und mir gesagt, dass er früher als geplant zur Army geht, sich aber vorher unbedingt von mir verabschieden und mir für alles danken wollte.

Er hatte dabei Tränen in den Augen, wodurch das Blau noch leuchtender gestrahlt hat als sonst. »Das Leben ist so verdammt kurz, Lily«, hat er gesagt. »Wir haben nur so wenig Zeit und dürfen sie nicht vergeuden. Wir sollten nicht auf etwas warten, von dem wir nicht wissen, ob es überhaupt jemals passieren wird.«

Ich habe sofort verstanden, was er mir damit sagen wollte: Ich soll nicht auf ihn warten, bis er in vier Jahren wieder aus der Army entlassen wird.

Es war kein richtiges Schlussmachen, weil wir ja nie offiziell ein Paar waren. Aber es hat wahnsinnig wehgetan, dass Atlas mich sozusagen freigegeben hat, ohne dass er mich vorher jemals gefragt hat, ob ich seine Freundin sein will. Wobei ich glaube, dass wir beide von Anfang an gewusst haben, dass das nicht ewig so weitergehen kann. Dabei hätte ich es mir so gewünscht. Wenn alles anders gewesen wäre, wenn er ein richtiges Zuhause gehabt hätte und wir uns in der Schule kennengelernt hätten, dann hätten wir ein ganz normales Paar werden können. Eines, das einfach glücklich ist und gar nicht weiß, wie grausam das Leben manchmal sein kann.

Ich habe nicht versucht, Atlas umzustimmen und ihm zu sagen, dass ich trotzdem auf ihn warten will, weil ich ganz fest spüre, dass unsere Verbindung so stark ist, dass nicht mal die Flammen der Hölle uns trennen könnten. Deswegen ist es okay. Er soll zur Army gehen. Ich mache hier in der Zwischenzeit meinen Schulabschluss, und wenn die Zeit reif ist, kommen wir zusammen.

»Aber eins verspreche ich dir«, hat er gesagt. »Wenn mein Leben irgendwann gut genug für dich ist, dann mache ich mich auf die Suche nach dir, und vielleicht magst du mich dann ja noch. Ich will nur nicht, dass du so lange auf mich wartest, weil es eben auch sein kann, dass dieser Moment niemals kommt.«

Mir hat das nicht gefallen, weil es zwei Dinge bedeuten kann: Entweder, dass er während seiner Zeit bei der Army irgendwo hingeschickt wird, von wo er vielleicht nicht lebend zurückkehrt, oder zweitens, dass er nicht glaubt, dass sein Leben jemals gut genug für mich sein wird.

Dabei war es doch schon in dem Moment längst gut genug für mich. Aber ich habe trotzdem nichts gesagt, sondern bloß genickt und mich gezwungen, einen Witz zu machen. »Wenn ich zu lange warten muss, gehe ich dich suchen, Atlas Corrigan. Und dann kannst du dich auf was gefasst machen.«

Er hat gelacht, weil ich das so drohend gesagt habe. »Es wird nicht so schwer sein, mich zu finden. Du weißt ja, wo ich bin.«

Ich habe gegrinst. »Klar. Da, wo alles besser ist.«

»Genau. In Boston«, hat er gesagt und mir einen Kuss gegeben.

Und dann haben wir uns weitergeküsst. Und gelacht. Und uns geliebt. Und gestöhnt. Sehr viel gestöhnt. So, dass wir uns gegenseitig den Mund zuhalten mussten, damit meine Eltern uns nicht hörten.

Später lagen wir Haut an Haut da, meine Hand auf seinem Herzen, seine auf meinem. Er hat mich geküsst und mir ganz tief in die Augen geschaut.

»Ich liebe dich, Lily. Alles, was du bist. Ich liebe dich.«

Und ich wusste, dass er damit nicht meint, dass er in mich verliebt ist. Die Art von »Ich liebe dich« war das nicht.

Man begegnet im Leben so vielen Menschen. Unmengen von Menschen. Sie sind wie Wellen, die auf einen zuströmen und sich wieder zurückziehen. Darunter gibt es welche, die höher sind als andere und eine viel stärkere Wucht haben. Manche bringen Dinge von tief unten vom Meeresgrund an die Oberfläche und schleudern sie an den Strand, wo sie liegen bleiben. Spuren im Sand, die noch lange, nachdem die Wellen sich zurückgezogen haben, daran erinnern, dass sie da waren.

Als Atlas mir gesagt hat, dass er mich liebt, hatte ich das Gefühl, er will mir damit sagen, dass ich die größte Welle bin, die er jemals erlebt hat. Und dass ich so viel mitgebracht habe, dass davon immer etwas zurückbleiben wird, auch wenn die Gezeiten mich davongetragen haben.

Dann hat er sich zu seiner Jacke runtergebeugt und eine braune Papiertüte aus der Tasche gezogen. »Ich hab noch ein Geburtstagsgeschenk für dich. Es ist nur was ganz Kleines.«

In der Tüte war das beste Geschenk, das ich je bekommen habe. Ein Kühlschrankmagnet, auf dem »BOSTON« steht und darunter etwas kleiner: »Wo alles besser ist«. Ich habe Atlas gesagt, dass ich immer an ihn denken werde, wenn ich den Magneten anschaue.

Vorhin habe ich geschrieben, dass mein sechzehnter Geburtstag der schönste Tag meines Lebens gewesen ist. Und bis zu diesem Moment war er das auch.

Aber in der nächsten Sekunde passierte etwas, das ihn zum kompletten Gegenteil werden ließ.

Weil ich Atlas an dem Abend nicht erwartet hatte, war meine Zimmertür nicht abgeschlossen. Mein Vater muss uns gehört haben. Jedenfalls riss er plötzlich die Tür auf, sah Atlas und rastete total aus. Er war so wütend. Wütender, als ich ihn je erlebt habe. Und Atlas hatte keine Chance.

Ich werde diese Szene niemals vergessen, solange ich lebe. Wie ich dastand und hilflos zusehen musste, wie mein Vater sich mit einem Baseballschläger auf Atlas stürzte und auf ihn einprügelte. Und durch mein Schreien hindurch hörte ich Knochen brechen.

Jemand rief die Polizei. Eigentlich kann es nur meine Mutter gewesen sein, aber sie hat bis heute nicht mit mir über diese Nacht gesprochen, obwohl sie jetzt sechs Monate her ist. Als die beiden Polizisten in mein Zimmer stürmten und meinen Vater von Atlas wegrissen, erkannte ich ihn nicht wieder, weil sein Gesicht so geschwollen und blutüberströmt war.

Ich habe die ganze Zeit über nur geschrien.

Hysterisch geschrien.

Atlas wurde mit Blaulicht in die Klinik gebracht, und für mich mussten sie auch den Notarzt rufen, weil ich keine Luft mehr bekam. Das war das erste und bis jetzt einzige Mal in meinem Leben, dass ich eine Panikattacke hatte.

Ich habe keine Ahnung, wo sie ihn damals hingebracht haben, und auch nicht, wo er jetzt ist und wie es ihm geht. Mein Vater hat noch nicht mal eine Anzeige wegen Körperverletzung bekommen. Ganz im Gegenteil. Die Leute bewundern ihn. Es hat sich schnell herumgesprochen, dass Atlas in dem Abbruchhaus geschlafen hatte, weil er obdachlos war. Es hieß, er hätte mich naives Mädchen zum Sex überredet und mein Vater hätte mich gerächt.

Mein Vater sagt, ich hätte Schande über unsere Familie gebracht, und alle würden sich das Maul über mich zerreißen. Es stimmt. Die

Leute reden immer noch. Heute habe ich mitbekommen, wie Katie im Bus zu einem Mädchen gesagt hat, sie hätte damals versucht, mich vor Atlas zu warnen. Sie hätte nämlich gleich gemerkt, dass er irgendetwas Fieses an sich gehabt hätte. Hätte Atlas neben mir gesessen, hätte ich mich wahrscheinlich erwachsener verhalten und sie einfach ignoriert, so wie er es mir beigebracht hat, aber das habe ich nicht geschafft. Dazu war ich viel zu wütend. Stattdessen habe ich mich zu ihr umgedreht und ihr gesagt, dass sie eine miese Lästerschlampe ist und dass Atlas ein tausendmal wertvollerer Mensch ist als sie und dass sie besser nie wieder etwas Schlechtes über ihn sagt, weil sie es sonst bereuen wird.

Sie hat bloß die Augen verdreht. »Gott, Lily. Hat er dir das Gehirn gewaschen, oder was? Dieser Typ war ein dreckiger, krimineller Straßenjunge, der wahrscheinlich noch dazu drogensüchtig war. Er hat dich benutzt, um an Essen und Sex ranzukommen, und du verteidigst ihn auch noch?«

Sie hatte echt Glück, dass der Bus in dem Moment in unserer Straße gehalten hat.

Ich bin nach Hause gerannt, habe mich aufs Bett geworfen und bestimmt drei Stunden lang durchgeweint. Jetzt habe ich schreckliche Kopfschmerzen, aber ich habe mich trotzdem hingesetzt und diesen Brief an dich geschrieben, Ellen, weil ich dachte, das wäre das Einzige, was mir helfen kann. Ich dachte, dass ich mir alles endlich mal von der Seele schreiben muss, nachdem ich es sechs Monate lang in mich hineingefressen habe …

Sei mir nicht böse, aber mein Kopf tut immer noch weh. Mein Herz auch. Vielleicht sogar noch mehr als vorher. Dass ich diesen Brief geschrieben habe, hat kein bisschen geholfen.

Ich glaube, ich nehme mir eine Auszeit, Ellen. Wenn ich dir schreibe, denke ich nur an ihn, und dann tut alles noch viel mehr weh. Ich werde einfach so tun, als wäre alles okay, bis er mich irgendwann holen kommt. Ich werde so tun, als würde ich schwim-

men, obwohl ich mich in Wirklichkeit nur treiben lasse und es gerade mal schaffe, den Kopf über Wasser zu halten.
Deine Lily

Ich klappe das Heft zu.

Ich weiß nicht, was ich fühle, weil so viele Empfindungen gleichzeitig in mir sind. Wut, Liebe, Traurigkeit, Glück.

Es hat mich immer fertiggemacht, dass ich mich so gut wie gar nicht mehr an diese Nacht erinnern konnte, egal, wie sehr ich mich angestrengt habe, an jedes einzelne Wort zurückzudenken, das zwischen uns gefallen ist. Dass Lily alles aufgeschrieben hat, ist ein Geschenk – wenn auch ein trauriges.

Der Grund, warum ich ihr damals kaum etwas über mein Leben erzählt habe, war die Angst, ihr zu viel zuzumuten. Sie steckte selbst in einer so furchtbaren Situation, und ich wollte ihr nicht auch noch meine Geschichte aufbürden, aber nachdem ich jetzt ihr Tagebuch gelesen habe, weiß ich, dass sie diesen Schutz nicht gebraucht hätte. Wenn überhaupt, hätte sie mir helfen können, das alles durchzustehen.

Das löst das Bedürfnis in mir aus, ihr einen weiteren Brief zu schreiben, aber noch mehr sehne ich mich danach, bei ihr zu sein und über all das mit ihr zu reden. Ich weiß, wir lassen es langsam angehen – sogar *ganz* langsam –, aber je mehr Zeit ich mit ihr verbringe, desto ungeduldiger fiebere ich unserem nächsten Treffen entgegen.

Ich stehe auf, um das Tagebuch reinzubringen und mir was zu trinken zu holen, als ich an der Hauswand plötzlich einen Schatten bemerke, der sich in meine Richtung bewegt. Hastig ducke ich mich wieder hinter die Mülltonne und spähe vorsichtig dahinter hervor.

Ein Junge nähert sich dem Hintereingang des Restaurants.

Keine Ahnung, ob das wirklich mein Bruder ist, aber ich bin mir zumindest sehr sicher, dass es derjenige ist, den ich auf dem Video der Überwachungskamera im *Corrigan's* gesehen habe. Derselbe Gang, derselbe Hoodie mit übergezogener Kapuze.

Und mit jeder Sekunde verstärkt sich meine Gewissheit, dass er der ist, für den ich ihn halte. Er hat genau den gleichen Körperbau wie ich. Selbst seine Bewegungen kommen mir absurd vertraut vor. Mein Puls geht schneller. Ich möchte ihn kennenlernen. Ich will ihm sagen, dass ich nicht wütend auf ihn bin und dass ich weiß, was er durchmacht.

Ich war ja noch nicht mal richtig wütend auf ihn, als ich noch nicht wusste, dass er womöglich mein Bruder ist. Aber auf ein Kind, das von derselben Frau aufgezogen wurde, die mir so lange das Leben schwer gemacht hat, könnte ich erst recht nicht wütend sein. Ich weiß viel zu gut, was es heißt, auf sich allein gestellt zu sein und ums Überleben zu kämpfen. Ich weiß, wie es ist, wenn man alles tun würde, um von jemandem wahrgenommen zu werden. *Egal, von wem.* Das sind Gefühle, die ich aus meiner eigenen Kindheit kenne, und ich bin mir ziemlich sicher, dass es genau das ist, worum es hier wirklich geht.

Er *will* erwischt werden. Das hier scheint mir mehr ein Schrei nach Zuwendung zu sein als sonst irgendetwas.

Mittlerweile hat er den Hintereingang des Restaurants erreicht. Seine Bewegungen haben nichts Zögerliches. Hier kennt er sich inzwischen aus. Er prüft, ob die Tür abgeschlossen ist. Als sie sich nicht öffnen lässt, zieht er eine Sprühdose aus seinem Hoodie. Er hat sie gerade angehoben, da trete ich hinter der Mülltonne hervor.

»Du hältst sie falsch.« Meine Stimme lässt ihn zusammenzucken. Er fährt herum, und mein Herz zieht sich schmerzhaft zusammen, als ich sehe, *wie* jung er tatsächlich ist. Kurz stelle ich mir vor, Theo würde mitten in der Nacht ganz allein hier draußen herumstreunen.

Die Angst in seinen Augen hat noch etwas Kindliches. Als ich auf ihn zugehe, weicht er einen Schritt zurück und schaut sich nach einer Fluchtmöglichkeit um, macht aber keine Anstalten, wegzurennen.

Ich glaube, er möchte wissen, was passieren wird. Warum hätte er sonst Nacht für Nacht hier auftauchen sollen?

»Gib mal her.« Ich strecke die Hand nach der Dose aus. Nach kurzem Zögern reicht er sie mir, und ich zeige ihm, wie man sie richtig hält. »Hier, so vermeidest du die Drips. Du bist mit dem Sprühkopf zu dicht rangegangen.«

Er mustert mich eindringlich, und währenddessen huschen alle möglichen Gefühlsregungen über sein Gesicht – Wut, Faszination, Misstrauen. Schweigend lassen wir auf uns wirken, wie unfassbar ähnlich wir uns sehen. Wir kommen beide nach unserer Mutter. Das gleiche Kinn, die gleichen hellen Augen, der gleiche Mund, der gleiche leicht abweisende Zug im Gesicht. Ich kann das alles noch gar nicht richtig fassen. Ich meine, ich hatte mich schon eine ganze Weile damit abgefunden, keine Familie zu haben, und jetzt steht mein *Bruder* hier leibhaftig vor mir. Was er wohl gerade fühlt? Wut natürlich. Enttäuschung.

Ich lehne mich an die Hauswand und versuche, ihm mit meinem Blick zu vermitteln, dass ich ihm nichts Böses will. »Ich wusste nichts von dir, Josh. Dass du existierst, habe ich erst vor ein paar Stunden erfahren.«

Er schiebt die Hände in die Taschen seines Hoodies und starrt auf seine Füße. »Bullshit«, murmelt er.

Seine Reaktion überrascht mich nicht wirklich, aber es macht mich traurig, dass er in seinem Alter schon so eine Härte in sich hat. »Hast du Hunger?«, frage ich, während ich die Hintertür aufschließe und sie für ihn aufhalte.

Kurz scheint er mit dem Gedanken zu spielen, abzuhauen, dann senkt er den Kopf und schiebt sich an mir vorbei ins Restaurant.

Ich schalte das Licht in der Küche ein, und während ich die Zutaten zusammensuche, die ich für einen überbackenen Käsetoast brauche, läuft er langsam durch den Raum und schaut sich alles an. Lässt ab und zu die Finger über irgendwas gleiten, öffnet Schubladen und Schränke, als würde er abchecken, was er alles mitnehmen könnte, falls er sich entscheidet, noch mal hier einzubrechen. Ich tippe allerdings eher darauf, dass er mit seiner Neugier seine Unsicherheit überspielt.

Als ich zehn Minuten später seinen Toast auf einen Teller lege, sagt er plötzlich: »Woher weißt du, wer ich bin, wenn du angeblich keine Scheißahnung hattest, dass es mich gibt?«

Das könnte der Beginn eines längeren Gesprächs sein, aber hier gibt es keinen Tisch, an den wir uns setzen könnten, deswegen nicke ich in Richtung der Tür zum Gastraum. Der Schein des Notausgangsschilds ist hell genug, sodass ich dort das Licht nicht einschalten muss.

»Setz dich.« Ich deute auf Tisch acht, und er setzt sich genau auf den Platz, auf dem vor ein paar Stunden unsere Mutter saß. Sobald ich den Teller vor ihn hingestellt habe, stürzt er sich auf den Toast. »Was willst du trinken?«

Er schluckt den ersten Bissen herunter und zuckt mit den Achseln. »Egal.«

Ich hole ihm ein Glas Wasser aus der Küche und setze mich ihm gegenüber. Er trinkt es in einem Zug halb aus.

»Deine Mutter ist heute Abend hier aufgekreuzt«, sage ich. »Sie hat nach dir gesucht.«

Er gibt mir mit einer Grimasse zu verstehen, dass ihn das nicht juckt, und isst weiter.

»Wo hast du überhaupt geschlafen?«

»Hier und da«, antwortet er mit vollem Mund.

»Bist du trotzdem noch zur Schule gegangen?«

»In letzter Zeit nicht.«

Ich lasse ihn einen Moment in Ruhe essen, bevor ich weitersprechen, weil ich ihn nicht mit zu vielen Fragen verscheuchen will. »Warum bist du abgehauen? Wegen ihr?«

»Sutton?«

Ich nicke. Es spricht Bände über ihr Verhältnis, wenn er sie noch nicht mal Mom nennt.

»Wir haben gestritten. Wir kriegen uns die ganze Zeit wegen jedem kleinen Scheiß in die Haare.« Er wirft sich den letzten Bissen in den Mund und trinkt anschließend das Wasser aus.

»Und dein Dad? Tim?«

»Ist ausgezogen, als ich noch klein war.« Sein Blick wandert durch den Raum und bleibt staunend an dem Baum in der Mitte hängen. »Bist du reich?«, fragt er und sieht mich an.

»Wenn ich es wäre, würde ich dir das nicht auf die Nase binden. Du bist mehrmals bei mir eingebrochen.«

Um seine Mundwinkel spielt ein Grinsen, aber er unterdrückt es. Stattdessen lehnt er sich zurück und zieht die Kapuze vom Kopf. Strähnige braune Haare fallen ihm ins Gesicht, die er zurückschiebt. Er scheint schon eine Weile nicht mehr beim Friseur gewesen zu sein, falls er überhaupt jemals bei einem war. Von Schnitt kann bei seinen Haaren jedenfalls keine Rede sein.

»Sie hat behauptet, dass du damals wegen mir weg bist. Dass du keinen Scheißbruder wolltest.«

Ich dränge die Wut zurück, die sofort in mir aufsteigt, greife nach seinem leeren Teller und dem Glas und stehe auf. »Ich schwöre dir, dass ich bis heute nichts von dir gewusst habe, Josh. Hätte ich von dir gewusst, wäre ich für dich da gewesen.«

Mein kleiner Bruder sieht zu mir hoch und mustert mich. Ich sehe ihm an, dass er sich fragt, ob er mir glauben kann. »Jetzt weißt du von mir.« Es klingt wie eine Herausforderung, ihm zu beweisen, dass ich es ernst meine. Ihm zu beweisen, dass er mit den niedrigen Erwartungen, die er an die Welt hat, falschliegt.

Ich nicke Richtung Küche. »Stimmt. Also lass uns fahren.«

Er bleibt sitzen. »Wohin?«

»Zu mir nach Hause. Ich hab ein Zimmer für dich – unter einer Bedingung: Hör auf, ständig *Scheiße* zu sagen.«

Er zieht eine Braue hoch. »Was bist du, irgendein religiöser Spinner oder so was?«

Ich mache ihm ein Zeichen, aufzustehen. »Ein Elfjähriger, der meint, ständig Kraftausdrücke benutzen zu müssen, hat was Verzweifeltes. Das wirkt erst cool, wenn man mindestens vierzehn ist.«

»Ich bin zwölf.«

»Oh. Sie hat gesagt, du wärst elf. *Trotzdem.* Immer noch zu jung, um auf cool zu machen.«

Josh steht auf und folgt mir zur Küche.

Während ich die Schwingtür aufdrücke, drehe ich mich noch mal zu ihm um. »*Asshole* wird übrigens ohne *w* geschrieben. Nur so für die Zukunft.«

Er wirkt überrascht. »Und ich dachte noch, dass es irgendwie komisch aussieht.«

Ich stelle das benutzte Geschirr in das große Spülbecken, beschließe, dass ich um drei Uhr morgens keine Lust mehr auf Abwasch habe, schalte das Licht aus und lasse Josh zum Hinterausgang vorgehen. Als wir draußen sind und ich absperre, fragt er: »Sagst du Sutton, wo ich bin?«

»Weiß ich noch nicht«, antworte ich wahrheitsgemäß und gehe die kleine Gasse entlang. Josh beeilt sich, zu mir aufzuschließen.

»Ich will sowieso nach Chicago«, sagt er. »Länger als eine Nacht bleibe ich wahrscheinlich eh nicht bei dir.«

Ich muss lachen. Als ob ich ihn einfach so in eine andere Stadt abhauen lassen würde, nachdem ich jetzt weiß, dass es ihn gibt. *Oh Mann, worauf lasse ich mich hier bloß ein?* Ich habe so das Gefühl, dass sich die Verantwortung, die ich sowieso jeden

Tag trage, gerade verdoppelt hat. »Haben wir noch andere Geschwister, von denen ich nichts weiß?«, frage ich.

»Bloß die Zwillinge, aber die sind erst acht.«

Ich bleibe abrupt stehen und starre ihn an.

»Scherz«, sagt er grinsend. »Gibt nur uns beide.«

Ich ziehe ihm kopfschüttelnd die Kapuze über den Kopf. »Sehr witzig.«

Er lächelt den ganzen restlichen Weg zu meinem Wagen. Ich muss auch lächeln und habe plötzlich ein seltsames Gefühl in meiner Brust.

Obwohl ich Josh erst seit einer halben Stunde kenne und erst seit ein paar Stunden weiß, dass er überhaupt *existiert*, spüre ich schon jetzt, dass ich ihn für den Rest meines Lebens beschützen will.

16.

LILY

Wenn man ein Kind hat, muss man sich erst mal von der Vorstellung verabschieden, entspannt in den Tag starten zu können.

Vor Emmy habe ich morgens nach dem Aufwachen immer noch mehrere Minuten gemütlich im Bett gelegen, bevor ich nach meinem Handy gegriffen und mich über all das informiert habe, was ich im Schlaf möglicherweise verpasst hatte. Anschließend habe ich mir einen Kaffee gemacht, mich noch ein bisschen im Netz rumgetrieben, während ich ihn getrunken habe, und mich danach unter die Dusche gestellt, wo ich in Gedanken schon mal den Tag durchgegangen bin.

Seit ich Emmy habe, werde ich meistens noch vor Sonnenaufgang von ihrem Schreien aus dem Bett gerissen und verwandle mich in ihre Sklavin, bevor ich auch nur dazu komme, pinkeln zu gehen. Dann heißt es: Windeln wechseln, anziehen, füttern. Habe ich meine morgendlichen Mutterpflichten endlich erledigt, ist es in der Regel so spät, dass kaum noch Zeit bleibt, mich selbst anzuziehen, aufs Klo zu gehen oder noch etwas zu frühstücken, bevor ich in den Laden hetze.

Deswegen liebe ich den Sonntag so. Er ist der einzige Tag der Woche, an dem ich es morgens etwas ruhiger angehen lassen kann. Dann hole ich Emmy zu mir ins Bett, wenn sie aufwacht, und genieße es, ausgiebig mit ihr zu kuscheln, ohne dass mir die Uhr im Nacken sitzt und ich irgendwo hinmuss.

Manchmal – so wie jetzt gerade – schlummert sie dann sogar noch mal ein, und ich liege einfach da und betrachte das wunderschöne Kind, das ich geboren habe.

Vorsichtig greife ich nach meinem Handy, um für Ryle ein Foto von ihr zu machen. Kurz bevor ich auf Senden drücke, überlege ich es mir doch anders. Ich vermisse ihn wirklich überhaupt nicht, aber manchmal macht es mich traurig, dass wir Glücksmomente wie diesen nicht gemeinsam erleben können. Es gibt nichts Schöneres, als das eigene Kind zusammen mit dem Menschen zu bestaunen, mit dem man es erschaffen hat. Deswegen schicke ich Ryle auch so oft wie möglich Bilder oder Videos. Aber ich bin wegen der Sache von gestern immer noch ziemlich sauer und habe gerade eigentlich überhaupt keine Lust, mich bei ihm zu melden. Das Foto kriegt er erst, wenn sich meine Wut gelegt hat.

Scheiß auf Ryle.

Natürlich war mir bewusst, dass eine Scheidung keine einfache Sache ist. Aber die Wirklichkeit ist noch um einiges härter. Und eine Scheidung mit Kind ist noch mal eine Million Mal härter, weil man auch danach für den Rest seines Lebens weiter mit dem Ex-Partner, von dem man sich lösen möchte, verbunden bleibt. Man muss einen Weg finden, die Kindergeburtstage zusammen zu planen, und wenn man das nicht schafft, damit klarkommen, sie getrennt zu feiern. Man muss besprechen, wer welche Feiertage mit dem Kind verbringen darf, welche Wochentage, zu welchen Zeiten. Man kann dem Menschen, von dem man sich getrennt hat, nicht einfach den Rücken zukehren und auf Nimmerwiedersehen verschwinden. Nein, man ist weiter an ihn gebunden.

Für immer.

Wenn ich ehrlich bin, habe ich schon jetzt keine Lust mehr, ständig bei allem, was ich tue, Rücksicht auf Ryle nehmen zu müssen, mir Gedanken um seine Gefühle zu machen und Angst um ihn oder *vor* ihm zu haben.

Wie lange soll das noch so weitergehen? Wie lange muss ich noch warten, bis ich eine Beziehung mit einem anderen Mann eingehen kann, ohne wegen Ryles Eifersucht schlaflose Nächte haben zu müssen? Wie lange, bis ich ihm von Atlas und mir erzählen kann, falls wir es wirklich wagen, ein Paar zu werden? Wie lange, bis ich endlich wieder alleine über mein Leben entscheiden kann?

Mein Handy vibriert auf dem Nachttisch. Ich greife danach und sehe, dass es meine Mutter ist. So leise wie möglich klettere ich aus dem Bett und schleiche mich ins Wohnzimmer rüber, bevor ich mich melde.

»Hey.«

»Kann ich Emmy nachher abholen?«

Ich muss lachen. Seit sie eine Enkelin hat, bin ich als ihre Tochter auf den zweiten Platz verdrängt worden. »Mir geht's gut, nett, dass du fragst. Wie geht's dir?«

Meine Mutter liebt Emmy genauso sehr wie ich. Seit sie sechs Wochen alt war, hat Mom sie mir jeden Tag ein paar Stunden abgenommen, damit ich in den Laden konnte. Letzten Monat hat Emmy sogar bei ihr übernachtet – die erste Nacht seit ihrer Geburt, die ich von ihr getrennt war. Sie ist bei Mom eingeschlafen, und wir haben es beide nicht übers Herz gebracht, sie zu wecken, weshalb ich sie erst am nächsten Morgen abgeholt habe.

»Rob und ich sind gerade in der Nähe, weil wir in den Botanischen Garten wollen, und könnten in zwanzig Minuten bei euch sein. Du kannst doch sicher ein paar Stunden für dich gebrauchen.«

»Könnte ich wirklich. Super, dann ziehe ich sie schnell an und wir sehen uns gleich.«

Als es eine halbe Stunde später an der Tür klopft und ich meine Mutter und Rob begrüßen will, schiebt sich Mom wortlos an mir vorbei ins Wohnzimmer.

»Hallo, Mom«, sage ich trocken.

»Jetzt schau sich einer dieses niedliche Outfit an«, gurrt meine Mutter, die Emmy schon von ihrer Decke gehoben hat. »Habe ich ihr das gekauft?«

»Nein, das hat sie von Rylee geerbt.« Es ist unglaublich praktisch, dass Rylee sechs Monate älter ist. Ich muss Emmy so gut wie nie etwas zum Anziehen kaufen, weil Allysa regelmäßig ausmistet und mich mit Nachschub versorgt. Und nichts davon sieht abgelegt aus, sondern immer wie neu. Ich habe ja heimlich den Verdacht, dass Rylee nichts öfter als zweimal trägt.

Heute habe ich Emmy die Sachen angezogen, die Rylee auf ihrer ersten Geburtstagsparty anhatte. Eine supersüße Kombi aus pinken, mit Wassermelonen gemusterten Leggings und einem langärmligen wassermelonengrünen T-Shirt, das so aussieht, als wäre vorne eine pinke Scheibe herausgeschnitten worden.

Fast alle anderen Kleidungsstücke von Emmy sind Geschenke meiner Mutter. Wie die blaue Jacke, die ich ihr jetzt gerade anziehe.

»Doch nicht die!«, ruft meine Mutter entsetzt. »Die passt überhaupt nicht zu den anderen Sachen. Wo ist denn das pinke Jäckchen, das ich ihr gekauft habe?«

»Aus dem ist sie schon wieder rausgewachsen, Mom. Aber ich finde sowieso, dass nicht immer alles perfekt zusammenpassen muss. Emmy ist noch nicht mal ein Jahr alt. Es ist doch bloß eine Jacke.«

Sie verzieht das Gesicht, und ich gehe jede Wette ein, dass meine Tochter heute Nachmittag in einem brandneuen pinken Jäckchen abgeliefert werden wird. Nachdem ich Emerson einen Kuss auf die Wange gedrückt habe, steuert Mom sofort mit ihr zur Tür, und Rob hängt sich die Wickeltasche, die ich ihm hinhalte, über die Schulter.

»Soll ich sie nehmen?«, fragt er meine Mutter, die Emmy fester an sich drückt.

»Nicht nötig«, antwortet sie, als wäre die Frage absurd, und blickt dann kurz über die Schulter zu mir zurück. »Wir bringen sie dir in ein paar Stunden wieder.«

»Wann denn ungefähr?«, frage ich. Sonst machen wir eigentlich nie eine feste Zeit aus, aber ich habe mir überlegt, dass ich Atlas fragen könnte, was er heute vorhat. Falls er nicht arbeitet, könnten wir vielleicht zusammen etwas essen.

»Ich kann dir rechtzeitig vorher eine Nachricht schicken. Aber warum fragst du? Musst du noch irgendwohin? Ich dachte, du schläfst dich mal richtig aus.«

Ich werde ihr jetzt garantiert nicht sagen, dass ich mich vielleicht mit einem Mann treffe. Bis sie damit fertig wäre, mich auszuquetschen, hätte der Botanische Garten schon längst wieder geschlossen. »Äh, klar, genau. Das hab ich auch vor. Ich lasse mein Handy aber vorsichtshalber trotzdem an. Viel Spaß euch.«

Meine Mutter ist schon zur Tür raus und läuft mit klackernden Absätzen den Hausflur entlang, aber Rob ist stehen geblieben und zwinkert mir zu. »Achte darauf, deinen Wagen wieder an derselben Stelle zu parken. Sie wird es auf jeden Fall merken, wenn er woanders steht, und dann wirst du mit Sicherheit ins Kreuzverhör genommen.«

»Danke für die Warnung«, raune ich ihm zu.

Sobald ich die Tür hinter ihnen geschlossen habe, suche ich nach meinem Handy. Nachdem meine Mutter angerufen hat, habe ich mich so beeilt, Emmy fertigzumachen, dass ich keinen einzigen Blick mehr darauf geworfen habe.

Als ich sehe, dass Atlas vor zwanzig Minuten angerufen hat,

beginnt es in meinem Magen zu kribbeln. Hoffentlich hat er heute frei. Bevor ich ihn über FaceTime anrufe, öffne ich noch schnell die Selfie-Kamera, um zu checken, ob ich halbwegs okay aussehe.

Als er mich das erste Mal per Videocall angerufen hat, fand ich das noch total schrecklich, aber mittlerweile kommt es mir vor wie das Natürlichste auf der Welt. Es ist schön, ihn vor mir zu haben, wenn wir telefonieren. Zu sehen, wo er gerade ist, was er anhat und was in seinem Gesicht passiert, wenn er mir etwas erzählt.

Ich strahle schon, bevor er überhaupt drangegangen ist. Als er dann aber einen Moment später auf dem Display erscheint, bin ich verwirrt. Atlas steht in einer Küche – nur dass diese hier weiße Oberflächen hat und völlig anders aussieht als die, an die ich mich erinnere, als ich vor fast zwei Jahren bei ihm zu Hause war.

»Guten Morgen«, begrüßt er mich lächelnd, aber er wirkt müde. So als wäre er gerade erst aufgewacht oder würde gleich einschlafen.

»Hey.«

»Gute Nacht gehabt?«, fragt er.

»Zum Glück. Die hatte ich auch dringend nötig.« Ich nicke ihm zu. »Hast du deine Küche umgebaut?«

Atlas wirft einen kurzen Blick über die Schulter, bevor er wieder mich ansieht. »Ich bin umgezogen.«

»Wirklich? Wann denn?«

»Anfang des Jahres. Ich habe mein Haus verkauft und bin wieder in die Stadt gezogen. Dadurch habe ich es nicht mehr so weit zu den Restaurants.«

»Oh. Das ist ja toll.« In welche Gegend er wohl gezogen ist? Ich wüsste gern, wie weit wir jetzt auseinander wohnen. »Störe ich dich gerade beim Kochen?«

Atlas richtet seine Handykamera auf die Theke. Ich sehe eine Pfanne mit Rühreiern, eine Platte mit gebratenem Speck, eine mit Pfannkuchen und … *zwei Teller. Zwei Saftgläser.* Für einen Moment zieht sich alles in mir zusammen. »Gigantisches Frühstück«, presse ich hervor und versuche, mir die Eifersucht nicht anmerken zu lassen, die plötzlich in mir aufwallt.

»Ich bin ja auch nicht allein«, sagt Atlas und richtet die Kamera wieder auf sich.

Das mit dem Nichts-anmerken-Lassen scheint nicht so toll zu funktionieren, weil er sofort den Kopf schüttelt, als er mein Gesicht sieht. »Nein, Lily. Das ist nicht …« Er grinst und hält das Handy etwas höher, damit ich sehen kann, wer hinter ihm steht. Es ist niemand, den ich kenne, aber definitiv auch keine andere Frau.

Es ist ein Junge.

Ein Junge, der Atlas wie aus dem Gesicht geschnitten ist und – wie ich sehe, als er mich jetzt anschaut – auch genau die gleichen Augen hat. *Hat er ein Kind, von dem ich nichts weiß?*

»Sie denkt, ich bin dein Sohn«, sagt der Junge prompt. »Du hast ihr voll den Schreck eingejagt.«

Atlas richtet das Handy wieder auf sich selbst. »Er ist nicht mein Sohn. Das ist Josh. Mein Bruder.«

Sein *Bruder*?

Er schwenkt das Handy zu dem Jungen zurück. »Sag: *Hallo, Lily.*«

Josh verdreht die Augen.

Atlas seufzt und wirft mir einen entschuldigenden Blick zu. »Manchmal ist er ein richtiges kleines Arschloch.«

»Atlas!«, flüstere ich geschockt.

»Schon gut. Er weiß, dass ich recht habe.«

Erleichtert sehe ich, wie der Junge hinter ihm lacht. »Okay … Aber ich … ich wusste gar nicht, dass du einen Bruder hast.«

»Tja, ich auch nicht. Das hab ich erst gestern Abend nach unserem Date erfahren.«

Mir fällt ein, dass er nach der Handynachricht, die er im Wagen bekommen hatte, besorgt gewirkt hat. Gut möglich, dass es darum ging. Das erklärt vermutlich auch, warum seine Mutter versucht hat, Kontakt zu ihm aufzunehmen. »Dann hast du heute wahrscheinlich einiges zu tun.«

»Warte kurz.« Atlas geht mit dem Handy aus der Küche in einen anderen Raum. Er schließt die Tür und setzt sich aufs Bett. »So, hier können wir in Ruhe reden. Die Buttermilchbrötchen brauchen noch zehn Minuten im Ofen.«

»Pfannkuchen *und* Buttermilchbrötchen. Dein Bruder ist ein Glückspilz«, stöhne ich. »Bei mir gab es bloß eine Tasse schwarzen Kaffee zum Frühstück.«

Er lächelt, aber der Ausdruck in seinen Augen bleibt ernst. Vor seinem Bruder in der Küche eben hat er sich nichts anmerken lassen, aber jetzt sehe ich ihm deutlich an, wie sehr ihn die Situation belastet. »Wo ist Emmy?«, fragt er.

»Meine Mutter hat sie mir für ein paar Stunden abgenommen.«

»Du meinst, wir hätten uns sehen können?«, fragt er und klingt wahnsinnig enttäuscht.

»Ja. Aber denk dran – wir wollen es langsam angehen lassen. Außerdem kriegt man nicht jeden Tag überraschend einen kleinen Bruder.«

»Tja.« Er fährt sich seufzend durch die Haare. »Das war übrigens er, der meine Restaurants verwüstet hat.«

»Oh.«

»Genau. Jedenfalls hat meine Mutter letzte Woche deshalb versucht, mit mir zu sprechen. Sie wollte fragen, ob er sich bei mir gemeldet hat. Und ich Idiot hatte nichts Besseres zu tun, als ihre Nummer zu blockieren.«

»Das konntest du ja nicht ahnen.« Ich stehe noch immer im Wohnzimmer und merke, dass ich mich dringend hinsetzen muss. Das ist alles ein bisschen viel auf einmal. »Das heißt, dass *er* wusste, dass er einen Bruder hat?«, frage ich, nachdem ich das Handy gegen ein Couchkissen gelehnt habe.

Atlas nickt. »Josh dachte, ich wüsste, dass es ihn gibt, würde mich aber nicht für ihn interessieren. Deshalb hat er seine Wut an meinen Restaurants ausgelassen. Abgesehen von den Tausenden von Dollar, die mich die Reparaturen kosten, scheint er ein netter Junge zu sein. Na ja, oder zumindest ein potenziell netter Junge. Ich weiß nicht, ob er bei unserer Mutter dasselbe durchgemacht hat wie ich, aber falls ja, ist das garantiert nicht spurlos an ihm vorübergegangen.«

»Ist deine Mutter auch bei dir?«

»Nein.« Atlas schüttelt den Kopf. »Sie weiß noch nicht, dass Josh hier ist. Ich hab aber schon mit einem befreundeten Anwalt gesprochen, und der meinte, je früher ich sie informiere, desto besser, weil sie es sonst gegen mich verwenden könnte.«

Gegen ihn verwenden …? »Hast du vor, das Sorgerecht für ihn zu beantragen?«

Atlas nickt. »Ich hab zwar keine Ahnung, ob Josh bei mir leben möchte, aber ehrlich gesagt kann ich mir keine andere Lösung vorstellen. Ich weiß ja, was für eine Mutter sie ist. Er hat davon gesprochen, dass er seinen Vater suchen will, aber Tim ist noch schlimmer als Sutton.«

»Was für Rechte hast du als Bruder? Hast du überhaupt eine realistische Chance, das Sorgerecht zu bekommen?«

Atlas seufzt. »Nur wenn meine Mutter damit einverstanden ist, dass er bei mir lebt. Mir graut jetzt schon vor dem Gespräch mit ihr. Sie wird allein aus Prinzip dagegen sein, nur um mir eins auszuwischen.« Er reibt sich über das Gesicht. »Wenn er bei ihr bleibt, hat er keine Chance. Er ist jetzt schon härter, als ich es in seinem Alter war. Und er hat so viel Wut in sich. Der Junge braucht Verlässlichkeit in seinem Leben, Stabilität, sonst bringt ihn diese Wut früher oder später richtig böse in Schwierigkeiten. Aber wer sagt, dass ich ihm das alles geben kann? Was, wenn ich ihn noch kaputter mache als seine Mutter?«

»Das würde nie passieren, Atlas. Das weiß du selbst.«

Er lächelt, wirkt aber nicht restlos überzeugt. »Du hast gut reden, du bist ein Naturtalent, was Kinder angeht.«

»Ich bin ein Naturtalent im So-tun-als-ob«, sage ich. »Im Ernst, Atlas. Oft denke ich, dass ich eigentlich keine Ahnung habe, was ich da mache. Aber das geht allen so, die Kinder haben. Wir mogeln uns irgendwie durch und improvisieren die meiste Zeit.«

»Warum beruhigt mich das, macht mir aber gleichzeitig auch Angst?«, sagt er.

»Du hast gerade das Lebensgefühl aller Eltern perfekt auf den Punkt gebracht.«

Er atmet tief aus. »Wahrscheinlich sollte ich langsam mal wieder zurück und nach dem Rechten schauen. Nicht dass er mir gerade die Bude ausräumt. Ich melde mich später noch mal, okay?«

»Okay. Ich drück dir die Daumen.«

»Bis nachher«, sagt Atlas mit einer Stimme, die meine Haut zum Prickeln bringt.

Ich beende den Anruf, gehe rüber ins Schlafzimmer und lasse mich seufzend aufs Bett fallen. Ich finde es total schön, wie ich mich fühle, wenn ich mit ihm geredet habe: beschwingt, glücklich und voller Energie, selbst wenn unser Gespräch so aufwühlend war wie eben.

Wenn ich doch nur wüsste, wo er wohnt, dann würde ich jetzt bei ihm vorbeifahren, um ihn einfach nur schnell mal zu umarmen, so wie er es gestern Abend bei mir gemacht hat. Es tut mir wahnsinnig leid, dass er auf diese Weise wieder mit seiner Mutter konfrontiert wird, aber gleichzeitig freut es mich für ihn, dass er so unverhofft zu einem Bruder gekommen ist. Er muss sich all die Jahre so ganz ohne Familie unglaublich allein gefühlt haben.

Der arme Josh. Warum bringt eine Frau überhaupt ein zweites Kind auf die Welt, wenn ihre Liebe schon für das erste nicht gereicht hat?

Mein Handy vibriert. Ich lächle, als ich sehe, dass die Nachricht von Atlas ist. Und mein Lächeln wird breiter, als ich sie lese.

Danke, dass du wieder in meinem Leben bist. Danke, dass du mich schon wieder rettest. Ich bin so froh, dass es dich gibt. Ich hab dich vermisst. Und ich hätte dich küssen sollen.

In mir steigen so viele Gefühle auf, dass ich gar nicht weiß, wohin damit.

Josh hat Glück, dich in seinem Leben zu haben

Atlas antwortet eine Sekunde später mit einem Herz auf meine Nachricht. Ich schicke ihm noch eine zweite hinterher.

Und du hast recht. Du hättest mich definitiv küssen sollen

Das nächste Herzchen kommt sofort.

17.

ATLAS

Josh traut mir noch nicht, aber ich werde alles tun, damit sich das ändert. Sehr wahrscheinlich traut er niemandem, also nehme ich es nicht persönlich. Falls seine Kindheit meiner auch nur im Ansatz ähnelt, hat er Dinge durchgemacht, die kein Kind jemals durchmachen sollte.

Trotz der misstrauischen Seitenblicke, die er mir zuwirft, spüre ich, dass er auch neugierig auf mich ist. Er beobachtet mich immer wieder verstohlen, stellt aber keine der vielen Fragen, die er mit Sicherheit hat. Wahrscheinlich würde er gern wissen, warum ich letzte Nacht so nachsichtig mit ihm gewesen bin, obwohl sich herausgestellt hat, dass er für die Schäden an meinen Restaurants verantwortlich ist. Warum ich nichts von ihm wusste und wie es sein kann, dass ich so ganz anders bin als unsere Mutter oder Tim.

Was auch immer ihm durch den Kopf geht, er will es anscheinend auf keinen Fall preisgeben. Gerade sitzen wir beim Frühstück, und damit er sich nicht unbehaglich fühlt, habe ich das Reden übernommen. Was mir nicht sonderlich schwerfällt, weil ich auf ihn genauso neugierig bin wie er vermutlich auf mich. Ich habe so viele Fragen, dass ich letzte Nacht kaum einschlafen konnte. Außerdem habe ich immer wieder gelauscht, ob er vielleicht versucht, sich aus dem Haus zu stehlen, und war heute Morgen ehrlich überrascht, als ich gesehen habe, dass er immer noch hier ist.

Schon möglich, dass meine Fragerei ihn nervt, aber das Risiko gehe ich ein. Ich bin auch mal zwölf gewesen und habe mir damals nichts mehr gewünscht, als dass sich jemand für mich interessiert, selbst wenn das Interesse nur vorgetäuscht gewesen wäre. Falls Josh Ähnliches erlebt hat wie ich, liegen zwölf Jahre massive Missachtung hinter ihm, und ich werde nicht zulassen, dass er unter meinem Dach dieselbe schmerzliche Erfahrung macht. Allerdings habe ich mich bis jetzt auf eher unverfängliche Fragen beschränkt. An die heikleren Themen werde ich mich behutsam herantasten müssen.

Josh isst nicht alles auf einmal, sondern eins nach dem anderen. Zuerst ein ganzes Buttermilchbrötchen, dann den gebratenen Speck. »Wofür interessierst du dich so?«, frage ich, als er bei den Pancakes angekommen ist. »Hast du irgendwelche Hobbys?«

Er schiebt sich einen Bissen in den Mund und zieht kaum merklich eine Braue hoch, aber ich kann nicht sagen, ob das etwas mit dem Pancake zu tun hat oder mit meiner Frage. »Warum?«

»Warum ich dich frage, wofür du dich interessierst?«

Man sieht seine Anspannung, als er nickt.

»Na ja, ich hab zwölf Jahre von deinem Leben verpasst. Ich will dich kennenlernen.«

Josh schaut wieder auf seinen Teller und schiebt sich die nächste Gabel Pancake in den Mund. »Mangas«, murmelt er.

Das überrascht mich. Aber dank Theo weiß ich sogar, was Mangas sind. »Okay. Hast du eine Lieblingsserie?«

»*One Piece.*« Er schüttelt den Kopf, um sich zu korrigieren. »Oder nein, ich glaub, am besten gefällt mir *Chainsaw Man*.«

»Wenn du Lust hast, können wir später in eine Buchhandlung gehen.« Mehr kann ich zu dem Thema leider nicht beisteuern, ohne mich als komplett unwissend zu outen.

Er nickt. »Deine Pancakes sind echt gut.«

»Danke.«

Er nimmt einen Schluck von seinem Saft. »Für was interessierst du dich?«, fragt er, nachdem er das Glas wieder abgestellt hat, und deutet mit dem Kinn auf seinen Teller. »Außer Kochen.«

Ich weiß nicht, was ich darauf antworten soll. Den Großteil meiner Zeit stecke ich in die Restaurants. Und die restliche Zeit verbringe ich damit, Sachen am Haus zu reparieren, aufzuräumen, Wäsche zu waschen und zu schlafen. »Ich schau gern Kochsendungen.«

Josh lacht leise. »Das ist traurig.«

»Warum?«

»Ich hab gesagt, außer Kochen.«

Die Frage ist kniffliger, als ich dachte. »Ich gehe gern ins Museum. Und ins Kino. Und ich reise gern. Ich mache nur nichts davon.«

»Weil du immer arbeitest?«

»Genau.«

»Wie gesagt: traurig.« Er beugt sich über seinen Teller und isst noch ein Stück Pancake.

Statt weiter typische Kennenlern-Fragen zu stellen, mit denen ich mich am Ende selbst in Schwierigkeiten bringe, komme ich direkt auf den Punkt. »Worum ging es bei eurem Streit?«

Er zuckt mit den Achseln. »Meistens weiß ich noch nicht mal, was zum Henker ich falsch mache. Sie wird einfach ohne Grund wütend.«

Das kommt mir nur allzu bekannt vor. Ich lasse ihn wieder einen Moment in Ruhe essen, bevor ich die nächste Frage stelle. »Wo hast du geschlafen?«

Josh schaut mich nicht an, sondern schiebt den Rest des Pancakes auf seinem Teller herum. »In deinem Restaurant«, sagt er leise und hebt dann langsam wieder den Blick. »Die Couch in deinem Büro ist ziemlich bequem.«

»Du hast in meinem *Büro* geschlafen? Wie lange?«

»Zwei Wochen.«

Mir verschlägt es kurz die Sprache. »Wie bist du überhaupt reingekommen?«

»Da gibt's keine Alarmanlage, und irgendwann hatte ich raus, wie man das Schloss knackt. Das hab ich bei deinem anderen Restaurant nicht geschafft, da war es zu schwierig.«

»Du weißt, wie man ein Schloss …« Ich muss lachen. Brad und Darin werden mir genüsslich ein *Wir haben es dir ja gesagt* unter die Nase reiben. »Und warum hast du dann angefangen, die Scheiben einzuschlagen?«

Josh sieht mich widerstrebend an. »Weiß ich nicht. Bin wohl sauer gewesen.« Er schiebt seinen Teller weg und lehnt sich zurück. »Wie geht's jetzt weiter? Muss ich wieder zu ihr zurück?«

»Was willst du denn? Wie soll es weitergehen?«

»Ich will zu meinem Dad.« Er kratzt sich am Ellbogen. »Kannst du mir helfen, ihn zu finden?«

»Weißt du irgendwas über ihn?«

»Ich glaube, er wohnt jetzt in Vermont. Aber ich weiß nicht, wo genau.«

Ich bin genauso scharf darauf, Tim zu finden, wie ich scharf darauf war, meine Mutter zu finden, nämlich gar nicht. »Wann hast du ihn das letzte Mal gesehen?«

»Vor ein paar Jahren. Aber wenn er mich besuchen wollen würde, wüsste er gar nicht, wo wir jetzt wohnen.«

In diesem Moment sieht Josh einfach nur aus wie das Kind, das er ist. Ein verletzlicher zwölfjähriger Junge, der von seinem Vater im Stich gelassen wurde, sich aber weigert, die Hoffnung aufzugeben, von ihm geliebt zu werden. Ich will nicht derjenige sein, der sie ihm nimmt, also nicke ich bloß. »Okay, ich schau, was ich machen kann. Aber jetzt muss ich erst mal deine Mutter anrufen und ihr sagen, dass du okay bist.«

»Warum?«

»Weil das hier sonst unter Kindesentführung fallen könnte.«

»Nicht wenn ich freiwillig hier bin«, sagt er.

»Auch wenn du freiwillig hier bist. Du bist noch nicht alt genug, um selbst zu entscheiden, wo du leben willst, und im Moment hat deine Mutter das Sorgerecht für dich.«

Seine Miene verdüstert sich, und er stochert wieder in den Pancakes herum, ohne etwas zu essen.

Ich gehe ins Wohnzimmer, um Sutton anzurufen. Nach unserer Begegnung gestern Abend habe ich ihre Nummer wieder entsperrt, falls sie noch mal versuchen würde, mich zu erreichen. Ich tippe auf ihren Namen und halte mir das Handy ans Ohr. Es klingelt ein paarmal, bevor sie sich mit einem genuschelten *Hallo* meldet.

»Hey. Ich hab ihn gefunden.«

»Wer ist da?«

Ich schließe kurz die Augen, während ich darauf warte, dass sich ihr Hirn einschaltet und ihr wieder einfällt, dass ihr Sohn vermisst wird. Nach ein paar Sekunden sagt sie: »Atlas?«

»Ja. Ich habe Josh gefunden.«

Ich höre ein Rascheln, als würde sie aus dem Bett springen. »Wo hat er gesteckt?«

Das klingt jetzt wahrscheinlich seltsam, schließlich ist sie seine Mutter, aber ich finde, sie hat kein Recht zu wissen, wo er war. »Das weiß ich nicht, aber jetzt ist er bei mir. Hör zu … Ich hab mich gefragt, ob er noch eine Weile hierbleiben könnte. Vielleicht würde euch eine kleine Auszeit guttun.«

»Du willst, dass er bei *dir* bleibt?« Sie spuckt das *dir* förmlich aus. Okay, das wird eine härtere Nummer, als ich gehofft habe. Wobei ich es natürlich hätte ahnen können. Sie gehört zu den Menschen, denen es beim Streiten nicht um die Sache geht, sondern um den Machtkampf.

»Es gibt ein paar gute Schulen hier in der Gegend«, sage ich, worauf es am anderen Ende der Leitung kurz still wird, als würde sie darüber nachdenken. »Ich könnte dafür sorgen, dass er regelmäßig hingeht. Dann hättest du damit keinen Ärger mehr.«

»Wie früher. Immer musst du den *Märtyrer spielen*«, schnaubt sie »Bring ihn zu mir. Sofort.« Dann ist die Leitung tot.

Ich versuche es noch dreimal, aber jedes Mal meldet sich nur die Mailbox.

»Ist wohl nicht so gut gelaufen.« Josh steht in der Tür zur Küche. Ich habe keine Ahnung, wie viel er von dem Gespräch mitbekommen hat, aber wenigstens konnte er nicht hören, was sie gesagt hat.

Ich stecke das Handy in die Tasche meiner Jeans. »Sie will, dass du noch heute zurückkommst. Gleich morgen setze ich mich mit einem Anwalt in Verbindung. Ich kann auch das Jugendamt kontaktieren, wenn du das willst. Aber heute ist Sonntag, da gibt es leider nicht viel, was ich tun kann.«

Joshs Schultern sacken nach unten. »Kann ich dann wenigstens deine Handynummer haben?« Er klingt, als hätte er Angst, ich könnte ihm das abschlagen.

»Natürlich. Ich lass dich doch nicht hängen, jetzt wo ich weiß, dass es dich gibt.«

Er zupft an einem Loch in seinem Ärmel und weicht meinem Blick aus. »Ich würde es verstehen, wenn du sauer auf mich wärst«, sagt er leise. »Ich hab dich eine Menge Geld gekostet.«

»Stimmt«, sage ich. »Diese Croutons waren wahnsinnig teuer.«

Josh lacht zum ersten Mal an diesem Morgen. »Die Dinger sind echt scheiß*köstlich* gewesen.«

Ich stöhne. »Keine Kraftausdrücke.«

Das *Risemore Inn* liegt auf der anderen Seite von Boston. Obwohl Sonntag ist, herrscht so dichter Verkehr, dass wir eine Dreiviertelstunde bis dorthin brauchen. Josh macht keine Anstalten, auszusteigen, als ich auf dem Parkplatz anhalte. Er sitzt still da und starrt auf das schäbige Motel, als wäre es der letzte Ort, an dem er sein wollte.

Ich wünschte, ich müsste ihn nicht zu seiner Mutter zurückbringen, aber nach dem Gespräch heute Morgen mit Sutton habe ich einen befreundeten Anwalt angerufen. Er meinte, ich hätte keine andere Wahl, wenn ich ihr nichts in die Hand geben wollte, was sie gegen mich verwenden könnte. Er hat mir empfohlen, mir einen auf Familienrecht spezialisierten Anwalt zu suchen und vor Gericht zu gehen, wenn ich eine Chance haben will, Josh wirklich ganz zu mir zu nehmen. Einen anderen legalen Weg gäbe es nicht.

Was in der Zwischenzeit mit dem betroffenen Kind passiert, ob ihm Gefahr droht, spielt anscheinend keine Rolle.

Das alles würde ich Josh gern genauer erklären – damit er weiß, dass ich ihn nicht einfach wieder bei seiner Mutter abliefere und danach im Stich lasse –, aber er ist so wild entschlossen, seinen Vater zu suchen, dass ich nicht sicher bin, ob er überhaupt bei mir bleiben will. Genauso wenig wie ich mir sicher bin, ob ich überhaupt in der Lage bin, einen Jungen großzuziehen. Ich weiß nur, dass ich ihn auf keinen Fall dieser Frau überlassen werde, ohne nicht wenigstens alles versucht zu haben.

Bis ich weiß, wie meine nächsten Schritte aussehen, möchte ich zumindest sicherstellen, dass er genügend zu essen und ausreichend Geld hat, um ihren Aufenthalt im Motel zu verlängern. Ich ziehe mein Portemonnaie heraus und halte ihm eine meiner Kreditkarten hin.

»Kann ich dir die anvertrauen?«

Joshs Augen weiten sich. »Ernsthaft jetzt? Warum tust du das? Ich hab deine Restaurants besprüht und Scheiben eingeschlagen.«

Ich lege ihm die Kreditkarte auf den Oberschenkel. »Nimm sie für das Nötigste. Essen, Handyguthaben, so was.« Wir haben unterwegs angehalten und ihm ein Prepaid-Handy besorgt, damit er mit mir in Kontakt bleiben kann. »Vielleicht besorgst du dir ein paar neue Klamotten.«

Josh greift zögernd nach der Karte. »Ich weiß noch nicht mal, wie man die Dinger benutzt.«

»Du ziehst sie einfach durch das Gerät. Aber sag Sutton nichts davon.« Ich zeige auf sein Handy. »Versteck die Karte in der Hülle.«

Er drückt sein Handy aus dem Case und schiebt die Karte dazwischen. »Danke«, sagt er und legt die Hand an den Türgriff. »Kommst du noch mit rein?«

Ich schüttle den Kopf. »Ist wahrscheinlich besser, wenn nicht. Das würde sie bestimmt nur noch mehr aufregen.«

Josh seufzt und steigt aus, und wir sehen uns noch einen Moment an, bevor er die Tür zuwirft.

Ich komme mir wie der letzte Scheißkerl vor, weil ich ihn zu ihr zurückschicke. Aber ich darf jetzt keinen Fehler machen. Wenn ich es nicht tue, könnte sie mich anzeigen. Und so, wie ich sie kenne, würde sie nicht damit zögern. Das Beste ist, ich lasse ihn für heute hier und hänge mich gleich morgen früh ans Telefon, um herauszufinden, was ich tun muss, damit er ganz bei mir bleiben kann.

Hier bei ihr hat er nicht den Hauch einer Chance, das weiß ich. Ich habe wahnsinniges Glück gehabt, dass Lily mich damals entdeckt und angesprochen hat. Sie hat mir das Leben gerettet. Aber ob das Schicksal so großzügig ist, ihm auch jemanden zu schicken, der ihn rettet?

Im Moment hat er nur mich.

Ich bleibe noch kurz im Wagen sitzen und schaue Josh hinterher, wie er über den Parkplatz trottet, die Stufen hinaufsteigt und an die vorletzte Tür klopft. Genau in dem Moment, in dem er über die Schulter zu mir zurückschaut und ich die Hand zu einem Winken hebe, geht die Tür auf.

Selbst aus der Entfernung kann ich den Jähzorn in Suttons Augen sehen. Sie schreit sofort los. *Und dann holt sie aus und schlägt ihn mitten ins Gesicht.*

Noch bevor Josh auf die Ohrfeige reagieren kann, ist meine Hand am Türgriff. Während ich aus dem Wagen springe, sehe ich, wie Sutton ihn am Arm packt und ins Zimmer zerrt. Er stolpert durch die Tür und ich beschleunige meine Schritte. Mein Herz rast, als ich die Treppe erreicht habe und sie hochstürme. Ich bin bei der Tür, bevor Sutton sie zumachen kann. Josh liegt am Boden und versucht, sich aufzurappeln, aber sie beugt sich über ihn und beschimpft ihn.

»Ich hätte wegen dir in den Knast wandern können, du blödes Stück Scheiße!«

Ich packe sie um die Hüfte, ziehe sie von Josh weg und werfe sie auf das Bett hinter mir. Sie ist zu überrumpelt, um zu reagieren.

Danach helfe ich Josh, aufzustehen. Sein Handy liegt ein paar Meter weiter auf dem Boden. Ich hebe es auf, halte es ihm hin und schiebe ihn zur Tür.

Sobald Sutton klar wird, was ich vorhabe, springt sie vom Bett und folgt uns nach draußen. »Bring ihn auf der Stelle zurück!« Ich spüre ihre Hand im Rücken, als sie die Finger in mein Hemd krallt und versucht, mich von Josh wegzuzerren und nach ihm zu greifen.

Ich dränge ihn Richtung Treppe. »Geh schon mal zum Wagen.« Sobald er losgelaufen ist, bleibe ich stehen und drehe mich um. Sutton weicht kurz zurück, als sie die ungefilterte Wut in meinen Augen sieht. Dann hebt sie die Hände und verpasst mir einen Stoß gegen die Brust.

»Er ist *mein* Sohn!«, brüllt sie. »Ich rufe die Polizei!«

Nur zu, würde ich am liebsten sagen, *dann ruf doch die Polizei.* Ich würde ihr gern meine ganze Verachtung ins Gesicht schreien. Aber noch wichtiger ist es mir, Josh vor ihr in Sicherheit zu bringen. Ich werde nicht zulassen, dass sie sein Leben kaputt macht.

Mir fehlt die Energie, um überhaupt noch irgendwas zu ihr zu sagen. Diese Frau wäre die Mühe sowieso nicht wert. Also lasse ich sie einfach stehen und gehe, während sie mich genau wie früher aufs Übelste beschimpft.

Josh sitzt schon auf dem Beifahrersitz, als ich den Wagen erreiche. Ich steige ein, lege einen Moment die Hände ums Steuer und atme ein paarmal tief durch. Ich muss erst ein bisschen runterkommen, bevor ich losfahre.

Josh wirkt merkwürdig ruhig für das, was gerade passiert ist. Als wäre das Alltag für ihn. Er atmet noch nicht mal schwerer. Weint nicht. Flucht nicht. Er sieht mich erwartungsvoll an, und mir kommt der Gedanke, dass ich ab jetzt Vorbildfunktion habe. Meine Reaktion auf die Situation könnte ihn für den Rest seines Lebens prägen.

Ich lasse die Hände ans untere Ende des Lenkrads gleiten und atme ruhig aus.

Joshs Wange ist feuerrot und aus einer kleinen Wunde an der Stirn rinnt Blut. Ich hole ein Taschentuch aus dem Handschuhfach, reiche es ihm und klappe die Sonnenblende runter, damit er sich im Spiegel sehen kann.

»Ich habe mitgekriegt, wie sie dich geohrfeigt hat, aber woher kommt der Schnitt?«

»Ich glaub, ich bin gegen den Fernsehtisch geknallt.«

Ruhig bleiben, Atlas. Ich lege den Rückwärtsgang ein und rolle vom Parkplatz. »Vielleicht sollten wir in der Notaufnahme vorbeifahren, damit sich das jemand anschaut. Auch um auszuschließen, dass du eine Gehirnerschütterung hast.«

»Schon okay, ich merke es meistens selbst, wenn ich eine habe.«

Er merkt es meistens selbst? Ich beiße die Zähne aufeinander. Mir wird klar, dass ich nicht die leiseste Ahnung habe, durch was für eine Hölle dieser Junge gegangen ist – und ich wollte ihn wieder dorthin zurückschicken. »Sicher ist sicher«, sage ich, aber eigentlich meine ich: *Besser, wir lassen deine Verletzungen dokumentieren, falls wir irgendwann einen Beweis dafür brauchen, dass sie dich misshandelt hat.*

18.

LILY

Ich habe Atlas jetzt schon seit fünf Tagen nicht mehr gesehen, weil wir beide gerade einfach zu viel um die Ohren haben. Aber ich tröste mich mit dem Gedanken, dass sich alles entspannen wird, sobald es sich für mich richtig anfühlt, dass er Emmy kennenlernt. Vorher muss ich natürlich fairerweise noch mit Ryle darüber sprechen und ihm sagen, dass es jetzt einen neuen Mann in meinem Leben gibt. Wenn mir vor diesem Gespräch nur nicht so grauen würde. Bei der Vorstellung, wie er reagieren könnte, wird mir ganz schlecht, weshalb ich beschlossen habe, erst mal noch damit zu warten. Ich rede mir ein, dass es völlig okay ist, die Dinge nicht zu überstürzen …

Atlas ist damit beschäftigt, das Sorgerecht für seinen Bruder zu beantragen, für den reibungslosen Betrieb seiner beiden Restaurants zu sorgen und sich in seiner neuen Rolle als Elternersatz für einen Zwölfjährigen zurechtzufinden. Bei mir sieht es ähnlich stressig aus. Im Laden sind wir unterbesetzt, weil Lucy sich die ganze Woche für ihre Hochzeitsvorbereitungen freigenommen hat. Leider hat sich die Erkältung meiner Mutter jetzt doch zu einem grippalen Infekt ausgewachsen, sodass sie nicht als Babysitterin einspringen kann und ich Emmy diese Woche zweimal ins *Lily Bloom* mitnehmen musste.

Eine Höllenwoche, in der noch nicht mal Zeit für eine kurze Drive-by-Umarmung war.

Heute machen Ryle und Marshall mit den Mädchen einen Ausflug in den Zoo. Allerdings kann ich mir nicht vorstellen, dass Emmy in ihrem Alter schon wirklich Spaß daran hat, weshalb es für Ryle wahrscheinlich eher anstrengend wird.

Seit der Auseinandersetzung letzte Woche auf der Dachterrasse hatten wir keinen Kontakt mehr, dafür lief die Übergabe heute Morgen ganz okay. Er war ein bisschen kurz angebunden, was mir aber tausendmal lieber ist als seine unterschwelligen Annäherungsversuche.

Allysa ist ein Schatz und hat angeboten, mir im Laden zu helfen. Wir haben erst mal im Akkord die Bestellungen abgearbeitet, bis der Kurier gekommen ist und die Sträuße abgeholt hat. Danach ist Allysa schnell losgelaufen, um uns Kaffee zu besorgen, und jetzt machen wir die erste Pause des Tages und können uns endlich über alles austauschen, was seit meinem Date mit Atlas letzte Woche passiert ist.

Sie schiebt mir meinen Kaffeebecher über die Theke und ruckelt an der Maus, um im Computer nachzuschauen, ob neue Bestellungen eingegangen sind.

»Weißt du eigentlich schon, was du zu Lucys Hochzeit anziehst?«, frage ich.

»Wir gehen nicht hin.«

»Wie bitte?«

»Wir können leider nicht. Meine Eltern haben vierzigsten Hochzeitstag und Ryle und ich organisieren ein Überraschungsessen für sie.«

Das mit dem Hochzeitstag hat Allysa irgendwann mal erwähnt, aber mir ist nicht klar gewesen, dass die beiden Termine auf denselben Tag fallen.

»Total blöd, ich weiß, aber das war der einzige Abend, an dem Ryle freihat«, sagt sie.

Die Enttäuschung macht mich einen Moment sprachlos. Ich

hasse Ryle. Weil er auf seiner Station erst relativ neu ins OP-Team gekommen ist, muss er alle Dienste übernehmen, die ihm zugewiesen werden. Dass das die Betreuung von Emmy erschwert, ist eine Sache, aber dass sich Allysa jetzt seinetwegen zwischen der Hochzeit unserer Freundin und ihren Eltern entscheiden muss, finde ich echt hart.

Klar, dass das nicht Ryles Schuld ist, aber vielleicht verschafft es mir einfach Genugtuung, auf ihn wütend sein zu können.

»Weiß Lucy schon, dass ihr nicht kommt?«

Allysa nickt. »Aber ich hatte das Gefühl, dass sie das gar nicht so schlimm findet. Zwei Leute weniger, für die sie Essen und Getränke bezahlen muss.« Sie trinkt einen Schluck von ihrem Kaffee. »Und du? Nimmst du Atlas mit?«

»Ich habe Lucy gar nicht gefragt, ob das okay wäre, weil ich ja davon ausgegangen bin, dass du mit Marshall da bist. Ich wollte nicht, dass ihr womöglich noch mal für mich lügen müsst.« Ich habe immer noch ein schlechtes Gewissen, dass ich Allysa letzte Woche gebeten habe, auf Emmy aufzupassen, um mich mit Atlas treffen zu können. Schließlich wusste ich vorher, dass sie Ryle würde anlügen müssen, falls er spontan bei ihnen vorbeischauen sollte. Und genauso ist es dann ja auch gekommen.

»Wann willst du Ryle eigentlich sagen, dass du nicht mehr wirklich solo bist?«

Ich stöhne. »Muss ich?«

»Na ja. Früher oder später findet er es sowieso raus.«

»Ich wünschte, ich könnte so tun, als würde ich einen Typen daten, der … was weiß ich … *Greg* heißt. Mit einem Greg hätte er wahrscheinlich kein so großes Problem. Aber vielleicht muss ich ja auch gar nicht so ins Detail gehen. Hey, das ist es! Ich erzähle ihm erst mal nur, dass ich jemanden kennengelernt habe, und warte noch … keine Ahnung … zehn oder zwanzig Jahre, bis ich ihm sage, dass dieser Jemand Atlas ist.«

Allysa lacht, dann wird sie ernst. »Warum hat Ryle eigentlich so ein Riesenproblem mit Atlas?«

»Es hat ihm nicht in den Kram gepasst, dass ich ein paar Dinge aus der Zeit aufgehoben habe, in der Atlas und ich zusammen waren.«

Allysa sieht mich verständnislos an. »Okay … und was noch?«

Ich schüttle den Kopf. »Wie, *was noch*?«

»Hast du Ryle mit Atlas betrogen?«

»*Was?* Nein! Das hätte ich Ryle niemals angetan.« Einerseits verletzt es mich, dass sie mir so was überhaupt zutraut. Andererseits bestätigt sie mir damit, dass Ryles Reaktion auf das, was tatsächlich passiert ist – nämlich im Grunde genommen gar nichts –, absolut unangemessen ist.

»Ich verstehe es immer noch nicht.« Allysa sieht mich verwirrt an. »Wenn danach nie mehr was zwischen euch war, warum hasst er ihn dann so?«

Ich seufze. »Frag mich was Leichteres.«

Allysa zieht diese typisch genervte Grimasse, die Leute machen, wenn sie sich über ihre Geschwister aufregen. »Oh Mann, mein Bruder. Echt. Ich hab dich nie direkt darauf angesprochen, weil ich immer angenommen habe, du hättest ein schlechtes Gewissen. Ich wollte dich nicht in Verlegenheit bringen.«

»Ich war sechzehn, als ich Atlas das letzte Mal geküsst habe. Ryle konnte einfach nicht damit umgehen, dass es Dinge aus meiner Vergangenheit gab, die mir auch in der Beziehung mit ihm – rein ideell – noch etwas bedeutet haben.«

»Moment mal. Hast du gerade sechzehn gesagt?«, hakt Allysa nach. »Heißt das, ihr habt euch bei eurem Date letzte Woche nicht geküsst?«

»Wir lassen es ganz langsam angehen. Und das finde ich gut so. Je weniger zwischen Atlas und mir passiert, desto mehr

Zeit habe ich, mir zu überlegen, wie ich es deinem Bruder beibringe.«

»Ein Pflaster soll man auch mit einem Ruck abreißen. Kurz und schmerzlos.« Sie zeigt auf mein Handy, das auf der Theke liegt. »Schreib ihm jetzt gleich eine Nachricht und sag ihm, dass du dich mit Atlas triffst. Er wird schon darüber hinwegkommen, ihm bleibt doch gar nichts anderes übrig.«

»Nein, das muss ich ihm persönlich sagen.«

»Du bist viel zu rücksichtsvoll.«

»Und du bist zu naiv. Wenn du ernsthaft glaubst, dass Ryle ›darüber hinwegkommen‹ wird, dann kennst du deinen Bruder nicht besonders gut.«

»Das habe ich auch nie behauptet.« Allysa streicht sich eine Strähne aus dem Gesicht und grinst schief. »Marshall hat gesagt, dass er dir erzählt hat, wie ich ihn mal betrogen habe.«

Ich bin froh, dass sie das Thema wechselt. »Ja. Ich muss zugeben, dass ich im ersten Moment ein bisschen geschockt war, weil ich dachte, das wäre erst vor Kurzem passiert.«

»Ich war neunzehn und der viele Alkohol hat mir das Gehirn vernebelt. Aber alles, was man vor einundzwanzig macht, zählt sowieso nicht.«

Ich muss lachen. »Ist das so, ja?«

»Wusstest du das nicht?« Sie zieht sich auf die Ladentheke hoch und lässt die Beine baumeln. »Aber jetzt erzähl mal ein bisschen mehr von Atlas. Und zwar so, als wäre ich nur deine beste Freundin und nicht die Schwester von deinem Ex-Mann.«

Das war's dann wohl leider schon mit dem Themenwechsel. Ich zögere. »Ist das nicht irgendwie komisch für dich?«

»Warum denn? Weil Ryle mein Bruder ist? Nein, kein bisschen. Er hätte dir ein besserer Mann sein sollen, dann müsstest du jetzt nicht einen griechischen Gott daten.« Sie kichert. »Also, wie ist er so? Auf mich wirkt er ziemlich geheimnisvoll.«

»Ist er eigentlich gar nicht. Jedenfalls nicht für mich.« Ich muss nur an ihn denken und strahle schon übers ganze Gesicht. »Ich kann mit ihm über alles reden. Da ist so eine totale Vertrautheit zwischen uns. Und er ist supernett. Genauso nett wie Marshall, aber auf eine andere Art. Zurückhaltender. Bei Atlas dauert es immer ein bisschen, bis er aus sich herausgeht. Wir arbeiten beide wahnsinnig viel, ich tagsüber, er abends, und ich habe Emmy, deswegen konnten wir uns bis jetzt noch nicht so oft sehen. Außerdem hat er gerade erst erfahren, dass er einen jüngeren Bruder hat, sein eigenes Privatleben ist zurzeit also auch ziemlich chaotisch. Im Moment schreiben wir uns hauptsächlich Nachrichten oder unterhalten uns per FaceTime. Alles ein bisschen schwierig.«

»Schaust du deswegen ständig auf dein Handy?«

Shit. Es ist mir peinlich, dass ihr das aufgefallen ist, obwohl ich so sehr versuche, diskret zu sein. Ich will nicht, dass irgendjemand mitkriegt, wie oft Atlas und ich uns schreiben oder wie oft ich an ihn denke.

Vielleicht habe ich auch Angst, Allysa zu viel zu erzählen und mich zu sehr über mein Glück zu freuen, solange ich nicht weiß, wie Ryle damit klarkommt.

Genau in diesem Moment vibriert mein Handy, und ich muss mir mit aller Kraft ein Lächeln verbeißen, als ich aufs Display schaue.

»Von ihm?«, fragt Allysa.

Ich nicke.

»Und? Was schreibt er?«

»Dass er mir ein Lunchpaket vorbeibringen könnte.«

»*Yes!*«, ruft Allysa. »Schreib ihm, dass du am Verhungern bist und deine Freundin auch.«

Ich lache und tippe dann:

Könntest du heute vielleicht Lunch für zwei mitbringen? Meine Kollegin wird sonst neidisch.

Atlas antwortet sofort.

Bin in einer Stunde bei euch

Es sind noch zwei Kundinnen im Laden, als Atlas mit einer braunen Papiertüte hereinkommt, weshalb ich ihm ein Zeichen gebe, dass er an der Theke kurz auf mich warten soll. Allysa verabschiedet sich gerade von ihrer Kundin, während ich meiner noch ein paar Sträuße zeige. Aus dem Augenwinkel sehe ich, dass Allysa ein Gespräch mit Atlas anfängt, und werde leicht nervös. Sie kann ziemlich direkt sein, was jemanden, der sie nicht kennt, gern mal vor den Kopf stößt. Aber offensichtlich mache ich mir völlig unnötig Sorgen, die beiden scheinen sich blendend zu verstehen.

Als sich die Kundin eine gefühlte Ewigkeit später endlich verabschiedet und ich an die Theke komme, begrüßt Atlas mich mit einem Kuss auf die Wange und streicht mir dabei kurz über den Oberarm. Die schlichte Berührung schickt einen Stromstoß durch meinen Körper, und es fällt mir extrem schwer, mir nicht anmerken zu lassen, dass mein inneres Ich gerade in Zeitlupe mit verliebtem Grinsen zu Boden sinkt.

Allysa wirft mir einen amüsierten Blick zu. »Adam Brody, ja? Interessant.«

Ich habe keine Ahnung, wovon sie redet, bis ich das Funkeln in Atlas' Augen sehe und mir wieder einfällt, dass ein Poster von Adam Brody über meinem Bett hing, als er damals in Plethora zum ersten Mal in meinem Zimmer war.

»Verräter.« Ich verpasse ihm einen liebevollen Rippenstoß. »Da war ich *fünfzehn*.«

Es erleichtert mich, dass Allysa Atlas ohne Vorbehalte zu akzeptieren scheint. Ich würde es ihr nicht verübeln, wenn sie Atlas aus Loyalität zu ihrem Bruder erst mal besonders kritisch unter die Lupe nehmen würde, aber so ist sie nicht. Sie verlässt sich immer auf ihr eigenes Gefühl.

Das ist eine der Eigenschaften, die ich an ihr am meisten liebe. Vielleicht weil wir uns in diesem Punkt so ähnlich sind. Wenn einer meiner Freunde etwas sagt oder tut, womit ich ein Problem habe, halte ich nicht damit hinterm Berg.

Umgekehrt erwarte ich dasselbe. Ehrlichkeit ist mir in jeder Hinsicht lieber als blinde Ergebenheit. Außerdem ist ein ehrlicher Mensch in der Regel immer auch ein verlässlicher Mensch.

»Super, dass du uns Lunch bringst, du rettest uns vor dem Hungertod«, bedanke ich mich bei Atlas. »Wie läuft die Suche nach einer Schule für Josh? Hast du ihn mittlerweile irgendwo angemeldet?«

Atlas hat davon gesprochen, eine Schule in seiner Gegend zu suchen, damit sein Bruder nicht jeden Tag quer durch die ganze Stadt zu seiner alten Highschool fahren muss.

»Ja. Drück uns die Daumen, dass die sich das Formular, das ich ausfüllen musste, nicht allzu genau anschauen. Ich hab ein bisschen geschwindelt.«

»Mach ich, aber ich bin mir sicher, dass alles gut geht«, sage ich mit einem beruhigenden Lächeln. »Ich kann es kaum erwarten, ihn endlich live kennenzulernen.«

»Wie alt ist er denn?«, erkundigt sich Allysa.

»Gerade zwölf geworden«, sagt Atlas.

»Oh-oh.« Sie schaut mitleidig. »Ich hab gehört, das ist mit das schlimmste Alter. Aber das Gute ist, dass du keine absurd hohen Betreuungskosten für ihn bezahlen musst. Hey …« Sie schnippt mit den Fingern. »Apropos Betreuung. Lily bringt Emerson nächsten Samstagabend zu ihrer Mutter. Sie ist auf eine Hochzeit eingeladen und kann endlich mal wieder so richtig feiern gehen.«

Ich verdrehe kurz die Augen in ihre Richtung. »Danke, Allysa, das hätte ich auch allein hingekriegt. Ich wollte Atlas gerade fragen, ob er Lust hat, mitzukommen.«

»Du gehst auf eine Hochzeit?« Um Atlas' Lippen spielt ein Lächeln. »Meinst du, du schaffst es, bis zum Ja-Wort wach zu bleiben?«

Mir schießt sofort die Hitze ins Gesicht, worauf Allysa mich neugierig mustert und Atlas sich zu ihr dreht. »Hat Lily dir etwa noch nicht erzählt, dass sie unser erstes Date praktisch verschlafen hat?«

Allysa schaut mich fassungslos an. »Ich war echt total fertig«, versuche ich mich zu rechtfertigen. »Es ist einfach passiert.«

»Details bitte«, fordert sie.

»So viel gibt es da gar nicht zu erzählen«, sagt Atlas. »Ich hab Lily abgeholt, wir sind zum Restaurant gefahren, sie ist unterwegs eingeschlafen und erst wieder aufgewacht, nachdem wir schon über eine Stunde auf dem Restaurantparkplatz standen und ich die Reservierung längst storniert hatte.«

Allysa prustet vor Lachen und ich würde mich am liebsten unter der Theke verkriechen.

»Wer heiratet denn?«, fragt Atlas.

»Unsere gemeinsame Freundin Lucy. Sie arbeitet auch hier im Laden.«

»Und wann geht es los?«

»Die Feier fängt um sieben Uhr abends an«, sage ich. »Würdest du das schaffen?«

»Schaffe ich auf jeden Fall.« Atlas wirft mir einen dieser Blicke zu, von denen ich jedes Mal weiche Knie kriege, weil sie so sehr seine Sehnsucht ausdrücken, mit mir allein sein zu wollen. »Okay, ich muss leider wieder los. Lasst euch das Essen schmecken, ich hoffe, ihr mögt es«, sagt er und nickt Allysa zu. »Schön, dass wir uns endlich mal kennengelernt haben.«

Sie strahlt. »Finde ich auch.«

Auf dem Weg zur Tür fängt Atlas an zu pfeifen und mir geht das Herz auf. Ich habe keine Ahnung, ob seine gute Laune etwas mit mir zu tun hat, aber die sechzehnjährige Lily in mir, die sich vor all diesen Jahren so große Sorgen um ihn gemacht hat, ist glücklich, dass es ihm heute so gut geht.

»Okay, raus mit der Sprache. Was stimmt nicht mit ihm?« Allysa deutet auf die Tür, durch die Atlas eben verschwunden ist.

»Was meinst du?«, frage ich verwirrt.

»Na ja, warum ist er noch nicht verheiratet? Warum hat er keine Freundin?«

»Das mit der fehlenden Freundin ändert sich hoffentlich bald«, sage ich und kann mir das Lächeln nicht verkneifen.

»Vielleicht ist er ja schlecht im Bett und deswegen Single«, sagt Allysa nachdenklich.

»Er ist definitiv nicht schlecht im Bett.«

Sie sieht mich mit offenem Mund an. »Woher willst du das wissen. Ihr habt euch doch angeblich noch nicht mal geküsst.«

»Haben wir auch nicht. Jedenfalls nicht als *Erwachsene*«, sage ich. »Aber du vergisst, wie lange und wie gut Atlas und ich uns schon kennen. Er war der erste Junge, mit dem ich geschlafen habe, und es war total schön. Und heute wäre es sicher sogar noch schöner.«

Allysa sieht mich lächelnd an. »Ich freue mich für dich, Lily.« Plötzlich runzelt sie die Stirn. »Er ist so *nett*. Marshall wird ihn bestimmt auch mögen.« Sie sagt das, als wäre es das Schlimmstmögliche, was passieren könnte.

»Und das ist was Schlechtes?«

»Ich weiß nicht, ob es in der aktuellen Situation was *Gutes* ist«, sagt sie. »Jedenfalls verstehe ich jetzt viel besser, warum es dir so schwerfällt, Ryle davon zu erzählen. Zu wissen, dass die Ex-Frau jetzt mit diesem Ausbund an Perfektion das Bett teilt, muss extrem am Selbstbewusstsein eines Mannes kratzen.«

Ich ziehe eine Braue hoch. »Zu wissen, dass er seiner Ex-Frau körperliche Gewalt angetan hat, sollte noch viel mehr an seinem Selbstbewusstsein kratzen. Eigentlich müsste Ryle sich wie ein Totalversager fühlen.« Ich bin selbst ein bisschen geschockt darüber, dass ich das gerade wirklich ausgesprochen habe, aber ich kann es nicht mehr zurücknehmen. Allerdings muss ich das auch gar nicht, denn die Schwester von meinem Ex-Mann hält – wie gesagt – nichts von blinder Geschwisterloyalität.

Und tatsächlich nickt Allysa nur und sagt: »Leider absolut richtig, Lily.«

19.

ATLAS

Darf ein Zwölfjähriger überhaupt ohne einen Erwachsenen mit dem Taxi fahren? Ich habe keine Ahnung, wollte Josh aber nach der Schule nicht schon wieder allein bei mir zu Hause lassen, also habe ich ihm eins bestellt, das ihn abgeholt und zum Restaurant gebracht hat. Anfang der Woche hatten wir darüber gesprochen, dass er in der Küche mithelfen könnte, um den Schaden abzuarbeiten, den er angerichtet hat.

Ich habe die Route des Taxis in der App verfolgt und erwarte ihn draußen, als er ankommt. Der Josh, der aus dem Wagen steigt, hat äußerlich nichts mehr mit dem Jungen zu tun, den ich vor ein paar Tagen kennengelernt habe. Er hat Klamotten an, die ihm richtig passen, ist gestern mit mir beim Friseur gewesen, und über seiner Schulter hängt ein Rucksack mit Büchern drin statt Sprühdosen.

Gut möglich, dass Sutton ihn nicht mal erkennen würde, wenn sie ihn jetzt sähe.

»Wie war's in der neuen Schule?« Das ist heute sein zweiter Tag gewesen. Als ich ihn gestern gefragt habe, meinte er nur, es wäre okay gewesen.

»War okay.«

Tja. Mehr werde ich aus einem Zwölfjährigen wohl nicht rauskriegen. Als ich die Tür zum Restaurant öffne, bleibt er noch einen Moment stehen und schaut am Gebäude hoch. »Komisch, dass ich zwei Wochen lang hier geschlafen hab und jetzt das allererste Mal durch den Vordereingang gehe.«

Ich lache und folge ihm rein. Gleich wird er Theo kennenlernen, worauf ich mich irgendwie schon den ganzen Tag freue, obwohl ich noch keine Gelegenheit hatte, Theo von Josh zu erzählen. Er ist seit letzter Woche nicht mehr im Restaurant gewesen, und ich musste mir ein paar Tage freinehmen, um einige Dinge im Zusammenhang mit Josh zu regeln. Als Theo vor ein paar Minuten gekommen ist, hat er die Hintertür genommen und ich war gerade auf dem Weg zum Vordereingang, um Josh zu empfangen.

Als wir jetzt durch die Schwingtür in die Küche gehen, bleibt Josh erst mal stehen und betrachtet staunend die geschäftige Betriebsamkeit. Klar, wenn er nachts hier geschlafen hat, war alles dunkel und still.

Ich lotse Josh zu meinem Büro. Wie immer, wenn Theo dort an meinem Schreibtisch sitzt und Hausaufgaben macht, steht die Tür offen. Als wir reinkommen, schaut er von seinem Buch auf. Sein Blick wandert von mir zu Josh, dann lässt er sich in den Drehstuhl zurückfallen und fragt: »Was machst du denn hier?«

»Was machst *du* hier?«, gibt Josh zurück.

Die beiden scheinen sich zu kennen. Ich bin gar nicht auf die Idee gekommen, dass sie auf dieselbe Schule gehen könnten. Ich wusste ja noch nicht mal, auf welche Theo eigentlich geht. »Ihr kennt euch von der Schule?«

»Ja«, antwortet Theo und fragt dann Josh: »Aber woher kennst du Atlas?«

Josh stellt seinen Rucksack auf den Boden, lässt sich auf die Couch fallen und nickt in meine Richtung. »Er ist mein Bruder.«

Theo schaut mich an, dann Josh, dann wieder mich. »Warum erfahre ich erst heute, dass du einen Bruder hast?«

»Lange Geschichte«, sage ich.

»Ist das nicht etwas, worüber dein Therapeut Bescheid wissen sollte?«

»Du warst die ganze Woche nicht da.«

»Ich hatte jeden Tag Mathetraining«, sagt er.

»Mathetraining? Wie trainiert man denn bitte Mathe?«

»Moment mal«, unterbricht uns Josh. »Theo ist dein *Therapeut*?«

»Bin ich«, sagt Theo. »Aber ich kriege dafür kein Geld von ihm. Hey, wen hast du in Mathe? Trent?«

»Nein, Sully«, antwortet Josh.

»Oje.« Theo lässt wieder den Blick zwischen uns hin- und herwandern. »Warum hast du nie was davon gesagt, dass du einen Bruder hast?« Er scheint immer noch nicht darüber hinwegzukommen, aber ich werde dringend in der Küche gebraucht und habe jetzt keine Zeit, es ihm zu erklären.

»Das kann Josh dir erzählen. Ich muss erst mal zusehen, dass ich den Laden hier weiter am Laufen halte«, sage ich und kehre in die Küche zurück, damit wir den Rückstand bei den Bestellungen aufholen können.

Es freut mich total, dass die beiden sich schon kennen, und noch mehr freut mich, dass Theo sich in Joshs Gesellschaft wohl zu fühlen scheint. Ich kenne Theo viel besser als meinen kleinen Bruder und hätte es mit Sicherheit gemerkt, wenn ihm Josh aus irgendeinem Grund nicht geheuer wäre.

Ungefähr eine Stunde später ist die Küche vollständig besetzt und ich kann mir eine kurze Pause gönnen. Als ich ins Büro komme, sind Josh und Theo gerade in eine Diskussion über einen Manga vertieft, den Theo in der Hand hat. »Sorry, dass ich euch unterbrechen muss, Jungs.« Ich mache Josh ein Zeichen, mir zu folgen. »Hast du deine Hausaufgaben gemacht?«

»Glaub schon«, sagt er.

»Glaub schon?« Ich kenne ihn noch nicht gut genug, um zu

wissen, was *Glaub schon* in diesem Kontext bedeutet. »Ist das ein Ja? Ein Nein? Ein Fast?«

»Ja.« Er seufzt und folgt mir in die Küche. »Fast. Ich mach sie heute Abend fertig, mir dröhnt der Kopf.«

Ich stelle ihn ein paar Leuten in der Küche vor und führe ihn dann zu Brad. »Josh, das ist Brad. Theos Vater.« Ich zeige auf Josh. »Brad, das ist Josh, mein kleiner Bruder.« Brad runzelt verwirrt die Stirn, sagt aber nichts. »Josh hat ein paar Schulden abzubezahlen. Hast du was für ihn zu tun?«

»Ich hab Schulden?«, fragt Josh verdattert.

»Crouton-Schulden.«

»Ach so, das.«

Brad zählt sofort eins und eins zusammen, nickt langsam und sagt dann zu Josh: »Hast du schon mal Geschirr gespült?«

Josh verdreht die Augen und folgt Brad zur Spülstation.

Eigentlich will ich gar nicht, dass er hier mitanpacken muss, aber wahrscheinlich wäre es keine gute Lektion für ihn, wenn die Tausende von Dollar, die er mich gekostet hat, keine Konsequenzen nach sich ziehen würden. Ich werde ihn eine Stunde lang dreckiges Geschirr schrubben lassen und ihm dann sagen, dass wir quitt sind.

Die Zeit kann ich gut nutzen, um mich in Ruhe mit Theo über meinen neuen kleinen Bruder zu unterhalten.

Als ich ins Büro zurückkomme, packt Theo gerade irgendwelche Arbeitsblätter in seinen Rucksack. Ich setze mich auf die Couch und öffne in dem Moment den Mund, als er fragt: »Hast du Lily schon geküsst?«

Immer geht es um mich, nie um ihn.

»Noch nicht.«

»Was ist los mit dir, Atlas? Ich schwöre, manchmal bist du echt so was von lasch.«

»Wie gut kennst du Josh?«, wechsle ich das Thema.

»Er ist erst seit zwei Tagen an der Schule, also eigentlich gar nicht. Wir haben ein paar Kurse zusammen.«

»Wie macht er sich an der Schule?«

»Keine Ahnung, ich bin nicht sein Lehrer.«

»Ich meine nicht, ob er im Unterricht mitarbeitet, sondern sein Verhalten. Schließt er Freundschaften? Ist er nett?«

Theo legt den Kopf schräg. »Du fragst *mich*, ob dein Bruder nett ist? Das müsstest du doch selbst wissen.«

»Ich habe ihn gerade erst kennengelernt.«

»Ja, ich auch«, sagt Theo. »Außerdem sind das Fangfragen, die du mir stellst. Gibt an der Schule immer Leute, die hart austeilen, das weißt du doch.«

»Soll das heißen, dass Josh zu denen gehört, die anderen gegenüber hart austeilen?«

»Na ja, da gibt es natürlich Unterschiede. Josh gehört zu den Leuten, die auf okaye Art hart austeilen.«

Theo sieht mir anscheinend an, dass ich nur Bahnhof verstehe, und klärt mich auf: »Er ist sozusagen der Bully, der die Bullys fertigmacht.«

Ich runzle die Stirn. »Dann ist Josh so was wie … der *Ober*-Bully? Das klingt nicht gut.«

Theo verdreht die Augen. »Okay, pass auf. Du hast ja wahrscheinlich schon mitgekriegt, dass ich an dieser Schule nicht gerade superbeliebt bin. Ich bin im Mathe-Team und ich bin …« Er zuckt mit den Schultern. »Aber vor Typen wie Josh brauche ich keine Angst zu haben. Du fragst, ob er nett ist, aber ich weiß nicht, was ich dazu sagen soll, weil er nicht nett ist. Aber er ist auch nicht fies. Zumindest nicht zu den netten Leuten.«

Ich denke einen Moment schweigend über das Gehörte nach. Gut möglich, dass ich jetzt noch weniger schlau bin als vor meinen Fragen. Aber ich bin froh zu wissen, dass Theo keine Angst vor Josh hat.

»Zurück zum Thema …« Theo schließt seinen Rucksack. »Du und Lily. Ist die Luft schon wieder raus, oder was?«

»Nein. Wir hatten beide bloß viel um die Ohren. Aber morgen gehe ich mit ihr auf eine Hochzeit.«

»Und? Küsst du sie dann endlich?«

»Wenn sie das will.«

Theo nickt. »Wahrscheinlich schon – solange du dir so Sprüche wie *Schau, die Schiffe am Fuß der Klippen, gib mir deine Lippen!* verkneifst.«

Ich greife nach einem der Kissen auf der Couch und werfe es nach ihm. »Ich suche mir einen neuen Therapeuten. Einen, der kein fieser Bully ist.«

20.

LILY

Es ist eine echte logistische Herausforderung, gleichzeitig Gast auf einer Hochzeit und die für den Blumenschmuck verantwortliche Floristin zu sein. Ich habe den ganzen Tag praktisch nichts anderes getan, als in der Hochzeitslocation dafür zu sorgen, dass alles so wird, wie Lucy es sich gewünscht hat. Danach musste ich Serena helfen, die georderten Sträuße rechtzeitig für den Kurier fertigzubinden, weil ich den Laden heute wegen der Hochzeit früher zumache.

Als Atlas mir gegen halb sieben eine Nachricht schickt, dass er unten im Wagen auf mich wartet, bin ich noch nicht mal annähernd fertig. Dass er nicht einfach hochkommt, liegt wahrscheinlich daran, dass er vorsichtig sein will. Schließlich weiß er nicht, ob ich allein bin oder womöglich jemand hier ist, der Emerson heute Abend babysittet und nicht erfahren soll, dass wir zusammen auf die Hochzeit gehen.

Das war tatsächlich auch einer der Gründe, weshalb ich gezögert habe, ihn zu fragen, ob er mich begleiten will, obwohl ich mir eigentlich sicher bin, dass keiner dort Ryle kennt. Da gibt es keine Querverbindungen. Und falls doch zufälligerweise jemand da sein und ihm erzählen sollte, dass ich nicht alleine dort war, dann ist es eben so. Das Risiko ist es mir wert. Seit Atlas gesagt hat, dass er mitkommt, freue ich mich total auf den Abend.

Komm ruhig rauf. Ich brauch noch ein bisschen.

Als es kurz darauf klopft und ich die Tür aufmache, bleibt mir erst mal die Luft weg. »Wow.« Atlas hat einen schwarzen Designeranzug an und sieht umwerfend aus. Normalerweise lasse ich meine Besucher nicht so lange im Gang stehen, bevor ich sie reinbitte, aber ich bin so überwältigt, dass ich meine gute Erziehung vergesse.

»Für dich.« Er reicht mir einen bunten Strauß aus … *Keksen*, die wie Blüten geformt sind. »Echte Blumen hast du ja selbst genug.«

Als er sich zu mir beugt und mich auf die Wange küsst, würde ich den Kopf am liebsten ein Stück drehen, damit seine Lippen auf meinen landen. Ich tue es nicht, hoffe aber, dass ich auf diesen Moment nicht mehr so lange warten muss.

»Das ist der perfekte Strauß für mich«, sage ich lachend und gebe dann endlich die Tür frei. »Komm rein. Ich brauche noch maximal eine Viertelstunde, dann können wir los.«

Der Tag heute war so stressig, dass ich noch nicht mal Zeit hatte, irgendwas zu essen. Gierig breche ich ein Cookie ab und stecke es mir in den Mund. »Sorry, total stillos«, nuschle ich kauend, »aber ich sterbe vor Hunger.« Als ich runtergeschluckt habe, zeige ich in Richtung Schlafzimmer. »Wartest du solange? Geht ganz schnell.«

Atlas sieht sich neugierig um, während er mir folgt. Ich nehme das Kleid, das ich mir rausgelegt habe, vom Bett. Es ist ziemlich eng, aus bordeauxroter Seide mit Spaghettiträgern und einem dazu passenden schimmernden Tuch, das aber noch im Schrank hängt. Als ich ins Bad gehe, lasse ich die Tür einen Spalt offen, damit ich mich mit Atlas unterhalten kann, während ich mich umziehe. »Wo hast du Josh denn heute Abend untergebracht?«

»Erinnerst du dich noch an Brad vom Pokerabend damals?«

»Brad? Na klar.«

»Sein Sohn Theo übernachtet heute bei uns. Wie sich rausgestellt hat, gehen die beiden auf dieselbe Schule.«

»Echt? Verrückt. Und wie gefällt es ihm dort?«

»Ganz gut, glaube ich.« Ich kann ihn nicht sehen, aber es klingt, als würde er direkt neben der Tür stehen. Nachdem ich mir das Kleid über den Kopf gestreift habe, kehre ich ins Schlafzimmer zurück.

Atlas lässt bewundernd den Blick über meinen Körper gleiten, aber bevor er etwas sagen kann, drehe ich ihm den Rücken zu und halte meine Haare hoch. »Kannst du bitte den Reißverschluss zumachen?« Er zögert, vielleicht will er mich auch einfach noch einen Moment anschauen.

Ein paar Sekunden später durchrieselt mich ein warmer Schauer, als er den Reißverschluss zuzieht und dabei mit den Fingern über meine Haut streift. Nachdem er fertig ist, lasse ich die Haare wieder fallen und drehe mich zu ihm um. »Danke. Jetzt muss ich mich nur noch schnell schminken, dann können wir los.« Ich will wieder ins Bad, aber Atlas legt mir die Hände um die Taille.

»Warte.« Er zieht mich an sich und sieht mich einen Moment lang nur lächelnd an, ohne etwas zu sagen. In seinem Blick liegt etwas Erwartungsvolles. Sehnsüchtiges. Verführerisches. So als würde er mich gleich küssen wollen. »Danke, dass du mich heute Abend mitnimmst.«

Ich lächle auch. »Danke, dass du mitkommst. Ich weiß ja, was für eine anstrengende Woche du hinter dir hast.«

Er sieht tatsächlich so erschöpft aus, dass ich ihm mitfühlend eine Hand an die Wange lege. »Sollen wir vielleicht lieber ein Taxi rufen? Ich glaube, du könntest heute Abend einen Drink gebrauchen.«

Atlas legt seine Hand auf meine, dreht den Kopf und küsst meine Handinnenfläche, bevor er unsere Finger ineinander verschränkt. Er öffnet den Mund, um etwas zu sagen, als sein Blick auf meine Schulter fällt.

Ich halte den Atem an. Gerade sieht er zum ersten Mal das Tattoo, das ich mir an der Stelle habe stechen lassen, die er früher immer geküsst hat. Das Tattoo, das genauso aussieht wie das geschnitzte Herz, das er mir damals in Plethora zum Abschied geschenkt hat.

Er zeichnet mit dem Finger sanft die Konturen nach. »Seit wann hast du das?«

»Seit …« Meine Stimme bricht und ich muss mich erst räuspern. »Seit dem College.« Wie oft habe ich mir diesen Augenblick ausgemalt und mich gefragt, wie Atlas wohl reagieren würde, falls er das Tattoo jemals zu Gesicht bekommen sollte. Wie er es wohl finden würde.

Er betrachtet mich forschend, dann lässt er seinen Blick wieder zu dem Herz wandern. Sein Atem streicht mir warm übers Schlüsselbein. »Warum hast du es dir stechen lassen?«

Ich hatte diverse Gründe, beschließe aber, ihm den zu nennen, der mir am wichtigsten erscheint. »Weil ich dich vermisst habe.«

Und dann warte ich darauf, dass er den Kopf senkt und seine Lippen auf die Stelle drückt, wie er es schon so viele Male getan hat. Warte darauf, dass er seine Lippen auf meine presst und mich – endlich – küsst.

Aber Atlas tut nichts davon. Er betrachtet das Tattoo einen Moment stumm, dann lässt er meine Hand los und wendet sich ab. »Du solltest dich jetzt besser fertig machen, sonst kommen wir zu spät.« Seine Stimme klingt schrecklich nüchtern, als er aus dem Raum geht, ohne sich noch mal zu mir umzudrehen. »Ich warte im Wohnzimmer.«

Mir bleibt die Luft weg, als hätte ich gerade einen Schlag in den Magen bekommen.

Ich stehe da wie erstarrt, unfähig zu begreifen, was eben passiert ist. Von einer Sekunde zur anderen ist Atlas' Stimmung komplett umgeschlagen. Aber warum? Gefällt ihm das Tattoo nicht? Oder interpretiere ich seine Reaktion womöglich falsch und sie war gar nicht ablehnend gemeint? Vielleicht ist er ja einfach so überwältigt, dass er einen Moment für sich braucht.

Während ich vor dem Spiegel stehe und versuche, mich zu schminken, muss ich die ganze Zeit gegen die Tränen ankämpfen. Obwohl ich mir sage, dass Atlas mich bestimmt nicht absichtlich verletzen wollte, hat mich sein schroffes Verhalten zutiefst getroffen.

Ich gehe zum Schrank, ziehe meine Schuhe an, nehme das Tuch vom Bügel und lege es mir um die Schultern. Als ich aus dem Schlafzimmer komme, erwarte ich halb, dass Atlas mittlerweile gegangen ist, aber er steht im Flur und betrachtet die Fotos von Emmy, die ich dort aufgehängt habe. Als er mich kommen hört, wendet er mir den Kopf zu und dreht sich dann ganz zu mir um.

»Wow«, sagt er mit bewunderndem Blick. »Du bist wunderschön, Lily.« Dieser erneute Stimmungsumschwung kommt so plötzlich, dass ich endgültig verwirrt bin.

Natürlich freue ich mich über das Kompliment, aber ich kann das, was eben passiert ist, nicht unkommentiert lassen. Ich habe mir vorgenommen, alles immer sofort offen anzusprechen, damit Missverständnisse gar nicht erst entstehen können. Wenn es etwas gibt, das ich aus meiner Beziehung mit Ryle und aus der meiner Eltern gelernt habe, dann das.

»Warum hat dich mein Tattoo wütend gemacht?«

Atlas wirkt betroffen, offensichtlich hat er mit dieser Frage nicht gerechnet. Er streicht verlegen über seine Krawatte, und ich habe das Gefühl, dass er am liebsten nicht darüber sprechen würde, aber dann sagt er: »Es war nicht das Tattoo.«

»Okay, aber was dann? Warum bist du wütend auf mich?«

»Ich bin nicht auf dich wütend, Lily. Ganz und gar nicht.«

Seine Miene ist vollkommen aufrichtig, aber ich habe mir die plötzliche Veränderung in seinem Verhalten, nachdem er das Tattoo gesehen hat, nicht eingebildet. Er senkt den Blick, dann schiebt er die Hände in die Taschen und holt tief Luft. »An dem Abend, an dem ich dich in die Notaufnahme gefahren habe, hat die Krankenschwester deine Schulter verbunden.« Seine Stimme klingt gequält, aber nicht so gequält, wie es der Ausdruck in seinen Augen ist, als er mich jetzt ansieht. »Du hast ihr gesagt, dass er dich gebissen hat, aber ich stand damals zu weit weg, deshalb habe ich nicht gesehen, dass er …« Er schluckt schwer. »Ich habe das Tattoo nicht gesehen, und dass er …« Atlas ist so aufgewühlt, dass er es wieder nicht schafft, den Satz zu beenden. Nach kurzem Durchatmen setzt er noch mal neu an. »Hat er es deswegen getan? Weil er deine Tagebücher gelesen hat und wusste, dass du dir dieses Tattoo meinetwegen hast stechen lassen?«

Mir wird schwindelig. *Er hat die Narben bemerkt.*

Ich begreife, warum Atlas dieses Gespräch jetzt nicht führen wollte. Das ist nichts, was man mal schnell nebenbei auf dem Weg zur Tür bespricht. Bereit, ihm zu antworten, presse ich eine Hand auf meinen nervös angespannten Bauch, aber auch mir fällt es schwer, davon zu erzählen.

Ich weiß, dass Atlas aufgebracht sein wird, und möchte nicht, dass er sich meinetwegen schlecht fühlt. Andererseits will ich ihn auch nicht anlügen und wüsste nicht, warum ich Ryle in irgendeiner Hinsicht schützen sollte. Denn natürlich hat Atlas recht. Genau das war der Grund, warum Ryle es getan hat, und mir bricht das Herz bei dem Gedanken, dass Atlas mein Tattoo von jetzt an für immer mit dieser schrecklichen Vorstellung verbinden wird.

Mein Schweigen genügt ihm als Bestätigung. Er verzieht das Gesicht, dreht sich weg und zwingt sich, tief durchzuatmen. Ich sehe ihm seine Wut an, sehe, dass alles in ihm danach drängt, ihr Luft zu machen – nur dass derjenige, gegen den sie sich richtet, nicht hier ist.

Obwohl Atlas' Wut für mich geradezu körperlich spürbar ist, macht sie mir keine Angst. Und genau das ist der Unterschied. Vor diesem Mann und seiner Wut brauche ich keine Angst zu haben, weil sie nicht mir gilt. Er ist wütend auf den Menschen, der auf *mich* wütend war und mich deswegen verletzt hat. Atlas' heftige Gefühle entspringen dem Wunsch, mich zu beschützen.

Jetzt dreht er sich wieder zu mir. Sein Blick ist hart und die Adern in seinem Hals pulsieren. »Wie um alles in der Welt soll ich es jemals schaffen, in seiner Gegenwart zivilisiert zu bleiben, Lily?« Er schüttelt den Kopf. »Ich hätte für dich da sein sollen. Ich hätte mehr tun sollen. Ich …« Seine Stimme klingt schuldbewusst.

Dabei hat er absolut keinen Grund, sich schuldig zu fühlen. Als wir uns damals im Restaurant wiederbegegnet sind, war ich verliebt in Ryle. Atlas hätte nichts sagen oder tun können, das meine Sicht auf ihn verändert hätte. Ich musste selbst an diesen Punkt kommen.

Atlas ist anzusehen, dass gerade ein Tornado unterschiedlichster Emotionen in ihm wütet. Ich will ihm die nötige Zeit geben, um das alles erst mal zu verarbeiten, und lehne mich an die Wand. Er tut es auch und so stehen wir einander gegenüber und sehen uns einen Moment stumm an.

»Das erste Mal hat Ryle mich geschlagen, weil ich über ihn gelacht habe«, sage ich schließlich. »Ich war ein bisschen beschwipst und hielt etwas für lustig, was nicht lustig war. Er hat mich so heftig geschlagen, dass ich gegen einen Schrank geschleudert wurde und an der Stirn geblutet habe.«

Atlas muss den Blick abwenden. Ich weiß nicht, ob er das alles überhaupt im Detail hören will, aber ich habe so lange darauf gewartet, davon zu erzählen, dass es aus mir herausbricht. Er bleibt ruhig, gleichzeitig ist jede Sehne seines Körpers so angespannt, als müsste er all seine Selbstdisziplin aufbringen, um nicht loszustürmen und sich Ryle vorzuknöpfen, egal, wo er gerade ist. Stattdessen hebt er den Kopf, sieht mich mit verengten Augen an und wartet darauf, dass ich weitererzähle.

»Das zweite Mal hat er mich die Treppe runtergestoßen, meine Lippe blutete, und am Auge hatte ich eine Platzwunde. Wir hatten einen Streit, weil er deine Nummer in meinem Handycase gefunden hatte. Und dann das dritte Mal, als er mich in die Schulter gebissen hat … Na ja, du weißt selbst, was er mir in der Nacht damals angetan hat. Der Grund war genau der, den du schon vermutet hattest. Ryle hatte meine Tagebücher gelesen und wusste, dass ich mir das Tattoo als Erinnerung an dich habe stechen lassen und dass der Boston-Magnet, der an unserem Kühlschrank hing, ein Geschenk von dir gewesen ist.«

Ich muss den Blick abwenden, weil es wehtut, zu sehen, wie sehr Atlas mitleidet. »Lange Zeit habe ich mich immer wieder gefragt, ob ich nicht auch eine Mitschuld trage, weil ich ihn mit meinem Verhalten vielleicht irgendwie provoziert habe. Ob seine Reaktionen gerechtfertigt waren. Vielleicht hätte er mich nicht geschlagen, wenn ich nicht über ihn gelacht hätte. Und wenn ich deine Nummer nicht aufgehoben hätte, dann wäre er vielleicht nicht so wütend geworden, dass er mich die Treppe runtergestoßen hätte.«

Atlas sieht mich nicht an. Er hat den Kopf an die Wand gelegt und nimmt – erstarrt in seiner Wut – alles stumm in sich auf.

»Aber immer wenn ich anfing zu entschuldigen, was Ryle

mir angetan hat, habe ich an dich gedacht. Ich habe mir vorgestellt, wie du an seiner Stelle reagiert hättest. Nämlich ganz anders, das wusste ich mit Sicherheit. Wenn ich wegen eines Missgeschicks, wie es Ryle damals passiert ist, aus Impuls über dich gelacht hätte, hättest du mit mir gelacht. Du hättest mich niemals geschlagen. Und wenn irgendein Mann auf diesem Planeten mir für den Fall, dass ich mal Hilfe brauche, seine Telefonnummer gegeben hätte, wärst du ihm dankbar gewesen. Du hättest mich deswegen niemals eine Treppe runtergestoßen. Und wenn du in den Tagebüchern gelesen hättest, wie ich während meiner Schulzeit von einem Jungen geschwärmt hätte, hättest du das lustig gefunden. Wahrscheinlich hättest du alle schwülstigen Sätze gelb markiert und mit mir zusammen über sie gelacht.«

Ich warte schweigend, bis Atlas mich wieder ansieht. »Jedes Mal, wenn ich meine eigene Wahrnehmung angezweifelt habe und versucht war, mir Ryles Reaktionen mit meinem eigenen Verhalten zu erklären und sie zu rechtfertigen, hat es genügt, an dich zu denken, Atlas. Mir auszumalen, wie du dich an seiner Stelle verhalten hättest, hat mir geholfen, ganz klar zu erkennen, dass nichts von dem, was er mir angetan hat, verdient war. Verstehst du, Atlas? Du warst für mich da. Ich habe es zu einem ganz großen Teil dir zu verdanken, dass ich es geschafft habe, mich von Ryle zu trennen. Und das sogar, obwohl du nur in Gedanken bei mir warst.«

Atlas nimmt ein paar Sekunden lang stumm in sich auf, was ich gesagt habe, dann ist es, als würde ein Ruck durch ihn gehen. Er macht einen großen Schritt auf mich zu und endlich passiert es. *Endlich.*

Er zieht mich an sich, und seine Zunge gleitet warm und zärtlich über meine Lippen, die sich bereitwillig öffnen und ihn aufnehmen. Als er mir durch die Haare streicht und eine Hand in meinen Nacken legt, bestehe ich mit einem Mal nur noch aus wildem Verlangen.

Atlas küsst mich ohne jede Zurückhaltung, sein Mund begegnet meinem voller Selbstbewusstsein, und ich antworte voller Erleichterung. Ich schlinge beide Arme um ihn, ziehe ihn an mich und will von seiner Wärme ganz ausgefüllt werden. Seine Lippen und seine Berührungen sind mir vertraut, weil wir diesen Tanz schon vor langer Zeit getanzt haben, und gleichzeitig ist doch alles vollkommen anders, weil dieser Kuss jetzt aus neuen Zutaten besteht. In unserem ersten Kuss hat sich jugendliche Unerfahrenheit mit Angst gemischt.

Dieser Kuss ist Hoffnung. Er bedeutet Trost und Sicherheit und Stabilität. Er schenkt mir alles, wonach ich mich in meinem Erwachsenenleben gesehnt habe, und dass Atlas und ich uns wiederhaben, macht mich so glücklich, dass ich weinen könnte.

21.

ATLAS

Es gibt so einiges, was mich im Laufe meines Lebens wütend gemacht hat, aber nichts reicht an die Wut heran, die ich beim Anblick der verblassten Bissnarben um Lilys Herz-Tattoo empfinde.

Ich werde nie begreifen, wie ein Mann einer Frau so etwas antun kann. Oder wie irgendein *Mensch* einem Menschen, den er liebt und den er beschützen sollte, so etwas antun kann. Niemals.

Lily hat etwas viel Besseres verdient. Und ich fühle mich verdammt geehrt, dass ich derjenige sein darf, der dafür sorgt, dass sie es bekommt. Angefangen bei diesem Kuss, der uns beiden anscheinend gar nicht lange genug dauern kann. Sobald wir uns kurz voneinander lösen, um uns anzuschauen, küssen wir uns sofort wieder weiter, als wäre es möglich, durch diesen einen Kuss all die über die Jahre verpassten Küsse wettzumachen.

Von ihrem Kinn küsse ich mich zart bis zu ihrem Schlüsselbein hinunter. Das war schon immer eine meiner Lieblingsstellen, aber bevor ich ihr Tagebuch gelesen habe, ist mir nicht klar gewesen, dass sie wusste, wie sehr ich es geliebt habe, sie dort zu küssen. Ich presse sanft meine Lippen auf das Tattoo, fest entschlossen, sie mit jedem Kuss, den ich in Zukunft auf diese Stelle drücke, an all das Gute zu erinnern, das wir haben, und sie die Narben vergessen zu lassen, die das Herz umgeben. Und wenn es Millionen von Küssen braucht.

Ich streife mit den Lippen ihren Hals hinauf. Als ich sie wieder anschaue, schiebe ich schweren Herzens den Träger ihres Kleids auf ihre Schulter zurück. Ich könnte noch stundenlang so mit ihr hier stehen, aber wir müssen auf eine Hochzeit. »Wir sollten langsam los«, flüstere ich.

Sie nickt und will etwas sagen, aber ich verschließe ihren Mund sofort wieder mit meinem. Ich kann einfach nicht anders. Ich habe zu viele Jahre auf diesen Moment gewartet.

Würde mich jemand fragen, wie die Hochzeit war, könnte ich keine Antwort geben, weil ich praktisch nur Augen für Lily hatte. Ich kannte keinen der übrigen Gäste, und nachdem Lily und ich uns heute endlich geküsst haben, konnte ich an nichts anderes denken, als so schnell wie möglich da weiterzumachen, wo wir aufgehört haben. Lily ging es genauso, das habe ich gespürt und in ihren sehnsüchtigen Blicken gesehen. Es war die reinste Folter, nach außen hin entspannt neben ihr zu sitzen, während in meinem Kopf immer wieder Bilder von dem aufblitzten, was bei ihr im Flur zwischen uns passiert war.

Als wir in den Saal kamen, in dem der Empfang stattfand, und Lily die vielen Gäste sah, war sie erleichtert und meinte, dass Lucy es gar nicht mitkriegen würde, wenn wir früher gehen würden. Nachdem ich diese Lucy noch nicht mal kenne, hatte ich nicht das Geringste dagegen, als sie nach knapp einer Stunde nach meiner Hand gegriffen und mich nach draußen gezogen hat.

Gerade sind wir wieder bei Lilys Apartment angekommen, und ich bilde mir ein zu spüren, dass sie es schön fände, wenn ich noch mit hochkomme. Allerdings will ich auf keinen Fall, dass sie denkt, ich würde es erwarten. Lily ist noch dabei, ihre Schuhe wieder anzuziehen, als ich ihre Wagentür öffne. Sie hatte sie auf der Fahrt ausgezogen, weil ihr die Füße wehtaten, aber die vielen dünnen Riemchen, an denen sie jetzt herumnestelt, sehen nach einer komplizierten Angelegenheit aus, und ich glaube nicht, dass sie Wert darauf legt, barfuß durchs Parkhaus zu gehen.

»Ich kann dich auch hochtragen.«

Sie schaut zu mir auf und lacht. »Wie? Huckepack, oder was?«

»Klar.«

Sie sieht mich einen Moment an, dann grinst sie und streift die Schuhe wieder ab. Ich drehe mich um und gehe etwas in die Hocke, damit sie die Arme um meinen Hals schlingen kann. Als ich mich, die Unterarme unter ihren Kniekehlen, aufrichte und mit dem Fuß die Tür zukicke, lacht sie übermütig.

Vor ihrem Apartment beuge ich mich ein Stück vor, damit sie die Tür aufschließen kann. Ich trage sie über die Schwelle, und sie kichert, als ich sie vorsichtig von meinem Rücken gleiten lasse. Kaum habe ich mich zu ihr umgedreht, lässt sie die Schuhe fallen und küsst mich.

Sieht so aus, als würden wir wirklich genau da weitermachen, wo wir aufgehört haben.

»Wann musst du zu Hause sein?«, fragt sie.

»Ich habe Josh gesagt, dass ich spätestens um elf zurück bin.« Ich schaue auf die Uhr. Es ist kurz nach zehn. »Soll ich ihn anrufen und sagen, dass es ein bisschen später werden könnte?«

Lily nickt. »Es wird *definitiv* ein bisschen später. Ich mache uns was zu trinken, während du ihn anrufst, okay?« Sie verschwindet in der Küche und ich ziehe mein Handy raus. Um mich davon zu überzeugen, dass er gerade keine rauschende Party bei mir zu Hause schmeißt, rufe ich ihn per Videocall an. Ich glaube zwar nicht, dass Theo bei so was mitspielen würde, aber wer weiß schon, auf was für Ideen zwei Jungs in ihrem Alter so kommen.

Als Josh den Anruf annimmt, sehe ich, dass das Handy auf dem Boden liegt. Ich kann sein Kinn und den Lichtschein des Flatscreens erkennen. Er hält einen Joystick in der Hand. »Wir sind mitten in einem Game«, sagt er.

»Wollte mich nur kurz vergewissern, dass alles okay ist.«

»Alles super!«, höre ich Theo rufen.

Josh schüttelt seinen Joystick hin und her und drückt hektisch auf den Knöpfen herum. Ein paar Sekunden später ruft er »Shit!«, wirft den Joystick zur Seite, greift nach dem Handy und hält es vor sich. »Wir haben verloren.«

Theo späht über seine Schulter. »Das sieht nicht nach Hochzeit aus. Wo bist du?«

Ich ignoriere seine Frage. »Wahrscheinlich komme ich ein bisschen später nach Hause.«

»Hey, du bist bei Lily, oder?« Theo neigt den Kopf grinsend näher ans Display. »Hast du sie endlich geküsst?«, raunt er. »Kann sie mich hören? Mit welchem Spruch hast du sie dazu gekriegt, dich zu fragen, ob du noch mit hochkommst? *Lily! Auf der Hochzeit war's so nett, komm, wir springen schnell ins …*« Ich lege auf, bevor er seinen Reim beenden kann, aber wie es aussieht, hat Lily die komplette Unterhaltung mitgehört. Sie steht mit zwei Gläsern Wein in den Händen ein paar Schritte von mir entfernt und legt verwirrt den Kopf schräg. »Wer war das?«

»Theo.«

»Wie alt ist Theo?«

»Zwölf.«

»Du redest mit einem Zwölfjährigen über uns?« Zum Glück lächelt sie.

Ich nehme ihr das Glas ab, das sie mir hinhält. »Er ist mein Therapeut«, erkläre ich und trinke einen Schluck von dem Wein. »Wir treffen uns jeden Donnerstag um sechzehn Uhr.«

Sie lacht. »Dein Therapeut geht noch auf die Junior High?«

»Ja, aber wenn er so weitermacht, ist er die längste Zeit mein Therapeut gewesen.« Ich umfasse Lilys Taille und ziehe sie an mich. Ihre Lippen schmecken nach dem samtigen Rotwein, von dem ich eben auch getrunken habe. Ich vertiefe meinen

Kuss, um mehr von dem Geschmack zu bekommen. Mehr von ihr.

»Das ist seltsam«, sagt sie an meinem Mund, bevor sie sich von mir löst.

Ich weiß nicht, was sie damit meint. Hoffentlich nicht uns. *Seltsam* ist jedenfalls das letzte Wort, das ich benutzen würde, um das hier zu beschreiben. »Was ist seltsam?«

»Dich hier bei mir zu haben. Ohne dass nebenan mein Kind schläft. Ich bin es nicht mehr gewohnt, Zeit für mich zu haben oder … Männerbesuch.« Sie nimmt noch einen Schluck von ihrem Wein, stellt das Glas auf die Theke und geht in Richtung ihres Schlafzimmers. »Komm«, sagt sie und wirft mir über die Schulter ein Lächeln zu. »Lass uns die Gelegenheit nutzen.«

Das muss sie mir nicht zweimal sagen.

22.

LILY

Bis jetzt habe ich meine Zweifel und Unsicherheiten gut wegschieben können, aber als ich ins Schlafzimmer vorgehe, drängen sie ungefiltert an die Oberfläche. Es ist einfach schon so lange her, seit ich das letzte Mal Sex hatte. Anderthalb Jahre. Und außerdem habe ich in der Zwischenzeit auch noch ein Kind zur Welt gebracht. Dabei habe ich doch schon mal mit Atlas geschlafen … aber da war ich sechzehn. All das wirbelt in meinem Kopf herum und wächst sich zu einem Gedankentornado aus.

Als Atlas kurz darauf in der Tür erscheint, stehe ich einfach nur da und weiß nicht, wohin mit meinen Händen. Er schaut mich fragend an. Wahrscheinlich erwartet er, dass ich den nächsten Schritt mache; ich habe ihn schließlich in mein Schlafzimmer eingeladen. »Ich hab das Gefühl, überhaupt nicht mehr zu wissen, wie das geht«, sage ich hilflos. »Ist schon eine Weile her …«

Atlas lacht leise und kommt ins Zimmer. Seine Bewegungen haben so eine natürliche Lässigkeit und Sexyness. Eigentlich ist alles, was er tut, lässig und sexy. Zum Beispiel wie er jetzt sein Jackett von den Schultern gleiten lässt. *Sehr sexy.* Er wirft es auf meine Kommode und zieht danach die Schuhe aus. *Gott. Sogar das sieht bei ihm sexy aus.* Dann setzt er sich aufs Bett und lehnt sich zurück.

»Wir können auch einfach nur ein bisschen reden«, sagt er und überkreuzt die Füße. *Lässig. Sexy.*

Mein Kleid ist blöderweise so eng, dass ich mich nicht genauso lässig neben ihn legen kann. Ganz zu schweigen von den Verrenkungen, die ich anstellen müsste, um es auszuziehen, falls wir doch nicht bloß *reden* wollen. »Gute Idee. Aber vielleicht ziehe ich mir vorher schnell noch was Bequemeres an.« Ich gehe in die kleine Kammer, die ich als begehbaren Kleiderschrank nutze, und mache die Tür hinter mir zu.

Als ich auf den Lichtschalter drücke, passiert … nichts. Die Birne ist kaputt. *Auch das noch.* Es ist stockdunkel hier drin, und ich brauche eine halbe Ewigkeit, bis ich es endlich geschafft habe, den Reißverschluss in meinem Rücken aufzuziehen. Dann verheddern sich auch noch meine Haare darin, als ich mir das Kleid über den Kopf streifen will. Leise fluchend versuche ich, mich irgendwie zu befreien, was vor einem Spiegel mit Sicherheit einfacher wäre. Dazu müsste ich rausgehen, aber dort liegt Atlas auf meinem Bett – lässig und sexy –, und ich will nicht, dass er mich so sieht. So *un*lässig und *un*sexy. Ein paar quälende Minuten vergehen, in denen ich buchstäblich keinen Millimeter weiterkomme. Irgendwann klopft es an der Tür.

»Alles okay bei dir?«

»Nein. Ich hänge fest.«

»Darf ich die Tür aufmachen?«

Ich stöhne unterdrückt. Das nennt man wohl Karma, dass jetzt ich diejenige bin, die hier in einem Schrank steht, in BH und Slip und einem halb über den Kopf gezogenen Kleid. »Okay. Aber mach dich auf einen ziemlich bescheuerten Anblick gefasst.«

Ich höre Atlas draußen lachen. Er macht die Tür auf, sieht, was los ist, und drückt auf den Lichtschalter. Natürlich ohne Erfolg.

»Die Birne ist kaputt«, seufze ich.

»Was kann ich tun?«

»Meine Haare haben sich im Reißverschluss verfangen.«

Atlas schaltet seine Handy-Taschenlampe an, um sich das Problem genauer anschauen zu können. Er überlegt einen Moment, beginnt dann behutsam, meine Haare aus den kleinen Metallzähnen zu lösen, und zieht mir das Kleid kurz darauf komplett über den Kopf.

»Tausend Dank.« Ich richte mich erleichtert auf und streiche mir die zerzausten Strähnen aus dem Gesicht. »Erst schlafe ich bei unserem Date ein und jetzt noch diese Slapstick-Nummer hier ...«

Ich kann nicht sagen, wer von uns den ersten Schritt gemacht hat, aber plötzlich küssen wir uns. Atlas umfasst mit der einen Hand meinen Hinterkopf und legt mir die andere unten auf den Rücken, seine Finger streifen dabei den Saum meines Slips. Ich schlinge die Arme um seinen Nacken und ziehe ihn so ungestüm an mich, dass wir gegen die Kleiderstange stolpern. Ohne unseren Kuss zu unterbrechen, fängt er mich auf, und ich spüre, wie er lächelt. »Schränke sind irgendwie dein Ding, kann das sein?«, murmelt er an meinem Mund, bevor wir uns weiter atemlos küssen.

Alles ist ganz genau so wie damals, als wir uns heimlich in meinem Zimmer geküsst haben. Unsere Lust aufeinander, der Nervenkitzel, die Erregung des Neuen oder in unserem Fall des Altvertrauten, das wir schon so lange nicht mehr gefühlt haben.

Ich habe es immer total geliebt, mit Atlas Zeit im Bett zu verbringen. Ganz egal, ob wir uns geküsst oder geredet oder andere Dinge gemacht haben – es gab für mich nichts Schöneres, als neben ihm zu liegen. Jetzt haucht er zarte Küsse meine Kehle hinab, und ich flüstere: »Bringst du mich ins Bett?«

Ohne zu zögern, hebt er mich hoch und trägt mich quer

durchs Zimmer. Beim Bett angekommen, lässt er mich aufs Laken gleiten und kniet sich über mich.

Als ich so zu ihm aufschaue, wird mein Verlangen, ihn noch viel näher zu spüren, beinahe unerträglich. Aber Atlas nimmt sich alle Zeit der Welt, als wäre es für ihn schon Privileg genug, mich einfach nur mit den Lippen zu liebkosen.

Es ist mir ein Rätsel, wo er diese Geduld hernimmt. Ich habe sie nämlich nicht. Kein bisschen. Ich will, dass er sich die Klamotten vom Leib reißt und sich auf mich stürzt, als wäre das hier die einzige Gelegenheit, die er in seinem ganzen Leben jemals bekommen wird.

Vielleicht will er das ja auch, aber wir wissen beide, dass das hier erst der Anfang ist. Atlas lässt es langsam angehen – *ganz* langsam –, weil ich ihn darum gebeten habe. Würde ich ihn bitten, das Tempo zu erhöhen, würde er mir diesen Wunsch garantiert auch erfüllen.

Atlas ist nämlich einer von den Guten.

Trotzdem kommt irgendwann der Punkt, an dem wir eine Entscheidung treffen müssen. Ich habe ein Kondom in der Nachttischschublade, und Atlas hat wahrscheinlich nicht mehr viel Zeit, bevor er wieder zu Josh und Theo nach Hause muss. Aber als wir uns kurz ansehen und stumm verständigen, schüttelt er den Kopf, rollt von mir herunter und lässt sich auf den Rücken fallen. Wir sind beide außer Atem und vollkommen überwältigt.

Atlas ist immer noch komplett angezogen, ich bin nach wie vor in BH und Slip. Weiter sind wir nicht gekommen.

»Sosehr ich es auch will«, sagt er, »ich möchte danach nicht gleich wieder wegmüssen.« Er dreht sich auf die Seite, stützt sich auf den Ellbogen und legt mir eine Hand auf den Bauch. Sein Blick ist voller Verlangen, und ich rechne fast damit, dass er gleich »Ach, was soll's« stöhnt und mich an sich reißt.

Seufzend schließe ich die Augen. »Manchmal hasse ich es, vernünftig zu sein.«

Atlas lacht und rutscht noch näher an mich heran. »Na ja, ich muss ja nicht *jetzt sofort* gehen.« Er küsst mich zart auf die Mundwinkel und schiebt gleichzeitig den Zeigefinger unter den Bund meines Höschens. Dann sieht er mich fragend an.

Ich hebe ganz leicht die Hüften in der Hoffnung, dass ihm das als Antwort genügt.

Schon jetzt steht jede Faser meines Körpers in Flammen, und als er noch zwei weitere Finger in meinen Slip gleiten lässt, bin ich endgültig verloren. Ich stoße meinen angehaltenen Atem aus, verkralle mich im Laken und wölbe mich seiner Hand entgegen.

Atlas beugt sich über mich, bis unsere Lippen nur noch wenige Millimeter voneinander entfernt sind. Er hält meinen Blick fest, während er seine Finger tanzen lässt, und deutet die Bewegungen meines Beckens und mein Seufzen genau richtig, um mich dahin zu bringen, wohin alles in mir strebt.

Es dauert nicht lange, bis mich ein köstliches Zittern erfasst. Ich ziehe seinen Kopf zu mir herab und presse meine Lippen auf seine, während er mich zum Höhepunkt streichelt.

Als ich glücklich und erschöpft ins Kissen zurückfalle, zieht Atlas seine Hand aus meinem Slip, lässt sie aber über dem Stoff liegen, während ich mit geschlossenen Augen nach Atem ringe.

Ich will ihn gern genauso glücklich machen, muss mich aber noch einen Augenblick erholen.

»Sag mal, Lily?« Atlas küsst mich sanft. »Kann es sein, dass du, ähm …« Als er nicht weiterredet, öffne ich die Augen und sehe ihn fragend an. Er lässt seinen Blick erst an mir herabwandern und dann zu seinem weißen Hemd, auf dem ein großer feuchter Fleck prangt.

Das ist jetzt nicht wahr, oder?

Doch.

Als ich auf meinen BH schaue, sehe ich, dass er völlig durchnässt ist. *Oh Gott!* Das habe ich komplett vergessen. Ich hätte schon längst Milch abpumpen müssen.

Aber Atlas reagiert ganz Atlas-like – mit natürlicher Lässigkeit. »Willst du dich vielleicht kurz waschen und was anderes anziehen?«, fragt er lächelnd.

Ich ziehe mir die Bettdecke bis zum Kinn und könnte heulen. Wie oft muss ich mich denn noch bis auf die Knochen blamieren, wenn ich mit ihm zusammen bin? »Fährst du jetzt nach Hause?«

»Was? Nein, natürlich nicht. Ich setze mich nur kurz rüber, damit du einen Moment deine Ruhe hast.« Er gibt mir einen liebevollen Kuss, als fände er es kein bisschen seltsam, auf diese Art daran erinnert worden zu sein, dass die Frau, mit der er gerade heftig rumgemacht hat, ein Baby stillt, das nicht seins ist. Und falls doch, lässt er sich nicht das Geringste anmerken.

Ich pumpe die Milch ab, dusche schnell und ziehe mir ein XXL-Shirt und meine Pyjama-Shorts an, bevor ich ins Wohnzimmer rübergehe.

Atlas sitzt entspannt auf der Couch und scrollt in seinem Handy. Als ich reinkomme, schaut er lächelnd auf. Ich setze mich neben ihn und würde am liebsten immer noch im Erdboden versinken. »Das tut mir wirklich so leid. Bitte entschuldige.«

»Dafür musst du dich doch nicht entschuldigen, Lily. Das ist etwas ganz Natürliches«, sagt er und greift nach meiner Hand. »Komm her.« Er zieht mich rittlings auf seinen Schoß, umfasst meine Taille und sieht mich mit einem glücklichen Funkeln im Blick an. »Das war ein in jeder Beziehung absolut perfekter Abend.«

»Hallo? Ich habe dein Hemd mit *Muttermilch* getränkt.« Ich verdrehe die Augen, muss dann aber selbst lachen, weil es so absurd ist.

»Na und?« Er legt einen Zeigefinger unter mein Kinn und zieht mein Gesicht näher an seins. »Ich schwöre dir, Lily, dass ich nur in Erinnerung behalten werde, wie leidenschaftlich wir uns geküsst haben.« Er fängt wieder an, mich zu küssen, was vielleicht ein Fehler ist, weil wir nicht mehr damit aufhören können und Atlas es heute Nacht nicht mehr nach Hause schafft, wenn wir so weitermachen. Außerdem sollte ich einen BH mit Stilleinlage anziehen, sonst ist mein T-Shirt – das ich mir in der Annahme, dass wir uns gleich verabschieden, schnell übergestreift habe – gleich auch wieder durchnässt.

Ich spüre, dass Atlas schon wieder hart wird, umfasse sein Gesicht mit beiden Händen und lasse mein Becken kreisen, während wir uns küssen. Atlas' Stöhnen erregt mich noch mehr.

Als er unter meinem Shirt meinen Rücken hinaufstreicht und merkt, dass ich keinen BH anhabe, hält er kurz inne und lehnt sich ein Stück zurück. Sein Blick ist so voller Verlangen, dass sich alles in mir vor Lust zusammenzieht. Er lässt die Hände zu meinen Brüsten wandern, und als er sie umfasst, ist es, als würde ein Schalter umgelegt und purer Strom fließen – durch uns beide.

Unsere Zungen locken sich, während ich gleichzeitig mit fieberhaften Bewegungen sein Hemd aufknöpfe. Schwer atmend befreien wir uns von unseren Sachen, bis wir endlich beide nackt sind, und lösen uns nur so lange voneinander, bis Atlas ein Kondom aus seinem Geldbeutel genommen und übergestreift hat. Wir machen uns nicht die Mühe, ins Schlafzimmer zurückzugehen. Atlas presst seine Lippen wieder auf meine, ich senke mich auf ihn herab, und wie bei unserem allerersten Mal ist es, als würde jede Zelle in mir vor Liebe bersten. Ich glaube nicht, dass ich schon jemals so von Glück erfüllt war wie in dem Moment, in dem ich ihn in mir spüre.

Atlas seufzt an meinem Hals, und ich bin mir ziemlich sicher, dass er genau dasselbe empfindet wie ich. Er fängt an, sich langsam zu bewegen und mich dabei sanft mit seiner Zunge zu erkunden, aber nach ein paar Minuten werden seine Bewegungen schneller, und schon bald sind unsere Körper schweißgebadet, und ich verliere mich so vollständig in diesem Augenblick, dass nichts anderes mehr eine Rolle spielt, außer dass Atlas und ich endlich wieder zusammen sind. Alles fühlt sich exakt so an, wie es sich anfühlen soll.

Ich bin endlich da angekommen, wo ich immer sein wollte, in den Armen von Atlas Corrigan.

23.

ATLAS

Ich sollte jetzt definitiv dringend nach Hause, aber die letzten Stunden, die ich mit Lily verbracht habe, machen es unendlich schwer, dieses Bett zu verlassen. Zuerst ist es auf der Couch passiert, dann noch mal unter der Dusche. Jetzt sind wir so wohlig müde, dass wir nur noch reden können.

Lily liegt auf dem Bauch, den Kopf seitlich auf den Unterarmen, und sieht mich an, während ich ihr von dem Termin mit dem Anwalt erzähle, bei dem ich gestern war. »Er hat gesagt, dass es richtig war, ihn ins Krankenhaus zu bringen. Die Ärzte sind in solchen Fällen dazu verpflichtet, das Jugendamt einzuschalten. Ich weiß nur nicht, wie ich das finden soll. Damit liegt die Verantwortung jetzt bei den Behörden, und was ist, wenn sie zu dem Schluss kommen, dass ich als Erziehungsberechtigter nicht geeignet bin?«

»Warum sollten sie das denken?«

»Ich arbeite wahnsinnig viel. Ich bin nicht verheiratet. Josh wird oft allein sein. Und ich habe noch nie ein Kind großgezogen. Vielleicht finden sie, dass Tim die bessere Option wäre, weil er sein biologischer Vater ist. Sie könnten Josh sogar wieder zu unserer Mutter schicken. Womöglich reicht das, was sie getan hat, gar nicht, um ihr das Sorgerecht zu entziehen.«

Lily beugt sich zu mir rüber und haucht mir einen Kuss auf den Unterarm. »Weißt du noch, was du zu mir gesagt hast, als wir zum ersten Mal über FaceTime gesprochen haben? Dass es dir wahnsinnig leidtut, dass ich mir um Dinge Sorgen machen muss, die noch nicht mal passiert sind. Genau das möchte ich jetzt dir sagen.«

»Stimmt«, seufze ich. »Das habe ich zu dir gesagt. Aber ich hab auch gesagt, dass ich dich verstehe.«

Sie schmiegt sich an mich und legt ein Bein über meinen Oberschenkel. »Alles wird gut, Atlas. Du bist das Beste, was ihm passieren kann, und niemand, der in diesem Fall etwas zu entscheiden hat, wird das anders sehen. Glaub mir.«

Ich ziehe sie an mich und lege mein Kinn auf ihren Kopf. Es ist unglaublich, wie sehr unsere Körper sich seit damals verändert haben, und trotzdem passen wir immer noch genauso perfekt ineinander.

»Ich wollte dich was fragen.« Sie löst sich ein Stück von mir und sieht zu mir hoch. »Erinnerst du dich an unser erstes Mal? An das, was danach passiert ist? Nachdem mein Vater dich so zugerichtet hat.«

Es überrascht mich nicht, dass sie daran denkt. Mir ist der Gedanke heute natürlich auch schon ein paarmal durch den Kopf gegangen. Wir schlafen zum ersten Mal seit dieser Nacht wieder miteinander. Es ist klar, dass wir uns beide unweigerlich daran erinnern.

In ihrem letzten Tagebucheintrag ging es auch darum. Es war extrem schmerzhaft für mich, ihn zu lesen und zu erfahren, wie schlimm das alles für sie war. Ich wünschte, die Nacht damals hätte anders geendet.

»An das meiste kann ich mich nicht erinnern«, sage ich. »Als ich am nächsten Tag im Krankenhaus aufgewacht bin, war in meinem Kopf ein einziges Chaos. Ich wusste noch, dass dein Vater mich zusammengeschlagen hat, das schon, aber nicht, ob er auch auf dich eingeprügelt hat. Ich habe panisch nach einer Schwester geklingelt und bin in den Flur rausgehumpelt, als niemand kam. Ich war total außer mir und habe eine der Krankenschwestern immer wieder gefragt, ob mit dir alles okay ist, aber die Arme hatte überhaupt keine Ahnung, wovon ich rede.«

Lily schmiegt sich noch fester an mich.

»Nachdem sie mir mit meinem gebrochenen Fußgelenk ins Bett zurückgeholfen und es geschafft hatte, mich ein bisschen zu beruhigen, hat sie sich deinen Namen und deine Adresse von mir geben lassen. Nach ein paar Minuten kam sie mit der Nachricht zurück, dass ich bei dem Vorfall der einzige Patient war, der mit Verletzungen eingeliefert wurde. Sie wollte wissen, ob Andrew Bloom dein Vater ist. Als ich nickte und sie gebeten habe, die Polizei zu rufen, damit ich ihn anzeigen kann, hat sie mich mitfühlend angeschaut. Und dann hat sie was gesagt, was ich nie vergessen werde – ›Er hat das Recht auf seiner Seite, mein Junge. Andrew Bloom wird niemals belangt werden. Nicht mal, wenn seine Frau ihn anzeigen würde.‹«

Ich spüre, wie Lily an meiner Brust ausatmet, und drücke ihr einen Kuss ins Haar. »Und wie ging es dann weiter?«, flüstert sie.

»Ich hab ihn trotzdem angezeigt. Ich dachte, wenn ich es nicht mache, würde deine Mutter es niemals schaffen, sich aus dieser Hölle zu befreien. Aber als der Officer dann nachmittags endlich auftauchte, wollte er sich meine Aussage noch nicht mal anhören. Er war bloß gekommen, um mir klarzumachen, dass dein Vater nicht derjenige wäre, der Schwierigkeiten bekommen würde. Im Gegenteil hätte er einen Grund, mich anzuzeigen, weil ich in sein Haus eingebrochen wäre und mich an seiner Tochter ›vergriffen‹ hätte. Das hat er wortwörtlich so gesagt. Als ob unsere Beziehung etwas Strafbares gewesen wäre. Ich hatte jahrelang Schuldgefühle deswegen.«

Lily schaut entgeistert zu mir auf und legt mir eine Hand an die Wange. »Wie bitte? Wir sind nur zweieinhalb Jahre auseinander, Atlas. Du hast absolut nichts falsch gemacht.«

Es tröstet mich, dass sie das auch so sieht, ändert aber nichts daran, dass ich mich beschissen gefühlt habe, weil ich ihr Leben mit meinen Problemen belastet und sie dann auch noch allein gelassen habe. »Ich weiß nicht, ob ich mich damals überhaupt richtig hätte entscheiden können. Ich dachte, wenn ich bleibe und noch mal versuche, dich zu treffen, bringe ich dich noch mehr in Gefahr. Und wer weiß, was dein Vater gemacht hätte, wenn er mich ein zweites Mal erwischt hätte. Mit einer Vorstrafe hätte ich keine Chance gehabt, zur Army zu gehen. Ich habe es für das Beste gehalten, dich in Ruhe zu lassen und irgendwann später nach dir zu suchen. Aber ich hab mich all die Jahre gefragt, ob du je so an mich gedacht hast, wie ich an dich gedacht habe.«

»Jeden Tag«, flüstert sie. »Jeden einzelnen Tag habe ich an dich gedacht.«

Ich streichle ihr über den Rücken. Wie kann es sein, dass ich mich durch sie auf einmal so ganz fühle, obwohl ich keine Ahnung hatte, dass ich ohne sie nur ein halber Mensch gewesen bin?

Ich habe sie so sehr vermisst, und wenn es irgendwie möglich gewesen wäre, sie in mein Leben zurückzuholen, hätte ich es getan. Aber als wir uns dann wirklich nach all den Jahren wiedergetroffen haben, hatten wir uns beide ein Leben ohne den anderen aufgebaut – sie mit Ryle und ich mit meinem Restaurant –, und ich dachte, dass ich mich damit abfinden muss. Ich dachte, es wäre unser Schicksal. Ich hatte angefangen, mich daran zu gewöhnen, ohne sie zu leben. Aber jetzt, wo sie wieder da ist – wirklich in meinem Leben ist –, weiß ich nicht, ob ich mich ohne sie jemals wieder ganz fühlen könnte. Vor allem nicht nach heute Nacht.

»Lily«, flüstere ich.

Sie antwortet nicht. Ihr Arm, der auf meiner Brust liegt, ist schwer geworden, und als ich mich etwas zurücklehne, sehe ich, dass ihre Augen geschlossen sind. Ich habe Angst, sie aufzuwecken, wenn ich mich bewege, aber so langsam muss ich wirklich nach Hause. Josh und Theo sind jetzt schon ganze drei Stunden länger allein, als ich ursprünglich vorgehabt hatte, und ich habe keine Ahnung, ob man zwei Zwölfjährige überhaupt so lange unbeaufsichtigt lassen darf.

Brad hat zwar gesagt, die beiden würden auch ein paar Stunden ohne mich klarkommen, aber er erlaubt Theo noch nicht mal ein Handy. Ich kann mir nicht vorstellen, dass er es okay finden würde, wenn die Jungs die halbe Nacht allein sind, während ich bei Lily bin. Soweit ich weiß, hat er selbst Theo abends noch nie allein zu Hause gelassen.

Vielleicht sollte ich mal im Netz nachschauen, ab welchem Alter Minderjährige unbeaufsichtigt zu Hause sein dürfen.

Ich mache mir viel zu viele Gedanken. Natürlich sind die beiden okay. Wenn irgendwas gewesen wäre, hätte einer von ihnen angerufen oder eine Nachricht geschrieben. Außerdem passen Zwölfjährige sogar manchmal auf kleinere Kinder auf. Es wird alles in bester Ordnung sein, aber ich muss trotzdem nach Hause. Nicht dass Josh am Ende doch eine wilde Party bei mir schmeißt. So gut kenne ich ihn schließlich nicht.

Vorsichtig nehme ich den Arm unter Lilys Kopf weg, stehe auf, ziehe mich an, so leise ich kann, und suche dann nach Stift und Papier. Ich will sie nicht wecken, aber auch auf keinen Fall gehen, ohne ihr eine Nachricht zu hinterlassen. Erst recht nicht nach dieser Nacht.

Nachdem ich in einer Küchenschublade einen Block und einen Kuli gefunden habe, setze ich mich an den Tisch und beginne zu schreiben. Als ich fertig bin, gehe ich noch mal ins Schlafzimmer, lege meinen Brief neben sie aufs Kissen und hauche ihr einen Gutenachtkuss auf die Lippen.

24.

LILY

In meinem Kopf hämmert es.

Oder nein, nicht *in* meinem Kopf.

Schlaftrunken richte ich mich ein Stück auf und merke, dass ich Spucke am Kinn habe. Ich wische sie mit einem Zipfel des Kissens ab, setze mich ganz auf und entdecke einen zusammengefalteten Brief, den Atlas mir dagelassen haben muss. Ich will gerade danach greifen, da ertönt schon wieder das laute Hämmern, das ich jetzt als Klopfen erkenne. Jemand klopft an meine Wohnungstür. Ich werfe die Decke von mir und versuche, in meinem benebelten Gehirn Platz zu schaffen für das, was gerade los ist.

Emmy ist bei meiner Mutter.

Ich habe seit ewigen Zeiten nicht mehr so tief geschlafen wie letzte Nacht.

Jemand klopft an meine Tür.

Benommen taste ich auf dem Nachttisch nach meinem Handy und blinzle ein paarmal, um die Push-Nachrichten auf dem Display zu entziffern. Ich erschrecke, als ich gleich mehrere verpasste Anrufe von Ryle sehe. Oh Gott, ist irgendwas Schlimmes mit Emerson passiert, während ich geschlafen habe? Aber dann atme ich erleichtert auf. Vor einer halben Stunde hat meine Mutter ein Foto von Emmy geschickt, deren fröhliches Gesicht mit Frühstücksbrei verschmiert ist. Allerdings verpufft meine Erleichterung sofort, als mir klar wird, dass es dann eigentlich nur Ryle sein kann, der vor meiner Tür steht und dagegenhämmert.

»Ich komme!«, rufe ich.

Nachdem ich mir hektisch ein Shirt und eine Jeans angezogen habe, renne ich durch den Flur und öffne die Tür. Ryle läuft an mir vorbei in die Wohnung, obwohl ich ihn nicht hereingebeten habe. »Alles okay bei euch?« Er wirkt nervös, scheint gleichzeitig aber auch beruhigt, dass ich am Leben bin und nicht aussehe, als wäre irgendwas passiert.

»Ich hab noch geschlafen. Alles gut«, sage ich mit leicht gereizter Stimme, während Ryle sich nach Emmy umsieht. »Emerson hat heute bei meiner Mutter übernachtet.«

»Ach so.« Er klingt enttäuscht. »Ich hatte dich angerufen, weil ich sie heute für ein paar Stunden nehmen wollte, aber du bist nicht drangegangen, und weil du normalerweise um diese Zeit immer schon wach bist, hab ich …« Sein Blick fällt auf die Couch. Ich muss nicht hinschauen, um zu wissen, was er sieht. Dort liegen immer noch das T-Shirt und der Slip von gestern Nacht.

»Ich rufe schnell bei meiner Mutter an und sage ihr, dass du Emmy abholen kommst«, murmle ich und gehe das Handy aus dem Schlafzimmer holen. Hoffentlich stellt Ryle keine Fragen. Nach dem wunderschönen Abend mit Atlas habe ich keine Lust auf eine Szene.

Auf dem Weg zurück ins Wohnzimmer scrolle ich nach Moms Nummer. Als ich den Blick hebe, sehe ich Ryle in der offenen Küche mit einem leeren Weinglas in der Hand. Es ist das, aus dem Atlas getrunken hat. Meins steht vor ihm auf der Theke, und beide zusammen liefern einen eindeutigen Hinweis darauf, dass gestern jemand bei mir war, mit dem ich erst Wein getrunken habe und der mir danach Shirt und Slip ausgezogen hat.

Ryle stellt das Glas wieder hin und sieht mich scharf an. »Hattest du gestern noch Besuch?«

Es hätte keinen Zweck, irgendwas zu leugnen, und ich sehe auch nicht ein, warum ich das tun sollte. Schließlich bin ich eine erwachsene Frau. Und Single. *Oder … na ja, jetzt vielleicht nicht mehr, aber das tut hier nichts zur Sache.* »Wir sind geschieden, Ryle. Du hast kein Recht, mir solche Fragen zu stellen.« Okay. Wahrscheinlich hätte ich das nicht sagen sollen.

»Ach?«, sagt Ryle prompt und ist mit zwei Schritten bei mir. »Ich habe also nicht das Recht, dich zu fragen, ob jemand da war, der anscheinend die Nacht hier verbracht hat? In der Wohnung, in der meine Tochter lebt?«

Ich trete einen Schritt zurück. »Das habe ich nicht gemeint. Und ich würde selbstverständlich niemals jemanden hier zu Besuch haben, wenn Emmy da wäre, ohne das vorher mit dir abzusprechen. Deswegen ist sie ja bei meiner Mutter.«

Ryle verengt die Augen. Er sieht angewidert aus. »Bei mir darf sie nicht übernachten, aber du lädst sie woanders ab, wenn du dich ficken lassen willst?« Er lacht verächtlich. »Du bist wirklich eine ganz tolle Mutter, Lily.«

Jetzt geht er definitiv zu weit. »Das ist seit ihrer Geburt erst das zweite Mal, dass ich sie woanders habe übernachten lassen. Du kannst mir nicht ernsthaft vorwerfen, dass ich nach fast einem Jahr auch mal einen Abend für mich haben möchte. Und was ich an diesem Abend mache, ist ganz allein meine Sache.«

Ryle hat diesen leeren Blick, den ich noch so gut von früher kenne, wenn er kurz davor war, die Beherrschung zu verlieren.

Meine Wut schlägt sofort in Angst um. Als Ryle sieht, wie ich vor ihm zurückweiche, gibt er einen Laut von sich, der tief aus seiner Kehle kommt und mir einen kalten Schauer über den Rücken jagt. Im nächsten Moment dreht er sich abrupt um, stürmt aus der Wohnung und knallt die Tür hinter sich zu. Im Hausflur brüllt er laut: *»Fuck!«*

Geht es darum, dass ich mich mit einem Mann getroffen habe? Dass Emmy nicht hier ist? Oder dass ich sie bei meiner Mutter übernachten lasse, aber nicht bei ihm? Wahrscheinlich geht ihm alles gegen den Strich.

Heilfroh, dass er weg ist, atme ich ein paarmal tief durch, aber bevor ich mir überlegen kann, wie es jetzt weitergeht, reißt Ryle die Wohnungstür wieder auf und sieht mich mit ausdrucksloser Miene an. »Triffst du dich mit *ihm*?«

Mir springt das Herz in die Kehle. Er hat Atlas' Namen nicht gesagt, aber wen sollte er sonst meinen? Dass ich es nicht sofort abstreite, bestätigt seine Vermutung.

»Okay …« Er schüttelt den Kopf. »Dann lag ich also die ganze Zeit über richtig mit meinem Verdacht.«

Die letzte Viertelstunde war eine emotionale Achterbahnfahrt, aber jetzt reicht es mir endgültig. Ich gehe entschlossen zur Tür, bereit, sie ihm ins Gesicht zu schlagen, nachdem ich ihm die Meinung gesagt habe.

»Falls du ernsthaft glaubst, ich wäre dir während unserer Ehe untreu gewesen, Ryle, dann glaub das eben. Ich habe keine Kraft mehr zu versuchen, dich vom Gegenteil zu überzeugen. Ich hab es dir schon tausendmal gesagt und sage es jetzt zum allerletzten Mal. Ich hätte dich niemals wegen Atlas verlassen, und als ich dich verlassen habe, hatte das nichts mit Atlas zu tun. Ich habe dich verlassen, weil ich es nicht verdient habe, so behandelt zu werden, wie du mich behandelt hast.«

Ich trete zurück, um die Tür zu schließen, aber im selben Moment macht Ryle einen Schritt auf mich zu und versetzt mir einen Stoß. Ich stolpere rückwärts, bis ich die Wohnzimmertür im Rücken spüre. Ryle baut sich vor mir auf, in seinen Augen flackert blinde Wut, als er eine Hand um meine Kehle schließt und mich mit aller Kraft gegen die Tür drückt. Mit der anderen Hand stützt er sich neben meinem Kopf ab und beugt sich so dicht zu mir, dass ich instinktiv die Augen schließe, weil ich nicht sehen will, was gleich passieren wird.

Mich erfasst eine solche Panik, dass mir das Blut in den Ohren rauscht. Ryle ist mir jetzt so nah, dass ich seinen heißen Atem an der Wange spüre. Mein Herz hämmert gegen die Rippen, und ich bin mir sicher, dass Ryle das Pulsieren meiner Halsschlagader unter seinen Fingern spüren kann. Ich möchte schreien, verkneife mir aber jeden Laut, aus Angst, ihn damit womöglich noch wütender zu machen.

Sekunden vergehen. Dann scheint er mit einem Mal zu begreifen, was er da gerade tut … oder beinahe getan hätte.

Ich halte zwar weiter die Augen geschlossen, aber als Ryle sich vorbeugt und seine Stirn neben meinem Gesicht gegen die Tür presst, spüre ich seine Reue. Er hat die Hand immer noch an meiner Kehle, drückt aber nicht mehr zu, und gleich darauf höre ich ein unterdrücktes Schluchzen.

Dieses Schluchzen katapultiert mich in jene letzte Nacht zurück, in der er mich in die Schulter gebissen und seinen Kopf mit voller Wucht gegen meinen geknallt hat. Ich habe wieder die Entschuldigungen im Ohr, die er geflüstert hat, als ich blutend und halb bewusstlos neben ihm lag. *Es tut mir so leid. Oh Gott, Lily, bitte, es tut mir leid.*

In diesem Moment zerbricht etwas in mir. Das ist der Beweis, dass Ryle sich kein bisschen geändert hat. Sosehr ich es gehofft hatte und sosehr er es sich sicher gewünscht hat – er ist immer noch derselbe Mann, der er während unserer Ehe war. Ich hatte die winzige Hoffnung, er würde seiner Tochter zuliebe vielleicht gelernt haben, seine Wut zu kontrollieren. Aber was eben passiert ist, bestätigt endgültig, dass die Entscheidung, die ich bei Emmys Geburt für sie getroffen habe, die richtige war.

Ryle schlingt die Arme um mich und klammert sich so verzweifelt an mir fest, als könnte ich ihm helfen. Und es gab ja tatsächlich einmal eine Zeit, in der ich dachte, ich könnte es. Aber er ist emotional einfach zu kaputt. Nicht meinetwegen, er war es schon, bevor wir uns kennengelernt haben. Manche Menschen denken, sie könnten jemanden heilen, wenn sie ihn nur genug lieben. Das Problem ist, dass sie dabei selbst langsam, aber sicher kaputtgehen.

Ich kann mich aber nicht weiter kaputtmachen lassen. Ich habe eine Tochter, für die ich gesund und stark bleiben muss.

Und deswegen stemme ich jetzt beide Hände gegen Ryles Brustkorb und schiebe ihn sanft, aber sehr entschlossen in den Hausflur zurück. Danach mache ich die Tür zu, schließe ab und rufe meine Mutter an, um ihr zu sagen, dass sie Emmy ins Auto setzen und sich mit mir im Park treffen soll. Ich möchte unbedingt vermeiden, dass die beiden zu Hause sind, falls Ryle auf die Idee kommt, Emmy zu holen.

Anschließend gehe ich ins Bad, um mich fertig zu machen. Ich verbiete mir, über das nachzudenken, was ich gerade erlebt habe, damit ich nicht heulend zusammenbreche. Dafür habe ich jetzt keine Zeit. Ich muss mich anziehen und zum Park fahren, um für meine Tochter da zu sein.

Bevor ich aus dem Haus gehe, beuge ich mich übers Bett, greife nach dem Brief, den Atlas mir dagelassen hat, und stecke ihn in meine Tasche. Gut möglich, dass seine Worte der einzige Sonnenstrahl an diesem Tag sein werden.

Meine Ahnung bestätigt sich. Kaum bin ich auf den Parkplatz gebogen, höre ich in der Ferne ein Donnergrollen. Am Himmel braut sich ein Gewitter zusammen, das in unsere Richtung zieht. *Na, das passt ja.*

Noch regnet es nicht. Im Wagen sitzend, suche ich den Spielplatz nach meiner Mutter und Emmy ab. Sie setzt Emmy gerade auf eine kleine Babyrutsche, hat mich aber noch nicht entdeckt, weshalb ich erst mal den Brief aus meiner Tasche ziehe. Ich bin immer noch völlig aufgewühlt von der Begegnung mit Ryle eben und möchte jetzt gern etwas Schönes lesen, damit ich meine Tochter gleich mit einem Lächeln in die Arme schließen kann.

Liebe Lily,
es tut mir leid, dass ich gegangen bin, ohne mich zu verabschieden, aber du warst plötzlich eingeschlafen. Was ich überhaupt nicht schlimm finde, ich mag es, dir beim Schlafen zuzusehen. Sogar wenn du während eines Dates auf dem Beifahrersitz schläfst.

Ich habe dir schon früher manchmal beim Schlafen zugesehen. Da ist immer so eine stille Furcht in dir gewesen, aber wenn du geschlafen hast, hast du ganz friedlich gewirkt, und dich so zu sehen, hat mich jedes Mal total froh gemacht.

Ich finde keine Worte, um dir zu sagen, wie viel mir die Nacht heute bedeutet. Aber ich glaube, das muss ich gar nicht. Du bist dabei gewesen. Du hast dasselbe gefühlt.

Ich habe dir von den Schuldgefühlen erzählt, die ich wegen dem verspürt habe, was zwischen uns passiert war, aber du musst wissen, dass ich meine Liebe für dich damals nie bereut habe. Wenn es überhaupt irgendetwas gibt, das ich bereue, dann die Tatsache, dass ich nicht härter um dich gekämpft habe. Ich glaube, das ist der eigentliche Grund für meine Schuldgefühle – zu wissen, dass du niemals mit einem gewalttätigen Mann, wie es dein Vater gegenüber deiner Mutter war, zusammengekommen wärst, wenn ich nicht gegangen wäre.

Trotzdem sind wir jetzt da, wo wir sind. Ich weiß endlich, dass ich es immer wert gewesen bin, von dir geliebt zu werden. Ich würde sonst was dafür gegeben, früher an diesem Punkt gewesen zu sein, weil es so viele Dinge in deinem Leben gibt, von denen ich mir wünsche, du hättest sie nicht durchmachen müssen oder ich hätte sie verhindern können. Aber auf jedem anderen Lebensweg hättest du Emerson nicht bekommen, deswegen bin ich dankbar, dass wir jetzt genau hier in unserem Leben gelandet sind.

Ich liebe es, wie du aussiehst, wenn du von ihr erzählst, und kann es kaum erwarten, sie kennenzulernen. Aber alles zu seiner Zeit, genau wie die ganzen anderen Dinge, auf die ich mich freue. Wir machen exakt in dem Tempo weiter, das gut für dich ist. Egal, ob ich jeden Tag von dir höre oder dich einmal im Monat sehe – alles ist besser als die Jahre, in denen ich nicht wusste, wie es dir geht.

Es macht mich glücklich, dass du glücklich bist. Mehr habe ich mir nie für dich gewünscht.

Aber ich muss zugeben, fast noch schöner ist das Wissen, dass ich derjenige bin, mit dem du jetzt glücklich bist.

In Liebe,
Atlas

Es klopft laut ans Seitenfenster, und ich zucke so zusammen, dass ich den Brief fast zerreiße. Als ich aufschaue, steht meine Mutter mit Emmy im Arm neben dem Wagen. Emmy strahlt mich so sehr an, dass ich gar nicht anders kann, als auch zu strahlen.

Okay, wegen Emmy *und* wegen dem Brief, den ich gerade gelesen habe.

Ich falte ihn zusammen und stecke ihn gerade wieder in meine Tasche, als Mom die Wagentür öffnet und sich zu mir beugt. »Alles in Ordnung?«

»Alles gut«, behaupte ich und strecke die Arme nach Emmy aus, aber meine Mutter wirkt nicht überzeugt.

»Du hast irgendwie verängstigt geklungen, als du gesagt hast, dass wir uns im Park treffen sollen.«

»Es ist wirklich nichts«, versuche ich abzuwiegeln. »Ich

wollte bloß nicht, dass Ryle sie bei dir abholt. Er ist heute nicht gerade bester Laune und hat mitbekommen, dass sie bei dir ist und …«

Ich hole tief Luft, steige aus und gehe zur Schaukel rüber. Mit Emmy im Schoß setze ich mich auf das Brett und starre einen Moment ins Leere. Dann stoße ich mich vom Boden ab und schwinge ein bisschen hin und her.

Meine Mutter setzt sich auf die Schaukel neben mir. »Bitte erzähl mir, was passiert ist«, sagt sie besorgt.

Natürlich weiß ich, dass Emerson noch viel zu klein ist, um irgendetwas zu verstehen, aber mir ist trotzdem nicht wohl dabei, vor ihr über ihren Vater zu sprechen. Ich bin davon überzeugt, dass Babys die Schwingungen dessen mitbekommen, was man sagt, also versuche ich, die Situation möglichst neutral zu schildern.

»Ich bin mit jemandem … zusammen?« Keine Ahnung, warum ich es wie eine Frage klingen lasse. Vielleicht, weil wir es noch nicht offiziell gemacht haben. Andererseits habe ich nicht das Gefühl, dass Atlas und ich dem, was zwischen uns ist, irgendein Etikett verpassen müssen, um zu wissen, was es ist.

»Mit wem?«

Ich schüttle den Kopf. Ich möchte Mom nicht sagen, dass es Atlas ist, obwohl sie höchstwahrscheinlich sowieso nicht wüsste, von wem ich spreche. Damals in Plethora hat sie ihn nur zweimal flüchtig gesehen und wir haben nie über ihn gesprochen. Außerdem hat sie bestimmt jede Erinnerung an ihn verdrängt. Immerhin hat ihr Ehemann ihn damals krankenhausreif geprügelt.

Wahrscheinlich kommt irgendwann sowieso der Tag, an dem ich ihr Atlas vorstelle, und mir wäre lieber, sie wüsste nicht, dass er uns von früher kennt. Dann würde sie sich schämen und das möchte ich nicht.

»Es ist noch ganz frisch …«, seufze ich und hole mit der Schaukel noch mal neuen Schwung. »Aber Ryle hat es rausgefunden und ist nicht glücklich darüber.«

Meine Mutter verzieht das Gesicht, weil sie sich vermutlich sehr genau vorstellen kann, was *nicht glücklich* bedeutet.

»Vorhin ist er unangekündigt bei mir vorbeigekommen und seine Reaktion hat mir wirklich Angst gemacht. Ich habe Panik bekommen und hatte plötzlich den Gedanken, dass er womöglich zu dir fährt, um sie abzuholen, deswegen wollte ich nicht, dass du zu Hause bist.«

»Was hat er getan?«

Ich schüttle wieder den Kopf. »Er hat sich mal wieder von der Seite gezeigt, die ich jetzt lange nicht mehr an ihm gesehen habe. Er hat mich nicht geschlagen, trotzdem war es heftig und hat mich ziemlich aufgewühlt, aber jetzt geht es wieder.« Als ich Emmy einen Kuss in die Haare drücke, bemerke ich, dass mir eine Träne über die Wange rollt, und wische sie schnell weg. »Ich weiß nur nicht, wie ich mich jetzt verhalten soll. So absurd das wahrscheinlich klingt … Ich wünsche mir fast, es wäre etwas Schlimmeres passiert, weil ich Ryle diesmal auf jeden Fall anzeigen würde. Aber gleichzeitig fühle ich mich wie eine schreckliche Mutter, weil … Er ist doch Emmys Vater.«

»Ach, Lily.« Meine Mutter neigt sich zu mir und greift nach meiner Hand, wodurch sie meine Schaukel verlangsamt. Ich ramme die Füße in den Sandboden und drehe mich zu ihr. »Völlig egal, was du seinetwegen beschließt – du bist keine schreckliche Mutter. Ganz im Gegenteil.« Sie lässt meine Hand los und schaut Emmy liebevoll an. »Ich bewundere dich dafür, dass du deiner Tochter zuliebe solche Stärke bewiesen hast. Manchmal macht es mich traurig, dass ich diese Stärke für dich damals nicht aufgebracht habe.«

Ich schüttle den Kopf. »Du kannst die Umstände nicht miteinander vergleichen, Mom. Ich hatte total viel Unterstützung von Menschen, die mir die Kraft gegeben haben, das alles hinzubekommen. Du hattest niemanden.«

Sie lächelt, dankbar und zugleich ein bisschen traurig. Dann lehnt sie sich in der Schaukel zurück und holt neuen Schwung. »Wer auch immer dein Neuer ist, er kann sich glücklich schätzen.« Sie sieht zu mir rüber. »Wer ist er?«

Ich lache. »Vergiss es. Ich rede nicht mit dir über ihn, bevor es was Festes ist.«

»Ist es doch schon«, sagt sie. »Das sehe ich an deinem Lächeln.«

Wir schauen beide zum Himmel, als die ersten Regentropfen fallen. Ich beuge mich schützend über Emerson und wir laufen zum Parkplatz zurück. Mom gibt Emmy einen Kuss, bevor ich sie in den Kindersitz setze. »Ich hab dich lieb. Deine Gamma liebt dich sehr, Emmy.«

»Gamma?«, frage ich. »War es letzte Woche nicht Nannie?«

»Ich bin noch in der Findungsphase.« Meine Mutter küsst mich auf die Wange und läuft zu ihrem Auto.

Kaum habe ich mich hinters Steuer gesetzt, bricht die Hölle los. Dicke Regentropfen trommeln auf die Windschutzscheibe, das Autodach und den Asphalt. Es klingt, als würden Eicheln auf den Wagen prasseln.

Bevor ich den Motor starte, bleibe ich noch einen Moment sitzen und überlege, wo ich überhaupt hinfahren soll. Nach Hause will ich nicht, weil es durchaus sein könnte, dass Ryle noch mal auftaucht. Zu Allysa kann ich nicht, weil mir das Risiko zu groß ist, ihm dort über den Weg zu laufen.

Da wir uns auf dem Papier das Sorgerecht teilen, darf er sie jederzeit sehen, aber nachdem ich heute mitbekommen habe, wie ihm die Sicherungen durchgebrannt sind, werde ich ganz bestimmt nie mehr zulassen, dass meine Tochter mit ihm allein ist.

Als ich in den Rückspiegel blicke, sehe ich Emmy, die verträumt in den Regen hinausschaut und nichts von all den Problemen ahnt. Ich bin für dieses kleine Mädchen verantwortlich, sie ist komplett abhängig von mir und vertraut mir bedingungslos. Und so zufrieden, wie sie da hinten sitzt, scheint sie fest daran zu glauben, dass ich alles im Griff habe.

Ich empfinde das zwar nicht so, aber es reicht mir, dass sie daran glaubt. »Also? Wo wollen wir heute hin, Emmy?«

25.

ATLAS

»Wann bist du gestern nach Hause gekommen?«, fragt Josh, der in unterschiedlichen Socken in die Küche geschlurft kommt. Der rechte gehört zu einem Paar, das ich ihm gekauft habe, der linke zu einem von mir. Theo und Josh haben schon geschlafen, als ich nach Hause kam, aber ich bin trotzdem drei Stunden vor ihnen aufgestanden. Vor ungefähr zwanzig Minuten ist Brad da gewesen und hat Theo abgeholt.

»Sei nicht so neugierig«, sage ich, bevor ich versuche, ein strenges Gesicht aufzusetzen, und auf den Tisch zeige, wo seine Hausaufgaben liegen. Er hatte gestern versprochen, sie zu erledigen, wenn Theo hier übernachten darf, aber ich habe das Gefühl, ihm sind ein paar Videospiele und Mangas in die Quere gekommen. »Du hast deine Hausaufgaben noch nicht gemacht?«

Josh schaut zu dem Stapel mit Arbeitsblättern und dann wieder zu mir. »Stimmt.«

»Dann setz dich jetzt dran«, sage ich mit fester Stimme, obwohl ich total unsicher bin, wie man sich in so einer Situation verhält. Ich habe bis jetzt noch nie einem Kind sagen müssen, dass es Hausaufgaben machen soll. Ich weiß noch nicht mal, mit was für Konsequenzen ich drohen sollte, falls er seine Hausaufgaben *nicht* macht. Ich komme mir wie ein Schauspieler vor, der sich nicht genügend auf seine Rolle vorbereitet hat. Stimmt irgendwie ja auch.

»Es ist gar nicht so, dass ich mich davor drücken will«, sagt Josh und lässt sich auf einen Stuhl fallen. »Ich weiß bloß nicht, wie ich die Aufgabe lösen soll.«

»Ist sie zu schwer? Um welches Fach geht es denn? Mathe?«

»Nein, die Matheaufgaben hab ich gemacht. Mathe ist easy. Es geht um diesen blöden Scheiß, den ich für den Computerkurs machen soll.«

»Es geht um den blöden *Mist*«, korrigiere ich ihn. Oder fällt »Mist« in dieselbe Kategorie wie »Scheiß«? »Okay, zeig mal her.« Ich setze mich neben ihn und er schiebt mir das Arbeitsblatt hin.

Das Thema ist »Ahnenforschung« und setzt sich aus fünf Teilaufgaben zusammen. Die erste besteht darin, einen Familienstammbaum zu erstellen, und wäre schon letzten Freitag fällig gewesen. Im zweiten Teil soll mithilfe einer speziellen Webseite Ahnenforschung betrieben werden, wofür die Schüler bis kommenden Freitag Zeit haben.

»Wir sollen im Netz nach Verwandten suchen. Dabei weiß ich noch nicht mal, wie die heißen oder ob wir überhaupt welche haben. Du?«

Ich schüttle den Kopf. »Nein. Suttons Vater hab ich nur ein einziges Mal gesehen. Er ist gestorben, als ich noch ziemlich klein war. Ich weiß gar nicht mehr, wie er hieß.«

»Was ist mit den Eltern von meinem Dad?«, fragt Josh.

»Dasselbe. Keine Ahnung.«

Er zieht das Arbeitsblatt wieder zu sich. »Die sollten Schülern keine solchen Aufgaben mehr stellen. So was wie eine *normale* Familie gibt es heute doch praktisch gar nicht mehr.«

»Du hast recht.« Von der Küchentheke, wo mein Handy liegt, dringt ein *Pling* zu uns, und ich stehe auf, um es zu holen.

»Hast du eigentlich schon angefangen, meinen Dad zu suchen?«, fragt Josh.

Habe ich tatsächlich, aber Tim hat nicht auf die Nachricht reagiert, die ich ihm auf die Mailbox gesprochen habe. Ich habe Josh nur deshalb nichts davon erzählt, weil ich weiß, dass er total enttäuscht darüber wäre. »Ich bin noch nicht wirklich dazu gekommen, sorry«, antworte ich und greife nach meinem Handy. »Willst du es denn immer noch?«

Josh nickt. »Vielleicht freut er sich ja, wenn er was von mir hört. Sutton hat bestimmt alles getan, was sie konnte, damit wir keinen Kontakt haben.«

Das versetzt mir einen kleinen Stich. Insgeheim hatte ich gehofft, Josh würde sich bei mir so wohlfühlen, dass er gar kein Bedürfnis mehr hätte, seinen Vater zu finden. Aber ich hätte es besser wissen müssen. Der Junge ist zwölf. Natürlich sehnt er sich nach einem Vater.

»Ich hab dir versprochen, dir bei der Suche nach ihm zu helfen, und das werde ich auch«, sage ich und zeige dann auf das Arbeitsblatt. »Mach du in der Zwischenzeit zumindest die anderen Teilaufgaben. Du kriegst sicher keine schlechte Note, weil du deine Großeltern nicht kennst, wenn der Lehrer sieht, dass du dich trotzdem angestrengt hast.«

Josh macht sich an die Arbeit, und ich kann endlich schauen, wer mir geschrieben hat. Die Nachricht ist von Lily.

Kann ich dich anrufen?

Eigentlich sollte sie wissen, dass sie mich *immer* anrufen kann. Ich gehe in mein Zimmer und scrolle zu ihrer Nummer, ohne ihr vorher zurückzuschreiben. Sie meldet sich beim ersten Klingeln.

»Hey.«

»Hey.«

»Was machst du gerade?«

»Ich helfe Josh bei seinen Hausaufgaben … und versuche, mir

nicht anmerken zu lassen, dass ich die ganze Zeit an dich denke.« Als sie darauf nichts erwidert, spüre ich sofort, dass etwas nicht stimmt. »Alles okay bei dir?«

»Ja, ich … ich will nur nicht nach Hause. Kann ich vielleicht zu euch kommen?«

»Natürlich. Ist Emmy noch bei deiner Mom?«

Sie seufzt. »Nein. Sie ist bei mir. Ich erkläre dir alles, wenn ich da bin.«

Okay, wenn sie mit Emerson zu mir kommt, stimmt definitiv irgendwas nicht. Ihr ist es die ganze Zeit total wichtig gewesen, dass Ryle über uns Bescheid weiß, bevor sie Emerson und mich zusammenbringt. »Alles klar. Ich schick dir eine Standort-Nachricht mit meiner Adresse.«

»Danke. Dann bis gleich.« Sie legt auf und ich lasse mich rücklings auf mein Bett fallen. Was zum Teufel kann in dem Zeitraum, in dem ich ihr Apartment verlassen habe, und diesem Anruf passiert sein?

Hat sie meinen Brief gefunden? Habe ich darin irgendwas geschrieben, das missverständlich sein könnte?

Will sie mir sagen, dass wir uns nicht mehr sehen können?

Das alles spukt mir durch den Kopf, während ich auf sie warte, aber der schlimmste Gedanke – der, den ich eigentlich gar nicht zulassen will – ist: *Hat Ryle ihr etwas angetan?*

Ich habe aus dem Fenster geschaut und erwarte sie schon draußen vor dem Haus, als sie in meine Einfahrt biegt. In dem Moment, in dem ich auf ihren Wagen zugehe und sie aussteigt, weiß ich mit Sicherheit, dass irgendwas nicht stimmt. Aber ich glaube nicht, dass es etwas mit mir zu tun hat, weil sie erleichtert wirkt, mich zu sehen. Und definitiv so, als könnte sie eine Umarmung gebrauchen. »Was ist passiert?«, frage ich und ziehe sie an mich.

Sie lehnt sich ein Stück zurück, um mich anzuschauen. Ihr Blick wandert kurz zu Emmy, die auf der Rückbank im Kindersitz schläft.

Und dann lässt Lily plötzlich ihren Kopf gegen meine Brust fallen und schluchzt in mein Hemd. Ich presse meine Lippen in ihre Haare und gebe ihr Zeit, alles rauszulassen.

Es dauert nicht lang, bis sie sich wieder im Griff hat. »Tut mir leid.« Sie wischt sich über die Augen. »Das hab ich die ganze Zeit zurückgehalten, seit Ryle heute Morgen gegangen ist.«

Meine Muskeln spannen sich unwillkürlich an, als ich seinen Namen höre. Ich *wusste*, dass es etwas mit ihm zu tun hat.

»Er weiß von uns«, sagt sie.

»Was ist passiert?«, frage ich noch mal. Es kostet mich meine ganze Willenskraft, stehen zu bleiben und nicht sofort loszufahren und nach ihm zu suchen. »Hat er dich verletzt?«

»Nein. Aber er ist total ausgeflippt und ich will gerade nicht allein in der Wohnung sein. Ich weiß, ich hätte Emmy noch nicht mit zu dir bringen sollen, aber hier fühle ich mich sicherer als zu Hause, falls Ryle heute noch mal bei mir auftauchen sollte, um sie mitzunehmen. Tut mir leid. Ich will im Moment einfach nur irgendwo sein, wo er mich nicht finden kann.«

Ich hebe sanft ihr Kinn an, damit sie mich ansieht. »Ich bin froh, dass du hier bist. Dass *ihr* hier seid. Wenn du möchtest, könnt ihr den ganzen Tag hierbleiben.«

Lily atmet aus und gibt mir einen Kuss. »Danke«, murmelt sie an meinem Mund, bevor sie zu ihrem Wagen geht, um Emerson zu holen. Die Kleine wacht noch nicht mal auf, als sie sie aus dem Kindersitz hebt, sondern schläft mit schlaffen Gliedern in ihren Armen weiter. »Wir waren eine Stunde auf dem Spielplatz und sie ist total groggy.«

Ich betrachte Emerson lächelnd. Unglaublich, wie ähnlich sie Lily sieht. Sie ist ihr wirklich wie aus dem Gesicht geschnitten, und ich finde es kein bisschen schlimm, dass sie nichts von ihrem Vater hat. »Kann ich irgendwas mit reinnehmen?«

»Ihre Wickeltasche. Sie liegt auf dem Beifahrersitz.«

Ich hänge sie mir um, und wir machen uns auf den Weg ins Haus, wo Josh immer noch am Esstisch sitzt. Er schaut über die Schulter, als er mich reinkommen hört. Lily winkt ihm zu, worauf er nickt und sich schon wieder abwenden will, als er Emerson bemerkt und sich ganz in unsere Richtung dreht.

»Das ist ein Baby«, stellt er fest.

»Richtig«, sagt Lily. »Sie heißt Emerson.«

Josh schaut mich an. »Ist das *deine* Tochter?« Er deutet mit seinem Stift auf Emerson. »Ist sie *meine* Nichte?«

Lily lacht verlegen.

Vielleicht hätte ich Josh lieber mal auf ihren Besuch vorbereiten sollen. »Nein, ich bin nicht ihr Dad und du bist nicht ihr Onkel.«

Mein Bruder mustert uns noch einen Moment und zuckt dann mit den Achseln. »Okay.« Er dreht sich zum Tisch zurück und vertieft sich wieder in seine Hausaufgabe.

»Sorry«, raune ich Lily zu und stelle die Wickeltasche neben die Couch auf den Boden. »Soll ich vielleicht eine Decke für sie holen?«

Als Lily nickt, laufe ich in den Flur und nehme eine dicke Steppdecke aus dem Wandschrank. Nachdem ich sie neben der Couch auf dem Boden ausgebreitet und dann einmal in der Mitte umgeschlagen habe, damit Emerson weicher liegt, bettet Lily sie behutsam darauf. Die Kleine schlummert die ganze Zeit seelenruhig weiter.

»Der Schein trügt«, seufzt Lily. »Sie hat einen superleichten Schlaf.« Sie streift ihre Schuhe ab, lässt sich auf die Couch fallen und zieht die Beine unter sich. Ich setze mich neben sie und hoffe, dass sie schon so weit ist, mir zu erzählen, was genau passiert ist. Es macht mich total fertig, nicht zu wissen, was Ryle getan hat.

Ich will Josh nicht in Verlegenheit bringen, aber er kann uns vom Esszimmer aus nicht sehen, also beuge ich mich zu Lily und drücke ihr einen Kuss auf die Lippen. »Was war denn los?«, flüstere ich, obwohl er uns ziemlich sicher auch nicht hören kann.

Sie stößt einen tiefen Seufzer aus, lehnt den Kopf zurück und dreht mir das Gesicht zu. »Er ist spontan vorbeigekommen, weil er was mit Emmy machen wollte. Ich hatte überhaupt nicht mit ihm gerechnet. Tja, und dann … hat er unsere Weingläser gesehen, meine Klamotten auf der Couch, hat eins und eins zusammengezählt und exakt so reagiert, wie ich es befürchtet habe.«

»Heißt?«

»Er ist komplett ausgerastet. Aber bevor es richtig schlimm wurde, ist er gegangen.«

Bevor es *richtig* schlimm wurde? »Weiß er, dass ich es war, der bei dir gewesen ist?«

Lily nickt erschöpft. »Das war praktisch seine erste Frage. Er ist wütend geworden, und ich hab ihm signalisiert, dass er jetzt besser gehen sollte. Das hat er auch gemacht … aber …«

Sie verstummt, und ich sehe, dass ihre Hände zittern. Gott, wie ich den Typen hasse. Ich ziehe Lilly eng an mich und halte sie einfach nur. »Was hat er getan, Lily?«

Sie legt eine Hand an meine Brust und flüstert fast. »Er hat mich gegen die Tür gestoßen, und dann hat er sich zu mir gebeugt, sein Gesicht war ganz dicht vor meinem, und ich dachte … gleich schlägt er zu oder … keine Ahnung. Aber am Ende hat er es doch nicht getan.« Sie scheint zu spüren, wie mein Herz gegen die Rippen hämmert, weil sie plötzlich den Kopf hebt und mich besorgt ansieht. »Ich bin okay, Atlas. Wirklich. Mehr ist nicht passiert. Es ist nur eine ganze Weile her, dass ich ihn so dermaßen wütend erlebt habe.«

»Er hat dich gegen die Tür gestoßen. Das ist nicht nichts.«

Sie senkt den Blick und legt wieder den Kopf an meine Brust. »Ich weiß. Ich *weiß*. Ich habe nur keine Ahnung, wie ich mich verhalten soll. Ich habe keine Ahnung, wie ich mich in Bezug auf Emmy verhalten soll. Ich war schon kurz davor, zuzustimmen, dass sie auch mal über Nacht bei ihm bleiben kann, aber jetzt will ich noch nicht mal mehr, dass er mit ihr allein ist.«

»Er hat sein Recht darauf verspielt. Du musst das anzeigen.«

Lily seufzt tief. Es ist offensichtlich, dass sie mehr Angst um Emmy hat als um sich selbst. Es muss ihr extrem schwergefallen sein, zu wissen, wozu Ryle in seiner Wut fähig ist, und trotzdem zuzulassen, dass er sie mit zu sich nimmt. Ich bin wahnsinnig froh, dass sie hierhergekommen ist. Das war definitiv die richtige Entscheidung, auch wenn ich weiß, dass sie eigentlich vorhatte, noch zu warten, bevor ich Emmy kennenlerne. Aber ihre Befürchtung ist berechtigt. Es könnte durchaus sein, dass Ryle zurückkommt, um sich zu entschuldigen und Emmy mitzunehmen. Wenn sie nicht zu Hause ist, wird er bestimmt sämtliche Adressen abklappern, an denen er sie vermutet.

Aber hier bei mir ist sie vor ihm sicher. Lily und ich wissen beide, dass das, was sich zwischen uns anbahnt, auf jeden Fall für die Zukunft gemacht ist. Sie braucht keine Angst zu haben, dass ich eine Beziehung zu Emmy aufbaue und dann verschwinde. Solange Lily mich um sich haben will, werde ich da sein.

Sie hebt ihr Gesicht zu mir. Ihre Wimperntusche ist verschmiert und ich wische sie mit dem Daumen weg. »Diese ganze verfahrene Situation mit ihm … Genau das meinte ich, als ich versucht habe, dich zu warnen. Das könnte immer wieder passieren, vor allem nachdem er jetzt weiß, dass du wieder eine Rolle in meinem Leben spielst.«

Es hört sich an, als wollte sie mir die Chance geben, einen Rückzieher zu machen. Als ob ich das auch nur eine Millisekunde lang in Erwägung ziehen würde. »Eins verspreche ich dir, Lily. Selbst wenn du fünfzig Ex-Männer hättest, die versuchen würden, uns beiden das Leben zur Hölle zu machen. Das würde nichts daran ändern, dass ich mein Leben mit dir verbringen will.«

Zum ersten Mal, seit sie hier ist, lächelt sie. Und damit dieses Lächeln nicht wieder erstirbt, weil wir weiter über ihren erbärmlichen Ex-Mann reden, frage ich: »Möchtest du vielleicht was zu trinken?«

Sie strahlt mich an. »Zu trinken und zu *essen*! Was glaubst du, warum wir zu dir gekommen sind?«

Mittlerweile sind Lily und Emerson etwa vier Stunden hier. Nachdem Josh seine Hausaufgaben erledigt hatte, so gut er konnte, hat er mit Emerson gespielt. Lily hat erzählt, dass sie gerade zu laufen begonnen hat, und tatsächlich ist sie ihm durchs ganze Haus hinterhergetapst, was mein Bruder total witzig fand. Vor ein paar Minuten ist sie – das Köpfchen gegen mein Bein gelehnt – auf der Couch eingeschlafen. Lily hat angeboten, sie wieder auf die Decke zu legen, aber das wollte ich nicht.

Es wäre gelogen, zu behaupten, das alles wäre nicht ziemlich surreal. Ich spüre ganz deutlich, dass das mit Lily und mir funktionieren wird. Sie ist mein Lebensmensch, und ich bin ihrer – das ist mir schon kurz nach unserer ersten Begegnung klar gewesen. Aber hier zu sitzen, Emerson anzuschauen und zu wissen, dass dieses kleine Mädchen mit ziemlicher Sicherheit ein wichtiger Teil meines Lebens werden wird, überwältigt mich. Vielleicht werde ich eines Tages ihr Stiefvater. Wahrscheinlich werde ich einen größeren Einfluss auf ihr Leben haben als ihr biologischer Vater, weil Lily und ich irgendwann zusammenziehen. Heiraten.

Wobei ich das jetzt niemals laut aussprechen würde. Theo würde den Kopf schütteln und sagen, dass ich den Ball mal ein bisschen flacher halten soll. Aber ich hinke dem Leben, das ich mir mit Lily wünsche, Jahre hinterher. Einem Leben, das ich schon längst mit ihr hätte haben können.

Selbst wenn ich Emerson erst in ein paar Monaten wiedersehe, hat der heutige Tag eine enorme Bedeutung für mich. Es könnte der erste Tag mit dem Kind sein, das ich in nicht allzu ferner Zukunft vielleicht *Tochter* nennen werde.

Ich streiche Emerson eine Strähne ihrer rotblonden Haare hinters Ohr und versuche, mich einen Moment in Ryles Lage zu versetzen. Ihm wird natürlich klar sein, was das für seine Beziehung zu Emerson bedeutet, wenn Lily mit einem anderen Mann zusammenkommt. Emerson ist die meiste Zeit bei Lily, was heißt, dass der neue Mann an Lilys Seite automatisch genauso viel Zeit mit Emerson verbringen wird.

Nicht dass ich Ryles Verhalten in irgendeiner Form entschuldigen will. Wenn es nach mir ginge, sollte er ein Jobangebot aus dem Sudan annehmen und wir hätten nur noch einmal im Jahr mit ihm zu tun.

Aber die Realität sieht anders aus. Ryle lebt in derselben Stadt wie seine Tochter, und seine Ex-Frau hat einen neuen Partner. Das ist eine Situation, die für keinen der Beteiligten einfach ist. Ich kann absolut nachvollziehen, wie hart das für ihn sein muss. Ich begreife nur nicht, wie er so sehr die Augen davor verschließen kann, dass es ganz allein seine Schuld ist, dass es so weit gekommen ist. Hätte er sich wie ein erwachsener, verantwortungsbewusster Mann verhalten, hätte Lily ihn nie verlassen. Er würde immer noch mit seiner Frau und seinem Kind zusammenleben und Lily und ich hätten keinen Kontakt mehr.

Mir schwant leider, dass Lily noch einiges bevorsteht. Dass Ryle wie meine Mutter zu den Menschen gehört, denen es bei Meinungsverschiedenheiten nicht um die Sache geht, sondern um den Machtkampf.

»Hast du ihn eigentlich jemals angezeigt?«, frage ich. Lily sitzt neben mir auf dem Boden und betrachtet Emerson, die immer noch halb auf meinem Bein schläft, voller Liebe.

»Nein.« In ihrer Stimme liegt ein leicht schuldbewusster Unterton.

»Habt ihr eine Sorgerechtsvereinbarung?«

Sie nickt. »Offiziell teilen wir uns das Sorgerecht, aber wir haben eine Zusatzvereinbarung, dass ich sie mehr oder weniger alleine betreue und er sie zwei Tage in der Woche sehen darf. Wegen seines ziemlich chaotischen Dienstplans erwartet er allerdings von mir, dass ich flexibel bin.«

»Zahlt er Unterhalt?«

Wieder nickt sie. »Ja, und zwar immer pünktlich.«

Immerhin ein Punkt, in dem Verlass auf ihn ist, aber nachdem ich jetzt weiß, dass sie sich das Sorgerecht teilen, scheint mir Lilys Situation noch heikler zu sein.

Sie sieht mich an. »Warum fragst du das alles?«

Ich schüttle den Kopf. »Tut mir leid. Eigentlich geht es mich ja gar nichts an.« *Oder doch?* Ich bin hin- und hergerissen, weil ich sie einerseits nicht stressen, andererseits aber dafür sorgen will, dass sie möglichst gut abgesichert ist.

Lily legt mir eine Hand an die Wange. »Natürlich geht es dich was an, Atlas. Wir gehören jetzt zusammen.«

Mein Herz setzt einen Schlag aus. Hat sie uns gerade offiziell als Paar bezeichnet? »Echt?« Ich ziehe sie lächelnd an mich. Mein Herz hat wieder angefangen zu schlagen und klopft jetzt wie verrückt. »Ist das etwa was Ernstes zwischen dir und mir, Lily Bloom?«

Sie nickt lächelnd an meinem Mund und küsst mich.

Ich glaube, wir wussten beide schon länger, dass wir zusammenbleiben wollen. Aber dass sie es ausgesprochen hat, macht mich unendlich froh. Wenn Emmy nicht auf meinem Bein schlafen würde, würde ich Lily jetzt am liebsten hochheben und im Kreis herumwirbeln.

Ich bin unfassbar glücklich.

Und so was von bereit, für immer an ihrer Seite zu stehen.

Womit ich wieder bei den Gedanken lande, die mir durch den Kopf gegangen sind, bevor Lily uns zum Paar erklärt hat.

Ryle. Sorgerecht. Machtkampf.

Als ich seufze, hebt Lily den Kopf und sieht mich an. »Sprich es einfach aus.«

»Was denn?«, frage ich.

»Was du über meine Situation denkst. Ich sehe dir doch an, dass du dir totale Sorgen machst.« Sie streicht mit dem Daumen über die Falte zwischen meinen Brauen.

»Könntest du nicht auch noch nachträglich bei Gericht erklären, dass er dich in der Vergangenheit bedroht hat und gewalttätig geworden ist? Vielleicht kann man ihm dann verbieten, sie über Nacht bei sich zu haben.«

»Eine einmal getroffene Sorgerechtsvereinbarung ist rechtsgültig, egal, mit was für Beweisen man im Nachhinein kommt. Weil ich ihn nie angezeigt habe, habe ich absolut nichts gegen ihn in der Hand.«

Shit. Natürlich kann ich verstehen, dass sie damals versucht hat, alles so friedlich und zivilisiert wie möglich mit ihm zu regeln. Ich mache mir nur Sorgen, dass sie sich damit selbst keinen Gefallen getan hat.

»Er ist sowieso viel zu beschäftigt, um sich zu fünfzig Prozent um Emmy zu kümmern. Ich kann mir nicht vorstellen, dass er überhaupt Interesse hätte, das gemeinsame Sorgerecht wirklich auszuüben.«

Ich presse die Lippen zusammen und kann nur hoffen, dass sie recht hat. Klar kennt sie ihn tausendmal besser als ich, aber nach allem, was ich über ihn weiß, hat er eine Scheißwut in sich. Und wer eine Scheißwut in sich hat, neigt dazu, sich rächen zu wollen. Man hört doch immer wieder von solchen Fällen. Dem einen geht es gegen den Strich, was der oder die andere macht oder mit wem er oder sie zusammen ist, und dann wird das gemeinsame Kind als Waffe eingesetzt. Leider kann ich mir sehr gut vorstellen, dass Ryle seine Rechte durchsetzen würde, einfach nur, um Lily dafür zu bestrafen, dass sie mit mir zusammen ist. Und so, wie es aussieht, stünden ihre Chancen gegen ihn extrem schlecht. Er hat Emerson nie ein Haar gekrümmt, was er Lily angetan hat, ist nirgendwo aktenkundig, er zahlt zuverlässig Unterhalt. Und er ist ein erfolgreicher Neurochirurg. Nach außen hin spricht alles für ihn.

Als ich Lily jetzt anschaue, sieht sie aus, als würde sie sich am liebsten in einem Mauseloch verkriechen. Meine Fragen haben sie nur noch mehr beunruhigt.

»Entschuldige. Ich wollte nicht schwarzmalen. Lass uns einfach über was anderes reden.«

»Das hat nichts mit Schwarzmalerei zu tun, Atlas. Du bist Realist und betrachtest die Situation, wie sie ist, und das ist genau das, was ich von dir brauche.« Sie schaut zu Emmy, die immer noch friedlich schlummert, bevor sie sich wieder an meine Schulter lehnt und leise seufzt. »Selbst wenn ich Ryle angezeigt und vor Gericht versucht hätte, das alleinige Sorgerecht durchzusetzen, hätte ich damit kaum Aussicht auf Erfolg gehabt. Er ist nicht vorbestraft und hat genug Geld, um sich die besten Anwälte zu leisten. So gut wie jeder Anwalt, mit dem ich gesprochen habe, hat mir von einem Sorgerechtsstreit abgeraten, weil er erfahrungsgemäß zu seinen Gunsten ausgegangen wäre. Die außergerichtliche Vereinbarung, der Ryle damals zugestimmt hat, war meine beste Option.«

Ich greife nach ihrer Hand und verschränke unsere Finger miteinander. Lily wischt sich mit der anderen Hand eine Träne weg, und ich wünschte, ich hätte das Thema heute nicht angesprochen. Andererseits trägt sie diese Ängste und Sorgen schon viel zu lang allein mit sich herum. Ich bin jedenfalls froh zu wissen, dass sie alle Möglichkeiten ausgelotet hat, weil es extrem wichtig ist, dass sie Ryle immer einen Schritt voraus ist. »Egal, was passiert, du bist damit nicht mehr allein, okay?«

Lily nickt und drückt meine Hand.

Im selben Moment öffnet Emmy die Augen, sieht mich kurz an, schaut sich dann suchend nach Lily um und streckt die Arme nach ihr aus. Lily hebt sie auf ihren Schoß, und ich schüttle mein Bein, das schon vor einer ganzen Weile eingeschlafen ist.

»Wir sollten langsam mal fahren«, sagt Lily. »Ich hab ein schlechtes Gewissen, dass ich überhaupt mit ihr zu dir gekommen bin. Wenn Ryle sie ohne mein Wissen zu einer anderen Frau mitnehmen würde, wäre ich total sauer.«

»Ich finde nicht, dass das vergleichbar ist. Ryle muss sich nicht mit eurer Tochter irgendwohin flüchten, weil du gewalttätig bist und er Angst vor dir hat. Sei nicht so hart mit dir.«

Lily lächelt dankbar.

Nachdem wir ihre Sachen zusammengesucht haben, bringe ich die beiden zum Wagen. Lily schnallt Emerson in den Kindersitz und geht um den Wagen herum, um sich von mir zu verabschieden. Ich umfasse ihre Hüften und ziehe sie an mich. Dann senke ich langsam den Kopf und streiche sanft mit meiner Nase über ihre, bevor ich sie mit solcher Liebe und Leidenschaft küsse, dass sie es hoffentlich noch während der ganzen Fahrt nach Hause spüren kann.

Sie lacht, als ich meine Hände in die hinteren Taschen ihrer Jeans gleiten lasse und leicht ihren Po drücke. »Ich vermisse dich jetzt schon«, seufzt sie wehmütig.

»Und ich dich erst. Ich bin süchtig nach dir, Lily Bloom.« Ich hauche ihr einen Kuss auf die Wange und zwinge mich, sie loszulassen.

Das ist der einzige Wermutstropfen. Ich habe mich so viele Jahre so sehr danach gesehnt, mit der Frau zusammen zu sein, von der ich wusste, dass sie für mich bestimmt ist, dass jede Trennung – egal, wie kurz – jetzt noch mehr schmerzt.

26.

LILY

Ich bin enttäuscht von dir, Lily.

Ich starre geschockt auf mein Handy.

Soll das ein Witz sein?

Du behandelst mich wie ein Monster verflucht ich bin ihr Vater

Es ist fünf Uhr morgens. Ich bin aufgewacht, weil ich kurz aufs Klo musste, und habe dann einen Blick auf mein Handy geworfen, bevor ich versuchen wollte, der Nacht vor dem Weckerklingeln noch eine letzte Stunde Schlaf abzuringen.

Die Nachrichten sind von Ryle. Seit er am Sonntag so plötzlich bei mir aufgetaucht ist, habe ich nichts mehr von ihm gehört. Das ist jetzt vier Tage her, und er hat sich seitdem kein einziges Mal gemeldet, um sich wenigstens dafür zu entschuldigen, dass er so ausgerastet ist, und jetzt kommt er mir mit *so was*?

Ich war glücklicher bevor ich dich gekannt hab

Ich lese mich durch die Masse an Nachrichten und ahne, dass er betrunken war, als er sie geschrieben hat. Die erste hat er um Mitternacht geschickt. In der letzten, die um zwei Uhr morgens kam, steht:

Meine Hände fangen an zu zittern und das Handy gleitet mir aus den Fingern. Wie kann er mir so was nur schreiben? Ich hatte gehofft, die vier Tage Funkstille würden bedeuten, dass er sich zu sehr geschämt hat, um sich zu melden, aber jetzt ist klar, dass seine Wut auf mich nur größer geworden ist.

Das alles ist noch viel schlimmer, als ich gedacht hätte.

Ich versuche, wieder einzuschlafen, natürlich ohne Erfolg. Irgendwann stehe ich auf und mache mir einen Kaffee, aber mein Magen ist viel zu zugeschnürt, um auch nur einen Schluck runterzubringen. Die nächste halbe Stunde stehe ich wie betäubt in der Küche, starre ins Leere und sehe immer und immer wieder seine widerlichen Nachrichten vor meinem geistigen Auge.

Als Emerson irgendwann aufwacht, bin ich erleichtert. Unsere Morgenroutine ist so hektisch, dass ich gar keine Zeit habe, weiter über Ryle nachzudenken.

Gegen acht liefere ich Emmy bei meiner Mutter ab und fahre zum Laden. Ich lenke mich so gut wie möglich mit Arbeit ab, bis Serena und Lucy auftauchen. Lucy merkt sofort, dass etwas nicht stimmt. Als wir kurz allein an der Kasse stehen, fragt sie mich, ob alles okay ist. Ich nicke und ringe mir ein Lächeln ab. »Alles okay, ja.«

Aber in Wirklichkeit behalte ich die ganze Zeit über die Ladentür im Auge, weil ich Angst habe, Ryle könnte jeden Moment wütend hereingestürmt kommen. Mit angehaltenem Atem warte ich darauf, dass die nächste schreckliche Nachricht von ihm kommt, warte darauf, dass mein Handy klingelt.

Stunden vergehen, ohne dass ich etwas von ihm höre. Auch keine Entschuldigung.

Ich erzähle Atlas nicht, was passiert ist. Ich erzähle Allysa nicht, was passiert ist. Ich erzähle niemandem, was er getan hat. Ich schäme mich für Ryle. Auch wenn ich noch keine Ahnung habe, wie ich reagieren soll, steht für mich fest, dass ich dieses Verhalten nicht tolerieren werde. Ich werde mich vom Vater meiner Tochter nicht noch siebzehn Jahre lang unter Druck setzen und beleidigen lassen – auch nicht durch Handynachrichten.

Serena ist gegangen, und es sind nur noch Lucy und ich im Laden, als das Unvermeidliche passiert. Es ist nach fünf, wir haben aufgeräumt und wollen gerade Feierabend machen, da kommt Ryle herein.

Sofort hat mich die Angst wieder im Griff.

Lucy, die noch nie ein großer Ryle-Fan war, unterdrückt ein Stöhnen, als sie ihn sieht. »Ich bin im Büro, falls du mich brauchst.«

»Lucy, warte«, zische ich. »Bitte bleib da.« Ich sehe sie flehend an. Sie nickt stumm und greift nach dem Ordner mit Bestellungen, um so zu tun, als wäre sie beschäftigt.

Mein Puls rast, als Ryle auf uns zukommt. Ich blicke ihm entgegen und versuche noch nicht mal, ein Lächeln zu faken.

Er sieht mich an, schaut zu Lucy und nickt dann in Richtung meines Büros. »Können wir reden?«

»Ich wollte den Laden gerade schließen«, sage ich mit fester Stimme. »Ich muss unsere Tochter abholen.«

Ryle stemmt sich mit einer Hand auf die Verkaufstheke, und ich sehe, wie seine Armmuskeln zucken. »Bitte. Es dauert nicht lang.«

Ich werfe Lucy einen Blick zu. »Wartest du einen Moment?« Sie nickt und Ryle folgt mir ins Büro. Als wir drinnen stehen und er die Tür hinter sich zugedrückt hat, atme ich tief durch, bevor ich mich zu ihm umdrehe.

Ich habe seine Entschuldigungen so satt. Genau wie seinen

zerknirschten Gesichtsausdruck. Meine Angst weicht unglaublicher Wut.

»Es tut mir leid.« Er fährt sich durch die Haare, verzieht gequält das Gesicht und kommt näher. »Ich war gestern noch unterwegs, hab zu viel getrunken und …«

Ich sage nichts.

»Ich kann mich noch nicht mal daran erinnern, dass ich diese Nachrichten geschrieben habe, Lily.«

Ich sage immer noch nichts.

Ryle tritt unbehaglich von einem Fuß auf den anderen und ist offensichtlich irritiert, weil ich so stumm bleibe. Seufzend schiebt er die Hände in die Taschen und senkt den Blick. »Hast du Allysa davon erzählt?«

Auch darauf bekommt er erst mal keine Antwort. Ernsthaft jetzt? Er macht sich mehr Sorgen darüber, was seine Schwester von ihm denken könnte, als was er mir mit diesen widerlichen Nachrichten angetan hat? Schließlich sage ich: »Nein. Aber ich habe sie an meine Anwältin weitergeschickt.« Das stimmt zwar nicht, aber es wird stimmen, sobald er hier rausgegangen ist. Von jetzt an werde ich alles dokumentieren. Atlas hat recht, ich habe zu viele Zugeständnisse gemacht. Auf dem Papier wirkt Ryle wie der perfekte Vater, aber wenn er diese Einschüchterungstaktik weiter verfolgt, muss ich mich und Emerson schützen.

Ryle sieht mich ungläubig an. »Du hast *was*?«

»Ich habe deine Nachrichten an meine Anwältin weitergeleitet.«

»Warum tust du so was?«

»Ist das dein Ernst? Du hast mich am Sonntag brutal gegen eine Tür gedrückt und mir nachts Drohnachrichten geschickt. Das habe ich nicht verdient, Ryle! Ich hab dir nichts getan.«

Er stöhnt auf, kehrt mir den Rücken zu und reibt sich den

Nacken. Dann holt er tief Luft und strafft die Schultern. Vielleicht zählt er gerade stumm bis zehn, um nicht vor Wut auszuflippen.

Wir wissen ja beide, wie gut diese Technik in der Vergangenheit funktioniert hat.

Als er sich wieder zu mir umdreht, ist in seinem Blick von Reue nichts mehr zu sehen. »Du erkennst hier kein Muster, oder? Sag mal, bist du wirklich so blind?«

Oh doch, ich erkenne definitiv ein Muster, aber ich bin mir sehr sicher, dass wir nicht dasselbe Muster sehen.

»Ein Jahr lang lief es wunderbar mit uns, Lily. Wir hatten keine Probleme, bis *er* aufgetaucht ist. Seitdem streiten wir nur noch und jetzt schaltest du deine Anwältin ein?« Er ballt die Faust.

»Hör auf, andere Leute für dein Verhalten verantwortlich zu machen, Ryle!«

»Hör du auf, den gemeinsamen Nenner für unsere Probleme zu ignorieren, *Lily*!«

Lucy öffnet die Tür zu meinem Büro und sieht von Ryle zu mir und wieder zu ihm. »Alles gut bei euch?«

Ryle lacht gereizt auf. »Ihr geht's jedenfalls blendend.« Er schiebt sich so grob an Lucy vorbei, dass sie sich an den Türrahmen pressen muss. »Ihre *Anwältin*«, höre ich ihn im Rausgehen schnauben. »Ich kann mir ja denken, von wem die Idee stammt.« Er marschiert zielstrebig zur Tür. Lucy und ich laufen ihm hinterher. Wahrscheinlich haben wir beide denselben Gedanken: Sofort hinter ihm absperren, sobald er draußen ist.

In der Tür dreht Ryle sich noch mal um. »Ich bin Neurochirurg, Lily«, sagt er scharf. »Du verkaufst *Blumen.* Mach dir das bewusst, bevor deine Anwältin auf die dumme Idee kommt, meine Karriere zu gefährden. Und vergiss nicht, dass ich dir das Geld gebe, mit dem du deine Scheißwohnung bezahlst.« Er unterstreicht seine Drohung, indem er die Tür hinter sich zuknallt.

Lucy muss abschließen, weil ich zu Eis erstarrt bin. »Ach, Lily …« Sie dreht sich zu mir und nimmt mich fest in den Arm.

In diesem Augenblick begreife ich, dass die schmerzhaften Momente nicht automatisch aufhören, nur weil man es geschafft hat, sich aus einer Beziehung mit einem gewalttätigen Partner zu befreien. Es gibt sie immer noch. Was es nicht mehr gibt, sind die schönen Momente.

Als wir noch verheiratet waren, gab es so viele schöne und innige Momente zwischen uns, dass das Hässliche im Vergleich dazu lange Zeit in den Hintergrund gerückt ist. Aber nach der Scheidung hat Ryle seine Maske endgültig abgenommen. Von unserer Ehe, in der anfangs so viel Wärme und Liebe war, ist jetzt nur noch das Gerippe übrig. Scharfkantige Knochen, an denen ich mich verletze.

»Geht's wieder?« Lucy streicht mir die Haare aus dem Gesicht.

Ich nicke. »Ja. Geht schon. Aber … hattest du nicht auch das Gefühl, dass er genau wusste, wo er hinwill?«

Lucys Blick wandert nachdenklich zur Tür. »Stimmt. Er hat sofort Gas gegeben und ist losgerast. Vielleicht solltest du Atlas warnen.«

Ich stürze zur Theke und greife nach meinem Handy.

27.

ATLAS

Es ist erst eine halbe Stunde her, seit ich das letzte Mal mein Handy gecheckt habe, weshalb mich sofort ein ungutes Gefühl durchzuckt, als ich sehe, dass ich mehrere verpasste Anrufe und drei Nachrichten von Lily habe.

Ruf mich bitte an.

Mir geht es gut, aber Ryle ist auf hundertachtzig.

Ist er bei dir im Restaurant aufgetaucht? Ruf mich bitte an, Atlas.

Shit.

»Darin, kannst du hier kurz übernehmen?«

Darin kommt rüber, um für mich den Teller fertig anzurichten, und ich scrolle zu Lilys Nummer, um sie sofort zurückzurufen. Die Mailbox springt an. Ich versuche es noch mal. Dasselbe.

Als ich nach meinem Wagenschlüssel greife und zur Tür laufe, klingelt das Handy. Mit fliegenden Fingern drücke ich auf Annehmen. »Bist du okay?«, frage ich.

»Ja, mir geht's gut«, sagt sie.

Ich bleibe in der Tür stehen und lehne mich erleichtert ausatmend an den Rahmen.

Es klingt, als wäre sie im Auto. »Ich bin gerade unterwegs, um

Emmy abzuholen. Ryle ist vorhin bei mir im Laden gewesen und danach total wütend davongefahren. Ich hab mir Sorgen gemacht, dass er vielleicht bei dir auftaucht, und wollte dich nur warnen.«

»Danke. Sicher, dass du okay bist?«

»Ja. Ruf mich an, wenn du zu Hause bist. Egal, wie spät es ist.«

Sie hat ihren Satz noch nicht beendet, als ich Ryle sehe, der durch die Schwingtüren in die Küche stürmt. Derek, mein Oberkellner, hat sich ihm an die Fersen geheftet, und die anderen unterbrechen alle für einen Moment ihre Arbeit und schauen den beiden hinterher.

»Ich hab gesagt, ich *hole* ihn.« Derek wirft Ryle einen ungehaltenen Blick zu, bevor er mich anschaut und resigniert die Hände hebt.

»Ich rufe dich auf dem Heimweg an«, sage ich zu Lily, ohne zu erwähnen, dass Ryle tatsächlich gerade im Restaurant aufgetaucht ist. Ich will nicht, dass sie sich Sorgen macht. Als ich das Handy wegstecke, fällt Ryles Blick auf mich.

Er ist definitiv nicht hier, um mein Essen zu loben.

»Wer ist das?«, fragt Darin.

»Mein größter Fan.« Ich schaue wieder Ryle an und nicke zur Hintertür, worauf er in die angegebene Richtung steuert.

Während alle anderen in der Küche ihre Arbeit wieder aufnehmen, bleibt Darin stehen und fragt: »Brauchst du Hilfe?«

Ich schüttle den Kopf. »Ich regle das schon.«

Ryle stößt die Hintertür so heftig auf, dass sie draußen gegen die Hauswand knallt, bevor sie wieder zufällt.

Was für ein Scheißkerl. Ich folge ihm nach draußen, aber kaum bin ich auf die Treppe getreten, wirft Ryle sich von links auf mich und stößt mich die Stufen hinunter. Noch während ich mich wieder aufrappeln will, steht er plötzlich über mir und rammt mir die Faust ins Gesicht.

Der Schlag hat es in sich. So viel muss ich ihm lassen.

Fuck.

Ich wische mir mit der Hand über den Mund und stehe auf. Immerhin versucht er nicht, mir sofort wieder eine reinzuhauen. Wäre unfair, auf einen Typen einzuprügeln, der noch halb am Boden liegt. Aber Ryle scheint kein Freund von Fair Play zu sein.

Als ich mich gerade aufgerichtet habe, holt er erneut aus, doch diesmal weiche ich rechtzeitig zurück, und er gerät durch seinen eigenen Schwung ins Stolpern und landet selbst auf dem Boden. Sofort hievt er sich wieder hoch und starrt mich mit wutverzerrtem Gesicht an.

»Bist du fertig?«, frage ich.

Er antwortet nicht, scheint sich aber auch nicht gleich wieder auf mich stürzen zu wollen. Stattdessen streicht er sein Hemd glatt und grinst abfällig. »Das letzte Mal hast du wenigstens zurückgeschlagen.«

Ich muss mich beherrschen, nicht die Augen zu verdrehen. »Ich hab keine Lust, mich mit dir zu prügeln, Ryle.«

Er legt kurz den Kopf in den Nacken und beginnt dann, auf und ab zu gehen. Es fällt ihm sichtlich schwer, seine Wut im Zaum zu halten, und mir wird schon bei dem Gedanken schlecht, wie es für Lily sein muss, ihn so zu erleben. Sein Atem geht schwer, er hat die Hände in die Hüften gestemmt, sein Blick durchbohrt mich wie eine Messerklinge. Aber da ist nicht nur Wut in seinen Augen, sondern auch verdammt viel Schmerz.

Sosehr ich manchmal versuche, mich in Ryles Lage zu versetzen – ab einem bestimmten Punkt steige ich immer aus. Ja, es gab ein traumatisches Ereignis in seiner Vergangenheit, das sein ganzes Leben geprägt hat, aber das gibt ihm noch lange keinen Freifahrtschein, dem Menschen, den er beschützen sollte, Gewalt anzutun.

»Sag einfach, was du loswerden willst.«

Ryle wischt sich mit dem Ärmel Blut von der Hand, dabei fällt mir auf, dass die Knöchel geschwollen sind. Anscheinend hat er schon auf irgendwas eingeschlagen, bevor er hier aufgekreuzt ist und mir eine reingehauen hat. Ich bin froh zu wissen, dass Lily okay ist, sonst würde er garantiert mit mehr als nur geschwollenen Knöcheln wieder von hier fortgehen.

»Denkst du, ich weiß nicht, dass das mit der Anwältin auf deinem Mist gewachsen ist?«, sagt er.

Ich versuche, nicht überrascht zu wirken. *Hat Lily etwa mit einer Anwältin gesprochen?* Am liebsten würde ich lächeln, aber das würde Ryle mit Sicherheit noch mehr zur Weißglut treiben, als es meine bloße Existenz sowieso schon tut.

Ryle verzieht gereizt das Gesicht, als ich nichts erwidere. »Kann ja sein, dass sie dich im Moment noch für einen super Typen hält. Aber früher oder später habt ihr euren ersten Streit, dann euren zweiten Streit, und dann wird sie kapieren, dass eine Ehe kein scheiß Ponyhof ist.«

»Und selbst wenn wir uns jeden Tag zehnmal streiten würden, kann ich dir versprechen, dass sie meinetwegen niemals im Krankenhaus landen würde.«

Ryle lacht spöttisch. Er versucht, das Ganze so zu drehen, als wäre ich hier derjenige, der sich lächerlich macht. Aber ich bin nicht wie ein Berserker mitten in seine Arbeit geplatzt, weil ich mich und meine Gefühle nicht im Griff habe.

»Du hast keine Ahnung, was Lily und ich durchgemacht haben«, sagt er. »Du hast keine Ahnung, was *ich* durchgemacht habe.«

Scheint, als müsste er jetzt wenigstens verbal noch ein bisschen Dampf ablassen, nachdem ich ihm die Prügelei verweigert habe. Vielleicht sollte ich ihm Theos Nummer geben. Ich bin hier mit meinem Latein am Ende.

Andererseits will ich auch nicht bedauern müssen, eine Gelegenheit verpasst zu haben, wenn ich morgen an dieses Zusammentreffen zurückdenke. Eine Gelegenheit, Lily das Leben, von dem dieser Mann nun mal ein Teil ist, ein bisschen zu erleichtern. Nichts liegt mir ferner, als die Situation zwischen uns dreien noch schwieriger zu machen. Aber solange es ihm nicht in den Kopf geht, dass er derjenige ist, der lernen muss, sich selbst im Griff zu haben, bin ich genauso ratlos wie Lily, wie man mit ihm umgehen soll.

»Du hast recht, Ryle.« Ich nicke besänftigend. »Du hast recht. Ich habe keine Ahnung, was du durchgemacht hast.« Ich setze mich auf eine der Stufen, um ihm zu zeigen, dass er keinen Grund hat, sich von mir bedroht zu fühlen. Aber sollte er noch mal versuchen, auf mich loszugehen, während ich sitze, werde ich nicht so zurückhaltend reagieren wie eben. Ich stütze die Unterarme auf die Knie und versuche, einen Tonfall zu finden, der zu ihm durchdringt.

»Was auch immer in deiner Vergangenheit passiert ist, hat dazu beigetragen, dass du ein großartiger Neurochirurg geworden bist. Die Welt braucht diese Seite von dir. Aber aus irgendeinem Grund hat dich das auch zu einem beschissenen Ehemann gemacht. Und diese Seite von dir braucht die Welt nicht. Dass man im Leben die Chance bekommt, eine bestimmte Rolle anzunehmen, ist noch lange keine Garantie dafür, dass man sie auch gut ausfüllen kann.«

Ryle verdreht die Augen. »Geht es vielleicht noch ein bisschen pathetischer?«

»Ich hab gesehen, wie ihre Wunden genäht wurden, Ryle. Wach endlich auf, Mann. Du bist ein grauenhafter Ehemann gewesen.«

Er starrt mich einen Moment an, bevor er fragt: »Was macht dich so sicher, dass du besser bist?«

»Lily so zu behandeln, wie sie es verdient hat, gehört zu den leichtesten Übungen in meinem Leben. Du solltest heilfroh sein, dass sie mit jemandem wie mir zusammen ist.«

Er lacht hart auf. »Heilfroh? Ich sollte *heilfroh* sein?« Er macht drohend ein paar Schritte auf mich zu. »*Deinetwegen* sind wir nicht mehr zusammen!«

Es kostet mich meine ganze Willenskraft, auf meiner Stufe sitzen zu bleiben und nicht zurückzuschreien. »Ihr seid *deinetwegen* nicht mehr zusammen«, sage ich stattdessen ruhig. »Wegen *deiner* Unbeherrschtheit. Wegen *deinen* Fäusten. Ich bin in Lilys Leben kaum mehr als ein alter Bekannter gewesen, als sie mit dir zusammen war, also benimm dich endlich wie ein Erwachsener und hör auf, mir, Lily und allen anderen die Verantwortung für dein Handeln zuzuschieben.« Ich stehe auf – nicht um ihn zu schlagen, sondern um Platz in meiner Brust zu machen und tief auszuatmen. Sonst weiß ich nicht, wie lange ich es noch schaffe, nicht genauso laut zu werden wie er. Es fällt mir wahnsinnig schwer, ihn mit dem Wissen, was er Lily angetan hat, anzuschauen und dabei ruhig zu bleiben. »*Verdammt*«, zische ich. »Das ist lächerlich.«

Ryle und ich schweigen einen Moment. Vielleicht spürt er, dass ich langsam meine Frustrationsgrenze erreicht habe. Ich schaue ihm offen ins Gesicht. »Das hier ist jetzt unser Leben. Deins, meins, das von Lily und das von *deiner Tochter*. Wir müssen miteinander klarkommen. Für immer. Ferien, Geburtstage, Schulabschlüsse, Emersons Hochzeit. Das alles wird schwierig für dich werden, aber du bist der Einzige, der dafür sorgen kann, dass es nicht auch für den Rest von uns schwierig wird. Du kannst nicht von uns verlangen, dass wir dir unser Lebensglück opfern. *Erst recht* nicht von Lily.«

Ryle schüttelt den Kopf. Er tigert hin und her, als wollte er den Asphalt unter seinen Füßen abtragen. »Was genau erwartest du von mir? Soll ich euch zujubeln? Euch alles Gute wünschen? Dich darin bestärken, *meiner* Tochter ein guter Vater zu sein?« Er lacht, als wäre allein die Vorstellung absurd, aber ich bleibe ernst.

»*Genau* das erwarte ich. Ja.«

Damit scheint er nicht gerechnet zu haben. Er bleibt abrupt stehen und verschränkt die Hände im Nacken.

Ich stehe auf und gehe einen Schritt auf ihn zu, aber nicht so, dass es ihn provoziert. Ich will nicht laut werden. Ich will, dass Ryle hört, wie ernst es mir ist. »Ich weiß, dass ich Lily glücklich machen kann, aber sie wird nie wirklich glücklich sein, solange du die Dinge nicht so akzeptierst, wie sie sind, und mit ihr an einem Strang ziehst, okay? Du arbeitest gegen sie, obwohl du weißt, dass sie ein gutes Leben verdient hat. Das haben beide verdient – Lily und Emerson. Wenn du willst, dass deine Tochter mit einer Mutter aufwächst, die die bestmögliche Version ihrer selbst ist, dann arbeite bitte mit ihr zusammen. Wir können alle etwas dazu beitragen, dass es klappt.«

Ryle reibt sich über den Nacken. »Sind wir jetzt plötzlich ein *Team*, oder was?«

Warum muss er das so klingen lassen, als wäre es völlig ausgeschlossen? »Ein Team zu sein ist die *einzige* Option, wenn ein Kind beteiligt ist.«

Das hat gesessen. Ryle zuckt zusammen und schluckt schwer, bevor er sich abwendet und mir einen Moment lang den Rücken zukehrt. Als er sich schließlich wieder umdreht, wirkt sein Blick eine Spur weniger feindselig.

»Wenn es zwischen dir und Lily nicht funktioniert und sie denkt, sie könnte wieder bei mir angerannt kommen, sammle ich die Scherben aber garantiert nicht auf.«

Damit dreht Ryle sich um und geht. Er nimmt dieses Mal nicht den Weg durch das Restaurant, sondern durchquert die Gasse in Richtung Straße. Ich schaue ihm bloß mitleidig nach. Er kennt Lily wirklich überhaupt nicht.

Lily kommt nicht bei anderen *angerannt*. Sie ist mir nicht hinterhergerannt, als ich aus Maine weggegangen bin. Ist nicht bei mir angerannt gekommen, als sie sich von Ryle getrennt hat. Sie hat sich voll und ganz darauf konzentriert, Emerson eine gute Mutter zu sein. Wie kann dieser Typ ernsthaft glauben, dass sie zu ihm zurückkehren würde, als wäre er ihre Homebase?

Emerson ist Lilys Homebase, und wenn ihm das nicht klar ist, dann hat er wirklich gar nichts gecheckt.

Wäre Lily bei ihm geblieben, hätte er den Rest ihres gemeinsamen Lebens damit verbracht, Probleme zu erfinden, um seinen Jähzorn zu rechtfertigen. Ich war in ihrer Ehe nämlich ganz sicher nie das Problem und wäre auch nie zu einem geworden.

Vor ein paar Minuten habe ich noch einen Anflug von Mitleid mit ihm verspürt, aber er kämpft um eine Frau, die er kaum kennt. Das hier ist ein reiner Machtkampf. In diesem Punkt sind Ryle und meine Mutter sich tatsächlich sehr ähnlich, und es gibt praktisch nichts, was man dagegen tun kann. Man muss einfach lernen, damit zu leben.

Vielleicht ist es genau das, was Lily und ich tun müssen. Lernen, unser Leben, so gut wir nur können, zu leben und immer wieder einen Umgang mit Ryles Wut zu finden.

Ich bin okay damit. Ich würde diesen Scheiß hier jeden Tag mitmachen, wenn ich dafür derjenige sein darf, der Abend für Abend neben ihr einschläft.

Ich steige die Treppe hoch, kehre in die Hektik der Küche zurück und mache mit meiner Arbeit weiter, als wäre er nie da gewesen.

Ich weiß nicht, ob das, was ich heute Abend getan habe, die Situation irgendwie verbessert, bin mir aber sicher, dass ich sie dadurch zumindest nicht verschlimmert habe.

Darin hält mir einen feuchten Lappen hin. »Du blutest.« Er

zeigt auf meinen linken Mundwinkel und ich drücke den Lappen darauf. »War das ihr Ex?«

»Yep.«

»Ist jetzt alles geklärt?«

Ich zucke mit den Achseln. »Keine Ahnung. Vielleicht findet er einen neuen Grund, wütend zu sein, und kommt noch mal wieder. Vielleicht geht das jetzt auch noch jahrelang so weiter.« Ich schaue Darin an und lächle. »Aber weißt du was? Lily ist mir das mehr als wert.«

Drei Stunden später klopfe ich leise an Lilys Apartmenttür. Sie weiß, dass ich es bin, weil ich ihr eine Nachricht geschickt habe, bevor ich losgefahren bin. Ich dachte, sie könnte vielleicht noch eine Umarmung gebrauchen.

Sobald sie die Tür öffnet, ist klar, dass es genau das ist, was sie braucht. Und was *ich* brauche. Kaum sind wir bei ihr im Wohnzimmer, schlingt sie beide Hände um meine Hüfte. Ich ziehe sie fest an mich und dann stehen wir ein paar Minuten lang einfach so da.

Als sie das Gesicht hebt und die kleine Wunde an meiner Lippe sieht, zieht sie die Brauen zusammen. »Er ist so ein unreifer Scheißkerl. Hast du die Wunde mit Eis gekühlt?«

»Halb so wild. Ist noch nicht mal angeschwollen.«

Lily stellt sich auf die Zehenspitzen und haucht einen Kuss auf die Stelle. »Erzähl mir, was passiert ist.«

Wir setzen uns auf die Couch, und ich versuche, ihr eine Zusammenfassung zu geben, wobei ich mir sicher bin, dass ich hier und da ein Detail vergesse. Als ich fertig bin, lehnt sie sich wortlos in die Couch zurück, legt ein Bein über meins und streicht mir durch die Haare.

Sie ist eine ganze Weile still, dann sieht sie mich mit einem Ausdruck in den Augen an, der Gletscher zum Schmelzen bringen könnte. »Du bist mit Sicherheit der einzige Mann auf diesem Planeten, der von einem Typen eine reingehauen bekommt und ihm danach ein paar gute Worte mit auf den Weg gibt.« Bevor ich etwas erwidern kann, setzt sie sich auf meinen Schoß und beugt sich zu mir herunter. »Keine Sorge. Das finde ich tausendmal anziehender, als wenn du dich mit ihm geprügelt hättest.«

Überrascht lasse ich meine Hände über ihren Rücken nach oben gleiten. Bevor ich hergekommen bin, war ich mir noch sicher, dass sie das, was mit Ryle passiert ist, belasten würde. Aber ich bin froh, dass es anders ist. Wahrscheinlich ist es das bestmögliche Ergebnis, das wir kriegen konnten. Ryle weiß, dass wir zusammen sind, ich hatte eine Gelegenheit, ihm zu sagen, was ich denke, und wir sind alle relativ unbeschadet aus der Sache rausgekommen.

»Ich kann nicht lange bleiben, könnte unsere Umarmung aber vermutlich schon noch um … sagen wir mal fünfzehn Minuten verlängern, bevor Josh merkt, dass ich mich verspäte.«

Sie zieht eine Braue hoch. »Wenn du Umarmung sagst, meinst du dann …«

»Dass wir uns sofort ausziehen sollten, jetzt sind es nämlich nur noch vierzehn Minuten.« Ich drücke sie sanft auf den Rücken, und wir hören nicht auf, uns zu küssen. Die vierzehn Minuten verstreichen, dann sind es siebzehn … irgendwann zwanzig.

Dreißig Minuten später verlasse ich ihr Apartment.

28.

LILY

Allysa hatte die geniale Idee, den Boden mit Müllsäcken auszulegen, damit wir die Cake-Smash-Sauerei danach ohne viel Aufwand wegräumen können. Emmy und Rylee sind von Kopf bis Fuß mit Buttercreme beschmiert und strahlen beide übers ganze Gesicht. Emmy hatte zwar keine Ahnung, was das Ganze sollte, aber die Tortenschlacht hat ihr eindeutig einen Riesenspaß gemacht.

Nachdem ich mich erst so geziert hatte, hat Allysa es letztendlich doch noch geschafft, mich dazu zu überreden, bei sich und Marshall eine kleine Geburtstagsparty für Emmy zu veranstalten. Meine Mutter und die Eltern von Allysa und Ryle sind auch da.

Ryle hat noch ein paar Fotos von den Mädchen gemacht und gibt ihnen gerade einen Abschiedskuss.

Vorhin habe ich mitbekommen, wie er zu Marshall gesagt hat, dass er heute einen superstressigen OP-Plan hat. Ich bin froh, dass er sich trotzdem zwischendurch die Zeit genommen hat, pünktlich zur Geschenkübergabe zu kommen und so lange zu bleiben, bis die zwei die Torte zermatscht hatten. Ich bin mir sicher, dass das Emmy viel bedeuten wird, wenn sie sich später mal die Fotos anschaut.

Seit er hier ist, haben wir noch kein einziges Wort miteinander gewechselt und sind uns aus dem Weg gegangen. Vor den anderen haben wir uns nichts anmerken lassen, aber Ryle ist eindeutig nicht gut drauf. Obwohl er auf der anderen Seite des Raums steht und mich keines Blickes würdigt, kann ich seine Anspannung spüren. Trotzdem ist es mir tausendmal lieber, von ihm ignoriert zu werden, als mich gegen seine Feindseligkeiten zur Wehr setzen zu müssen. Von mir aus soll er mich ruhig weiter mit Schweigen strafen.

Dummerweise stehe ich gerade ganz alleine da, als unsere Blicke sich kreuzen und er die Gelegenheit plötzlich doch nutzt, um zu mir rüberzukommen. Alles in mir versteift sich. Das Letzte, worauf ich jetzt Lust habe, ist eine Auseinandersetzung. Wir haben nicht mehr miteinander gesprochen, seit er mich vor ein paar Tagen in meinem Laden gedemütigt und bedroht hat. Natürlich ist mir klar, dass wir uns früher oder später unterhalten müssen, aber die Geburtstagsparty unserer Tochter ist dafür definitiv nicht der geeignete Ort.

Ryle schiebt die Hände in die Taschen und schaut zu Boden. »Und? Was hat deine Anwältin gesagt?«

Ich werfe ihm einen gereizten Seitenblick zu und schüttle den Kopf. »Das möchte ich jetzt nicht besprechen.«

»Wann dann?«

Es geht weniger um den Zeitpunkt als darum, wer noch dabei sein wird. Ich habe nämlich beschlossen, nie wieder irgendetwas allein mit ihm zu besprechen, sondern nur noch in Anwesenheit Dritter. Ryle hat mir oft genug bewiesen, dass er eine Bedrohung für mich darstellt, wenn wir zu zweit sind, weshalb ich entschieden habe, es erst gar nicht mehr dazu kommen zu lassen.

»Ich schicke dir eine Nachricht«, sage ich knapp und drehe ihm den Rücken zu. Danach mache ich mich auf den Weg zu meiner Mutter, die Emmy auf dem Arm hat und ihr mit einem feuchten Lappen die Buttercreme von Gesicht und Händen wischt. Aber noch bevor ich bei ihr bin, zieht Allysa mich zur Seite.

»Lass uns reden.« Ich folge ihr ins Schlafzimmer, wo sie sich aufs Bett setzt und neben sich klopft.

Sie lotst mich immer hierher, wenn sie den Verdacht hat, dass ich ihr etwas verheimliche, und ihr Instinkt gibt ihr meistens recht. Ich verdrehe die Augen und setze mich neben sie. »Was willst du wissen?« Es ist eine Weile her, seit wir das letzte Mal in Ruhe miteinander geredet haben. In der Zwischenzeit ist viel passiert und es gäbe eine Menge zu erzählen.

Allysa lässt sich rücklings aufs Bett fallen. »Ich hab das Gefühl, dass zwischen dir und Ryle heute irgendwie dicke Luft ist.«

»Ist das so offensichtlich?«

»Ich merke alles. Geht es dir gut?«

Ich denke ausgiebig darüber nach. *Geht es mir gut?* Lange Zeit war mir diese Frage unangenehm, weil es mir nicht gut ging. Nach außen hin habe ich zwar immer gelächelt, innerlich bin ich aber jedes Mal in mich zusammengesunken.

Heute ist es zum ersten Mal nicht gelogen, als ich sage: »Ja. Ja, mir geht es gut.«

Allysa betrachtet mich forschend, dann nickt sie, und ich sehe ihr an, dass sie mir diesmal glaubt. Sie greift nach meiner Hand und zieht mich zu sich runter. Wir haken uns unter, schauen an die Decke und genießen diesen kurzen Moment der Ruhe inmitten des Geburtstagstrubels.

Ich bin unfassbar froh und dankbar, dass ich Allysa immer noch als beste Freundin an meiner Seite habe. Es hätte mir das Herz gebrochen, wenn ich sie durch die Scheidung verloren hätte. Sie ist so wahnsinnig positiv und gar nicht nachtragend. Ich wünschte, ich könnte dasselbe von ihrem Bruder behaupten. Ryle fühlt sich ständig von allen Seiten persönlich angegriffen oder beleidigt. Es ist, als hätte er ein Monster in sich, das sich von Konflikten ernährt und deshalb regelmäßig Streit sucht. Und wenn es keinen echten Grund zum Streiten findet, dann konstruiert es eben einen. Aber ich mache da nicht mehr mit. Mein Herz war rein, als ich Ryle geheiratet habe, ich habe ihn geliebt und wollte mit ihm glücklich werden. Und das ist die Wahrheit, auch wenn er am liebsten hätte, seine Eifersucht wäre begründet gewesen, um eine Rechtfertigung für sein Verhalten zu haben.

»Wie läuft es mit Adonis?«

»Atlas meinst du?«, frage ich lachend.

»Ich meine den schönen griechischen Gott Adonis, in den du verliebt bist.«

»Ist Adonis nicht durch ein inzestuöses Verhältnis des Vaters mit seiner Tochter entstanden?«

Allysa stupst mich in die Seite. »Lenk nicht ab. Wie läuft es zwischen euch?«

Ich rolle mich auf den Bauch und stütze den Kopf in die Hand. »Gut. Jedenfalls wenn wir es schaffen, uns zu sehen. Er öffnet seine Restaurants, wenn ich den Laden schließe. Wir haben noch nie eine ganze Nacht miteinander verbracht.«

»Was macht er denn jetzt gerade? Auch wieder arbeiten?«

Ich nicke.

»Möchtest du Emerson heute Nacht vielleicht hierlassen? Wir haben morgen nichts vor. Du könntest sie abholen, wann du willst.«

Ich schaue sie mit großen Augen an. »Wirklich?«

Allysa richtet sich auf und rutscht vom Bett. »Klar. Rylee freut sich, wenn ihre Cousine bei ihr übernachtet. Geh und verbring die Nacht mit deinem Adonis.«

Ich habe Atlas nicht geschrieben, dass ich auf dem Weg zum *Corrigan's* bin, weil ich ihn überraschen wollte. Aber als ich jetzt in die Küche komme, bin ich mir nicht mehr sicher, ob das so eine gute Idee war. Es ist wahnsinnig laut, Köche und Kellner laufen hin und her, und alle sind so beschäftigt, dass niemand mitbekommt, dass ich hier bin. Ich schaue mich suchend um, bis ich Atlas schließlich entdecke.

Er steht an einer Theke, über der eine Wärmelampe hängt, und sieht sich jedes Gericht, das seine Kollegen ihm hinstellen, ganz genau an, bevor er sein Okay gibt und die wartenden Servicekräfte die Teller durch die Schwingtüren ins Restaurant bringen. Bisher hatte ich geglaubt, das *Bib's* wäre gehobene Gastronomie, aber das *Corrigan's* ist noch eine Nummer edler. Die Leute vom Service tragen alle schwarze Anzughosen und weiße Hemden und Atlas und zwei andere Köche haben klassische weiße Kochjacken an.

Er ist so konzentriert, dass ich mich frage, ob ich überhaupt hätte herkommen sollen. Ich will nicht einfach so zu ihm rübergehen, weil ich ihn bestimmt nur stören würde. Auf einmal entdecke ich in dem Gewusel Darin, der mich im selben Moment bemerkt. Er nickt mir lächelnd zu und gibt Atlas ein Zeichen. Als Atlas sich umdreht und mich sieht, strahlt er erst, dann wird sein Blick fragend, und er kommt eilig auf mich zu, wobei er einem Kellner ausweichen muss, der gerade die nächsten Teller holt.

»Lily! Das ist ja eine Überraschung«, sagt er. »Alles okay bei dir?«

»Alles gut. Allysa hat beschlossen, dass Emmy heute Nacht bei ihnen schlafen soll, deswegen dachte ich, ich schau mal spontan bei dir vorbei.«

Atlas lächelt. »Du hast also die ganze Nacht frei?« Unter seinem Blick wird mir ganz heiß.

Ich nicke.

»Kann mal jemand nach dem Salamander schauen? Der ist

total am Qualmen!«, brüllt einer der Köche. *Gibt es hier gebratenen Salamander?* Ich sehe mich verdutzt um.

»Küchensprech«, erklärt Atlas lachend. »Das ist ein kleiner Ofen zum Gratinieren.« Er schaut zu der Theke zurück, wo schon wieder ein halbes Dutzend Teller aufgereiht sind. »Ich muss wieder an den Pass. Gibst du mir zwanzig Minuten? Danach wird es ruhiger.«

»Gar kein Problem. Bitte denk nicht, dass ich will, dass du meinetwegen früher gehst. Aber wenn ich euch nicht störe, würde ich gern bleiben und dir einfach ein bisschen bei der Arbeit zuschauen. Für mich ist das total spannend.«

Atlas deutet in eine Ecke. »Du kannst dich da hinten auf die Arbeitsplatte setzen. Von dort hast du einen guten Blick und niemand stolpert über dich. In Restaurantküchen geht es ziemlich hektisch zu, aber der Ansturm ist bald vorbei.« Er hebt mein Kinn an, beugt sich zu mir, drückt mir einen schnellen Kuss auf die Lippen und kehrt dann an seinen Platz zurück, um die angerichteten Teller zu inspizieren.

Ich setze mich in die Ecke auf die Platte und ziehe die Beine an, damit ich wirklich niemandem im Weg bin. Mir fällt auf, dass die Angestellten in der Küche und vom Service immer wieder kurz zu mir rüberspähen, was mich ein bisschen verlegen macht. Von den Leuten hier kenne ich nur Darin, die anderen habe ich alle noch nie gesehen. Was sie wohl denken, nachdem Atlas mich gerade geküsst hat?

Ich weiß nicht, ob er hier schon mal Besuch von irgendwelchen Freundinnen bekommen hat, den Reaktionen nach scheint das aber eher nicht der Fall gewesen zu sein. Ich werde beäugt wie eine kleine Sensation.

Sobald Darin einen Moment Luft hat, kommt er zu mir rüber und begrüßt mich mit einer Umarmung. »Das ist ja schön, dass ich dich mal wiedersehe, Lily. Alles gut bei dir?

Ziehst du immer noch nichtsahnende Pokerspieler über den Tisch?«

Ich lache. »Hab ich schon eine ganze Weile nicht mehr gemacht. Trefft ihr euch denn noch jede Woche zum Pokern?«

Er schüttelt den Kopf. »Seit Atlas das zweite Restaurant eröffnet hat, haben wir zu viel zu tun. Es ist schwierig, einen Abend zu finden, an dem die ganze Truppe Zeit hat.«

»Wie schade. Und du arbeitest jetzt hier?«

»Offiziell noch nicht. Aber Atlas wollte, dass ich mir die Gerichte mal anschaue, er überlegt nämlich, mich hier zum Chefkoch zu befördern.« Darin grinst. »Er hat gesagt, dass er mehr Freizeit braucht. Jetzt kann ich mir ja auch den Grund dafür denken.« Er wirft sich sein Küchentuch über die Schulter. »Tja, dann … war schön, dich zu sehen. Aber ich hab das Gefühl, dass du jetzt sowieso öfter hier auftauchen wirst.« Er zwinkert mir zu, bevor er sich wieder an seinen Herd stellt.

Zu hören, dass Atlas in Zukunft mehr Freizeit haben will, lässt mein Herz schneller schlagen.

Die nächste Viertelstunde verbringe ich damit, ihn bei der Arbeit zu beobachten. Er schaut zwar immer mal wieder lächelnd zu mir rüber, lässt sich ansonsten aber nicht ablenken. Es ist schön, live zu erleben, mit wie viel Leidenschaft er seinen Beruf ausübt. Wenn einer seiner Angestellten ihn etwas fragt, antwortet er geduldig und erklärt genau, was er will. Ich habe den Eindruck, dass die Leute ihn mögen und Vertrauen zu ihm haben. Natürlich geht es hier laut und hektisch zu – Essenbestellungen werden gebrüllt, die Köche reißen derbe Witze –, aber die Atmosphäre ist trotzdem vollkommen anders, als ich es erwartet habe.

Ehrlich gesagt hatte ich ein bisschen die Befürchtung, ich würde Atlas heute womöglich von einer ganz anderen Seite kennenlernen. Eben doch so ähnlich wie die despotisch herumtobenden Chefköche, die man aus dem Fernsehen kennt. Ich bin froh, dass es nicht so ist.

Nach einer halben Stunde, die für mich wegen des interessanten Unterhaltungsprogramms wie im Flug vergangen ist, wäscht Atlas sich schließlich die Hände, kommt zu mir und gibt mir einen richtigen Kuss. Dass alle in der Küche das mitbekommen, scheint ihm nichts auszumachen.

»Sorry, dass es so lange gedauert hat«, sagt er.

»Ich fand es toll, euch in Aktion zu erleben und mitzukriegen, dass du ganz anders bist.«

»Ganz anders als wer?«

»Ich dachte, alle Chefköche wären Arschlöcher.«

Er lacht. »In dieser Küche gibt es keine Arschlöcher. Tut mir leid, dass ich dich da enttäuschen muss.« Er schiebt sich zwischen meine Beine. »Weißt du was?«

»Was?«

»Josh übernachtet heute bei Theo.«

»Du hast auch kinderfrei?«, sage ich lachend. »Was für ein wunderbarer Zufall.«

Atlas lässt seinen Blick über mein Gesicht wandern, dann beugt er sich vor, presst seine Schläfe an meine und raunt: »Zu dir oder zu mir?«

»Zu dir. Ich will in einem Bett liegen, das nach dir riecht.«

Er knabbert sanft an meinem Ohrläppchen, sodass mein ganzer Körper prickelt, greift dann nach meiner Hand und hilft mir von der Theke runter. »Hey, kannst du ab jetzt den Pass für mich übernehmen?«, ruft er einem der Köche zu.

Der nickt. »Geht klar.«

Atlas steuert auf die Tür zu, wirft mir über die Schulter einen Blick zu und sagt: »Dann treffen wir uns gleich bei mir zu Hause.«

Bevor ich zum *Corrigan's* gefahren bin, war ich noch kurz bei mir, um für alle Fälle eine Tasche mit Übernachtungssachen zu packen. Atlas musste im Restaurant noch ein paar Dinge klären, weshalb ich vor ihm ankomme. Ich bleibe vor dem Haus im Wagen sitzen und nutze die Zeit, um mich schnell bei Allysa zu melden.

Ist sie gut eingeschlafen?

Ist sie. Alles bestens. Wie läuft dein Abend?

Alles bestens;)

Viel Spaß. Bin SEHR gespannt, was du zu erzählen hast.

Das Licht von Atlas' Scheinwerfern huscht durch das Wageninnere, als er in die Einfahrt biegt. Ich sammle gerade meine Sachen zusammen, da öffnet er auch schon die Tür meines Wagens. Sobald ich ausgestiegen bin, zieht er mich an sich, streicht mir durch die Haare und küsst mich so wild und hungrig, als hätte er diesen Moment kaum erwarten können.

Irgendwann löst er sich widerstrebend von mir und betrachtet liebevoll mein Gesicht. »Ich fand es echt schön, wie du mir vorhin in der Küche zugeschaut hast.«

Seine Stimme geht mir durch und durch. »Ich fand es echt schön, dass ich dir zuschauen durfte«, sage ich lächelnd. Ich beuge mich noch mal in den Wagen, um meine Tasche vom Beifahrersitz zu holen. Atlas nimmt sie mir ab, hängt sie sich über die Schulter, und ich folge ihm durch die Garage. Auf der einen Seite sind offensichtlich noch nicht ausgepackte Umzugskartons zu Türmen gestapelt. Davor liegen die noch nicht zusammengesetzten Einzelteile eines Home-Gyms. Vor der Waschmaschine und dem Trockner warten überquellende Körbe mit Wäsche.

Irgendwie erleichtert mich der Anblick. Ich hatte schon befürchtet, Atlas Corrigan wäre zu gut, um wahr zu sein, aber er hat seinen Alltag und seine Schmutzwäsche anscheinend genauso wenig im Griff wie wir anderen auch.

Das Haus, in dem er jetzt wohnt, ist etwas kleiner als das davor, dafür passt es irgendwie besser zu ihm. Außerdem gefällt mir, dass es in einer älteren Wohngegend liegt und nicht in einer dieser Neubausiedlungen, wo alles mehr oder weniger gleich aussieht. Die Häuser hier haben Charakter. Am Anfang der Straße steht eins, das zweistöckig ist und in einem grellen Flamingopink leuchtet, am anderen Ende ein hypermoderner Kasten aus Beton und Glas.

Atlas' Bungalow wird von zwei größeren Einfamilienhäusern flankiert. Ich habe bemerkt, dass sein Grundstück aus irgendeinem Grund das größte von den dreien ist. *Groß genug, um eines Tages einen richtigen Garten anzulegen …*

Atlas tippt ein paar Ziffern in das Display der Alarmanlage ein. »Der Code ist neun fünf neun fünf«, sagt er. »Merk ihn dir, falls du ihn mal brauchen solltest.«

»Neun fünf neun fünf«, wiederhole ich, und dabei fällt mir auf, dass es derselbe Code ist wie der von seinem Handy. Er bleibt Altbewährtem anscheinend treu, das mag ich.

Ein Sicherheitscode ist zwar nicht dasselbe wie ein Hausschlüssel, aber irgendwie fühlt es sich fast genauso bedeutungsvoll an, dass er ihn mir gesagt hat.

Atlas schaltet das Licht im Wohnzimmer an und stellt meine Tasche auf die Couch. Ich bin in einiger Entfernung stehen geblieben und sehe ihm zu. Es freut mich, dass er es schön fand, wie ich ihn vorhin bei der Arbeit beobachtet habe, ich glaube nämlich, das könnte mein neues Lieblingshobby werden. Ernsthaft. Ich könnte gut als Fliege an seiner Wand leben, ihm den ganzen Tag zugucken und würde nichts vermissen. »Was machst du denn normalerweise so, wenn du abends vom Restaurant nach Hause kommst?«

Atlas sieht mich fragend an. »Wie meinst du das?«

»Na ja.« Ich mache eine Geste in den Raum hinein. »Setzt du dich aufs Sofa? Holst du dir was zu trinken? Tu einfach so, als wäre ich nicht da.«

Er wirft mir einen überraschten Blick zu, dann kommt er lässig rüber, stützt sich neben meinem Kopf mit der Hand an der Wand ab und beugt sich zu mir. »Das kann ich gerne machen«, raunt er. »Also … zuerst ziehe ich mir die Schuhe aus.«

Ich höre, wie er den einen Schuh wegkickt, dann den anderen. Er beugt sich noch näher zu mir, fährt sanft mit den Lippen über meine und entzündet ein Feuerwerk unter meiner Haut. »Und danach …«, er küsst mich auf die Mundwinkel, »dusche ich.« Atlas stößt sich von der Wand ab, geht langsam rückwärts, ohne mich dabei aus den Augen zu lassen, und verschwindet im Schlafzimmer.

Als ich kurz darauf Wasser rauschen höre, hole ich tief Luft. Dann ziehe ich mir auch die Schuhe aus und gehe den Flur entlang. Vor der halb geschlossenen Tür bleibe ich stehen, drücke sie auf und schaue mich zum ersten Mal richtig in seinem Schlafzimmer um, das ich bisher nur in unseren Videochats gesehen habe. Ich erkenne das schwarze Bett wieder und die meerblau gestrichene Wand dahinter, aber alles andere ist neu für mich. Er hat die Tür zum Badezimmer offen gelassen. Seine Kleidungsstücke liegen als Haufen daneben am Boden.

Ich kann mir selbst nicht erklären, warum mein Herz so wild klopft. Es ist ja nicht so, als würde ich Atlas gleich zum ersten Mal nackt sehen, ich habe sogar schon mit ihm geduscht. Aus unerklärlichen Gründen ist es trotzdem bei jeder Begegnung mit ihm so, als hätte mein Herz sein Gedächtnis verloren und ich dürfte ihn noch mal ganz neu erleben, obwohl er mir gleichzeitig so vertraut ist.

Als ich ins Bad komme, stelle ich enttäuscht fest, dass die Dusche halb hinter einer gemauerten Wand verborgen liegt, sodass ich erst mal nichts sehe. Allerdings genügt es, zu hören, wie Atlas sich unter dem prasselnden Wasserstrahl bewegt, und jede Faser meines Körpers zieht sich sehnsüchtig zusammen.

Ich schleiche mich näher und recke den Kopf gerade so weit vor, dass ich einen Blick auf ihn erhasche.

Atlas steht mit geschlossenen Augen da und wäscht sich die Haare, während ihm das Wasser übers Gesicht rinnt.

Er weiß, dass ich da bin, davon bin ich überzeugt, aber er lässt sich nichts anmerken und erlaubt mir, den Anblick seines Körpers ungestört zu genießen. Am liebsten würde ich mich hinter ihn stellen, mit beiden Händen über seine muskulöse Brust streichen und mich hinknien, um die beiden Grübchen direkt über seinem Po zu küssen. Er ist ein unglaublich schöner Mann.

Sobald er das Shampoo aus den Haaren gespült hat, öffnet er die Augen und sieht mich an. Ich halte seinen Blick einen Moment fest, dann lasse ich ihn tiefer wandern, tiefer und tiefer …

»Lily.«

Als ich den Blick hastig losreiße, grinst er. In der nächsten Sekunde ist er bei mir, schlingt die Arme um mich und zieht mich mit sich unter die Dusche. Ich schnappe überrascht nach Luft, aber im gleichen Moment verschließt er meinen Mund auch schon mit seinem, hebt mich hoch und drückt mich mit dem Rücken gegen die Wand. Mit einer Hand hält er mich fest, mit der anderen knöpft er meine inzwischen nasse Bluse auf.

Ich helfe ihm mit fliegenden Fingern, und Atlas stellt mich kurz wieder auf die Füße, um mir die Bluse ganz auszuziehen.

Sie fällt klatschend auf die nassen Fliesen, während er die Knöpfe meiner Jeans öffnet.

Wir sind längst wieder dabei, uns mit Lippen und Zunge zu verschlingen, als er irgendwann beide Hände in meine völlig durchnässte Jeans zwängt und sie mitsamt dem Slip nach unten schiebt.

Atlas geht vor mir in die Hocke, und ich hebe erst das eine und dann das andere Bein, damit er die Jeans ganz abstreifen kann. Er umfasst meine Waden und küsst sich sehr langsam an meinem jetzt fast nackten Körper aufwärts.

Als er sich wieder aufrichtet, lässt er seine Hände zum Verschluss meines BHs wandern. Meine Knie werden weich, als er ihn aufhakt. Wieder findet sein Mund meinen, aber diesmal ist sein Kuss so zärtlich und so genießerisch, als wollte er diesen Moment, bevor die allerletzte Hülle fällt, zelebrieren.

Atlas streift die BH-Träger über meine Arme hinunter. Als der BH zu Boden fällt, tritt er einen Schritt zurück, um mich in meiner Nacktheit zu bewundern. Er lässt eine Hand von meiner Hüfte zum Po gleiten, ich lege einen Arm um seinen Nacken und streife mit den Lippen über seine Wange bis zum Ohr. »Und dann? Was machst du dann?«, flüstere ich.

Seine Arme überziehen sich mit Gänsehaut. Er stöhnt leise auf und hebt mich mit einem kräftigen Ruck hoch. Die Beine um seine Hüften geschlungen, erschauere ich, als ich spüre, wie er an mir hart wird. Er presst sich an mich und ich keuche vor Verlangen auf. Es ist offensichtlich, dass wir es beide wollen, aber er sieht mich trotzdem fragend an. Wir haben schon darüber gesprochen, dass wir beide getestet sind und ich die Pille nehme, deswegen nicke ich nur und flüstere ein heiseres: »Ja!«

Er dreht sich mit mir zur Wand, stützt sich mit einer Hand ab, und während ich mich an seinen Schultern festklammere, dringt er so tief in mich ein, dass ich nach Luft schnappe.

Es ist so schön, ihn in mir zu spüren, dass ich vor Lust leise wimmere. Atlas seufzt an meiner Kehle, zieht sich ein Stück zurück und beginnt dann, sich in einem perfekten Rhythmus zu bewegen, als wollte er mir dieses Wimmern noch einmal entlocken.

Obwohl ich die Beine fest um seine Hüften geschlungen habe, beginne ich langsam abzurutschen. Atlas fängt mich auf und schon im nächsten Moment spüre ich ihn von Neuem in mir.

Wieder entfährt mir ein Wimmern – so wild und hemmungslos kannte ich ihn bis jetzt noch nicht, und ich bekomme gar nicht genug von dieser Seite. Atlas nimmt mich so leidenschaftlich, bis wir beide völlig erschöpft und außer Atem sind. Er lässt mich behutsam auf den Boden zurückgleiten und dreht die Dusche ab. Zuerst drückt er das Wasser aus meinen Haaren, dann greift er nach einem Handtuch und trocknet mich zärtlich am ganzen Körper ab. Nachdem er sich selbst auch abgetrocknet hat, verschränkt er seine Finger mit meinen und zieht mich aus dem Bad.

Wie kann eine so schlichte Geste wie die, dass er auf dem Weg ins Schlafzimmer meine Hand hält, mein Herz so berühren?

Als wir vor dem Bett stehen, hebt er die Decke ein Stück an, damit ich mich darunterkuscheln kann. Sie ist so weich, dass es sich anfühlt, als wäre ich in Wolken gehüllt. Atlas schmiegt sich so dicht an mich, bis kein Sauerstoffatom mehr zwischen uns passt.

Ich mag es, so mit ihm dazuliegen. Ich mag es, wie er, auf den Ellbogen gestützt, auf mich herabschaut. Ich mag das Lächeln in seinen Augen und dass er mich ansieht, als wäre ich eine Belohnung, die er sich verdient hat.

Dann senkt er den Kopf, und diesmal ist sein Kuss nicht zart und suchend, sondern tief und hungrig.

Im nächsten Moment liegt er zwischen meinen Schenkeln und bewegt sich in einem Rhythmus, der genau dem entspricht, den ich brauche, um alles um mich herum zu vergessen und kurz darauf vor Lust zu explodieren.

Atlas liegt auf dem Rücken, ich schmiege mich an ihn und habe ein Bein über seinen Oberschenkel gelegt. Das sind die Momente, auf die ich mich am meisten freue. Diese friedlichen Auszeiten, die wir unserem chaotischen Leben abtrotzen werden. Augenblicke nur für uns zwei – wunschlos glücklich miteinander. Ich habe den Kopf auf seine Brust gelegt, spüre seine Fingerkuppen, die träge meinen Arm auf- und abstreichen.

Er drückt mir einen Kuss in die Haare. »Wie lange ist das jetzt her, dass wir uns an dem Morgen auf der Straße begegnet sind?«, fragt er.

»Vierzig Tage«, antworte ich, ohne zu zögern.

Ja, ich habe jeden einzelnen gezählt.

Er zieht die Brauen hoch.

»Warum? Kommt es dir länger vor?«

»Nein, ich hab mich nur gefragt, ob du sie auch gezählt hast.«

Ich lache und drücke ihm da, wo sein Herz schlägt, einen Kuss auf die Brust.

»Wie war eigentlich Emersons Geburtstagsparty?« Wir wissen beide, was er eigentlich wissen möchte. Nämlich wie Ryle sich mir gegenüber verhalten hat.

»Die Party war gut und ich hab mich ungefähr fünf Sekunden mit Ryle unterhalten.«

»Hat er sich wieder im Ton vergriffen?«

»Nein. Aber wir sind uns auch die meiste Zeit aus dem Weg gegangen.«

Atlas streicht mir mit den Fingern durch die Haare, hebt sie an und lässt sie wieder auf meinen Rücken fallen. »Das ist doch vielleicht schon mal ein Fortschritt. Hoffentlich wird es von jetzt an ein bisschen einfacher zwischen euch.«

»Ja, hoffentlich.« Ich würde es mir wünschen, bin aber nach wie vor fest entschlossen, mein Glück nicht von Ryles Stimmungen abhängig zu machen. Ich habe mich für Atlas entschieden und will zu hundert Prozent zu ihm stehen. Das wird sicher schwer für Ryle, aber das muss er dann eben aushalten. »Vielleicht frage ich Allysa, ob sie sich vorstellen könnte, sich diese Woche irgendwann mal mit mir und Ryle zusammenzusetzen. Ich möchte gern mit ihm darüber sprechen, was passiert ist und wie es jetzt weitergehen kann. Aber dabei will ich nicht mit ihm allein sein.«

»Das klingt nach einer guten Idee.«

Gut möglich, dass Ryle und ich nie wieder eine wirklich freundschaftliche Beziehung haben werden. Für mich wäre es okay, wenn wir es zumindest schaffen würden, einen zivilisierten Umgang miteinander zu finden. Was definitiv nicht okay ist, sind Demütigungen, beleidigende oder bedrohliche Nachrichten, Wutausbrüche oder Gewalt. Ryle hat ein hartes Stück Arbeit vor sich, und ich bin endlich so weit, ihn in die Verantwortung zu nehmen.

Wahrscheinlich hätte ich ihm gegenüber von Anfang an entschiedener auftreten sollen, das hätte allerdings zwangsläufig zu Konflikten geführt, und ich hatte die Hoffnung, wir könnten alles friedlich regeln. Aber ich habe es endgültig satt, mich wegen Ryle zu verbiegen.

Meine Loyalität gilt denjenigen, die mein Leben positiv beeinflussen. Sie gilt denjenigen, die mir Kraft geben und mich glücklich sehen wollen. Das sind die Menschen, nach denen ich mein Leben ausrichte.

Ich werde weiterhin versuchen, mein Bestes zu geben, mehr kann ich nicht tun. Vielleicht habe ich bisher manchmal zu lange gezögert, die richtigen Entscheidungen zu treffen. Aber immerhin *habe* ich am Ende den Mut gefunden, sie zu treffen, und darauf darf ich stolz sein.

Atlas hebt mein Kinn sanft an, damit ich ihn ansehe. Sein Gesichtsausdruck sagt mir, dass alles genau so ist, wie er es sich immer gewünscht hat. »Ich habe gar keine Worte, um auszudrücken, wie schön das gerade für mich war«, murmelt er und streicht mir über die Haare. »Ich wünschte, ich dürfte jede Nacht und jeden Tag so mit dir verbringen. Ich möchte mit dir duschen, mit dir kochen und mit dir fernsehen und mit dir einkaufen. Ich will *alles* mit dir machen. Und ich finde es schrecklich, dass wir so tun müssen, als wüssten wir noch nicht, dass wir den Rest unseres Lebens zusammenbleiben wollen.«

Unglaublich, in welcher Geschwindigkeit sich die Frequenz eines Herzschlags verdoppeln kann. Ich zeichne mit den Fingerspitzen seine Lippen nach. »Wir müssen nicht so tun. Uns ist doch beiden ganz klar, dass wir den Rest unseres Lebens zusammenbleiben werden.«

»Wie lange müssen wir warten, bis der Rest unseres Lebens anfängt?«

»Ich dachte, er hätte schon angefangen.«

»Wie lange muss ich warten, bis ich dich fragen kann, ob du bei mir einziehen möchtest?«

Mir wird heiß. »Mindestens sechs Monate.«

Atlas nickt, als würde er das in seinen inneren Terminkalender eintragen. »Und wie lange, bis ich dir einen Heiratsantrag machen darf?«

In meiner Kehle sitzt plötzlich ein Kloß. »Ein Jahr.«

»Ein Jahr von dem Moment an, in dem du hier einziehst, oder ein Jahr von jetzt an?«

»Von jetzt an.«

Atlas strahlt und zieht mich auf sich. »Gut zu wissen.«

Ich lächle glücklich an seinem Hals. »Ich muss zugeben, dass ich damit jetzt nicht gerechnet habe.«

»Ja, ich weiß. Mein Therapeut bringt mich um, wenn ich ihm das erzähle.«

Ich rutsche wieder von ihm herunter, kuschle mich in seine Armbeuge und streiche erst über seinen Brustkorb und dann den Bauch hinunter. Seine Muskeln ziehen sich unter der Berührung zusammen. »Trainierst du?«

»Wenn ich die Zeit dafür finde.«

»Das sieht man.«

Atlas lacht. »Versucht du, mit mir zu flirten, Lily?«

»Vielleicht.«

»Du brauchst mir nicht mehr zu schmeicheln. Alles, wovon ich jahrelang geträumt habe, ist in Erfüllung gegangen. Du bist nackt und du liegst in meinem Bett. Glücklicher kannst du mich gar nicht mehr machen.«

Ich sehe grinsend zu ihm auf. »Echt nicht?«

Er schüttelt den Kopf, lächelt zufrieden und streicht mit dem Daumen über meine Unterlippe. »Ich glaube, heute Nacht habe ich den Zustand vollkommener Glückseligkeit erreicht. Mehr geht nicht.«

Ich halte seinen Blick fest, bewege mich langsam an seinem Körper nach unten und flüstere: »Wetten, dass doch?« Atlas seufzt leise auf, als ich meine Lippen auf seinen Bauch presse. Ich schaue ihn immer noch unverwandt an und triumphiere still, als ich merke, wie er die Luft anhält.

Er schluckt, als ich die Decke von seinem Körper ziehe, bis er nackt vor mir liegt. Sein Blick verdunkelt sich. »Lily …«

Als ich mit der Zunge seinen Penis entlangstreiche, lässt er den Kopf ins Kissen fallen und stößt ein Stöhnen aus, das lauter wird, als ich ihn in den Mund nehme. Und dann beweise ich ihm, dass ich ihn definitiv noch glücklicher machen kann.

29.

ATLAS

Ich bin total verrückt nach ihr, aber ich glaube, das ist okay, sie scheint nämlich auch total verrückt nach mir zu sein. Heute Morgen hat sie sich auf mich gerollt und mich mit einem Kuss in den Nacken geweckt.

Wenige Sekunden später lag sie auf dem Rücken und mein Kopf verschwand zwischen ihren Schenkeln.

Vielleicht kriegen wir deshalb nie genug voneinander, weil wir wissen, wie selten solche Tage für uns sind und wohl auch immer sein werden. Oder weil wir uns so viele Jahre vermisst haben. Vielleicht ist das aber eben auch einfach so, wenn man *wirklich* liebt. Ich war mit anderen Frauen zusammen, aber Lily ist die Einzige, in die ich nicht nur verliebt bin, sondern für die ich wahre Liebe empfinde.

Ich habe noch nie für irgendjemanden so starke Gefühle gehabt und glaube, dass ich heute sogar noch mehr für sie empfinde als damals in Plethora. Meine Gefühle gehen noch tiefer, sind noch aufregender. Und ich würde nicht einmal im Traum daran denken, sie jemals wieder zurückzulassen, wie ich es damals getan habe.

Dass ich mit achtzehn anders darüber gedacht habe und weggegangen bin, hatte eine Menge damit zu tun, dass ich das Gefühl hatte, ihr Leben noch komplizierter zu machen. Aber jetzt bin ich so was von am Start. Und ich will es verdammt noch mal nicht *ganz* langsam angehen lassen. Ich verstehe, warum es so besser ist, aber deswegen muss ich es nicht gut finden. Ich möchte sie jeden Tag in meiner Nähe haben, weil ich mich an den Tagen, an denen wir uns nicht sehen, so fühle, als würde ein Stück von mir fehlen.

Und nachdem wir jetzt sogar eine ganze Nacht zusammen verbracht haben, werde ich mich bestimmt noch heftiger nach ihr sehnen. Wahrscheinlich bin ich total gereizt und unleidig, wenn ich zu lange von ihr getrennt bin. Sie steht zwar direkt neben mir, während wir uns die Zähne putzen, aber mir graut jetzt schon davor, mich gleich von ihr verabschieden zu müssen.

Vielleicht kann ich sie ja mit einem Frühstück davon überzeugen, noch ein bisschen länger zu bleiben.

»Warum hast du eigentlich eine zweite Zahnbürste?« Lily spuckt Zahnpastaschaum ins Waschbecken. »Hast du öfter Besuch, der über Nacht bleibt?«, fragt sie und zwinkert mir zu.

Ich sehe sie bloß lächelnd an und spüle mir dann den Mund aus. Dass ich die Zahnbürste extra für sie gekauft habe, behalte ich lieber für mich. Und das ist nicht das Einzige, was ich in den letzten Jahren angeschafft habe, immer mit dem Gedanken im Kopf: *Nur für den Fall, dass Lily …*

Nachdem sie damals vor Ryle Zuflucht bei mir gesucht hatte, bin ich losgezogen und habe ein paar Sachen besorgt, falls sie noch mal in eine solche Notlage kommen würde. Eine Zahnbürste, gemütliche Kissen fürs Gästezimmer, Wäsche zum Wechseln. Eine Art Lily-Notfall-Kit. Und als ich in das neue Haus gezogen bin, habe ich die Sachen mitgenommen. Mittlerweile ist daraus wohl eher ein Lily-*Übernachtungs*-Kit geworden. Da war eben immer dieses kleine Fünkchen Hoffnung in mir, dass wir eines Tages zusammen sein würden.

Oh Mann, wenn ich ganz ehrlich bin, war diese Hoffnung verflucht groß. Ich habe viele Entscheidungen mit dem Hintergedanken getroffen, dass Lily irgendwann in mein Leben zurückkehren könnte. Sogar als ich mich für dieses statt für ein anderes Haus entschieden habe. Der Grund war damals allein die Größe des Grundstücks. Ich hatte das Gefühl, dass hier ein Garten entstehen könnte, der so wäre, wie Lily ihn sich immer erträumt hat.

Jetzt wische ich mir mit dem Handtuch über den Mund und halte es ihr dann hin. »Wie wäre es mit Frühstück, bevor du fährst?«

»Unbedingt. Aber bitte küss mich vorher. Ich schmecke jetzt viel besser als heute Morgen nach dem Aufwachen.« Sie stellt sich auf die Zehenspitzen, und ich mache es leichter für sie, indem ich sie ein Stück hochhebe. Ohne unseren Kuss zu unterbrechen, trage ich sie vom Badezimmer zu meinem Bett, lege sie darauf und beuge mich über sie.

»Was darf es sein? Pancakes? Crêpes? Rührei? Buttermilchbrötchen?« Bevor sie antworten kann, klingelt es an der Tür. »Das wird Josh sein.« Ich gebe ihr einen kurzen Kuss. »Er steht auf Pancakes, wäre das okay für dich?«

»Ich liebe Pancakes.«

»Dann also Pancakes.« Ich laufe zur Tür, öffne sie und erstarre. Es ist nicht Josh. Es ist meine Mutter.

Stumm verfluche ich mich dafür, nicht durch den Spion geschaut zu haben.

Sutton hat die Arme vor der Brust verschränkt und schaut mich ausdruckslos an. »Ich hab gestern Besuch von so einem Typen vom Jugendamt gekriegt«, sagt sie anklagend, aber wenigstens ohne laut zu werden.

Wir werden das hier nicht vor Lily austragen. Aber als ich nach draußen gehen und die Tür schließen will, stößt meine Mutter sie wieder auf und schreit: »Josh, beweg deinen Hintern hierher!«

»Er ist nicht da«, sage ich, so ruhig ich kann.

»Wo ist er?«

»Bei einem Freund.« Ich hole mein Handy aus der Hosentasche und checke die Uhrzeit. Brad wollte Josh gegen zehn zurückbringen und jetzt ist es Viertel nach zehn. *Bitte lass ihn nicht aufkreuzen, solange Sutton noch hier ist.*

»Ruf ihn an«, verlangt sie.

Die Tür steht immer noch weit offen, und ich nehme aus dem Augenwinkel wahr, wie Lily in den Flur kommt.

Muss mein Morgen mit Lily wirklich so enden? Ich werfe ihr einen entschuldigenden Blick zu, bevor ich mich wieder Sutton zuwende.

»Was hat der Mitarbeiter vom Jugendamt gesagt?«, frage ich.

Ihr Blick zuckt kurz zur Seite. »Dass sie es erst gar nicht für nötig halten, irgendeine Untersuchung einzuleiten. Wenn ich ihn heute nicht zurückkriege, zeige ich dich an.«

Ich weiß mittlerweile genau, welche Schritte das Jugendamt in so einem Fall unternehmen muss. Und bis jetzt haben sie noch nicht mal Kontakt zu Josh aufgenommen, um ihn zu befragen. »Du lügst. Und jetzt möchte ich, dass du gehst.«

»Ich gehe, wenn ich meinen Sohn habe.«

Ich atme langsam aus. »Er will zurzeit nicht bei dir leben.« *Oder überhaupt jemals wieder*, aber den Seitenhieb verkneife ich mir.

»Er will nicht bei mir *leben*«, wiederholt sie schnaubend. »Welches Kind *will* in dem Alter schon bei seinen Eltern leben? Und wie viele Eltern gibt es, denen nicht schon mal die Hand ausgerutscht ist? Wegen so was entziehen sie einem doch nicht gleich das Sorgerecht, *Herrgott* noch mal.« Sie verschränkt wieder die Arme vor der Brust. »Du machst das doch nur, um mir eins reinzuwürgen.«

Würde sie mich kennen, wüsste sie, dass ich im Gegensatz zu ihr kein rachsüchtiger Mensch bin. Aber so, wie sie gestrickt ist, wundert es mich nicht, dass das die einzige logische Schlussfolgerung für sie ist.

»Vermisst du ihn?«, frage ich sie ruhig. »Sei ehrlich. Vermisst du ihn? Wenn du das alles nämlich nur machst, um irgendjemandem was zu beweisen, dann lass es gut sein. *Bitte.*«

Ich sehe, wie Brad in die Straße einbiegt, und wünschte, ich könnte ihm sagen, dass er weiterfahren soll. Aber bevor ich auch nur daran denken kann, nach meinem Handy zu greifen, fährt er schon rechts ran. Sutton folgt meinem Blick, als Josh hinten aussteigt.

Sie stürmt sofort zum Wagen. Als Josh sie sieht, hält er inne. Nein, er *erstarrt*. Er weiß ganz eindeutig nicht, was er tun soll.

Sutton schnippt mit den Fingern und zeigt auf ihren Wagen. »Steig ein, wir fahren.«

Joshs Blick huscht zu mir. Ich schüttle den Kopf und gebe ihm ein Zeichen, ins Haus zu gehen, während Brad, der natürlich auch mitbekommt, dass etwas nicht stimmt, seine Wagentür öffnet.

Josh läuft mit gesenktem Kopf an Sutton vorbei in meine Richtung, sie folgt ihm dichtauf. Ich versuche, Josh hastig ins Haus zu schieben und die Tür hinter ihm zuzuziehen, aber sie ist schneller. Mir bleibt nichts anderes übrig, als sie reinzulassen, wenn ich nicht riskieren will, sie beim Zuschlagen der Tür womöglich zu verletzen.

Na gut. Dann bringen wir es eben jetzt hinter uns.

Ich winke Brad zu, dass er fahren kann, und drehe mich dann zu Lily, die in der Nähe der Haustür steht und die Szene mit großen Augen verfolgt hat.

»Tut mir leid«, sage ich lautlos.

Josh wirft seinen Rucksack auf den Boden, setzt sich auf die Couch und verschränkt fest die Arme vor der Brust. »Ich komme nicht mit dir mit«, sagt er zu Sutton.

»Das hast nicht du zu entscheiden.«

Josh sieht mich flehend an. »Du hast gesagt, dass ich hierbleiben kann.«

»Kannst du auch.«

Sutton schaut mich mit einem Blick an, als wollte sie mich warnen, nicht zu weit zu gehen. Vielleicht gehe ich tatsächlich zu weit. Vielleicht habe ich kein Recht, mich zwischen eine Mutter und ihr Kind zu stellen. Aber das hätte sie sich früher überlegen sollen. Dieser Junge ist mein Bruder. Ich kann mich nicht einfach wegdrehen und ihn seinem Schicksal überlassen.

»Wenn du nicht mitkommst, sorge ich dafür, dass dein Bruder ins Gefängnis wandert.«

Josh rammt die Handflächen in die Sitzfläche der Couch und springt auf. »Warum kann ich nicht *selber* entscheiden, wo ich wohne?«, schreit er. »Warum muss ich bei einem von euch bleiben? Ich hab doch gesagt, dass ich zu meinem Dad will, aber niemand hilft mir, ihn zu *finden*!« Ihm bricht die Stimme. Er fährt herum, stürmt den Flur hinunter und knallt so laut die Tür zu seinem Zimmer hinter sich zu, dass ich zusammenzucke. Vielleicht zucke ich auch wegen dem zusammen, was er gesagt hat, bevor er davongerannt ist.

So oder so hat es mir einen Stich versetzt.

Sutton ist meine Reaktion nicht entgangen. »Tja, *Atlas*«, sagt sie lachend. »Dachtest du etwa wirklich, dass du hier einen auf großen Bruder machen könntest? Dass du eine *Beziehung* zu ihm aufbauen könntest?« Sie schüttelt den Kopf und wirft resigniert die Hände in die Luft. »Meinetwegen. Bring ihn zu seinem Daddy. Spätestens in einer Woche kommst du wieder zu mir gerannt, genau wie das letzte Mal, als du meine Hilfe gebraucht hast.«

Sie dreht sich um und geht nach draußen zu ihrem Wagen. Ich bin so verstört, dass ich es nicht schaffe, die Tür hinter ihr zuzumachen.

Lily tut es für mich. Danach kommt sie auf mich zu und sieht mich mitfühlend an, aber als sie mich in die Arme nehmen will, schüttle ich den Kopf. »Ich brauche kurz einen Moment.«

30.

LILY

Atlas schließt die Schlafzimmertür hinter sich und ich bleibe allein im Wohnzimmer zurück.

Es tut mir so leid für die beiden. Nicht zu fassen, dass diese kalte, unsympathische Frau ihre Mutter ist. Eigentlich dürfte mich das nicht überraschen, ich habe ja genug Geschichten über sie gehört, aber ich hätte nicht damit gerechnet, dass mich ihr Anblick so dermaßen umhauen würde. Atlas und Josh sehen ihr wahnsinnig ähnlich. Es fällt mir einfach schwer zu glauben, dass jemand, der Atlas äußerlich so gleicht, so anders sein kann. Sie ist wirklich das komplette Gegenteil ihres Sohns.

Immer noch erschüttert von der Szene gerade, lasse ich mich auf die Couch fallen. Atlas ist völlig aus der Bahn geworfen, so habe ich ihn noch nie erlebt. Am liebsten würde ich zu ihm reingehen, aber ich kann verstehen, dass er jetzt erst mal Zeit für sich braucht.

Genau wie Josh. Der Arme.

Ich möchte nicht einfach wegfahren, ohne mich von Atlas zu verabschieden, will ihn aber auch nicht stören. Nach einer Weile stehe ich auf, gehe in die Küche und werfe einen Blick in den Kühlschrank, ob alles Nötige für ein Frühstück da ist.

Ich mache bloß Rührei mit gebratenem Speck, nichts Aufwendiges. Außerdem habe ich tief gefrorene Buttermilchbrötchen gefunden, die gerade im Ofen aufbacken. Kurz bevor sie fertig sind, klopfe ich an Joshs Zimmertür. Vielleicht hat er ja Lust, mit mir zu frühstücken.

Josh öffnet die Tür einen Spaltbreit und späht hindurch.

»Hast du Hunger?«, frage ich.

»Ist Sutton weg?«

Als ich nicke, kommt er raus und folgt mir durch den Flur in die Küche. Während ich die Brötchen aus dem Ofen hole und das Rührei und den Speck auf zwei Teller verteile, schenkt Josh sich Orangensaft ein. Ich stelle ihm sein Frühstück hin und setze mich ihm gegenüber. Beim Essen mustert er mich immer wieder verstohlen, als würde er versuchen, mich einzuschätzen.

»Wo ist Emerson?«, fragt er.

»Bei ihrer Tante.«

Josh nickt und schiebt sich eine Gabel Rührei in den Mund. »Wie lange bist du schon mit meinem Bruder zusammen?«

Ich zucke mit den Schultern. »Das kommt darauf an, wie man es sieht. Wir haben uns kennengelernt, als ich fünfzehn war, sind aber erst seit eineinhalb Monaten ein Paar.«

»Echt?«, sagt Josh überrascht. »Wart ihr Schulfreunde oder so?«

»*Oder so* … Ja.« Ich trinke einen Schluck Kaffee. »Dein Bruder war damals in einer schwierigen Situation und wusste nicht, wo er unterkommen sollte. Ich habe ihm eine Zeit lang geholfen.«

Josh lehnt sich in seinem Stuhl zurück und sieht mich erstaunt an. »Okay … Ich dachte, er hat bei unserer Mom gewohnt.«

»Sie und dein Dad wollten das irgendwann nicht mehr«, sage ich. »Er musste sich lange Zeit allein durchschlagen.« Hoffentlich gebe ich damit nicht zu viel preis, aber ich habe das Gefühl, dass diese Information für Josh wichtig ist, um Atlas besser zu verstehen. »Sei ein bisschen gnädiger mit deinem Bruder, okay? Er mag dich sehr.«

Josh sieht mich einen Moment an, dann nickt er wieder, spießt eine Scheibe Speck auf und beißt ein Stück davon ab. Den Rest lässt er auf den Teller fallen und wischt sich mit der Serviette über den Mund. »Normalerweise kriegt er ihn knuspriger hin.«

Ich lache. »Den hab ja auch ich gebraten und nicht er.«

»Oh, Shit«, sagt Josh verlegen. »Sorry.«

Ich bin nicht beleidigt, weil mir klar ist, dass ich gegen Atlas' Kochkünste nur verlieren kann. »Könntest du dir vorstellen, später auch mal Koch zu werden? Atlas hat mir erzählt, dass du im Restaurant ein bisschen aushilfst.«

»Weiß nicht.« Josh zuckt mit den Schultern. »Vielleicht. Es macht schon irgendwie Spaß. Ist aber auch ganz schön anstrengend. Atlas muss so viel arbeiten. Ich glaub, mir würde jeder Beruf nach ein paar Jahren langweilig werden. Keine Ahnung, was ich mal machen will.«

»Ich denke auch manchmal, dass ich noch gar nicht weiß, was ich machen will, wenn ich mal groß bin.«

»Atlas hat gesagt, du hast ein Blumengeschäft.«

»Ja, stimmt. Und davor habe ich in einer Marketingagentur gearbeitet.« Ich schiebe meinen Teller von mir weg und verschränke die Arme auf dem Tisch. »Trotzdem geht es mir wie dir, und ich habe Angst, dass mein Job mich irgendwann langweilt. Ich meine, warum muss man sich für einen Beruf entscheiden und dann für immer dabei bleiben? Man könnte doch auch alle fünf Jahre was anderes machen.«

Josh nickt energisch, als wäre er da ganz meiner Meinung. »In der Schule sagen sie uns immer, wir sollen uns einen Beruf suchen, den wir lieben, damit wir ihn ein Leben lang machen können. Aber was ist, wenn ich viel lieber hundert verschiedene Berufe ausprobieren möchte?«

Ich freue mich, ein Thema gefunden zu haben, mit dem Josh etwas anfangen kann. Er erinnert mich gerade so sehr an den

Atlas, den ich als Fünfzehnjährige gekannt habe. »Was würdest du denn alles ausprobieren wollen?«

»Fischer wäre cool. Ich hab noch nie gefischt, aber das klingt voll so, als würde es Spaß machen. Kochen würde ich auch gern lernen, aber nicht für immer als Beruf. Und ich hätte Lust, Filme zu drehen.«

»Ich überlege manchmal, den Blumenladen zu schließen und stattdessen einen Klamottenladen zu eröffnen.«

»Ich möchte Sachen töpfern und auf Märkten verkaufen.«

»Ich will irgendwann ein Buch schreiben.«

Josh strahlt. »Und Schiffskapitän wäre ich auch gern mal.«

»Ich glaube, mir würde es Spaß machen, Kunst zu unterrichten.«

»Und ich fände es cool, als Türsteher in einem Sexclub zu arbeiten.«

Ich pruste los und drehe mich um, als ich hinter mir noch jemanden lachen höre. Atlas steht in der Tür und hat unser Gespräch offensichtlich mitgehört.

Es tut gut zu sehen, dass er sich von seiner Mutter nicht unterkriegen lässt.

»Lily hat uns Frühstück gemacht«, sagt Josh.

»Mhmmm, lecker.« Atlas kommt zum Tisch, gibt mir einen Kuss auf die Wange und nimmt sich einen Speckstreifen von meinem Teller.

»Die sind ein bisschen labberig«, warnt Josh.

»Hey, beleidige meine Freundin nicht, sonst koche ich nie mehr für dich«, sagt Atlas und stiehlt den letzten Speckstreifen von Josh.

»Das Rührei ist echt *köstlich*, Lily«, heuchelt Josh mit übertriebener Begeisterung.

Ich lache. Als Atlas sich neben mich setzt, denke ich, dass ich gern noch ein bisschen hierbleiben würde, aber ich bin schon viel länger da, als ich vorhatte. Er und Josh haben sicher auch ein paar Dinge zu besprechen.

»Ich muss leider los«, sage ich und rücke mit meinem Stuhl ein Stück nach hinten. Atlas nickt. »Okay. Dann hol ich mal meine Sachen.«

Während ich im Schlafzimmer alles zusammensuche, höre ich, wie die beiden sich unterhalten.

»Hättest du nachher Lust auf einen Ausflug?«, fragt Atlas.

»Wohin denn?«, will Josh wissen.

»Ich hab rausgefunden, wo dein Vater wohnt.«

Ich halte inne und gehe näher zur Tür, um Joshs Antwort zu hören.

»Im Ernst?«, sagt Josh aufgeregt. »Weiß er, dass wir kommen?«

»Nein, ich hab nur seine Adresse. Keine Telefonnummer oder so, um uns anzukündigen. Aber du hattest recht, er wohnt in Vermont.« Atlas' Stimme ist anzuhören, dass ihm vor dieser Begegnung graut. *Gott, ich kann ihn so gut verstehen.*

Josh springt auf und stürmt in sein Zimmer. »Der wird Augen machen, wenn ich plötzlich vor ihm stehe!«

Mit schwerem Herzen packe ich meine Sachen zusammen. Als ich wieder in die Küche komme, steht Atlas am Spülbecken und starrt geistesabwesend in den Garten hinaus. Ich lege ihm eine Hand auf die Schulter.

»Lily.« Er dreht sich um, zieht mich an sich und küsst mich auf die Schläfe. »Ich bring dich noch zum Wagen.«

Er trägt meine Tasche, stellt sie auf die Rückbank, und wir umarmen uns, bevor ich einsteige.

Es ist dieselbe Art von Umarmung wie vor ein paar Wochen, als er spätabends noch mal zu mir nach Hause gekommen ist. Ich versuche, ihm den Halt zu geben, den er jetzt braucht, und würde ihn am liebsten gar nicht mehr loslassen. »Was denkst du, was euch bei seinem Vater erwartet?«, frage ich.

Atlas lässt seine Hände auf meine Hüften gleiten und lehnt sich an den Wagen. Seufzend hakt er seine Finger in die Gürtelschlaufen meiner Jeans. »Keine Ahnung. Warum mache ich mir solche Sorgen um ihn?«

»Weil du ihn liebst.«

Atlas lässt seinen Blick über mein Gesicht wandern. »Dann ist das also der Grund, warum ich mir immer Sorgen um dich mache? Weil ich dich liebe?«

Mir stockt der Atem. »Das kannst nur du wissen.«

Er zieht mich wieder an sich und streicht an meinem Hals hinab bis zu meinem Tattoo. »Ich habe dich die ganzen Jahre hindurch immer geliebt, Lily. Das weißt du doch.« Er küsst mich aufs Schlüsselbein, und ich muss die Lippen zusammenpressen, damit mir nicht vor Rührung Tränen in die Augen steigen.

»Ich habe dich auch die ganze Zeit über geliebt.«

Atlas nickt. »Ich weiß. Niemand auf dieser Welt liebt mich wie du.« Er nimmt mein Gesicht in beide Hände und küsst mich. Als er mich danach ansieht, ist sein Blick so sehnsüchtig, als würde er mich schon vermissen, bevor ich überhaupt weggefahren bin. Aber vielleicht denke ich das auch nur, weil es mir so geht.

»Ich rufe dich heute Abend an. Ich liebe dich.«

»Ich liebe dich auch. Viel Glück.«

Auf der Fahrt zu Allysa bin ich voller widerstreitender Gefühle. Einerseits bin ich unbeschreiblich glücklich, weil jeder einzelne Moment, den ich in den letzten Tagen mit Atlas verbracht habe, schöner war als alles, was ich mir je erträumt habe. Und gleichzeitig ist es, als wäre eben ein Stück meines Herzens abgebrochen und bei ihm geblieben, so sehr fühle ich mit ihm.

Am liebsten wäre es mir ja, sie würden Tim gar nicht finden – aber falls sie ihn finden, hoffe ich, dass Josh die richtige Entscheidung trifft.

31.

ATLAS

Die Fahrt dauert ungefähr drei Stunden. Josh hat bis jetzt kaum etwas gesagt, sondern die ganze Zeit die Nase in einen Manga gesteckt. Falls ihn das Ganze hier genauso nervös macht wie mich, kann ich mir allerdings nicht vorstellen, dass er wirklich viel von der Handlung mitbekommt. Er starrt auch schon seit fünf Minuten auf dieselbe Seite. Die Zeichnungen zeigen wohl eine Kampfszene, aber eigentlich kann ich darauf nicht viel mehr erkennen als jede Menge knapp verhüllte Brüste.

»Ist der Manga überhaupt schon für Zwölfjährige?«, frage ich.

Josh dreht sich kaum merklich zur Seite, sodass ich nur noch das Cover sehen kann. »Hä? Klar«, sagt er mit einer Stimme, die ungefähr eine Oktave tiefer ist als sonst.

Er ist ein erbärmlicher Lügner. Aber es ist gut, das zu wissen; das wird es mir einfacher machen, falls er am Ende doch bei mir bleibt.

Vielleicht sollte ich ihm dann ein paar Ratgeber für Jugendliche kaufen. Ich bestücke sein Bücherregal mit allen Graphic Novels, die er möchte, und schmuggle heimlich Selbsthilfebücher dazwischen, um meine mangelnde erzieherische Kompetenz auszugleichen. *Pubertät unchained*, *Das Jungs-Buch* oder *Die hohe Kunst, drauf zu schei*en*. Vielleicht stecke ich auch noch die heiligen Schriften der großen Weltreligionen dazu. Ich nehme jede Hilfe, die ich kriegen kann.

Vor allem nach heute. Josh glaubt vielleicht, dass das hier ein One-Way-Trip ist, aber mein Bauchgefühl sagt mir, dass er wieder mit mir nach Boston zurückkommt. Ich hoffe nur, dass wir das ohne Geschrei und wildes Um-sich-Schlagen hinbekommen.

Als das Navi verkündet, dass wir unser Ziel gleich erreicht haben, verstärkt sich Joshs Griff um den Manga, der immer noch auf derselben Seite aufgeschlagen ist. Langsam fahre ich die Straße entlang und lasse den Blick über die Hausnummern gleiten, bis ich die von Tim gefunden habe. Ich parke auf der gegenüberliegenden Straßenseite und schaue zu dem schäbigen Holzbungalow rüber. Josh tut weiter so, als wäre er in seinen Manga vertieft.

»Wir sind da.«

Endlich lässt er das Buch sinken und hebt den Kopf. Ich zeige auf das Haus und Josh starrt es gute zehn Sekunden lang an. Dann nimmt er seinen Rucksack auf den Schoß und steckt den Manga hinein.

Er hat fast alle seine Sachen mitgenommen. Die Klamotten, die ich ihm gekauft habe, ein paar von den Büchern. Der Rucksack ist so vollgepackt, dass der Reißverschluss nicht ganz zugeht. Er hält ihn fest, als hinge sein Leben davon ab. Oder zumindest die Hoffnung, dass wenigstens ein Elternteil ihn haben will.

»Können wir noch kurz warten?«, fragt er.

»Kein Problem.«

Er rutscht nervös auf dem Sitz hin und her. Fummelt an den Belüftungsschlitzen rum, an seinem Gurt, checkt sein Handy. Zehn Minuten vergehen, während ich geduldig darauf warte, dass er den Mut zusammenkratzt, den er braucht, um die Wagentür zu öffnen.

Ich schaue noch mal zu dem Haus rüber. In der Einfahrt steht ein alter weißer Pick-up. Das ist wahrscheinlich der Grund, warum Josh sich noch nicht dazu durchringen konnte, über die

Straße zu gehen und an Tims Tür zu klopfen. Der Wagen ist ein Hinweis darauf, dass jemand zu Hause ist.

Ich habe nicht versucht, ihm die Sache hier auszureden, weil ich genau weiß, wie sich das anfühlt, wenn man seinen Vater kennenlernen möchte. Josh wird sich diesen Moment so lange in seiner Fantasie ausmalen, bis er in der Lage ist, sich der Realität zu stellen. Als Kind habe ich genauso sehr auf eine echte Familie gehofft. Aber nachdem ich jahrelang immer und immer wieder enttäuscht wurde, ist mir klar geworden, dass die Gruppe von Leuten, in die man zufällig hineingeboren wird, noch lange keine intakte Familie ist.

»Soll ich einfach klopfen?«, fragt Josh schließlich. Er hat total Schiss, und um ehrlich zu sein, geht es mir ähnlich. Ich habe mit Tim damals eine Menge durchgemacht und bin nicht scharf darauf, ihn wiederzusehen. Außerdem graut mir vor dem möglichen Ausgang dieser Begegnung.

Obwohl ich mir sicher bin, dass Josh hier nicht gut aufgehoben wäre, kann ich ihm nicht verbieten, Kontakt zu seinem Vater aufzunehmen. Trotzdem ist meine größte Angst, dass er sich entscheidet, hierzubleiben. Dass Tim imstande wäre, ihn nur deshalb mit offenen Armen zu empfangen, weil er wie meine Mutter tickt und genau weiß, dass das das Letzte ist, was ich will.

»Ich kann auch mitkommen, wenn du möchtest«, sage ich, obwohl ich gut darauf verzichten könnte, diesem Mann gegenüberzustehen und ruhig bleiben zu müssen, statt ihm eine dafür reinzuhauen, dass er meinem kleinen Bruder ein so beschissener Vater gewesen ist.

Josh sitzt eine Weile vollkommen still da. Ich starre mit gefakter Entspanntheit auf mein Handy und kämpfe gegen das Bedürfnis an, den Motor zu starten und ihn von hier wegzubringen.

Plötzlich spüre ich, wie Josh mit den Fingern kurz meinen Unterarm berührt. Als ich den Blick hebe, sehe ich, dass er auf eine verblasste Narbe starrt, die eines der hässlichen Andenken an die grauenhafte Zeit mit Sutton und Tim ist. Bis jetzt hat Josh mich allerdings noch nie auf meine Narben angesprochen.

»War das … Tim? Hat er das gemacht?«

Ich spanne die Muskeln in meinem Unterarm an und nicke. »Ja, aber das ist sehr lange her. Vielleicht geht er mit seinem eigenen Sohn ganz anders um als mit einem Stiefsohn.«

»Und selbst wenn … Ich meine, wenn er dich so behandelt hat, warum soll ich ihm dann eine zweite Chance geben?«

Es ist das erste Mal, dass Josh mehr oder weniger zugibt, dass sein Vater kein Held ist.

Ich möchte nicht derjenige sein, den er irgendwann dafür verantwortlich macht, dass er keine Beziehung zu seinem Vater hat, aber ich würde ihm gern sagen, dass er recht hat. Sein Vater hat keine zweite Chance verdient. Er ist abgehauen und hat nie wieder einen Gedanken an seinen Sohn verschwendet. Er hat sein eigenes Kind im Stich gelassen. Dafür gibt es keine Entschuldigung.

Es existiert diese fixe Idee, dass eine Familie unter allen Umständen zusammenhalten muss, und zwar einfach nur, weil sie eine Familie ist. Aber als ich meiner Familie den Rücken gekehrt habe, habe ich mir den größten Gefallen getan, den ich mir je tun konnte. Ich will gar nicht daran denken, wie mein Leben heute aussehen würde, wenn ich damals geblieben wäre. Was aus Josh werden könnte, falls er sich anders entscheidet.

Er schaut noch mal zum Haus. Seine Augen weiten sich etwas und ich drehe den Kopf und folge seinem Blick.

Tim ist gerade aus der Tür gekommen und geht auf seinen Pick-up zu. Josh und ich beobachten ihn beide mit angehaltenem Atem.

Er sieht gebrechlich aus, ist alt geworden, wirkt kleiner, als ich ihn in Erinnerung hatte. Vielleicht liegt das auch nur daran, dass ich kein Kind mehr bin.

Er kippt den Rest einer Bierdose hinunter, während er die Tür des Wagens öffnet, wirft die leere Dose anschließend in ein verdorrtes Beet und beugt sich ins Innere, um nach irgendetwas zu suchen.

»Ich weiß nicht, was ich machen soll«, flüstert Josh. Er wirkt so verloren, dass mir das Herz blutet. Als er mich jetzt wieder ansieht, liegt ein flehender Ausdruck in seinen Augen. Er bittet mich, ehrlich zu ihm zu sein, ihm zu helfen, die richtige Entscheidung zu treffen.

Ich habe Josh gegenüber nie ein böses Wort über Tim verloren, aber in diesem Moment habe ich das Gefühl, meinem Bruder keinen guten Dienst zu leisten, wenn ich weiter schweige. Vielleicht ist es tatsächlich Zeit für die Wahrheit.

Ich lasse das Handy sinken und beschließe, mich nicht länger zurückzuhalten. Josh will schonungslose Ehrlichkeit und ich werde sie ihm geben. Wozu ist ein älterer Bruder sonst gut?

»Ich kenne meinen Vater nicht wirklich«, beginne ich. »Ich weiß, wie er heißt, aber das war's auch schon. Sutton hat erzählt, dass er uns verlassen hat, als ich noch ganz klein war, wahrscheinlich war ich ungefähr im selben Alter wie du, als Tim gegangen ist. Es hat mir immer zu schaffen gemacht, dass ich meinen Vater nicht kannte. Ich hatte Angst um ihn. Ich hab mir die schlimmsten Dinge ausgemalt, die ihm passiert sein und ihn davon abgehalten haben könnten, sich um mich zu kümmern. Dass er vielleicht unschuldig im Gefängnis gelandet war, solche Sachen. Irgendetwas, das als Entschuldigung dafür taugte, dass er wusste, dass es mich gibt, aber nicht Teil meines Lebens sein konnte. Weil … was muss das für ein Mann sein, der einen Sohn hat und nichts von ihm wissen will?«

Josh starrt immer noch zu Tim rüber, aber ich spüre, dass er jedes Wort, das ich sage, aufsaugt.

»Mein Vater hat nie einen Cent Unterhalt gezahlt oder sich

sonst irgendwie gekümmert. Auch später hat er nie nach mir gesucht. Es wäre leicht für ihn gewesen, mich im Netz zu finden. Ich meine, *du* hast das schließlich auch geschafft und bist praktisch noch ein Kind. Er dagegen ist ein erwachsener Mann.«

Ich drehe mich in meinem Sitz zu Josh, um ihn ansehen zu können. »Ganz genau wie Tim. Er ist ein erwachsener Mann, und wenn er sich nicht nur für sich selbst interessieren würde, hätte er versucht, irgendwie Kontakt zu dir aufzunehmen. Er weiß, wie du heißt, er weiß, in welcher Stadt du lebst, er weiß, wie alt du bist.«

Joshs Augen füllen sich mit Tränen.

»Es macht mich total fertig, dass dieser Mann einen Sohn wie dich hat – einen, der sich sogar *wünscht*, Teil seines Lebens sein zu dürfen – und trotzdem keinen einzigen Finger für dich gerührt hat. Du bist ein Geschenk, Josh, und wenn ich gewusst hätte, dass es dich gibt, dann hätte ich Himmel und Hölle in Bewegung gesetzt, um dich zu finden.«

Josh läuft eine Träne über die Wange. Er dreht schnell den Kopf weg – weg von Tims Haus, weg von mir – und schaut aus dem Seitenfenster. Es bricht mir das Herz, als ich sehe, wie er sich unbeholfen übers Gesicht wischt.

Und es macht mich unfassbar wütend, dass Sutton ihn mir die ganze Zeit über bewusst verschwiegen hat. Ihr war klar, dass ich Josh ein guter Bruder gewesen wäre. Dass ich ihm die Liebe hätte geben können, zu der sie nicht fähig war. Sie hat uns aus purem Egoismus voneinander ferngehalten.

Aber ich will nicht, dass meine Wut auf Sutton oder auf Tim oder auch auf meinen eigenen Vater Josh in irgendeiner Weise beeinflusst. Er ist alt genug, zwischen meiner Ehrlichkeit und seiner Hoffnung abzuwägen und seine eigene Entscheidung zu treffen. Und ich werde ihm dabei zur Seite stehen, ganz egal, wie sie ausfällt.

Als Josh mich schließlich wieder ansieht, hat er immer noch Tränen in den Augen und sein Blick ist fragend und unsicher. Er sieht aus, würde er sich danach sehnen, dass ich diese Entscheidung für ihn treffe.

Ich schüttle den Kopf. »Die haben uns zwölf Jahre geklaut, Josh. Ich glaube nicht, dass ich ihnen das je verzeihen kann, aber ich würde es dir niemals übel nehmen, wenn du ihnen verzeihen willst. Du bist du. Und wenn du deinem Vater eine Chance geben willst, dich kennenzulernen, dann klebe ich mir ein Lächeln ins Gesicht und gehe mit dir zu ihm rüber. Sag mir einfach, was ich tun kann, um für dich da zu sein, und ich tu's.«

Josh nickt, dann wischt er sich mit dem Saum seines Shirts übers Gesicht, holt tief Luft und stößt hervor: »Er hat einen Pick-up.«

Ohne zu verstehen, was er damit meint, folge ich seinem Blick zu Tims Wagen.

»Ich hab die ganze Zeit gedacht, dass er bestimmt so arm ist, dass er kein Geld hat, um nach Boston zu kommen«, sagt Josh. »Oder dass er vielleicht nicht Auto fahren kann, weil er irgendeine Krankheit hat oder total schlecht sieht oder so was. Keine Ahnung. Aber er hat einen Pick-up und hat trotzdem nie versucht, mich zu finden.«

Ich widerspreche nicht. Das Einzige, was ich tun kann, ist, für ihn da zu sein, wenn er alle seine Gedanken zu Ende gedacht und ausgesprochen hat.

»Er hat mich nicht verdient, oder.« Das klingt nicht wie eine Frage, sondern wie eine Feststellung.

»Keiner von den beiden hat dich verdient.«

Es vergeht bestimmt eine Minute, in der er völlig reglos dasitzt und an mir vorbei zu dem Haus starrt. Schließlich setzt er sich etwas aufrechter hin und sieht mich fest an. »Ich muss doch immer noch diese Hausaufgabe abgeben, mit der ich nicht klargekommen bin. Die mit dem Familienstammbaum, weißt du?« Josh greift nach dem Gurt und schnallt sich wieder an. »Die haben nicht gesagt, wie groß der Baum sein soll. Ich glaub, ich zeichne einfach so einen kleinen Setzling. Die haben ja noch gar keine Äste.« Er klopft aufs Armaturenbrett. »Lass uns fahren.«

Das kommt so unerwartet, dass ich laut auflache. In mir steigt Zuversicht hoch. Dieser Junge verliert seinen Humor noch nicht mal dann, wenn er in seinem Leben an einem absoluten Tiefpunkt angekommen ist. Ich habe das ganz starke Gefühl, dass er klarkommen wird.

»Ein Setzling, ja?« Ich lasse den Wagen an und schnalle mich ebenfalls an. »Das könnte funktionieren.«

»Ich zeichne einen Setzling mit zwei winzigen Zweigen. Einen für dich und einen für mich. Dann haben wir unseren eigenen ganz neuen Mini-Familienstammbaum – einen, der mit uns anfängt.«

Ich spüre ein Brennen hinter den Lidern und angele mir meine Sonnenbrille vom Armaturenbrett. »Ein komplett neuer Stammbaum, der mit uns anfängt«, sage ich. »Das gefällt mir.«

Josh nickt. »Und wir werden ihn viel besser pflegen, als unsere beschissenen Eltern es gemacht haben.«

»Das sollte nicht allzu schwer sein.« Ich bin so unglaublich erleichtert über seine Entscheidung. Vielleicht überlegt er es sich irgendwann noch mal anders, aber ich habe das deutliche Gefühl, dass er seinem Vater mir gegenüber nie den Vorzug geben würde, selbst wenn er eines Tages Kontakt zu ihm hätte. Mein Bruder erinnert mich total an mich selbst, und Loyalität ist eine Eigenschaft, an der es uns beiden wahrlich nicht mangelt.

»Atlas?«, fragt Josh, als ich den Gang einlege.

»Ja?«

»Darf ich ihm den Stinkefinger zeigen?«

Ich schaue zu Tim, seinem Pick-up und seinem Haus zurück. Es ist eine kindische Bitte, aber eine, gegen die ich absolut nichts einzuwenden habe. »Darfst du.«

Josh beugt sich so dicht an mein Fenster, wie der Gurt es ihm erlaubt. Ich lasse die Scheibe runter und hupe. Tim schaut genau in dem Moment zu uns rüber, in dem ich anfahre.

»Arsch … Loch«, ruft Josh laut und reckt ihm den Mittelfinger entgegen. Sobald wir aus Tims Blickfeld verschwunden sind, lässt er sich lachend in den Sitz zurückfallen.

»Es heißt *Arschloch*, Josh. *Ein* Wort.«

»Arschloch«, wiederholt er.

»Danke. Und jetzt reicht's wieder damit, du bist erst zwölf.«

32.

LILY

Bist du zu Hause?

Die Nachricht ist von Atlas.

Ja, aber nicht mehr lange. Warum?

Ich renne hektisch in der Wohnung hin und her, packe Emmys Snacks in die Wickeltasche, suche Kleidung zum Wechseln zusammen und werfe schnell noch eine Dose mit Babymilch dazu, die sie bekommt, seit ich sie nicht mehr stille. »So!«, sage ich und hebe sie aus ihrem Bettchen. »Fahren wir jetzt deine Cousine Rylee besuchen?«

Emmy strahlt mich an, als sie Rylees Namen hört.

Heute Vormittag habe ich mit Allysa und Marshall über all die Dinge gesprochen, die Ryle sich in letzter Zeit geleistet hat. Allysa war auch der Meinung, dass es die absolut richtige Entscheidung war, die Nachrichten meiner Anwältin zu schicken. Auch meine Idee, dass wir uns zusammensetzen und über alles sprechen könnten, fand sie gut. Sie hat vorgeschlagen, es gleich heute Abend hinter uns zu bringen. Ich bin nervös, aber es ist ein extrem beruhigendes Gefühl, zu wissen, dass Allysa und Marshall so hinter mir stehen.

Als ich gerade zur Tür gehe, klopft es. Ich spähe durch den

Spion und bin erleichtert, Atlas zu sehen, aber dann fällt mir auf, dass er Josh nicht dabeihat. Beunruhigt reiße ich die Tür auf. »Was ist passiert? Wo ist Josh?«

Als ich Atlas lächeln sehe, atme ich auf.

»Alles gut. Er ist zu Hause.«

»Puh. Okay. Und warum bist du hier?«

»Ich war auf dem Weg ins Restaurant und dachte, ich mache schnell einen Abstecher zu dir, um mir eine Umarmung abzuholen.«

Ich lächle. Zu einer richtigen Umarmung kommt es dann doch nicht, weil Emerson auf meiner Hüfte sitzt und ich die prall gefüllte Wickeltasche umhängen habe, sodass es nur für einen schnellen Kuss auf die Schläfe reicht. »Lügner. Meine Wohnung liegt gar nicht auf deinem Weg, und es ist Sonntag, da hat das Restaurant zu.«

»Haarspalterei«, sagt er grinsend. »Und wo fährst du hin?«

»Zu Allysa und Marshall. Abendessen.« Ich rücke die Wickeltasche auf meiner Schulter zurecht, worauf Atlas sie mir abnimmt.

»Ich trag sie dir runter.« Als er sie sich umhängt, streckt Emmy die Ärmchen nach ihm aus, und wir sehen uns etwas überrascht an. Bereitwillig wechselt sie von mir zu ihm und schmiegt sich an seine Brust. Der Anblick raubt mir einen Moment den Atem. Atlas scheint es genauso zu gehen. Er lächelt fast ungläubig. Als wir nebeneinander nach unten zu meinem Wagen gehen, hält er die ganze Zeit meine Hand.

Nachdem ich ihm Emmy wieder abgenommen und in den Kindersitz geschnallt habe, können wir uns endlich richtig umarmen. Ohne dass er es aussprechen muss, spüre ich, dass er gerade Kraft braucht. Hoffentlich kann ich ihm genug davon geben.

»Also sag schon, wohin bist du unterwegs?«, frage ich schließlich und lehne mich etwas zurück, um ihn anzusehen.

»Ich fahre wirklich ins Restaurant.« Er lächelt müde. »Ich habe Sutton gebeten, sich dort mit mir zu treffen. Wir müssen uns über Josh unterhalten und dieses Gespräch würde ich gern unter vier Augen führen. Sie will immer das große Publikum, aber das kriegt sie diesmal nicht.«

»Wow, okay. Und ich gehe nicht nur zum Abendessen zu Allysa und Marshall, sondern auch zu einem Gespräch mit Ryle. Wir müssen darüber reden, wie es weitergehen kann. Ich hatte dir ja von der Idee erzählt. Was wird das heute? Der allgemeine Problemlösungssonntag?«

Atlas lacht leise. »Hoffentlich lösen sie sich!«

Ich küsse ihn. »Viel Glück.«

Er lächelt. »Dir auch. Pass auf dich auf und ruf mich an, sobald du kannst.« Er gibt mir einen letzten Abschiedskuss und sagt: »Ich liebe dich, Babe«, dann löst er sich von mir und geht zu seinem Wagen.

Babe. Irgendwie macht mich das ein bisschen verlegen, trotzdem lächle ich, als ich mich hinters Steuer setze. *Ich liebe dich, Babe*. Ich lächle immer noch, als ich den Gang einlege und losfahre. Es überrascht mich selbst, dass ich so gut gelaunt bin, obwohl das, was ich vorhabe, ganz sicher nicht leicht wird. Zumal ich improvisieren muss, weil ich bisher noch gar keine Zeit hatte, mir konkrete Gedanken zu machen. Und Ryle hat noch keine Ahnung, was ihm heute Abend bevorsteht.

»Gibt es Lasagne?«, frage ich Marshall, als er mir die Tür aufmacht. Aus der Küche weht mir der Duft von Tomatensoße und Knoblauch entgegen.

»Allysas Lieblingsessen, genau.« Er schließt die Tür und streckt die Arme nach Emmy aus. »Komm zu Onkel Marshall«, sagt er und nimmt sie mir ab.

Sie gluckst fröhlich, als er die Augen aufreißt und ihr die

Zunge rausstreckt. Marshall ist definitiv einer von Emmys Lieblingsmenschen, wobei es auch schwierig wäre, irgendein Kind zu finden, das ihn nicht vergöttert. »Ist sie in der Küche?«

Marshall nickt. »Ja. Er auch«, flüstert er. »Wir haben ihm aber nicht gesagt, dass du kommst.«

»Okay.« Ich stelle die Wickeltasche ab und mache mich auf den Weg in die Küche. Im Vorbeigehen sehe ich meine Ex-Schwiegermutter mit Rylee im Wohnzimmer spielen. »Hallo!« Ich winke den beiden zu.

Ryle lehnt an der Kochinsel und unterhält sich mit Allysa. Als ich in die Küche komme, erstarrt er kurz und richtet sich dann auf, aber ich reagiere gar nicht auf ihn. Er soll bloß nicht glauben, ich würde mich von ihm noch einschüchtern lassen.

Allysa lächelt mir zu und schiebt dann die Lasagne in den Ofen. »Ha! Perfektes Timing.« Sie wirft den Topflappen auf die Theke. »Wir haben exakt fünfundvierzig Minuten, dann ist sie fertig«, verkündet sie und zieht ihren Bruder zum Esstisch.

»Was wird das?« Ryle sieht skeptisch zwischen Allysa und mir hin und her.

»Nur ein Gespräch«, sagt sie. Ryle verdreht zwar die Augen, nimmt aber – wenn auch widerstrebend – gegenüber von uns am Tisch Platz und lehnt sich mit verschränkten Armen zurück. Allysa gibt mir mit einem Blick zu verstehen, dass es von ihr aus losgehen kann.

Aus irgendeinem Grund, den ich mir selbst nicht erklären kann, habe ich gerade keine Angst. Vielleicht bin ich weniger nervös, weil die Auseinandersetzung zwischen Ryle und Atlas neulich ganz okay ausgegangen ist. Natürlich ist es auch beruhigend, dass ich nicht mit ihm allein bin und Allysa und Marshall mir den Rücken stärken. Und obwohl Mrs Kincaid nebenan nicht ahnt, was hier gerade vor sich geht, bin ich sehr froh, dass sie da ist, weil ich weiß, dass Ryle sich in ihrer Anwesenheit mit Sicherheit zusammenreißen wird.

Was auch immer mir jetzt gerade Mut verleiht, ich stelle es nicht infrage. »Du wolltest wissen, ob ich mit meiner Anwältin gesprochen habe«, sage ich zu Ryle. »Das habe ich. Sie hat auch ein paar Vorschläge gemacht.«

Er sagt nichts, zieht nur eine Braue hoch und signalisiert mir damit, dass ich weitersprechen soll.

»Ich möchte, dass du ein Anti-Aggressions-Training machst.«

Ryle stößt ein Lachen aus und steht auf, als wollte er das Gespräch beenden. Allysa sagt ruhig: »Bitte setz dich wieder.«

Ryle sieht sie an, dann mich, dann wieder sie. So vergehen mehrere Sekunden, bis er begreift, was gerade passiert. Es ist offensichtlich, dass er das Gefühl hat, wir hätten ihn in eine Falle gelockt, aber ich habe kein Mitleid mit ihm. Seine Schwester anscheinend auch nicht.

Ryle liebt und respektiert Allysa, also schluckt er kurz und setzt sich wieder.

»Bevor du das Training nicht gemacht hast, möchte ich nicht, dass du mit Emmy allein Zeit verbringst. Du kannst dich hier mit ihr treffen, wenn Marshall oder Allysa da sind.«

Ryle schaut zu seiner Schwester. Seine fassungslose Miene hätte mir noch vor einer Woche Angst gemacht, aber diesmal lässt sie mich kalt.

»Je nachdem, wie kooperationsbereit du dich in den nächsten Wochen zeigst, entscheiden wir gemeinsam als Familie, ab wann wir das Gefühl haben, dass es okay ist, wenn du wieder allein etwas mit den Mädchen unternimmst.«

»Mit *den* Mädchen?«, wiederholt Ryle ungläubig und sieht wieder Allysa an. »Hat sie dir eingeredet, meine Nichte wäre bei mir nicht sicher?« Seine Stimme wird lauter.

Wie aufs Stichwort schwingt die Küchentür auf und Marshall

kommt herein. Er setzt sich ans Kopfende des Tischs. »Eure Mutter passt im Wohnzimmer auf die Mädchen auf«, sagt er zu Allysa. »Was habe ich verpasst?«

»Wusstest du etwa davon?«, fragt Ryle ihn.

Marshall beugt sich zu ihm vor und sieht ihn scharf an. »Was genau meinst du? Ob ich wusste, dass du letzte Woche bei Lily die Beherrschung verloren und sie gegen eine Tür gestoßen hast? Oder ob ich von den widerwärtigen Nachrichten wusste, die du ihr geschickt hast? Oder von deinem Drohgehabe, als sie dir gesagt hat, dass sie mit ihrer Anwältin sprechen wird?«

Ryle schaut Marshall mit versteinertem Blick an. Ihm steigt Zornesröte ins Gesicht, aber er bleibt ruhig. Wahrscheinlich spürt er, dass er aus der Situation, in die er sich selbst gebracht hat, nicht mehr herauskommt. »Okay. Jetzt verstehe ich, was das Theater hier soll. Das ist eine gottverdammte *Intervention*«, stößt er kopfschüttelnd hervor. Er ist gereizt und fühlt sich verraten. Nachvollziehbar. Aber das ändert nichts daran, dass ihm nur zwei Optionen bleiben: Entweder er arbeitet mit, oder er zerstört die wenigen intakten Beziehungen, die ihm in seinem Leben noch geblieben sind.

Er dreht sich wieder zu mir, sein Blick ist müde. »Was willst du noch?«, fragt er.

»Ich bin dir in den letzten anderthalb Jahren oft genug entgegengekommen, Ryle. Das weißt du. Aber von jetzt an ist Emerson meine einzige Priorität. Falls du irgendwas tun solltest, was mir oder unserer Tochter schaden könnte, dann werde ich alles, was ich besitze, verkaufen, um dich vor Gericht zu bringen.«

»Und ich werde ihr helfen«, sagt Allysa mit fester Stimme. »Du bist mein Bruder, und ich liebe dich, aber ich werde ihr helfen.«

Ryle mahlt mit dem Kiefer. Seine Miene bleibt ausdruckslos,

während er zwischen Allysa und Marshall hin und her sieht. Die Anspannung im Raum ist fast mit Händen zu greifen, aber genauso deutlich spüre ich auch den Rückhalt, den ich bekomme. Ich könnte weinen vor Dankbarkeit, dass ich solche Freunde habe.

Gleichzeitig muss ich an all die denken, die in einer vergleichbaren Situation wie ich stecken, ohne Menschen wie sie an ihrer Seite zu haben.

Ryle brütet stumm vor sich hin. In der Küche herrscht absolute Stille. Aber ich weiß, dass ich meinen Standpunkt rübergebracht und deutlich gemacht habe, dass es keinerlei Verhandlungsspielraum mehr gibt.

Irgendwann schiebt Ryle seinen Stuhl vom Tisch weg und steht auf. Die Hände in die Hüften gestemmt, blickt er zu Boden. Dann holt er tief Luft, dreht sich um und geht zur Tür. Bevor er sie öffnet, schaut er noch mal über die Schulter zurück, ohne einen von uns direkt anzusehen. »Donnerstag hab ich frei. Ich komme so gegen zehn. Sorg dafür, dass Emerson dann da ist.«

Sobald er weg und die Wohnungstür ins Schloss gefallen ist, zerspringt meine Rüstung, und ich breche in Tränen aus. Allysa schlingt tröstend die Arme um mich, aber ich weine nicht, weil ich verzweifelt bin, ich weine, weil ich so erleichtert bin. Es fühlt sich an, als hätten wir heute tatsächlich etwas erreicht. »Ich weiß nicht, was ich ohne euch beide tun würde«, sage ich mit erstickter Stimme an Allysas Brust.

Sie streicht mir über die Haare. »Ich weiß es auch nicht, Lily. Du wärst total verloren.«

Und irgendwie schaffen wir es, zu lachen.

33.

ATLAS

Nachdem ich Josh zu Hause abgesetzt habe, habe ich Sutton angerufen und sie gebeten, sich mit mir im *Bib's* zu treffen. Ich bin schon eine Stunde vor der verabredeten Zeit ins Restaurant gefahren. Mir ist die Idee gekommen, für sie zu kochen – vielleicht macht sie das ja milder und weniger streitsüchtig.

Mein Handy vibriert und ich schaue aufs Display. Ich habe ihr gesagt, sie soll mir eine Nachricht schicken, sobald sie hier ist, damit ich sie reinlassen kann. Sie ist fünf Minuten zu früh dran.

Auf dem Weg durch das dunkle Restaurant schalte ich ein paar Lichter ein. Sutton steht in der Nähe des Eingangs und raucht. Als sie sieht, dass die Tür aufgeht, schnippt sie die Kippe Richtung Straße und folgt mir nach drinnen.

»Ist Josh auch da?«, fragt sie.

»Nein. Nur du und ich.« Ich deute auf einen Tisch. »Setz dich. Was möchtest du trinken?«

Sie mustert mich einen Moment. »Was du gerade offen hast. Am liebsten Rotwein.« Sie nimmt auf der Sitzbank Platz, und ich kehre in die Küche zurück, um das Essen auf Tellern anzurichten. Ich habe Coconut Shrimps gemacht, ihr Lieblingsessen. Das weiß ich, weil ich dabei war, als sie es zum ersten Mal gegessen hat.

Damals war ich neun. Wir haben einen Ausflug nach Cape Cod gemacht, das nur gut hundert Kilometer von Boston entfernt liegt. Es war das erste und einzige Mal, dass meine Mutter etwas mit mir unternommen hat. Wenn sie sonst freihatte, hat sie den Tag meistens mit Schlafen und Trinken verbracht, deswegen ist der Ausflug nach Cape Cod, wo wir zum ersten Mal Coconut Shrimps gegessen haben, meine einzige schöne Kindheitserinnerung.

Als ich in der Küche fertig bin, bringe ich alles auf einem Tablett zum Tisch, serviere das Essen und die Getränke, setze mich ihr gegenüber und schiebe ihr das Besteck zu.

Sie schaut auf den Teller. »Hast du das gemacht?«

»Yep. Coconut Shrimps.«

»Gibt's was zu feiern?« Sie faltet ihre Serviette auf. »Oder ist das so was wie eine Entschuldigung, weil du dir ernsthaft eingebildet hast, dass du ein Kind wie ihn großziehen könntest?« Sie lacht, als hätte sie einen tollen Witz gemacht, aber es ist so still im Restaurant, dass ihr Lachen hohl und falsch klingt. Kopfschüttelnd greift sie nach ihrem Glas und trinkt einen Schluck Wein.

In Bezug auf Josh hat sie zwar zwölf Jahre Vorsprung, aber ich wette, dass ich ihn jetzt schon besser kenne als sie. Wahrscheinlich kennt Josh sogar *mich* besser, als sie es tut, und ich habe siebzehn Jahre mit ihr zusammengelebt. »Was habe ich als Kind am liebsten gegessen?«, frage ich.

Sie schaut mich ratlos an.

Okay, das war vielleicht zu schwierig. »Weißt du, was mein Lieblingsfilm war?« Wieder nichts. »Lieblingsfarbe? Lieblingsband?« Ich zähle noch ein paar andere Dinge auf in der Hoffnung, dass sie wenigstens eine Frage beantworten kann. Eine einzige.

Fehlanzeige. Sie zuckt mit den Achseln und stellt ihr Glas ab.

»Was für Bücher liest Josh gern?«

»Soll das eine Fangfrage sein?«

Ich lehne mich zurück und versuche, mir nicht anmerken zu lassen, wie erschüttert ich bin. »Du weißt nichts über die beiden Menschen, die du zur Welt gebracht hast.«

»Ich war alleinerziehende Mutter, Atlas. Sowohl bei dir als auch bei Josh. Ich hab keine Zeit gehabt, mir den Kopf darüber zu zerbrechen, was du oder er gern liest, weil ich genug damit zu tun hatte, uns über Wasser zu halten. Herrgott noch mal.« Sie schleudert die Gabel hin, die sie gerade benutzen wollte.

»Es geht mir nicht darum, dir ein schlechtes Gewissen zu machen. Deswegen hab ich dich nicht hierher eingeladen.« Ich nehme einen Schluck von meinem Wasser. »Ich bin noch nicht mal auf eine Entschuldigung aus. Josh übrigens auch nicht.« Ich sehe sie durchdringend an. Was ich ihr gleich sagen werde, weicht komplett von dem ab, was ich eigentlich im Kopf gehabt habe. Ursprünglich waren meine Motive egoistischer, aber mir ist gerade klar geworden, dass es mir in Wirklichkeit um etwas ganz anderes geht. »Ich will dir eine Chance geben, es bei ihm besser zu machen.«

»Vielleicht ist das Problem eher, dass *er* sich bessern muss.« Wieder lacht sie.

»Er ist zwölf. Josh ist ein toller Junge, der sich völlig altersgemäß verhält. Außerdem kann er nichts für die Beziehung, die du zu ihm hast.«

Sie kratzt sich an der Wange und lässt dann die Hand fallen. »Was soll das alles? Warum bin ich hier? Willst du, dass ich ihn zurücknehme, weil du mit ihm nicht fertigwirst?«

»Ganz kalt«, sage ich ruhig. »Ich will, dass du mir das Sorgerecht überträgst. Wenn du dich querstellst, bringe ich dich vor Gericht. Das wird uns beide ein kleines Vermögen kosten, aber mir wird es weniger wehtun als dir. Und deine Chancen, einen Richter von deinen Qualitäten als Mutter zu überzeugen, sind denkbar schlecht. Er müsste nur einen Blick auf deinen Werdegang werfen und würde dich zu einem Jahr Elternschule verdonnern. Aber wir wissen beide, dass du das nicht durchziehen würdest.« Ich beuge mich vor und verschränke die Arme auf dem

Tisch. »Ich will das alleinige Sorgerecht für ihn, aber ich möchte nicht, dass du aus seinem Leben verschwindest, weil ich nicht will, dass er genauso ungeliebt von dir aufwächst wie ich.«

Während sie völlig versteinert dasitzt und mich anstarrt, greife ich nach meiner Gabel und fange an zu essen.

Als ich den ersten Bissen mit einem Schluck Wasser hinunterspüle, starrt sie mich immer noch an. Ich kann förmlich sehen, wie ihr Gehirn auf Hochtouren läuft und sie fieberhaft nach einer beleidigenden Bemerkung oder einer Drohung sucht, mit der sie zurückschlagen kann.

»Wir werden jeden Dienstag als Familie hier zu Abend essen. Du bist herzlich eingeladen, daran teilzunehmen. Ich bin mir sicher, dass Josh das gut finden würde. Ich werde nie einen einzigen Cent von dir verlangen. Ich bitte dich einzig und allein darum, einen Abend in der Woche hierherzukommen und dich dafür zu interessieren, wer dein Sohn ist, selbst wenn du dein Interesse vortäuschen musst.«

Suttons Finger zittern, als sie nach ihrem Weinglas greift. Sie scheint es selbst zu merken, weil sie die Hand kurz zur Faust ballt, bevor sie das Glas nimmt, und sie wieder in den Schoß legt, nachdem sie einen Schluck getrunken hat. »Anscheinend kannst du dich nicht mehr an unseren Ausflug nach Cape Cod erinnern, wenn du glaubst, dass ich dir so eine schreckliche Mutter gewesen bin.«

»Ich kann mich sogar noch sehr gut an unseren Ausflug nach Cape Cod erinnern«, sage ich. »Das ist die einzige Erinnerung, an der ich festzuhalten versuche, um dich nicht komplett zu verachten. Du hast mir eine einzige schöne Kindheitserinnerung an uns beide geschenkt, während ich dir die Chance biete, Josh an jedem Tag in seinem Leben eine schöne Erinnerung an dich zu schenken.«

Sutton senkt den Blick. Es könnte sein, dass sie zum ersten Mal etwas anderes als Wut oder Genervtheit empfindet.

Genau wie ich. Als ich mich auf der Rückfahrt von Tims Haus auf dieses Gespräch vorbereitet habe, war ich fest entschlossen, sie für immer aus unserem Leben zu verbannen. Aber selbst ein Monster braucht ein Herz, das in seiner Brust schlägt, um zu überleben.

Irgendwo in ihr drin ist ein Herz. Vielleicht gab es noch nie jemanden, der ihr gezeigt hat, dass er froh darüber ist, dass es immer noch schlägt.

»Danke«, sage ich.

Sie schaut ruckartig auf. Bestimmt denkt sie, dass ich sie damit auf die Probe stellen will.

Ich schüttle den Kopf und bin hin- und hergerissen, ob ich ihr wirklich sagen soll, was ich denke. »Du bist ganz auf dich allein gestellt gewesen. Du hast weder von meinem noch von Joshs Vater irgendeine Unterstützung bekommen. Das muss extrem hart für dich gewesen sein. Vielleicht bist du einsam. Vielleicht depressiv. Ich weiß nicht, warum du das Muttersein nicht als das Geschenk betrachten kannst, das es ist, aber du bist hier. Du bist heute Abend hergekommen, und ich finde, diese Mühe ist es wert, Danke zu sagen.«

Sutton schaut auf die Tischplatte. Plötzlich zuckt ein Muskel in ihrem Gesicht und ihre Schultern beginnen zu beben. Mit dieser Reaktion habe ich nicht gerechnet. Sie greift nach ihrer Serviette, kämpft aber so entschlossen gegen die Tränen an, dass sie sie nicht braucht.

Ich weiß nicht, was sie durchgemacht hat, warum sie so hart geworden ist. Sich so sehr dagegen sträubt, verletzlich zu sein. Vielleicht spricht sie ja eines Tages mit mir darüber, aber bevor sie und ich an diesen Punkt kommen, muss sie sich Josh gegenüber erst mal als Mutter beweisen.

Schließlich strafft sie die Schultern und setzt sich etwas aufrechter hin. »Um wie viel Uhr werden diese Abendessen stattfinden?«

»Um sieben.«

Sie nickt und sieht aus, als wollte sie so schnell wie möglich von hier weg.

»Wenn du willst, kann ich dir das Essen zum Mitnehmen einpacken.«

Sie nickt wieder. »Das wäre nett. Coconut Shrimps sind mein absolutes Lieblingsessen.«

»Ich weiß. Wie gesagt, ich habe den Ausflug nach Cape Cod nie vergessen.« Dann stehe ich auf, gehe mit ihrem Teller in die Küche und packe alles für sie ein.

Josh ist auf der Couch eingeschlafen, als ich endlich nach Hause komme. Auf dem Flatscreen läuft ein Anime. Ich drücke auf Pause und lege die Fernbedienung auf den Couchtisch.

Das war kein leichter Tag. Während ich ihm dabei zuschaue, wie er friedlich schläft, mischt sich unendliche Erleichterung in meine emotionale Erschöpfung. Es hätte auch alles ganz anders laufen können. Ich stehe noch eine Weile so da und betrachte ihn, als ich auf einmal das Gefühl habe, dass ich ihn vielleicht genauso ansehe, wie Lily Emerson immer ansieht. Voll staunender Liebe.

Ich nehme die Wolldecke von der Couchlehne, decke Josh damit zu und gehe zum Esstisch rüber, auf dem seine Hausaufgabe liegt. Er hat alles erledigt, sogar der Familienstammbaum ist schon fertig gemalt. Ein kleiner Setzling, der aus der Erde wächst und zwei dünne Zweige hat. Neben dem einen steht *Josh*, neben dem anderen *Atlas*.

34.

LILY

Heute Morgen war ich so in Hektik, dass ich den Umschlag fast übersehen hätte. Er muss mit so viel Schwung unter meiner Wohnungstür durchgeschoben worden sein, dass er halb unter dem Teppich stecken geblieben ist.

Es war echt eine Leistung, mich zu bücken und den Brief aufzuheben. Ich hatte Emmy auf der linken Hüfte sitzen, die Wickeltasche über der rechten Schulter, meine Tasche quer umgehängt und einen Kaffeebecher in der freien Hand, von dem bei dem ganzen Manöver kein Tropfen übergeschwappt ist. Ha, *Supermom.*

Im Laden war dann gleich wieder so viel los, dass ich erst jetzt die Zeit finde, den Brief zu öffnen. Als ich die Seiten herausziehe und Atlas' Schrift erkenne, rieselt mir ein Schauer über den Rücken. Nicht, weil ich befürchtet hätte, er wäre von jemand anderem – Atlas und ich sind jetzt seit ein paar Monaten zusammen, und ich bekomme ständig Nachrichten von ihm –, sondern weil es der erste Brief ist, den ich öffne, ohne dass in einer winzigen Ecke meines Herzens die Befürchtung lauert, er könnte womöglich doch von Ryle sein.

Ich nehme mir vor, dieses schöne Gefühl für immer in Erinnerung zu behalten.

In den letzten Monaten habe ich viele solcher denkwürdigen Momente in meinem Erinnerungsarchiv gesammelt –

Momente, in denen ich ganz bewusst wahrgenommen habe, dass mein Leben endlich wieder gut ist. Sie fallen mir inzwischen nicht mehr so oft auf, aber das ist ein positives Zeichen. Der Raum, den Ryle in meinem Leben einnimmt, ist mittlerweile so klein geworden, dass ich manchmal sogar vergesse, wie sicher ich anfangs war, dass das mit Atlas und mir unendlich kompliziert werden würde.

Natürlich ist Ryle immer noch fester Bestandteil von Emmys und damit auch meinem Leben, aber ich verlange jetzt mehr Struktur von ihm. Er wirft mir manchmal vor, ich wäre zu streng, was seine Treffen mit ihr angeht, aber ich bleibe hart. Sie wird erst dann alleine Zeit mit ihm verbringen, wenn sie mir mit eigenen Worten beschreiben kann, wie die Besuche bei ihrem Vater verlaufen. Ich hoffe natürlich sehr, dass das Anti-Aggressions-Training ihm etwas bringt, aber das wird sich erst im Laufe der Zeit herausstellen.

Ryles und meine Beziehung ist nach wie vor angespannt, doch damit kann ich leben. Ich habe mich von ihm scheiden lassen, weil ich wieder frei sein wollte – frei von Angst. Und genau das habe ich auch erreicht.

Um Atlas' Brief ungestört lesen zu können, setze ich mich damit in den Schrank in meinem Büro. Es ist jetzt zwar Monate her, dass ich Atlas darin versteckt habe, trotzdem bilde ich mir ein, immer noch schwach sein Aftershave zu riechen.

Ich falte den Brief auf und streiche mit dem Zeigefinger über das kleine offene Herz, das er oben links auf die erste Seite gezeichnet hat. Ich lächle, noch bevor ich den ersten Satz gelesen habe.

Liebe Lily,
weißt du, was für ein Tag heute ist? Wir sind heute tatsächlich seit einem ganzen halben Jahr zusammen. Feiert man auch halbe Jahres-

tage? Ich hätte dir gern Blumen geschickt, wollte der Floristin aber auf keinen Fall zu viel Arbeit zumuten.

Stattdessen schreibe ich dir diesen Brief.

Es heißt, alles hat zwei Seiten. Das trifft auch auf das zu, was ich in deinem Tagebuch gelesen habe. Besonders auf eine Passage. Obwohl alles genau so passiert ist, wie du es beschrieben hast, habe ich es damals völlig anders erlebt.

Es geht um einen Moment, den du bloß flüchtig skizziert hast, obwohl ich jetzt weiß, dass er so bedeutungsvoll für dich war, dass du ihn in einem Tattoo verewigt hast. Ich bin allerdings nicht sicher, ob dir bewusst ist, wie bedeutungsvoll er für mich war.

In deinem Tagebuch schreibst du, wir hätten uns das erste Mal abends in deinem Bett geküsst. Aber für mich war das nicht unser erster Kuss. In meiner Erinnerung haben wir uns das erste Mal tagsüber geküsst, an einem Montag.

Es ist passiert, als ich so krank war und du dich um mich gekümmert hast. Ich bin durch dein Fenster geklettert, und du hast mir sofort angesehen, wie elend es mir ging. Du hast mich praktisch gezwungen, mich in dein Bett zu legen, und mich mit allem versorgt, von dem du dachtest, es könnte mir helfen. Zusätzliche Decken, Wasser, ein Eimer, Tabletten.

Ich war völlig außer Gefecht gesetzt. Mir ist es noch nie in meinem Leben so dreckig gegangen. Und du weißt, ich hatte in meinem Leben schon so einiges durchgemacht. Aber wenn man eine Magen-Darm-Grippe hat, hat man das Gefühl, dass es nichts Schlimmeres geben kann.

Ich weiß nicht mehr besonders viel von dieser Nacht. Aber ich erinnere mich an deine Hände. Deine Hände waren immer in meiner Nähe, haben gefühlt, ob ich Fieber hatte, mein Gesicht mit einem feuchten Lappen abgetupft, meine Schultern festgehalten, wenn ich mich über den Eimer neben deinem Bett beugen musste.

Sie haben sich in meine Erinnerung eingeprägt. Deine Hände. Deine Nägel waren hellrosa lackiert. Ich weiß sogar noch, wie der

Nagellack hieß, weil ich dabei war, als du sie dir lackiert hast. Du hattest ihn wegen des Namens ausgesucht. »Surprise Lily«.

Jedes Mal, wenn ich es geschafft habe, die Augen einen Spalt zu öffnen, waren sie da, deine schlanken, hilfsbereiten Hände mit den Surprise-Lily-Fingernägeln, die mir ein Glas Wasser an die Lippen hielten, mir Medizin einflößten, mir über die Wangen strichen.

Ich kann mich noch so gut an alles erinnern, auch wenn nichts davon in deinem Tagebuch steht.

Stunden später bin ich irgendwann aus dem Fieberdelirium aufgewacht. Mein Kopf hat gedröhnt, mein Mund war total ausgetrocknet und meine Lider so schwer, dass ich sie nicht öffnen konnte, aber ich habe dich gespürt.

Ich habe deinen Atem an meiner Wange gespürt, während du mit den Fingerspitzen sanft die Konturen meines Gesichts nachgezeichnet hast.

Du dachtest, ich würde schlafen – dass ich nicht mitbekomme, wie du mich berührst und über mich wachst. Aber ich habe alles mitbekommen, und was ich dabei gefühlt habe, war stärker als alles, was ich bis dahin jemals gefühlt hatte.

In dem Moment ist mir schlagartig klar geworden, dass ich dich liebe. Das war eine Erkenntnis von monumentaler Bedeutung. Ich weiß noch, dass ich mich gefragt habe, warum ich sie ausgerechnet in einem Moment haben muss, in dem es mir so dermaßen beschissen geht. Aber diese Erkenntnis hat mich so überwältigt, dass ich zum ersten Mal seit Jahren den Tränen nah war und gar nicht wusste, wohin mit diesem Gefühl.

Denn die Sache ist die, Lily, dass ich vorher nicht gewusst habe, wie sich Liebe anfühlt. Ich wusste nichts von der Liebe zwischen einer Mutter und ihrem Sohn oder einem Vater und seinem Sohn oder unter Geschwistern. Ich hatte noch nie mit jemandem so wertvolle Zeit verbracht wie mit dir. Weder mit meiner Mutter noch mit irgendeinem Mädchen. Die Beziehungen, die ich mit Mädchen hatte, waren immer an der Oberfläche geblieben. Ich habe sie nie wirklich kennengelernt und sie mich genauso wenig. Es ist nie zu einer echten Verbindung gekommen. Geschweige denn, dass ein Mädchen mir gezeigt hätte, dass ich ihr wichtig war, dass sie mir zur Seite stand und sich um mich sorgte, so wie ich es bei dir erlebt habe.

Damit will ich nicht sagen, dass das der Moment war, in dem mir klar wurde, dass ich in dich verliebt war. Es war der Moment, in dem mir zum ersten Mal klar wurde, dass ich überhaupt liebe. Das erste Mal, dass ich etwas so Überwältigendes gefühlt habe. Auf eine gute Art überwältigend, meine ich. Alles, was ich bis dahin erlebt hatte, hat mein Herz nur immer mehr in sich zusammenschrumpfen lassen. Aber als deine Fingerspitzen wie sanfte Regentropfen über meine Wange gewandert sind, da ist mein Herz so weit geworden, dass ich dachte, es würde platzen.

Ein paar Sekunden später habe ich so getan, als würde ich aufwachen. Ich habe den Arm über die Augen gelegt und du hast schnell deine Hand weggezogen. Dann habe ich zum Fenster geschaut, und als ich gesehen habe, dass es draußen dämmert, habe ich mich aus dem Bett gehievt und so getan, als wüsste ich nicht, dass du wach bist. Du hast dich aufgesetzt und mich gefragt, was ich vorhabe, und ich habe so was wie »Deine Eltern stehen bald auf« gekrächzt.

Du hast gesagt, du würdest die Schule sausen lassen und in ein paar Stunden zu mir ins Haus rüberkommen. Ich habe bloß stumm genickt, weil mir immer noch schlecht war, aber ich musste aus diesem Zimmer verschwinden, bevor ich etwas gesagt oder getan hätte, mit dem ich mich zum Vollidioten gemacht hätte. Ich habe dem Gefühl, das durch meine Zellen vibriert ist, nicht getraut. Es hat ein beinahe übermächtiges Bedürfnis in mir ausgelöst, dich anzuschauen und zu sagen: »Ich liebe dich, Lily!« Komisch, wie sehr man sich wünscht, sich zu seiner Liebe zu bekennen, wenn man sie das erste Mal fühlt. Es kam mir so vor, als würden die Worte gleich meine Brust sprengen, und obwohl ich mich kaum auf den Beinen halten konnte, bin ich so schnell aus deinem Fenster geklettert wie noch nie.

Draußen habe ich das Fenster wieder zugemacht, mich an die kalte Hausmauer gelehnt und tief ausgeatmet. Mein Atem hat sich in Nebel verwandelt,, und ich habe die Augen geschlossen und nach den mit Abstand schlimmsten acht Stunden meines Lebens angefangen zu lächeln.

Ich habe den ganzen restlichen Morgen damit verbracht, über Liebe nachzudenken. Als deine Eltern weg waren und du mich wieder zu dir rübergeholt und in dein Bett gepackt hast, habe ich über Liebe nachgedacht. Jedes Mal, wenn du deine Hand auf meine Stirn gelegt hast und deine Surprise-Lily-Fingernägel in meinem Blickfeld auftauchten, habe ich über Liebe nachgedacht. Jedes Mal, wenn du ins Zimmer gekommen bist und die Decke glatt gestrichen und mir bis unter mein Kinn gezogen hast, habe ich über Liebe nachgedacht.

Und als es mir gegen Mittag endlich ein bisschen besser ging und ich mich unter die Dusche gestellt habe, hatte ich das Gefühl, dass ich noch nie aufrechter stand.

Ich hatte zum allerersten Mal eine Ahnung davon, wie das Leben auch sein konnte. Davor habe ich nie viel darüber nachgedacht, ob ich mich irgendwann verlieben und vielleicht eine Familie gründen würde oder ob ich in einem Beruf erfolgreich sein würde. Das Leben hatte sich für mich immer wie eine Last angefühlt, die ich tragen musste. Wie etwas Schweres, Dunkles, das einem Angst davor macht, aufzuwachen, und Angst davor, einzuschlafen. Aber das lag daran, dass ich achtzehn Jahre lang nicht wusste, wie es sich anfühlt, so viel für jemanden zu empfinden, dass man sich wünscht, dieser Jemand wäre das Erste, was man sieht, wenn man morgens die Augen öffnet. So viel, dass man etwas aus sich machen möchte, weil dieser Jemand der erste Mensch ist, für den man etwas Besonderes sein will.

Als ich aus der Dusche kam, haben wir uns zusammen auf die Couch gelegt und Findet Nemo *geschaut. Du hast eine Decke geholt, sie über uns gebreitet und dich an mich gekuschelt – zum allerersten Mal. Ich konnte mich nur schwer auf den Film konzentrieren, weil mich ständig die Worte* Ich liebe dich *in der Kehle gekitzelt haben. Aber ich wollte sie nicht sagen, ich konnte sie nicht sagen, weil ich Angst hatte, das ginge zu schnell für dich oder du könntest denken, dass diese Worte für mich kein Gewicht hätten. In Wirklichkeit konnte ich ihr Gewicht kaum tragen.*

Ich muss so oft an diesen Tag denken, Lily, und ich frage mich – fühlt sich Liebe für jeden so an? Wie ein Flugzeug, das plötzlich vom Himmel auf einen herunterkracht? Ich glaube, für die meisten Menschen ist Liebe etwas Selbstverständliches. Sie ist schon da, bevor sie auf die Welt kommen, und begleitet und beschützt sie ihre ganze Kindheit hindurch. Sie lieben und sie werden geliebt. Deswegen bin ich mir nicht sicher, ob Liebe andere genauso trifft, wie sie mich getroffen hat – im Bruchteil einer Sekunde und mit einer solchen Wucht.

Du hast dieses eine T-Shirt getragen, das ich so mochte, es war dir zu groß, und auf einer Seite ist es dir ständig über die Schulter gerutscht. Statt den Film zu schauen, konnte ich nicht aufhören, auf den Streifen nackte Haut zwischen deinem Hals und deiner Schulter zu starren. Dabei hat mich wieder das unbändige Bedürfnis gepackt, Ich liebe dich *zu sagen. Und als mir die Worte schon auf der Zunge lagen und ich kurz davor war, sie laut auszusprechen, habe ich mich stattdessen schnell vorgebeugt und sie in deine Haut geküsst.*

Dort sind sie geblieben, verborgen und ungehört, bis ich sechs Monate später den Mut hatte, sie laut zu dir zu sagen.

Ich wusste nicht, dass du dich an diesen Kuss erinnert hast, oder an all die Male, die ich dich danach auf diese Stelle geküsst habe. In deinem Tagebuch erwähnst du ihn wie gesagt eher flüchtig und beschreibst stattdessen ausführlich, was für dich unser erster echter Kuss gewesen ist. Ich hatte keine Ahnung, ob dieser Moment überhaupt eine Bedeutung für dich gehabt hat, bis ich dein Tattoo gesehen habe. Dass du dir für unser Herz genau die Stelle ausgesucht hast, in die ich damals heimlich die Worte Ich liebe dich *vergraben habe, bedeutet mir mehr, als ich sagen kann.*

Ich möchte, dass du mir etwas versprichst, Lily. Wenn du das Tattoo anschaust, denk bitte an nichts anderes als an das, was ich in diesem Brief schreibe. Wenn ich dich dort küsse, erinnere dich daran, warum ich dich dort das erste Mal geküsst habe. Aus Liebe. Die ich dank dir gerade erst entdeckt hatte, die ich gegeben habe, die ich zurückbekam, in die ich mich fallen ließ, in der ich auflebte … wegen der ich ging.

Ich sitze in Joshs Zimmer auf dem Boden, während ich dir schreibe. Er hat eine Magen-Darm-Grippe. Das hat wohl die ganzen Erinnerungen in mir hochgeholt. Es geht ihm vielleicht nicht ganz so dreckig wie mir damals, als mir klar wurde, dass ich dich liebe, aber es hat ihn trotzdem ganz schön erwischt. Zuerst Theo, jetzt ihn.

Weil ich selbst selten krank bin und mich noch nie um einen Kranken kümmern musste, habe ich keine Medikamente im Haus, deshalb fahre ich gleich kurz zur Apotheke. Vielleicht halte ich auf dem Weg dorthin bei dir an und schiebe dir diesen Brief unter der Tür durch.

Ist gar nicht so einfach, jemanden zu umsorgen, dem speiübel ist. Die Geräusche, der Geruch und dass man selbst es nicht wagt, schlafen zu gehen. Jedes Mal, wenn ich seine Temperatur messe oder ihn dazu bringe, ein bisschen Wasser zu trinken, muss ich an dich denken und daran, wie fürsorglich du dich um mich gekümmert hast. Ich versuche, es bei Josh so zu machen wie du damals bei mir, fürchte aber, dass ich nicht wirklich an dich herankomme.

Du warst noch so jung, nur ein paar Jahre älter als Josh heute. Aber ich bin mir sicher, dass du dich viel älter gefühlt hast, als du es damals warst. Genau wie ich. Wir haben Dinge durchgemacht, die kein Kind jemals durchmachen sollte. Ob sich Josh auch so viel älter fühlt?

Ich wünsche mir für ihn, dass er so lange wie nur möglich Kind bleiben darf. Dass er seine Zeit mit mir genießt. Dass er erfährt, was Liebe ist, lange bevor ich es erfahren habe. Und ich hoffe, dass schon ein bisschen Liebe in ihn hineingekrochen ist, damit sie ihn nicht so brutal trifft wie mich damals. Ich will, dass er damit aufwächst, sich darin eingehüllt und von ihr umgeben fühlt. Ich will, dass er sie erlebt.

Ich will ihm ein Vorbild sein. Ich will, dass wir ihm und Emerson ein Vorbild sind. Du und ich, Lily.

Es sind jetzt sechs Monate.

Lass uns zusammenziehen.

In Liebe,
Atlas

Ich lege den Brief vor mich auf den Boden und wische mir über die Augen. Oh mein Gott, wenn mir schon die Tränen runterlaufen, nur weil er mich fragt, ob ich mit ihm zusammenziehen möchte, wie soll ich es dann überleben, wenn er mir irgendwann einen Antrag macht?

Oder wenn wir unser Ehegelübde sprechen?

Ich hole mein Handy aus der Tasche und rufe Atlas über FaceTime an. Es dauert zehn lange Sekunden, bis er endlich drangeht. Auf der Couch im Wohnzimmer liegend, lächelt er mich an und ist offensichtlich total erschöpft, weil er wegen Josh die ganze Nacht wach war.

»Hey, meine Schöne.« Seine Stimme ist rau vor Müdigkeit.

»Hey.« Ich stütze meine Wange auf die Faust und lächle mitfühlend. »Wie geht es Josh?«

»Besser«, sagt Atlas. »Er schläft jetzt. Würde mir auch guttun.« Er hält eine Hand vor den Mund und unterdrückt ein Gähnen.

»Ach, Atlas. Soll ich kommen und dich umarmen?«

»Du meinst, *nach Hause* kommen, um mich zu umarmen?«

Ich lächle. »Ja. Genau das habe ich gemeint. Soll ich *nach Hause* kommen, um dich zu umarmen?«

Er nickt. »Ja, Lily. Komm nach Hause.«

35.

ATLAS

»Du bist doch so reich«, sagt Brad grinsend. »Hättest du nicht jemanden anheuern können, der das für dich erledigt?«

»Ich habe zwei Restaurants, von *reich* kann keine Rede sein. Und warum sollte ich jemanden anheuern, wenn ich euch habe?«

»Wenigstens müssen wir den Kram nicht hoch-, sondern bloß *runter*schleppen«, sagt Theo.

»Siehst du? Nimm dir ein Beispiel an deinem Sohn, Brad. Für ihn ist das Glas halb voll.«

Das meiste haben wir schon zu mir rübergeschafft. Wirklich viel ist es sowieso nicht. Weil mein Haus komplett eingerichtet ist, nimmt Lily nur das mit, was sie braucht oder woran ihr Herz hängt. Den Rest spendet sie einem Frauenhaus. Bis zum Nachmittag müssten wir ihr Apartment komplett ausgeräumt haben.

Brad ist mit seinem Van gekommen, er und Theo helfen uns mit den Sachen, die nicht in unsere Autos passen. Emersons Bettchen, Lilys Flatscreen, ein paar ihrer Kunstdrucke.

Josh hat Glück und muss beim Umzug nicht mit anpacken, weil er beim Baseballtraining ist.

Es war eine Überraschung, als er vor ein paar Monaten mit der Info nach Hause kam, dass er sich für die Auswahlspiele seiner Highschool angemeldet hat. Er hat es tatsächlich ins Team geschafft und hängt sich seitdem mit vollem Einsatz rein. Lily und ich haben noch kein einziges Spiel verpasst.

Ich habe unserer Mutter einen Screenshot von seinem Spielplan geschickt, aber bis jetzt hat sie sich noch nicht blicken lassen. Sie ist auch erst an einem einzigen Dienstag zum Abendessen ins *Bib's* gekommen. Ich hatte gehofft, sie würde ein bisschen mehr Initiative zeigen, andererseits überrascht es mich auch nicht, dass sie es nicht tut. Ich glaube, Josh geht es genauso. Wir zerbrechen uns nicht zu sehr den Kopf darüber, was in unserem Leben schiefläuft, sondern konzentrieren uns auf das, was *gut* läuft, und da gibt es eine Menge, wofür wir dankbar sein können. Dazu gehören vor allem zwei Dinge: Ich habe das Sorgerecht für Josh zugesprochen bekommen und Lily zieht mit Emerson bei uns ein. Schon verrückt, wie sich so ein Leben in null Komma nichts komplett drehen kann.

Hätte mir letztes Jahr jemand gesagt, wo ich heute stehen würde, hätte ich ihn ausgelacht.

Lily läuft genau in dem Moment die Treppe hoch, in dem ich runtergehe. Sie lächelt und gibt mir im Vorbeigehen einen Kuss.

Theo schüttelt den Kopf. »Ich kann es immer noch nicht fassen, dass du es mit ihr so weit gebracht hast.« Er schiebt mit einem Knie den Karton, den er trägt, etwas höher und lehnt sich mit dem Rücken an die Tür zur Tiefgarage, um sie aufzudrücken. Als er es geschafft hat, hält er sie für Brad und mich auf, aber ich bleibe im Rahmen stehen.

Ein Wagen kommt in die Tiefgarage gefahren und parkt nur ein paar Stellplätze von Brads Van entfernt. Fährt Ryle nicht genau so ein Modell?

Ein ungutes Gefühl steigt in mir hoch. Seit dem Tag, an dem er sich mit mir in meinem Restaurant prügeln wollte, gab es keinerlei Kontakt mehr zwischen uns, und das ist jetzt schon ein paar Monate her. Ich habe keine Ahnung, ob er sich inzwischen an den Gedanken gewöhnen konnte, dass Lily und ich zusammen sind, aber wenn ich den Blick deuten soll, den er in meine

Richtung wirft, würde ich sagen, dass er noch ziemlich daran zu knabbern hat.

Denn er ist es tatsächlich. Aber er ist nicht allein. Auf der Beifahrerseite steigt ein Mann aus, der nach allem, was Lily mir von ihm erzählt hat, Ryles Schwager sein könnte. Mittlerweile habe ich Lilys Mutter schon öfter gesehen und auch Allysa und Rylee kennengelernt, aber Marshall bin ich noch nicht begegnet.

Ohne Ryles Wagen aus den Augen zu lassen, gehe ich mit Theo und Brad im Schlepptau zu Brads Van. Nachdem wir unsere Kartons auf der Ladenfläche verstaut haben, machen die beiden sich, ohne etwas von Ryles Ankunft mitbekommen zu haben, wieder auf den Weg ins Treppenhaus. Ich bleibe stehen und schaue zu Marshall, der gerade Emerson vom Rücksitz hebt, die Tür schließt und dann mit ihr auf dem Arm auf mich zukommt. Ryle macht keine Anstalten, auszusteigen.

Er streckt mir die Hand entgegen. »Hey. Atlas, oder? Ich bin Marshall.«

Ich erwidere seinen Händedruck. »Hey. Genau. Schön, dass wir uns auch mal sehen.«

Er nickt und will etwas erwidern, aber Emerson beginnt sich in seinem Griff zu winden, als sie mich sieht, und streckt die Arme nach mir aus. Ich mache einen Schritt vor und nehme sie ihm ab.

»Hallo, Emmy. Hattest du Spaß heute?«

Marshall betrachtet uns einen Moment lang und sagt dann: »Nur so als Warnung – sie hat sich heute schon zweimal übergeben und Ryle vollgekotzt.«

»Wird sie krank?«

»Nein, nein, ihr geht's gut. Sie und Rylee sind heute bloß den ganzen Tag mit uns beiden unterwegs gewesen und da stand natürlich jede Menge Zucker auf dem Speiseplan. Süßes zum Frühstück, zum Vormittagssnack, zum Mittagessen, zum Nachmittagssnack und …« Er winkt ab. »Na ja, Lily und Issa kennen das schon.«

Emerson greift nach der Sonnenbrille, die ich mir in die Haare geschoben habe, und zieht sie mir vom Kopf. Sie schafft es, sie sich selbst aufzusetzen, allerdings hängt sie total schief auf ihrer kleinen Stupsnase, und ich helfe ihr, sie gerade zu rücken. Dann grinst sie mich durch die dunklen Gläser an und ich grinse zurück.

Marshall wirft einen Blick zu Ryles Wagen, bevor er wieder mich ansieht. »Sorry, dass er nicht mit ausgestiegen ist. Ist alles immer noch ein bisschen komisch für ihn. Dass sie ab jetzt bei dir wohnt.«

Mit *sie* meint Marshall aber anscheinend nicht Lily, denn er sieht dabei Emerson an. Ich nicke verständnisvoll, weil ich das tatsächlich verstehe. »Schon okay. Ich kann mir vorstellen, dass das nicht einfach für ihn ist.«

Marshall zaust Emmy durch die Haare. »Tja, dann mach ich mich mal wieder auf den Weg, damit ihr hier heute noch fertig werdet. Es war gut, dich endlich mal persönlich getroffen zu haben.«

»Gleichfalls«, sage ich. Und meine es so. Ich hab das Gefühl, dass Marshall jemand ist, mit dem ich befreundet sein könnte, wenn die Umstände andere wären.

Er hat sich schon zum Gehen gewandt, als er sich noch mal zu mir umdreht. »Danke«, sagt er. »Meine Frau liebt Lily sehr, und … Danke, dass du sie glücklich machst. Sie hat es verdient.« Er hebt die Hände und tritt kopfschüttelnd einen Schritt zurück. »Ich verschwinde jetzt lieber, bevor es noch zu peinlich wird.« Ich sehe ihm hinterher, als er mit großen Schritten auf Ryles Wagen zuläuft, und wünschte, er wäre nicht so abrupt gegangen. Dann hätte ich ihm auch danken können. Ich weiß, wie viel seine Unterstützung Lily bedeutet hat.

Sobald Marshall die Beifahrertür zugezogen hat, legt Ryle den Gang ein und fährt davon.

»Na?« Ich schaue auf Emmy hinunter, die mittlerweile auf einem der Sonnenbrillenbügel herumkaut. »Willst du Mommy Hallo sagen?« Ich bin erst ein paar Schritte weit gekommen, als ich Lily in der Tür zum Treppenhaus lehnen sehe und stehen bleibe.

Wie ertappt wirbelt sie herum und wischt sich hastig über die Augen. Ich weiß nicht, warum sie weint, gehe aber ein bisschen langsamer, um ihr Zeit zu geben, sich zu fangen, bevor sie ihre Tochter begrüßt. Im nächsten Augenblick dreht sie sich schon wieder mit einem strahlenden Lächeln zu uns um und nimmt mir Emmy aus dem Arm.

»Hattest du einen schönen Tag mit deinem Daddy?«, fragt sie, bevor sie sie mit Küssen bedeckt.

Als sie mich wieder ansieht, werfe ich ihr einen fragenden Blick zu, und sie deutet auf den Stellplatz, wo bis vor ein paar Minuten noch Ryles Wagen stand.

»Das war gerade eine ziemlich große Sache«, sagt sie. »Ja, Marshall war dabei, aber dass Ryle es ausgehalten hat, dass du Emmy nimmst …« Ihr kommen wieder die Tränen. Sie stöhnt und verdreht die Augen über sich selbst. »Es ist einfach ein so schönes Gefühl, zu wissen, dass die beiden Männer in ihrem Leben sich Mühe geben, ihr zuliebe immerhin so zu *tun*, als würden sie miteinander klarkommen.«

Ich bin auch froh darüber. Eigentlich war es gut, dass Lily noch oben war, als die beiden ankamen. Es muss wirklich hart für Ryle gewesen sein, dabei zuzuschauen, wie Marshall mir Emmy übergeben hat, aber es war ein wichtiger Schritt. Vielleicht haben Ryle und ich diesen Moment genauso gebraucht, wie Lily ihn gebraucht hat.

Wir haben gerade bewiesen, dass wir es schaffen, ein Team zu sein, auch wenn es manchmal wehtut.

Ich wische Lily sanft über die Wange und gebe ihr einen Kuss. »Ich liebe dich.« Dann lege ich ihr eine Hand in den Rücken und steuere sie zur Treppe. »Noch eine Fuhre, dann hast du mich für den Rest deines Lebens am Hals.«

Lily lacht. »Ich kann es kaum erwarten.«

36.

LILY

Nachdem wir die letzten Kisten ausgepackt haben, liege ich fix und fertig im Wohnzimmer auf Atlas' Couch.

Auf *unserer* Couch.

Es wird wohl noch ein bisschen dauern, bis ich mich daran gewöhnt habe.

Theo und Josh haben mit angepackt, weil Atlas heute wieder bis nachts arbeiten muss. So ist das bei uns. Ich stehe früh auf, er kommt spät nach Hause, aber ich freue mich, dass wir von jetzt an trotzdem so viel mehr voneinander haben werden, selbst wenn wir uns nur zwischen Tür und Angel sehen. Dafür haben wir die Sonntage ganz für uns.

Heute ist allerdings erst Freitagabend und samstags hat Atlas immer am meisten zu tun. Emerson ist noch bei meiner Mutter und ich schaue mit Josh und Theo *Findet Nemo*.

Gerade laufen die letzten Szenen. Ehrlich gesagt hatte ich gar nicht damit gerechnet, dass die beiden bis zum Ende durchhalten würden, weil ich davon ausgegangen bin, dass Jungs in ihrem Alter Disney-Filme schon aus Prinzip uncool finden. Aber die Kids der Generation Z überraschen mich. Je mehr Zeit ich mit den beiden verbringe, desto mehr habe ich das Gefühl, dass sie anders sind als jede Generation vor ihnen. Sie versuchen, sich vom Gruppendruck zu befreien und jeden so sein zu lassen, wie er ist. Ich beneide sie ein bisschen darum.

Als der Abspann läuft, steht Josh auf.

»Und, wie hat dir der Film gefallen?«, frage ich.

Er zuckt mit den Schultern. »Echt lustig, dafür dass er mit diesem krassen Kaviarmassaker angefangen hat.« Er trägt die leere Tüte vom Mikrowellenpopcorn in die Küche, während Theo kopfschüttelnd auf den Fernseher starrt.

Ich bin immer noch sprachlos von Joshs Beschreibung einer der ersten Szenen meines Lieblingsfilms.

»Ich verstehe das nicht«, sagt Theo.

»Das mit dem Kaviarmassaker?«

Theo sieht irritiert zwischen mir und dem Fernseher hin und her. »Nein. Ich versteh nicht, warum Atlas gesagt hat, dass ihr beide jetzt aufhören könnt zu schwimmen, weil ihr angekommen seid. Das ist ja gar kein Zitat aus dem Film. Er hat behauptet, dass er das wegen *Findet Nemo* gesagt hat, und ich hab die ganze Zeit darauf gewartet.«

Es gibt sicher eine Menge, woran ich mich jetzt, wo ich mit Atlas zusammenwohne, gewöhnen muss, aber ich weiß nicht, ob ich mich jemals daran gewöhnen werde, dass er sich mit einem Kind über unsere Beziehung unterhält.

Plötzlich glättet sich Theos gerunzelte Stirn und seine Augen leuchten auf. »Oh. *Oh.* Sie schwimmen die ganze Zeit weiter, obwohl ihr Leben total schlimm ist, also hat Atlas gemeint, dass … *okay.*« Ich sehe förmlich, wie die Zahnräder in seinem Gehirn ineinandergreifen. Dann stemmt er sich vom Boden hoch und brummt: »Trotzdem ganz schön kitschig.« Sein Handy vibriert und er wirft einen Blick darauf. »Ich muss los, mein Dad ist da.«

Josh kommt ins Wohnzimmer zurück. »Schläfst du nicht hier?«

»Heute kann ich nicht, ich gehe mit meinen Eltern morgen wohin.«

»Ich will auch mit wohin«, sagt Josh.

Theo, der gerade seine Sneakers bindet, hält inne. »Echt, ja? Ich weiß nicht.«

»Wieso? Wo geht ihr denn hin?«

Theo schaut verstohlen zu mir und dann wieder zu Josh. »Na ja, das ist so eine Art Parade«, sagt er verlegen.

»Eine Parade?« Josh schüttelt den Kopf. »Wieso machst du denn so ein komisches Getue? Was für eine Parade ist das? Die Pride Parade morgen, oder was?«

Theo schluckt. Anscheinend haben er und Josh noch nicht über dieses Thema gesprochen, aber so wie ich Josh in den letzten Monaten kennengelernt habe, weiß ich, dass das für ihn überhaupt kein Thema sein wird.

Josh greift nach seinen Sneakers und setzt sich neben mich auf die Couch, um sie anzuziehen. »Was soll das? Darf ich etwa nicht auf die Pride Parade, bloß weil ich auf Mädchen stehe?«

Theo lächelt erleichtert. »Doch, klar kannst du mitkommen. Es ist nur … ich wusste nicht, ob du es weißt, weißt du?«

Josh verdreht die Augen. »Man kriegt eine Menge über einen Menschen mit, wenn man sich anschaut, was für Mangas er liest, Theo. Ich bin ja nicht behindert.«

»*Josh*«, sage ich streng.

»Sorry.« Er greift nach seiner Jacke. »Ich bin ja nicht *blind*, meinte ich. Darf ich heute bei Theo übernachten?«

Wie lässig Josh mit diesem für Theo bedeutungsvollen Moment umgeht, erinnert mich so sehr an Atlas.

Josh ist auch einer von den Guten.

Seine Frage, ob er bei Theo übernachten darf, bringt mich allerdings kurz in Verlegenheit. Ich wohne erst seit vier Tagen hier und bisher hat Josh mich noch nie wegen irgendetwas um Erlaubnis gebeten. Es war auch noch keine Gelegenheit, mit Atlas darüber zu sprechen, welche Regeln bei ihnen gelten.

»Von mir aus gern. Aber ruf deinen Bruder an und sag ihm, wo du bist, ja?«

Ich wüsste nicht, warum er etwas dagegen haben sollte. Gerade wird mir klar, dass Atlas und ich in Zukunft vieles – auch Dinge, die Josh und Emerson betreffen – gemeinsam entscheiden werden und abklären müssen, wer in welchen Bereichen oder Situationen die Verantwortung übernimmt. Aber das finde ich schön. Ich freue mich darauf, mich mit Atlas auseinanderzusetzen und unser Leben gemeinsam zu gestalten.

Nachdem Josh mit Theo abgezogen ist, wird es still im Haus. Zum ersten Mal bin ich ganz allein hier. Während ich darauf warte, dass meine Mutter Emerson bringt, schlendere ich durch die einzelnen Räume, sehe mir alles an und mache mich mit meinem neuen Zuhause vertraut.

Mein neues Zuhause. Es ist ein schönes Gefühl, das sagen zu können.

Irgendwann gehe ich auf die Terrasse hinaus, setze mich in einen Stuhl und lasse den Blick schweifen. Die Größe und der Schnitt des Grundstücks eignen sich perfekt dafür, einen Garten anzulegen. Ein Wunder, dass Atlas mitten in der Stadt noch so eine Oase gefunden hat. Hat er vielleicht ganz bewusst nach einer Immobilie mit besten Voraussetzungen für einen Garten gesucht? Für den Fall, dass wir eines Tages doch wieder zusammenkommen? Auch wenn ich weiß, dass das ganz sicher nicht der Hauptgrund war, mag ich die Vorstellung, das könnte bei seiner Entscheidung vielleicht eine Rolle gespielt haben.

Ich bin so tief in Gedanken versunken, dass ich zusammenzucke, als mein Handy klingelt. Es ist Atlas. Ich hatte vorhin versucht, ihn zu erreichen, jetzt ruft er per Videochat zurück.

»Hey.«

»Was machst du gerade?«, fragt er.

»Ich lege im Geist schon mal meinen Garten an. Josh wollte

heute bei Theo schlafen und ich hab es ihm erlaubt. Das war hoffentlich okay?«

»Na klar. Haben die beiden dir geholfen?«

»Ja. Jetzt ist fast alles ausgepackt.«

»Großartig.« Atlas fährt sich übers Gesicht, als hätte er einen stressigen Tag gehabt, aber im nächsten Moment lächelt er seine Erschöpfung weg. »Wo ist Emerson?«

»Meine Mutter müsste jeden Moment mit ihr hier sein.«

Er seufzt, als fände er es schade, dass sie noch nicht da ist. »Ich fange an, sie zu vermissen«, sagt er leise. Das klingt, als würde es ihm fast ein bisschen Angst machen, dass er so schnell eine so tiefe Bindung zu ihr aufgebaut hat. Aber ich halte diesen Moment fest und sortiere ihn in mein Erinnerungsarchiv ein, in dem ich all die berührenden Sätze aufbewahre, die er sagt. »Ich komme erst gegen Mitternacht nach Hause. Bist du dann noch wach?«

»Falls nicht, weißt du ja, wie du mich wecken kannst.«

Atlas schüttelt grinsend den Kopf. »Ich liebe dich. Bin bald bei dir.«

»Ich liebe dich auch.«

In dem Moment, in dem er auflegt, höre ich Emersons süßes Plappern und drehe mich um. Meine Mutter steht mit ihr auf dem Arm in der Tür und lächelt, als hätte sie die letzten Sätze des Gesprächs mitbekommen.

Ich stehe auf, um ihr Emmy abzunehmen, die sich sofort an mich kuschelt. Die Nacht heute könnte ruhig werden. Wenn sie so anschmiegsam ist, bedeutet das, dass sie müde und zufrieden ist und bestimmt problemlos einschläft. Ich deute auf einen der Terrassenstühle. »Setz dich doch, Mom.«

»Wirklich schön hier«, sagt sie.

Meine Mutter ist heute zum ersten Mal hier. Normalerweise würde ich jetzt eine kleine Besichtigungstour mit ihr machen, aber Emerson reibt ihr Gesicht müde an meiner Brust, und ich will ihr die Chance geben, einzuschlafen, bevor ich aufstehe.

»Das Grundstück ist ideal, um einen richtig schönen Garten anzulegen«, sagt meine Mutter. »Glaubst du, Atlas hat das Haus deswegen gekauft? Für den Fall, dass ihr wieder zusammenkommt?«

»Genau denselben Gedanken hatte ich vorhin auch«, sage ich. »Aber dann dachte ich, dass das ziemlich weit hergeholt ist …« Ich stutze, als ich begreife, was sie eben gesagt hat. *Für den Fall, dass ihr wieder zusammenkommt.* Ich habe ihr nie erzählt, dass ich Atlas noch aus Plethora kenne, und war mir sicher gewesen, dass sie sich nicht an ihn erinnern würde.

Meine Mutter lacht über meine überraschte Miene. »Er hat einen extrem ungewöhnlichen Namen, Lily. Den habe ich nicht vergessen.«

Ich lächle verwirrt. Aber warum hat sie nie etwas gesagt? Immerhin sind wir jetzt seit über einem halben Jahr zusammen und die beiden haben sich schon oft gesehen.

Wahrscheinlich sollte ich mich nicht wundern. Meine Mutter war schon immer ein verschlossener Mensch. Und das kann ich ihr nicht verdenken, schließlich hat sie Jahre mit einem Mann zusammengelebt, der ihr keine eigene Stimme gestattet hat. Es ist sicher nicht so einfach für sie, zu lernen, sie wieder zu benutzen.

Aber ich möchte sie hören. »Warum hast du nie was gesagt?«, frage ich.

Sie zuckt mit den Schultern. »Ich dachte, du würdest es mir schon erzählen, wenn du willst, dass ich es weiß.«

»Ich hätte es dir gern gesagt, aber ich wollte nicht, dass du dich in seiner Gegenwart unwohl fühlst … Wegen dem, was Dad ihm angetan hat, meine ich.«

Meine Mutter wendet den Blick ab und lässt ihn über das

Grundstück wandern. Sie schweigt einen Moment, dann sagt sie: »Ich habe dir das nie erzählt, aber … ich habe Atlas kennengelernt. Mehr oder weniger. Als ich eines Tages aus der Schule nach Hause kam, lagt ihr beide schlafend nebeneinander auf der Couch. Gott, hab ich mich erschreckt.« Sie lacht. »Ich fand euch sehr süß und unschuldig, aber natürlich konnte ich es nicht dulden, dass du mit einem fremden Jungen auf der Couch schläfst. Ich wollte gerade losschimpfen, da ist er aufgewacht und er … er sah so verängstigt aus. Wenn ich jetzt daran zurückdenke, glaube ich nicht, dass er vor mir Angst hatte. Er sah eher so aus, als hätte er Angst davor, dich womöglich zu verlieren, weil ich euch erwischt hatte. Jedenfalls ist er ganz schnell aufgesprungen und zur Tür raus. Ich bin ihm hinterher, um ihm zu sagen, dass er bloß nicht wiederkommen soll. Und dann hat er etwas ganz Merkwürdiges getan, Lily.«

»Was denn?« Mir klopft das Herz bis in die Kehle.

»Er hat mich umarmt«, sagt meine Mutter mit einem ungläubigen Lachen.

Ich sehe sie entgeistert an. »Er hat dich *umarmt*? Du hast ihn quasi in flagranti mit deiner Tochter ertappt und er hat dich umarmt?«

Sie nickt. »Ja, hat er. Und diese Umarmung hat sich angefühlt, als wüsste er genau, was er tut … Als wüsste er, wie schwer ich es oft hatte. Als würde er mir Mut machen wollen oder mich trösten. Und dann ist er einfach gegangen. Ich hatte gar keine Möglichkeit, ihm eine Strafpredigt zu halten. Vielleicht hatte er es ja genau darauf angelegt, und das war seine Taktik, mich außer Gefecht zu setzen.«

Ich schüttle den Kopf. »Das war keine Taktik, Mom.« *Atlas ist einfach nur einer von den Guten.*

»Ich wusste, dass ihr beide ein Paar wart. Aber ich wusste auch, dass du eure Beziehung sicher vor allem vor deinem Vater geheim gehalten hast und nicht vor mir, deswegen war ich nicht gekränkt. Ich bin nie eingeschritten, weil ich mich gefreut habe, dass du jemanden in deinem Leben hattest, Lily.« Sie lächelt. »Und jetzt hast du ihn für immer.«

Ich drücke Emerson noch ein bisschen fester an mich.

»Es macht mich sehr glücklich, dass du einen Mann gefunden hast, der so gut umarmen kann«, sagt meine Mutter.

»Und er kann nicht nur gut *umarmen*«, sage ich grinsend.

Meine Mutter schnaubt. »Lily!« Sie steht kopfschüttelnd auf. »Ich fahre jetzt nach Hause.«

Ich lache in mich hinein, als sie geht. Und dann schreibe ich Atlas eine Nachricht.

Ich liebe dich so sehr, du Verrückter.

37.

ATLAS

»Bist du dir wirklich sicher?«, fragt Theo.

Ich stehe vor dem Spiegel und rücke meine Krawatte zurecht. Theo sitzt auf der Couch und versucht, mich zu überreden, ihm vor der Trauung noch mal mein Ehegelübde zu lesen zu geben. »Absolut sicher.«

Er sieht mich zweifelnd an. »Du wirst dich um Kopf und Kragen reden.«

»Werde ich nicht. Ich finde es gut so.«

»Atlas. Komm schon. Ich will dir doch nur helfen. So wie ich dich kenne, haust du am Ende deines Gelübdes noch so was raus wie: ›Ich will mit dir teilen Bett und Tisch, bitte sei für immer mein Fisch.‹«

Ich lache. Dass er selbst nach zwei Jahren immer noch auf dieser Sache rumreiten muss. »Überlegst du dir, wenn du nachts nicht schlafen kannst, wie du deine Mitmenschen am besten in den Wahnsinn treibst?«

»Nein, das liegt mir im Blut.« Es klopft und die Tür geht einen Spaltbreit auf. »Noch fünf Minuten.«

Ich werfe einen letzten Blick in den Spiegel, bevor ich mich zu Theo drehe. »Wo ist Josh? Ich will gleich nicht nach ihm suchen müssen.«

»Meine Lippen sind versiegelt.«

Ich setze ein strenges Gesicht auf. »Theo? Wo treibt er sich rum?«

»Als ich ihn zuletzt gesehen hab, hat er im Pavillon gerade einem Mädchen die Zunge in den Hals gesteckt. Wahrscheinlich macht er dich bald zum Großvater.«

»Wenn schon, dann zum Onkel. Ich bin sein Bruder. Hol ihn bitte.«

Josh und ich sind uns ziemlich ähnlich, aber bei Mädchen ist er um einiges selbstbewusster als ich in seinem Alter. Er wird bald fünfzehn und raubt mir zwischendurch den letzten Nerv. Wahrscheinlich werde ich um zehn Jahre altern, wenn er nächstes Jahr auch noch den Führerschein macht.

Ich muss mich irgendwie ablenken. Ich bin auch so schon nervös genug. Vielleicht hat Theo recht, und ich sollte mein Gelübde ein letztes Mal lesen, um ganz sicherzugehen, dass ich nichts mehr ändern oder hinzufügen will.

Ich ziehe die beiden Blätter aus der Innentasche meines Jacketts, falte sie auseinander und zücke den Stift, falls ich tatsächlich noch irgendwelche Last-Minute-Änderungen vornehmen will.

Liebe Lily,
die Briefe, die ich dir bisher geschrieben habe, hat außer dir nie jemand zu Gesicht bekommen. Das erklärt vielleicht, warum es mir anfangs so schwergefallen ist, dieses Gelübde zu schreiben. Die Vorstellung, dass nicht nur du es hören wirst, sondern auch andere Menschen, hat mich unsicher gemacht.

Aber ein Gelübde ist nun mal ein Versprechen, das man sich nicht einfach unter vier Augen gibt, sondern vor Zeugen ablegt, vor Gott oder vor Freunden und der Familie.

Während ich darüber nachdachte, habe ich mich gefragt, was eigentlich der Grund dafür ist, dass man es vor Zeugen ablegt. Was macht es notwendig, dass sich ein Paar öffentlich zu seiner Liebe bekennen soll?

Macht man es deshalb, weil das Versprechen – und damit das Herz – dann im besten Fall nicht mehr so leichtfertig gebrochen werden kann?

Das ist eine ziemlich ernüchternde Vorstellung. Könnten wir alle darauf vertrauen, dass jeder sein Wort hält, wären öffentliche Gelübde überflüssig. Man würde sich verlieben und sich bis ans Ende seiner Tage treu bleiben.

Ich glaube, ich weiß, wo der Haken liegt. Wir sind Menschen. Und Menschen neigen nun mal leider dazu, einander zu enttäuschen.

Aber dann habe ich mich gefragt: Wenn Menschen dazu neigen, einander zu enttäuschen und in der Liebe zu scheitern, was können wir tun, damit unsere Liebe standhält? Laut Statistik wird ungefähr die Hälfte aller Ehen geschieden. Das heißt, fünfzig Prozent aller jemals abgelegten Gelübde werden gebrochen. Wie können wir dafür sorgen, dass wir uns nicht eines Tages in diese Statistik einreihen?

Die Wahrheit, Lily? Gar nicht. Es gibt keine Garantie dafür, dass das, was wir uns hier und heute versprechen, in ein paar Jahren nicht im Aktenordner eines Scheidungsanwalts landet.

Mir ist klar, dass sich mein Gelübde bis hierhin ziemlich deprimierend anhört. Aber der Punkt ist: Mir macht die Tatsache, dass die Hälfte aller Ehen nicht glücklich enden, sogar Mut.

Die Hälfte aller Ehen?

Fünfzig Prozent aller Ehen?

Eine von zwei Ehen?

Hätte mir mit achtzehn jemand gesagt, dass meine Chancen, mein ganzes Leben mit dir verbringen zu dürfen, fifty-fifty stehen würden, wäre ich der glücklichste Mensch der Welt gewesen.

Hätte mir jemand gesagt, dass meine Chancen, von dir geliebt zu werden, fifty-fifty stehen würden, hätte ich mich gefragt, womit ich so viel Glück verdient hätte.

Hätte mir damals jemand gesagt, dass wir eines Tages heiraten würden, dass ich dir deinen Traum von Flitterwochen in Europa er-

füllen darf und dass unsere Chancen, eine wunderbare Ehe zu führen, fifty-fifty stehen, hätte ich sofort nach deiner Ringgröße gefragt, um keine weitere Sekunde zu verlieren und unser gemeinsames Leben zu beginnen.

Vielleicht ist es nur eine Frage der Perspektive, das Ende einer Liebe als etwas Negatives zu betrachten. Eine Liebe kann nämlich nur dann enden, wenn sie irgendwann einmal angefangen hat. Wenn sie gespürt wurde. Und bevor wir uns begegnet sind, gab es in meinem Leben keine Liebe.

Als Kind und Jugendlichem hätte mir die Aussicht, dass mir irgendwann das Herz gebrochen werden könnte, keine Angst gemacht. Im Gegenteil. Ich beneidete jeden, der Liebe erlebt und damit erfahren hatte, was es bedeutet, sie zu verlieren. Denn vor dir hatte ich nie am eigenen Leib gespürt, wie sich Liebe anfühlt.

Und dann warst du plötzlich da und hast das geändert. Ich durfte nicht nur der Erste sein, der sich in dich verliebt, sondern auch die Erfahrung mit dir teilen, wie sich ein gebrochenes Herz anfühlt. Und wie durch ein Wunder durfte ich mich dann sogar noch einmal neu in dich verlieben.

Zweimal in ein und demselben Leben.

Wie kann ein Mann nur so viel Glück haben?

Dass ich es bis hierher geschafft habe, dass du und ich jetzt hier stehen, dass wir heute heiraten, ist so viel mehr, als ich mir vom Leben jemals erträumt habe. Ein Atemzug, ein Kuss, ein Tag, ein Jahr, ein ganzes Leben. Ich nehme, was immer du mir zu geben bereit bist, und gelobe, mich in jeder Sekunde glücklich zu schätzen, die ich von diesem Moment an mit dir verbringen darf, so wie ich mich in jeder Sekunde glücklich geschätzt habe, die ich vor diesem Moment mit dir verbringen durfte.

Im besten Fall leben wir bis zum Ende unserer Tage glücklich und zufrieden und werden zusammen alt und irgendwann so klapprig, dass ich einen ganzen Tag brauche, um mich zu deinen

Lippen runterzubeugen und dir einen Gutenachtkuss zu geben. Sollte es so kommen, gelobe ich, dass ich für die Liebe, die uns durch unser gemeinsames Leben getragen hat, unendlich dankbar sein werde.

Im schlimmsten Fall brechen wir uns erneut gegenseitig das Herz, und obwohl ich mir ganz sicher bin, dass das nicht passieren wird, gelobe ich, dass ich – sollte es doch so kommen – unendlich dankbar für die Zeit der Liebe sein werde, die uns das Schicksal gewährt hat. Und sollte es uns bestimmt sein, in der Statistik zu enden, gibt es niemanden, mit dem ich mir den Platz darin lieber teilen würde als mit dir.

Du hast mich irgendwann mal als Realist bezeichnet, deswegen würde ich dieses Gelübde gern mit einer realistischen Einschätzung unserer gemeinsamen Zukunft schließen. Ich glaube, dass wir eine Reise vor uns haben, in der wir über Hügel und durch Täler, über Berggipfel und durch Schluchten gehen werden. Es wird Momente geben, in denen du nach meiner Hand greifen wirst, damit ich dich stütze, während wir einen Abhang hinabgehen, und Momente, in denen du mich stützen musst, damit wir es bergauf schaffen. Von jetzt an werden wir uns den Höhen und Tiefen des Lebens gemeinsam stellen. Du und ich, Lily. In guten wie in schlechten Zeiten, in Reichtum und in Armut, in Gesundheit und in Krankheit, wie in der Vergangenheit so in der Zukunft. Du wirst für immer mein Lieblingsmensch sein. Bist es immer gewesen. Wirst es immer bleiben. Ich liebe dich. Alles, was dich ausmacht.
Atlas

Ich atme tief durch. Die beiden Seiten in meiner Hand zittern leicht. Nein, es gibt nichts, was ich an diesem Gelübde ändern will. Als ich es zusammenfalte, kommt Josh mit Darin, Brad, Theo und Marshall in den Raum.

Marshall sieht mich an. »Es ist Zeit. Bist du bereit?«

Ich nicke. Und zwar so was von bereit. Als ich das Gelübde in die Innentasche meines Jacketts stecken will, kommt mir ein Gedanke. Ich falte die Blätter noch mal auf und füge am Ende eine letzte Zeile hinzu.

PS: Ich will mit dir teilen Bett und Tisch, bitte sei für immer mein Fisch.

DANKSAGUNG

Eigentlich sollte es von »Nur noch ein einziges Mal – It ends with us« auf keinen Fall eine Fortsetzung geben. Das Buch endet genau dort, wo es meiner Meinung nach enden musste. Ich fand, dass Lily schon genug durchgemacht hat.

Aber dann kamen #BookTok und die Online-Petition und die Nachrichten und die Videos, und ich habe verstanden, dass es euch nicht darum ging, Lily noch mehr zuzumuten – ihr habt euch für Lily und Atlas einfach ein glückliches Ende gewünscht. Und als ich angefangen habe zu skizzieren, wie die Geschichte der beiden weitergehen könnte, wurde mir schnell klar, dass ich mir das genauso wünsche. Deswegen möchte ich mich bei allen bedanken, die mich um eine Fortsetzung gebeten haben. Ohne euch würde es dieses Buch nicht geben.

Ich möchte mich bei so vielen Menschen bedanken. Nicht nur für »It starts with us – Nur noch einmal und für immer«, sondern auch für die jahrelange Unterstützung, ohne die es praktisch unmöglich gewesen wäre, ein Buch zu schreiben, von dem ich glaubte, ich würde nie den Mut haben, es zu beenden. Und mit so vielen Menschen meine ich euch – meine Familie, meine Freunde, die Bloggerinnen und Blogger, meine Leserinnen und Leser, Verlagsleute und Agentinnen – in ungeordneter Reihenfolge. DANKE für eure unglaubliche, nie nachlassende Unterstützung. Ihr sorgt dafür, dass ich meinem Beruf mit so viel Liebe und Begeisterung nachgehen kann.

Levi Hoover, Cale Hoover, Beckham Hoover und Heath

Hoover. Meine vier Lieblingsmänner auf diesem Planeten. Ohne eure Ermutigung und Rückendeckung könnte ich nichts von all dem hier machen.

Lin Reynolds, Murphy Fennel und Vannoy Fite. Meine drei Lieblingsfrauen auf diesem Planeten.

Dank an die Teams der Bookworm Box und der Book Bonanza und die Vorstandsmitglieder. Danke für alles, was ihr tut!

An meine Agentinnen Jane Dystel und Lauren Abramo und alle Mitarbeiterinnen und Mitarbeiter der Agentur Dystel, Goderich & Bourret.

Meine Lektorin Melanie Iglesias Pérez; meine Pressefrau Ariele Stewart Fredman, meine Verlegerin Libby McGuire und das gesamte Atria-Team.

An Stephanie Cohen und Erica Ramirez. Danke, dass ihr mitgeholfen habt, meine Träume wahr werden zu lassen, und immer nur mein Bestes wollt. Ich liebe euch mehr, als ich es in Worte fassen kann. Wenn ich unser Büro betrete, fühlt es sich jedes Mal an, als würde ich nach Hause kommen.

Pamela Carrion und Laurie Darter – für absolut alles *und* euer tägliches Unterhaltungsprogramm.

An das Team bei Simon & Schuster Audio. Danke, dass ihr meine Bücher zum Leben erweckt.

Meine Autorenkollegin Susan Stoker. Danke, dass du dich so leidenschaftlich für andere AutorInnen einsetzt und uns mit deinen wöchentlichen Gratulationsmails auf dem Laufenden hältst.

Tarryn Fisher, Anna Todd, Lauren Levine, Shanora Williams, Chelle Lagoski Northcutt, Tasara Vega, Vilma Gonzalez, Anjanette Guerrero, Maria Blalock, Talon Smith, Johanna Castillo, Jenn Benando, Kristin Phillips, Amy Fite, Kim Holden, Caroline Kepnes, Melinda Knight, Karen Lawson, Marion Archer,

Kay Miles, Lindsey Domokur und noch so viele andere mehr. Danke, dass ihr immer für mich da seid!

CoHorts, BookTok, Weblich, die Bloggerinnen und Blogger, alle Mitarbeiterinnen und Mitarbeiter von Büchereien und sonstigen Bücher-Menschen. Danke, dass ihr andere mit eurer Liebe zum Lesen ansteckt.

Allen von euch, die sich schon mal die Zeit genommen haben, einer Autorin oder einem Autor eine Nachricht zu schicken, um ihr oder ihm zu sagen, wie viel ihre Bücher euch bedeuten, möchte ich ganz besonders danken. Wir schreiben vor allem für euch.

EIN GESPRÄCH MIT COLLEEN HOOVER UND IHRER MUTTER VANNOY

Wie sind Sie darauf gekommen, dieses Buch zu schreiben, Colleen? Haben Sie im Vorfeld mit Ihrer Mutter darüber gesprochen oder erst, als der Text bereits fertig war?
Und wie haben Sie reagiert, Vannoy, als Colleen Ihnen gesagt hat, wovon ihr neuer Roman handelt?

Colleen: Ich habe meiner Mutter vorher von meiner Idee zu dem Roman erzählt, ohne ins Detail zu gehen, und sie um ihre Erlaubnis gebeten, sie verwenden zu dürfen. Und ich habe ihr versichert, dass das, was zwischen ihr und meinem Vater passiert ist, mich zwar auf das Thema gebracht hat, dass es aber nicht um *sie* geht. Meine Mutter steht immer bedingungslos hinter mir, egal worüber ich schreiben will, aber in diesem Fall war ich unsicher, weil es eben doch teilweise auch ihre Geschichte ist.

Vannoy: Es hat mich schon etwas nervös gemacht, nicht zu wissen, wie viel von mir selbst in dem Roman stecken würde. Colleen hatte mich gefragt, wann ihr Vater mir gegenüber zum ersten Mal gewalttätig geworden ist. Als ich dann die Küchenszene mit Ryle und Lily und der Auflaufform gelesen habe, war ich erschüttert, wie perfekt es ihr gelungen ist, meine damaligen Gefühle in Worte zu fassen. Ich weiß noch, dass ich sie angerufen und fast panisch gefragt habe: »Woher weißt du, wie man sich in so einem Moment fühlt?« Ich dachte, um so genau beschreiben zu können, was in Lily vorgeht, müsste sie etwas Ähnliches erlebt haben, aber das zeigt wohl, was für eine gute Schriftstellerin sie ist.

Hat Ihre Mutter das Buch gelesen, während Sie daran gearbeitet haben, Colleen?

Colleen: Meine Mutter bekommt sowieso immer sofort alles, was ich schreibe. Sie ist meine Erstleserin, was für sie manchmal bestimmt auch anstrengend ist. Ich kann gar nicht mehr zählen, wie viele Teile von Romanen ich ihr schon geschickt habe, aus denen dann nie etwas geworden ist. Nach den ersten Kapiteln von »Nur noch ein einziges Mal – It ends with us« war sie total verliebt in Ryle, was mir leidtat, weil ich ja wusste, wie die Geschichte weitergehen würde und was ich von ihr verlangte, indem ich sie ihr zu lesen gab.

Vannoy: Colleen hat mir die einzelnen Kapitel immer gleich geschickt, sobald sie damit fertig war. Und es stimmt, ich habe mich – wie alle anderen – in Ryle verliebt. Am Anfang wusste ich noch nicht, inwiefern häusliche Gewalt im Buch eine Rolle spielen würde. Ich dachte, es würde vielleicht um Lilys Eltern gehen, und habe die Szenen zwischen Lily und Ryle deshalb ganz unvoreingenommen gelesen. Aber als ich dann zu der Szene in der Küche kam, habe ich begriffen, worauf alles hinauslaufen wird. Colleen hat das, was ich erlebt habe, als Vorlage genutzt und es geschafft, dass ich mich in Ryle genauso verliebt habe wie damals in ihren Vater. Das hat mich fasziniert, und gleichzeitig hat es mir auch das Herz gebrochen, weil ich in diesem Moment wusste, was Lily noch alles bevorstand.

Wie war es für Sie, Vannoy, dass Ihre Tochter eine Geschichte erzählt, die auf Ihren persönlichen Erlebnissen beruht?

Vannoy: Colleens Fähigkeit, die Dinge aus den verschiedensten Blickwinkeln betrachten zu können, hat mich schon beeindruckt, als sie noch ein Kind war. Egal, welche Meinung man vertritt – sie kann immer auch sehr überzeugend den Standpunkt von jemandem einnehmen, der gegensätzlicher Meinung ist. Ich bewundere sie dafür, dass sie häusliche Gewalt so authentisch aus Lilys Perspektive beschreiben konnte, obwohl sie selbst nie in einer gewalttätigen Beziehung gewesen ist, und finde es toll, dass meine Erfahrungen es ihr ermöglicht haben, Lilys Gefühle, ihre Ängste und Reaktionen nachzuempfinden.

Colleen – in Ihrem Roman schreiben Sie an einer Stelle: »So was wie schlechte Menschen gibt es nicht. Wir sind alle bloß Menschen, die manchmal schlimme Dinge tun«. Haben Sie das immer schon so empfunden oder ist Ihnen der Gedanke erst während der Arbeit an diesem Buch gekommen?

Colleen: Nach der Scheidung von meiner Mutter hat mein Vater ein zweites Mal geheiratet und mit meiner Stiefmutter dann meine jüngste Schwester Murphy bekommen. Murphy hat diesen Satz mal in einem Gespräch gesagt – ursprünglich hat sie ihn von ihrer Mutter –, und irgendwie ist er bei mir hängen geblieben. Wie meine Mutter eben schon sagte, betrachte ich die Dinge gerne aus allen Perspektiven, und dieser Satz beschreibt für mich perfekt, dass nichts jemals nur einseitig ist. Natürlich gibt es Ausnahmen, aber ich glaube wirklich, dass wir Menschen grundsätzlich gut sind und manchmal schlechte Entscheidungen treffen. Einige von uns häufiger als andere.

Was ist Ihnen beim Schreiben am schwersten gefallen, Colleen? Und was war für Sie am schwersten zu lesen, Vannoy?

Colleen: Die Küchenszene, definitiv. Es ist mir sehr schwer gefallen, sie in dem Bewusstsein auszuarbeiten, dass meine Mutter etwas sehr Ähnliches ganz konkret erlebt hat. Ich habe bei keinem meiner Bücher so viel geweint wie bei »Nur noch ein einziges Mal – It ends with us«, eben weil ich mir den Plot nicht von Grund auf selbst ausgedacht habe, sondern weil er in Teilen auf den Erfahrungen der Frau beruht, die mir mehr bedeutet als alles andere auf dieser Welt. Das war manchmal wirklich hart.

Vannoy: Für mich war das natürlich auch die Küchenszene, ja. Ich musste den Text damals erst mal für einen Moment zur Seite legen. Alles las sich so unglaublich echt. Ich hatte mich in Ryle verliebt und war über seine Reaktion genauso geschockt wie alle anderen. Mir war klar, dass diese eine Szene die Grundlage für den Rest des Romans bildet.

Haben Sie eine ähnliche Beziehung wie Lily und ihre Mutter Jenny? Wo gibt es Parallelen, wo Unterschiede?

Colleen: Jenny ist ganz anders als meine Mutter. In Lily steckt viel mehr von ihr. Jenny kehrt die schlimmen Dinge gern unter den Teppich, das hat meine Mutter nie getan. Sie hat mit uns immer ehrlich über alles gesprochen. Außerdem ist sie sehr unabhängig und lässt sich von Männern so schnell nichts bieten. Das ist die Mutter, mit der ich aufgewachsen bin. Deswegen hat es mich wirklich erschüttert, als ich erfahren habe, dass sie so lange in einer Beziehung steckte, in der sie körperlich misshandelt wurde. Ich konnte mir einfach nicht vorstellen, dass sie so was lange mitgemacht hätte.
Die Stärke meiner Mutter war der Hauptgrund dafür, dass ich dieses Buch geschrieben habe. Ich wollte durch die Beschäftigung mit dem Thema herausfinden, wie es dazu kommen kann, dass ein Mensch wie sie Opfer häuslicher Gewalt wird. Die wichtigste Erkenntnis, die ich während der Arbeit an dem Roman gewonnen habe, ist: *Jede und jeder* – vollkommen unabhängig von Stärken oder Schwächen – kann in eine Missbrauchsbeziehung geraten. Es hat nie etwas mit dem Opfer zu tun, sondern immer nur mit dem Täter.

Vannoy: Wir haben immer offen über alles gesprochen und einander vertraut. In der Hinsicht sind wir also nicht wie Lily und ihre Mutter. Meine Ähnlichkeit mit Jenny liegt vor allem darin, dass ich auch eine Mutter war, die von ihrem Mann misshandelt wurde. Ich habe meinen Töchtern gegenüber deswegen immer noch Schuldgefühle.

Colleen: Die brauchst du nicht zu haben. Du hast ihn verlassen. Du warst mutig und unerschrocken.

Dem Roman ist eine sehr berührende Widmung vorangestellt. »Für meinen Vater, der sein Bestes getan hat, uns nie seine schlimme Seite sehen zu lassen. Und für meine Mutter, die dafür gesorgt hat, dass wir ihn nie von seiner schlimmen Seite kennenlernen mussten.« Was hat Ihnen geholfen, diese Situation durchzustehen und sich letztendlich daraus zu lösen, Vannoy?
Die Widmung sagt ja schon viel, Colleen, aber wie haben Sie das damals aus Ihrer Perspektive erlebt?

Colleen: Tatsächlich war ich zu klein, um mich wirklich an etwas zu erinnern. Es gibt nur eine einzige, sehr frühe Erinnerung an einen Streit zwischen meinen Eltern, aber abgesehen davon drehen sich meine Kindheitserinnerungen um meine Mutter und meinen Stiefvater, der ein wunderbarer Mann war. Mein biologischer Vater hat sein Leben lang gegen seine Dämonen gekämpft. Er war Alkoholiker, als er mit meiner Mutter zusammen war, später hat er sich viel Mühe gegeben, trocken zu bleiben, was ihm immer mal wieder auch gelungen ist. Es gab Zeiten, in denen er nüchtern und Teil unseres Lebens war, und Zeiten, in denen er es nicht war. Er hat selten Unterhalt bezahlt und oft versprochen, an den Vater-Wochenenden zu kommen, tauchte dann aber doch nicht auf, während meine Schwester und ich heulend auf der Couch auf ihn gewartet haben.
Weil ich selbst Kinder habe, kann ich nachempfinden, wie hart es für meine Mutter gewesen sein muss, sich nicht auf unseren Vater verlassen zu können und miterleben zu müssen, wie er uns Kinder immer wieder enttäuschte. Trotzdem hat sie nie schlecht über ihn gesprochen und dafür hat sie meinen größten Respekt. Sie wollte, dass wir das Gute in ihm sehen, weil Gutes in ihm war. Seine schlechten Seiten wurden von ihr nie thematisiert. Meine Mutter wollte für ihre

Töchter nur das Beste, selbst wenn das immer wieder auch auf ihre Kosten ging. Deswegen habe ich die Widmung so geschrieben. Trotz allem, was sie mit ihm durchgemacht hat, und obwohl er sie zutiefst enttäuscht hat, hat sie diese Gefühle nie an ihre Kinder weitergegeben. Dafür braucht es unfassbar viel Stärke und Größe.

Vannoy: Kaum zu glauben, aber mir hat eine Fernsehserie geholfen, die ich mir jede Woche angeschaut habe. In einer Folge hat die erwachsene Tochter ihre Mutter angebrüllt und ihr vorgeworfen, sie als Kind der toxischen Beziehung zwischen ihr und ihrem Vater ausgesetzt zu haben, was jede einzelne Entscheidung in ihrem Leben beeinflusst hätte.
Die Erkenntnis, dass ich die Zukunft meiner beiden Töchter für immer prägen würde, wenn ich diese Situation weiter aushalte, hat mir den Boden unter den Füßen weggerissen. Obwohl ich den Mann wahnsinnig geliebt habe, war mir ab dem Moment klar, dass ich ihn verlassen muss, um meinen Mädchen die bestmögliche Chance auf ein unbelastetes Leben zu geben. Ich war jung, ich hatte kein Geld und ich hatte Angst, aber ich wusste, dass ich meine Ängste überwinden muss, um den beiden ein besseres Leben zu ermöglichen.

Die Entscheidung, die Lily in »Nur noch ein einziges Mal – It ends with us« letztlich für sich und auch für Emerson trifft, erfordert enorm viel Liebe und Mut. Wie wird die Mutter-Tochter-Beziehung zwischen den beiden später wohl einmal aussehen?

Colleen: Ich stelle sie mir vor wie die zwischen mir und meiner Mutter. Voll gegenseitigem Respekt, Wärme und Humor.

Vannoy: Ich hoffe, dass die beiden sich unglaublich nah sein werden.

»Nur noch ein einziges Mal – It ends with us« war für so viele Leserinnen und Leser ein enorm wichtiges Buch. Was hat das in Ihnen, Colleen, und in Ihnen, Vannoy, ausgelöst? Warum hat diese Geschichte so viele Menschen so tief berührt?

Colleen: Die Reaktionen sind absolut überwältigend. Ich hätte mir niemals vorstellen können, dass mir so viele Menschen in Mails und Nachrichten schreiben, wie viel ihnen mein Buch bedeutet. Ich hatte nicht vor, das Leben meiner Leserinnen und Leser zu beeinflussen, als ich es geschrieben habe. Ich wollte mich nur in die Lage meiner Mutter versetzen, um diesen Teil ihres Lebens verstehen zu können. Ich hatte keine Ahnung, dass es Menschen geben würde, für die das Buch von so großer Bedeutung sein könnte. Manche Mails, die ich bekomme, berühren mich so sehr, dass ich meine Mutter anrufe und sie ihr vorlese. Und oft müssen wir dann beide weinen.

Vannoy: Ich glaube, die Geschichte löst bei vielen Menschen so viel aus, weil die meisten auf irgendeine Weise schon mal mit diesem Thema in Berührung gekommen sind – entweder weil sie selbst in einer missbräuchlichen Beziehung waren oder weil sie jemanden kennen, der solche Erfahrungen machen musste. Darunter gibt es vielleicht auch einige, die (ähnlich wie ich damals, als ich diese Serie geschaut habe) beim Lesen plötzlich erkennen, dass ein Kind – selbst wenn es nicht direkt der Gewalt ausgesetzt ist – darunter leidet, in einer Umgebung aufzuwachsen, in der Gewalt ausgeübt wird.

Aber auch Menschen, die persönlich nie solche Erfahrungen machen mussten, können durch das Buch nachvollziehen, wie es sich anfühlt, jemanden über alles zu lieben und trotzdem die Entscheidung treffen zu müssen, ihn zu verlassen. Ich finde es wichtig, dass in Colleens Buch die guten und die schlimmen Seiten geschildert werden und Ryle nicht durchgehend als Monster gezeichnet wird. Colleens Vater war witzig, romantisch und charismatisch, aber es gab in unserer Beziehung schreckliche Momente, die nicht durch die guten Momente aufgewogen werden konnten.

Gibt es etwas, das Sie den Leserinnen und Lesern mitteilen möchten, die sich selbst in Lilys Geschichte wiedererkannt haben und denen Sie dadurch Mut gemacht haben, Colleen? Oder Sie, Vannoy?

Colleen: Ich möchte vor allem meiner Mutter etwas sagen – oder besser gesagt, ich möchte mich bei ihr bedanken. Ich habe dieses Buch zwar geschrieben, aber ich wäre dazu nicht in der Lage gewesen, wenn sie nicht diese Erfahrungen gemacht hätte. Es schmerzt mich unendlich, dass sie das erleben musste, aber ich bin froh, dass ihre Erfahrungen mich auf die Idee gebracht haben, darüber zu schreiben und vielen Opfern häuslicher Gewalt die Stärke zu geben, sich aus Missbrauchsbeziehungen zu befreien.

Vannoy: Ich möchte euch sagen: Ihr seid stark und unerschrocken. Danke, dass ihr den Mut und die Kraft in euch gefunden habt, den Kreislauf des Missbrauchs zu durchbrechen.

Meine Mutter Vannoy und mein Vater Eddie mit mir im Arm am See. (1980)

Ich als knapp Zweijährige mit heißem Kakao in einem Becher der Dallas Cowboys. (1982)

Meine ältere Schwester Lin und ich ein paar Jahre nach der Scheidung meiner Eltern in identischen Kleidern. Mein Vater hatte sie uns gekauft und uns fotografieren lassen. (1985)

Familienfoto: Lin (links), mein Stiefvater Vance (hinten), Mom (vorne) und ich (rechts). (1988)

Ich, Mom, mein Cousin Brian und Lin. (1989)

Mein Vater, der meine jüngste Schwester Murphy hält; ich, Lin und meine Mutter auf Lins Highschool-Abschlussfeier. (1995)

Ich, Mom und Lin in einer Fotobox auf Murphys Hochzeit. (2015)

Ich und Mom auf der Premiere von »Love and Confess« in Los Angeles. (2017)

Lin, Mom und ich. (2022)

Mom, ich und Lin an dem Tag, an dem wir uns das Tattoo mit den offenen Herzen haben stechen lassen – das gleiche, das Lily auch hat. (2016)

LESEPROBE

Colleen Hoover

NUR NOCH EIN EINZIGES MAL

IT ENDS WITH US

Roman

Aus dem amerikanischen Englisch
von Katarina Ganslandt

1.

Ich sitze auf der gemauerten Brüstung einer Dachterrasse, blicke zwölf Stockwerke tief auf Boston hinunter und denke an Selbstmord.

Um Gottes willen, nicht an meinen eigenen – dazu mag ich mein Leben viel zu sehr und möchte keinen einzigen Moment davon verpassen.

Nein, ich denke darüber nach, was Menschen dazu bringt, sich in den Tod zu stürzen, und ob sie in den wenigen Sekunden des freien Falls einen kleinen Stich der Reue verspüren. Schießt ihnen so was wie *»Scheiße, war wohl doch keine so gute Idee«* durch den Kopf, während sie dem Ende entgegenrasen?

Hoffentlich nicht.

Ich denke viel über den Tod nach. Heute zumindest. Was vermutlich damit zu tun hat, dass ich vor knapp zwölf Stunden auf dem Friedhof von Plethora im Bundesstaat Maine die grandioseste Trauerrede gehalten habe, die dort je zu hören gewesen ist. Okay, vielleicht war sie auch nicht grandios, sondern einfach nur total daneben, das kommt ganz darauf an, wen man fragt: mich oder meine Mutter. Meine Mutter, die sich nach dem, was ich getan habe, wahrscheinlich die nächsten zwölf Monate weigern wird, mit mir zu sprechen.

Meine Rede hat niemanden zu Tränen gerührt wie die, die Brooke Shields für Michael Jackson gehalten hat, und sie war auch nicht so bewegend wie die von Steve Jobs' Schwester. Aber auf ihre Art war sie definitiv einzigartig.

Ich habe vor Nervosität gezittert, als ich nach vorn zum Rednerpult gegangen bin. Immerhin handelte es sich bei dem Toten, der betrauert wurde, um Andrew Bloom, den hoch angesehenen Bürgermeister meiner Heimatstadt Plethora. Um den Eigentümer des bezirksweit erfolgreichsten Immobilienbüros. Um den Ehemann von Jenny Bloom, der von unzähligen Schülergenerationen heiß geliebten Hilfslehrerin der Grundschule von Plethora. Und um den Vater von Lily Bloom – der rothaarigen Einzelgängerin, die sich als Fünfzehnjährige in einen obdachlosen Jungen verliebte und Schande über ihre Familie brachte.

Ach ja, Lily Bloom bin übrigens ich. Und Andrew Bloom war mein Vater.

Nach meiner Rede bin ich mit der nächsten Maschine zurück nach Boston geflogen und habe mir eine Dachterrasse gesucht. Nicht weil ich Selbstmordgedanken hätte. Ich habe *wirklich* nicht vor, mich hier runterzustürzen. Es ist nur so, dass ich dringend Ruhe und frische Luft brauche, und da ich in meiner Wohnung beides nicht bekomme, weil sie a) keinen Balkon hat und b) meine Mitbewohnerin sich furchtbar gern selbst singen hört, musste ich mich hierher zurückziehen.

Leider habe ich nicht bedacht, wie kalt es hier oben sein würde. Man kann es aushalten, aber gemütlich ist doch etwas anderes. Wenigstens sieht man die Sterne. Tote Väter, dauersingende Mitbewohnerinnen und fragwürdige Grabreden kommen einem nicht mehr ganz so schlimm vor, wenn die Nacht so sternenklar ist, dass man die Großartigkeit des Weltalls bis in die letzte Faser spürt.

Ich liebe es, zum Himmel aufzuschauen und mich bedeutungslos zu fühlen.

Es ist ein schöner Abend.

Obwohl … vielleicht sollte ich den Satz lieber in die Vergangenheitsform setzen.

Es *war* ein schöner Abend.

Gerade eben ist nämlich die Stahltür mit so viel Schwung aufgestoßen worden, dass sicher gleich jemand aus dem Treppenhaus auf die Terrasse gestürmt kommt, und dann ist es mit meiner Ruhe dahin. Bingo. Die Tür knallt zu und ich höre schnelle Schritte. Weil derjenige mich in meiner Nische an der Hauswand höchstwahrscheinlich sowieso nicht bemerken wird, mache ich mir gar nicht erst die Mühe, mich umzudrehen.

Stattdessen schließe ich seufzend die Augen, lehne den Kopf an die Mauer und verfluche das Universum dafür, mich so brutal aus diesem friedvollen Moment gerissen zu haben. Hoffentlich ist der Eindringling wenigstens eine Frau. Wenn ich schon Gesellschaft bekomme, dann lieber weibliche. Mein Bedürfnis nach Ruhe und Entspannung ist einfach zu groß, um mich so spätabends allein mit einem fremden Mann auf einer Dachterrasse aufzuhalten. Wahrscheinlich würde ich mich so unwohl fühlen, dass ich gehen würde, obwohl ich eigentlich bleiben möchte. Verdammt, ich will doch einfach nur meine Ruhe haben.

Nach einer Weile öffne ich die Augen, drehe den Kopf und lasse meinen Blick zu der Silhouette an der Brüstung gegenüber wandern. Na toll. Vielen Dank, Universum. Natürlich ist es ein Mann. Obwohl er sich vorbeugt, kann ich erkennen, dass er ziemlich groß ist. Er hat den Kopf in die Hände gestützt, was ihn verletzlich wirken lässt und in krassem Gegensatz zu seiner muskulösen Statur und den breiten Schultern steht. Trotz der Dunkelheit sehe ich, wie sein Rücken bebt, während er mehrmals tief Atem holt.

Irgendwie wirkt er ziemlich aufgewühlt. Soll ich ihn ansprechen, damit er mitbekommt, dass noch jemand hier ist? Zumindest räuspern könnte ich mich. Aber bevor ich diesen Gedanken in die Tat umsetzen kann, dreht er sich um und versetzt einem der Kunststoffstühle einen Tritt.

Ich zucke zusammen, als der Stuhl quietschend über den Boden schlittert, und da der Typ sich anscheinend immer noch nicht darüber im Klaren ist, dass er Publikum hat, kickt er noch ein paarmal mit aller Kraft dagegen. Immer und immer wieder. Statt unter der Wucht zu zersplittern, rutscht der Stuhl nur weiter über die Fliesen.

Er muss aus diesem superrobusten Kunststoff hergestellt sein, der auch beim Bau von Hochseejachten verwendet wird und praktisch unzerstörbar ist.

Ich habe mal miterlebt, wie mein Vater mit dem Wagen rückwärts gegen einen Gartentisch aus diesem Material gefahren ist. Seine Stoßstange hatte danach eine Delle, der Tisch nicht einmal einen Kratzer.

Mittlerweile scheint der Typ auch eingesehen zu haben, dass er gegen diesen Wunder-Kunststoff keine Chance hat, jedenfalls hat er aufgehört, dem Stuhl Tritte zu verpassen, und steht mit geballten Händen schwer atmend davor. Ehrlich gesagt beneide ich ihn ein bisschen darum, dass er seine Aggressionen an Terrassenmöbeln auslassen kann. Offensichtlich hatte er einen genauso beschissenen Tag wie ich, aber während ich meine Gefühle in mich hineinfresse, wo sie langsam vor sich hin gären, sucht er sich einfach einen Stuhl und lässt alles raus.

Früher hatte ich auch so ein Ventil. Wenn mich irgendetwas wütend oder traurig gemacht hat, bin ich in den Garten rausgegangen und habe Unkraut gejätet, bis kein Fitzelchen mehr zu finden war. Aber seit ich vor zwei Jahren nach Boston gezogen bin, habe ich keinen Garten mehr. Noch nicht mal einen Balkon. Tja. Nirgendwo auch nur die kleinste Chance auf ein winziges Hälmchen Unkraut.

Vielleicht sollte ich mir wenigstens so einen Stuhl aus unzerstörbarem Kunststoff zulegen.

Ob der Typ sich jemals wieder von der Stelle rühren wird? Er steht einfach nur da und starrt den Stuhl an. Allerdings hat er die Hände jetzt nicht mehr zu Fäusten geballt, sondern in die Seiten gestemmt. Mir fällt auf, wie sehr sein T-Shirt am Bizeps spannt. Er hat einen beeindruckend durchtrainierten Körper. Während ich ihn beobachte, kramt er in den Taschen seiner Jeans, holt etwas heraus und steckt es sich zwischen die Lippen. Als er ein Feuerzeug zückt, dämmert mir, dass er sich wahrscheinlich gerade einen Joint anzündet. Zur Beruhigung, nehme ich an.

Ich bin dreiundzwanzig und war auf dem College. Natürlich habe ich auch schon mal gekifft und finde es überhaupt nicht schlimm, dass dieser Typ hier oben allein einen durchziehen will. Aber genau das ist der Punkt. Er *ist nicht* allein – er weiß es nur nicht.

Nachdem er den ersten langen Zug genommen hat, dreht er sich um und will wieder zur Brüstung gehen. In dem Moment bemerkt er mich und bleibt abrupt stehen. Er wirkt nicht überrascht oder ertappt, im Gegenteil. Im Mondlicht sehe ich, wie er mich ganz gelassen mustert, ohne dass sein Gesicht verrät, was ihm dabei durch den Kopf geht. Seine Miene ist so undurchdringlich wie die der Mona Lisa.

»Wie heißt du?«, fragt er.

Oh-oh. Ich spüre seine Stimme bis tief in meinen Bauch hinein und das ist nicht gut. Stimmen sollten nur die Ohren erreichen. Allerdings gibt es manche – wenige – Menschen mit Stimmen, die in meinem ganzen Körper nachhallen. Er hat so eine Stimme. Dunkel und selbstbewusst und zugleich butterweich.

Als ich schweige, nimmt er noch einen Zug von seinem Joint.

»Lily«, antworte ich schließlich und hasse meine eigene Stimme, weil sie so dünn klingt, als wäre sie kaum in der Lage, seine Ohren zu erreichen, geschweige denn in seinem Körper nachzuhallen.

Er hebt das Kinn und nickt in meine Richtung. »Okay. Komm bitte da runter, Lily.«

Mir fällt auf, dass er jetzt sehr aufrecht steht und leicht angespannt wirkt. Falls er sich Sorgen macht, ich könnte herunterfallen, ist das komplett unbegründet. Der Sims ist mindestens dreißig Zentimeter breit, ich sitze rittlings darauf und habe ein Bein auf der Terrasse und die Hauswand im Rücken. Außerdem bläst der Wind in Richtung der Dachterrasse.

Ich sehe an mir herunter und dann wieder zu ihm hinüber. »Warum? Ich sitze hier ganz gut.«

Er dreht sich leicht weg, als könnte er nicht mit ansehen, wie ich auf der Brüstung hocke. »Bitte, Lily. Komm runter.« Sein Tonfall lässt keinen Zweifel daran, dass es sich weniger um eine Bitte als einen Befehl handelt. »Hier stehen sieben Stühle herum, auf die du dich setzen kannst.«

»Fast wären es ja nur noch sechs«, sage ich lachend, was er aber anscheinend nicht witzig findet. Er kommt ein paar Schritte auf mich zu.

»Zehn Zentimeter neben dir geht es senkrecht in die Tiefe«, sagt er ernst. »Wenn du das Gleichgewicht verlierst, bist du tot, und ich habe für heute genug Tote gesehen.« Er fordert mich mit einem Nicken erneut auf, herunterzusteigen. »Bitte. Du machst mich nervös, und eigentlich bin ich hier raufgekommen, um mich zu entspannen.«

Ich verdrehe die Augen und schwinge das rechte Bein über die Brüstung. »Wäre ja auch zu schade, wenn du deinen netten kleinen Entspannungs-Joint ganz umsonst rauchen würdest.« Seufzend rutsche ich vom Sims und wische mir die Hände an der Jeans ab. »Besser so?«

Er atmet hörbar aus, als hätte er die ganze Zeit über die Luft angehalten. Als ich an ihm vorbei zur anderen Seite der Dachterrasse schlendere, von wo aus man einen mindestens genauso sensationellen Blick auf die nächtliche Stadt hat, stelle ich bedauernd fest, dass er verdammt süß aussieht.

Obwohl … »Süß« ist in seinem Fall eine Beleidigung.

Er ist *schön*. Sehr gepflegt. Männlich. Angezogen wie in einer Burberry-Werbung. Ein paar Jahre älter als ich. In seinen Augenwinkeln bilden sich kleine Lachfältchen, als ich an ihm vorbeigehe. Ich stütze mich auf die Brüstung, beuge mich vor und schaue auf die Autos hinunter, ohne mir anmerken zu lassen, wie gut er mir gefällt. Ein Mann, der so aussieht, ist natürlich daran gewöhnt, dass Frauen von ihm beeindruckt sind, und ich habe keine Lust, sein Ego noch zu füttern. Wobei ich zugeben muss, dass er bisher nichts gesagt oder getan hat, was darauf hindeuten würde, dass sein Ego besonders aufgebläht wäre. Trotzdem.

Von hinten nähern sich Schritte und im nächsten Moment lehnt er neben mir. Aus dem Augenwinkel sehe ich, wie er noch einen Zug von seinem Joint nimmt. Er bietet ihn mir an, aber ich winke ab. Berauschende Substanzen sind das Letzte, was ich jetzt brauche. Die Stimme dieses Typen allein ist schon Droge genug. Ich würde sie gern noch mal hören.

»Was hat dir der Stuhl eigentlich getan, dass du ihn so treten musstest?«, frage ich betont beiläufig.

Er sieht mich an. Sieht mich *richtig* an. Als sein Blick meinen trifft, kommt es mir vor, als würde er meine tiefsten Geheimnisse offen vor sich sehen. Ich glaube nicht, dass ich schon mal jemandem begegnet bin, der einen so dunklen, eindringlichen Blick hatte. Und dann auch noch in Kombination mit einem derart einschüchternd selbstbewussten Auftreten. Er reagiert nicht auf meine Frage, aber so schnell lasse ich nicht locker. Wenn er mich schon gezwungen hat, meinen gemütlichen Sitzplatz aufzugeben, soll er wenigstens meine Neugier befriedigen.

»War es wegen einer Frau?«, hake ich nach. »Hat sie dir das Herz gebrochen?«

»Ich wünschte, meine Probleme wären so banal«, antwortet er mit leisem Lachen. Dann dreht er sich mit dem Rücken zur Brüstung und mustert mich ungeniert. »In welchem Stock wohnst du?« Er befeuchtet Zeigefinger und Daumen mit der Zunge, zwickt die Spitze seines Joints ab und schiebt den Rest wieder in die Hosentasche. »Ich glaube nicht, dass wir uns hier schon mal begegnet sind.«

»Das liegt daran, dass ich nicht hier wohne.« Ich deute in die Ferne. »Siehst du das Versicherungsgebäude dahinten?«

Er schaut mit zusammengekniffenen Augen über die Schulter. »Ja.«

»Direkt daneben wohne ich. Aber das Haus ist so niedrig, dass man es von hier aus nicht sieht. Es hat nur drei Stockwerke.«

Er stützt sich mit einem Ellbogen auf die Brüstung und wendet sich mir zu. »Was machst du dann hier? Wohnt dein Freund bei uns im Haus?«

Die Frage passt nicht zu ihm, sie klingt viel zu sehr nach billiger Anmache. Eigentlich hätte ich gedacht, ein Typ wie er hätte bessere Sprüche drauf.

»Nein, aber ihr habt das schönere Dach«, antworte ich. Er zieht fragend eine Augenbraue hoch. »Ich habe frische Luft gebraucht und einen Ort, an dem ich in Ruhe nachdenken kann. Also habe ich mit Google Earth in der Umgebung nach einem Haus mit schicker Dachterrasse gesucht.«

Er grinst. »Wenigstens bist du praktisch veranlagt«, sagt er. »Eine gute Eigenschaft.«

Wenigstens?

Ich nicke, weil ich tatsächlich praktisch veranlagt bin. Und weil das wirklich eine gute Eigenschaft ist.

»Warum hast du frische Luft gebraucht?«, erkundigt er sich.

Weil ich heute meinen Vater beerdigt und eine groteske Trauerrede gehalten habe und danach das Gefühl hatte, ich müsste ersticken.

Ich drehe mich um und atme langsam aus. »Könnten wir vielleicht eine Weile einfach gar nicht reden?«

Er macht fast den Eindruck, als wäre er erleichtert, beugt sich vor und lässt einen Arm über die Brüstung baumeln, während er auf die Straße hinunterstarrt. Ich mustere ihn. Bestimmt spürt er meinen Blick, aber das scheint ihm nichts auszumachen.

»Letzten Monat ist ein Mann von diesem Dach gestürzt«, sagt er plötzlich.

Ich hatte ihn zwar gebeten, nicht zu reden, aber meine Neugier ist dann doch größer als mein Bedürfnis nach Stille.

»Oh. Ein Unfall?«

Er zuckt mit den Schultern. »Tja, das weiß keiner. Seine Frau hat erzählt, dass er vor dem Abendessen noch mal schnell nach oben gehen wollte, um ein paar Fotos vom Sonnenuntergang zu machen. Er war Fotograf. Die Polizei vermutet, dass er sich zu weit vorgebeugt hat, um ein Foto von der Skyline zu schießen, und dabei hat er wohl das Gleichgewicht verloren.«

Ich spähe über die Brüstung und frage mich schaudernd, warum der Mann so ein Risiko eingegangen ist. Dann fällt mir ein, wie ich selbst eben auf der Brüstung saß und dass das auch nicht ganz ungefährlich gewesen ist.

»Als meine Schwester mir davon erzählt hat, war mein erster Gedanke, ob er es wohl noch geschafft hat, auf den Auslöser zu drücken. Ich hoffe, die Speicherkarte mit seinem letzten Foto hat den Sturz überstanden. Wäre schade, wenn er völlig umsonst gestorben wäre, oder?«

Ich muss lachen, obwohl ich nicht weiß, ob man darüber lachen sollte. »Sagst du immer so offen, was du denkst?«

Er zuckt wieder mit den Schultern. »Den meisten Menschen nicht.«

Jetzt lächle ich. Es schmeichelt mir, dass er mich nicht zu den

»meisten Menschen« zählt, obwohl wir uns gar nicht kennen.

Wieder stellt er sich mit dem Rücken zur Brüstung und verschränkt die Arme vor der Brust. »Kommst du aus Boston?«

Ich schüttle den Kopf. »Nein. Ich bin erst nach dem College hergezogen. Ursprünglich komme ich aus Maine.«

Er zieht die Nase kraus, was irgendwie total sexy aussieht.

»Dann befindest du dich also quasi noch in der Fegefeuerphase. Das ist hart.«

»Wie meinst du das?«, frage ich.

Er grinst. »Die Touristen behandeln dich wie eine Einheimische und die Einheimischen behandeln dich wie eine Touristin.«

»Das beschreibt es ziemlich gut«, sage ich lachend.

»Mir steht das alles noch bevor, ich wohne nämlich erst seit zwei Monaten hier. Insofern hast du einen Vorsprung.«

»Und was hat dich nach Boston verschlagen?«

»Meine Facharztausbildung. Außerdem wohnt meine Schwester hier.« Er tippt mit dem Fuß auf den Boden. »Direkt unter uns, um genau zu sein. Ihr Mann ist gebürtiger Bostoner. Er entwickelt Apps und ist supererfolgreich damit. Die beiden haben das gesamte oberste Stockwerk gekauft.«

Ich sehe ihn mit offenem Mund an. »Das *ganze* Stockwerk?«

Er nickt. »Der alte Mistkerl hat das große Los gezogen. Er arbeitet von zu Hause aus, muss also nicht mal seinen Schlafanzug ausziehen, um Millionen zu verdienen.«

Wow, das klingt echt beneidenswert.

»Aber immerhin versetzt mich das in die glückliche Lage, ebenfalls hier wohnen zu können.«

»Und was für ein Arzt bist du?«

»Neurochirurg. Wenn alles nach Plan läuft, bin ich in einem Jahr fertig.«

Er sieht umwerfend aus, ist intelligent, kultiviert, erfolgreich und kifft. Wenn das hier ein Test wäre, würde die Frage lauten: Welches Wort gehört nicht in die Reihe? »Ein angehender Neurochirurg, der kifft?«

Er grinst schief. »Das findest du wohl eher nicht so vertrauenserweckend? Aber wir stehen in unserem Job unter extremem Druck. Wenn wir uns nicht ab und zu mit irgendetwas entspannen würden, würden garantiert einige von uns von irgendwelchen Dachterrassen springen, glaub mir.« Er dreht sich wieder um, beugt sich vor, stützt das Kinn auf die Hände und schließt die Augen, als würde er den leichten Nachtwind genießen, der ihm übers Gesicht streicht. So hat er auf einmal gar nichts Einschüchterndes mehr an sich.

»Soll ich dir was verraten, was garantiert kein Tourist weiß?«

»Unbedingt.« Er sieht mich von der Seite an und zieht eine Augenbraue hoch.

Ich zeige auf die Skyline der Stadt. »Siehst du das Hochhaus mit dem grünen Dach?«

Er nickt.

»Gleich dahinter liegt die Melcher Street, und dort gibt es ein Gebäude, auf dem ein Haus steht. Ein richtiges Einfamilienhaus, das aussieht, als hätte es jemand direkt aus der Vorstadt auf dieses Dach gestellt. Man kann es von der Straße aus nicht erkennen, weil das Gebäude so hoch ist, deswegen wissen auch die wenigsten Bostoner davon.«

Er sieht beeindruckt aus. »Echt?«

Ich nicke. »Ja. Ich habe es zufällig entdeckt, als ich vorhin nach einer Dachterrasse gegoogelt habe. Danach habe ich ein bisschen im Netz recherchiert. Der Bau wurde 1982 von der Stadt genehmigt. Ist das nicht cool? Stell dir mal vor, du würdest in einem Haus wohnen, das so weit oben auf einem anderen Haus steht.«

»Man hätte das ganze Dach für sich allein«, sagt er.

Daran hatte ich noch gar nicht gedacht. Wenn ich dort wohnen würde, könnte ich mir einen Garten anlegen. Dann hätte ich wieder ein Ventil und könnte Unkraut zupfen.

»Und wer wohnt in dem Haus?«, fragt er.

»Der Eigentümer ist nicht bekannt«, sage ich. »Das ist eines der großen Geheimnisse von Boston.«

Er lacht und sieht mich dann forschend an. »Und was sind die anderen großen Geheimnisse von Boston?«

»Dein Name zum Beispiel.« Oh mein Gott. Das hört sich so sehr nach einem schlechten Anmachspruch an, dass ich über mich selbst lachen muss.

Er grinst. »Ryle«, stellt er sich vor. »Ryle Kincaid.«

»Toller Name«, seufze ich.

»Warum sagst du das so traurig?«

»Weil ich auch gern so einen tollen Namen hätte.«

»Was gefällt dir an Lily nicht?«

Ich runzle die Stirn. »Vielleicht geht es eher um die Kombination mit meinem Nachnamen … *Bloom*.«

Er sagt dazu nichts. Wahrscheinlich unterdrückt er mühsam ein Prusten.

»Ziemlich lächerlich, ich weiß. Bei Lily Bloom denkt man an ein zweijähriges Mädchen im rosa Blümchenkleid, aber doch nicht an eine ernst zu nehmende dreiundzwanzigjährige Frau!«

»Aus Namen wächst man nicht heraus, Lily Bloom.«

»Ja, leider«, sage ich. »Das Problem ist, dass ich Blumen über alles liebe. Für mich gibt es nichts Schöneres, als im Garten zu arbeiten und mich mit Pflanzen zu beschäftigen. Das ist meine ganz große Leidenschaft. Ich hab immer davon geträumt, irgendwann einen Blumenladen aufzumachen, aber dann würden die Leute bestimmt denken, ich hätte mir den Namen nur als Marketinggag ausgedacht.«

»Könnte durchaus sein«, sagt er. »Was wäre so schlimm daran?«

»Hm. Wahrscheinlich nichts. *Lily Bloom's Flower Shop* ...« Ryle lächelt, als ich den Namen leise vor mich hinflüstere. »Eigentlich ist das wirklich der perfekte Name«, sage ich. »Aber ich habe BWL studiert und arbeite für eine der größten Marketingagenturen in Boston. Wäre es nicht eine Schande, wenn ich als Blumenverkäuferin enden würde?«

»Wie könnte es eine Schande sein, ein eigenes Geschäft zu haben?«

Ich ziehe eine Augenbraue hoch. »Zum Beispiel wenn es Pleite macht.«

Er nickt zustimmend. »In dem Fall schon«, sagt er. »Hast du auch noch einen zweiten Vornamen, Lily Bloom?«

Ich stöhne gequält auf.

»Du meinst, es wird noch schlimmer?«

Ich schlage die Hände vors Gesicht und nicke.

»Etwa ... *Rose*?«

Ich schüttle den Kopf. »Übler.«

»Violet?«

»Schön wär's.« Ich ziehe eine Grimasse und murmele: »Blossom.«

Einen Moment lang ist es still. »Das ist echt gemein«, sagt er schließlich.

»Meine Mutter hieß *Blossom* mit Mädchennamen. Für sie und meinen Vater war es ein Wink des Schicksals, dass sie beide Blüten-Nachnamen hatten. Deswegen stand für sie sofort fest, dass sie ihre Tochter nach einer Blume nennen müssen.«

Er lacht. »Scheint, als wärst du ganz schön gestraft mit deinen Eltern.«

Mit einem Elternteil schon. Zumindest war ich es. »Mein Vater ist diese Woche gestorben.«

Er sieht mich ungläubig an. »Das ist jetzt ein mieser Witz, oder?«

»Nein, ist es nicht. Deswegen bin ich heute hierhergekommen. Ich habe einen Ort gebraucht, um mich ungestört auszuheulen.«

Ryle runzelt die Stirn, als wäre er immer noch nicht ganz überzeugt davon, dass ich ihn nicht auf den Arm nehme. Schließlich nickt er nachdenklich, entschuldigt sich aber nicht. »Hattet ihr ein gutes Verhältnis?«

Das Kinn in die Hände gestützt, sehe ich wieder auf die Straße hinunter. »Schwer zu sagen. Als Tochter habe ich meinen Vater schon irgendwie geliebt, aber als Mensch … habe ich ihn gehasst.«

Ich spüre Ryles Blick auf mir. »Das finde ich gut«, sagt er. »Dass du so ehrlich bist, meine ich.«

Er findet es gut, dass ich ehrlich bin. Könnte sein, dass ich gerade rot werde.

Wir schweigen eine Weile. »Wünschst du dir manchmal auch, andere Menschen würden dich mehr in sich reinschauen lassen?«, fragt er plötzlich.

»Wie meinst du das?«

Er bricht mit dem Daumen ein Stück gesplitterten Putz ab und schnippt es über die Brüstung. »Die meisten Leute tun so, als hätten sie nie irgendwelche dunklen Gedanken, obwohl wir tief in uns doch alle gleich kaputt sind. Manche von uns können das nur besser verbergen als andere.«

Entweder zeigt der Joint jetzt Wirkung oder Ryle ist grundsätzlich grüblerisch veranlagt. Für mich ist beides okay. Ich rede gern über die großen Fragen des Lebens, auf die es keine einfachen Antworten gibt.

»Ich finde es nicht schlimm, wenn jemand zurückhaltend ist und nicht gleich sein ganzes Innenleben auspackt«, sage ich. »Die nackte Wahrheit ist nicht immer unbedingt schön.«

Ryle sieht mich einen Moment lang an. »Die *nackte* Wahrheit«, wiederholt er. »Das gefällt mir.« Er dreht sich um und geht zu den beiden Liegestühlen, die in der Mitte des Dachs stehen. Nachdem er an einem die Rückenlehne ein Stück hochgestellt hat, legt er sich darauf und verschränkt die Hände im Nacken. Ich setze mich auf den anderen, stelle das Kopfteil so, dass es auf gleicher Höhe wie seines ist, und lehne mich zurück.

»Verrätst du mir eine nackte Wahrheit über dich, Lily?«

»An was hast du da gedacht?«

Er zuckt die Achseln. »Keine Ahnung. Irgendwas, auf das du nicht stolz bist. Irgendwas, das mir das Gefühl gibt, mit meiner Kaputtheit nicht ganz so allein zu sein.«

Während er darauf wartet, dass ich etwas sage, sieht er zum Himmel auf. Ich lasse meinen Blick über sein Gesicht wandern, folge den Konturen seiner Wangenknochen bis hinunter zu den geschwungenen Lippen und dem markanten Kinn. Zwischen seinen Augenbrauen steht eine tiefe Falte. Ich habe das Gefühl, dass das aus irgendeinem Grund ein ziemlich wichtiges Gespräch für ihn ist, und versuche, eine ehrliche Antwort auf seine Frage zu finden. Als mir etwas einfällt, was ich ihm erzählen könnte, drehe ich den Kopf wieder von ihm weg und schaue ebenfalls in den Himmel.

»Mein Vater war extrem jähzornig. Wenn er wütend war, ist er manchmal so ausgerastet, dass er … gewalttätig wurde. Nicht mir gegenüber, aber meiner Mutter. Danach tat es ihm immer wahnsinnig leid, und er hat ein paar Wochen lang alles getan, um es wiedergutzumachen. Er hat ihr Blumen mitgebracht, ist mit uns teuer essen gegangen und hat mich mit Geschenken überhäuft, weil er so ein schlechtes Gewissen hatte. Deshalb habe ich mich als Kind irgendwann fast gefreut, wenn sie sich gestritten haben, weil ich wusste, dass er uns in den nächsten zwei Wochen jeden Wunsch erfüllen würde, falls er … falls er sie wieder schlägt.« Ich halte einen Moment den Atem an, weil das etwas ist, das ich bis jetzt nicht einmal mir selbst eingestanden habe. »Natürlich habe ich mir noch viel mehr gewünscht, er würde sie nie wieder schlagen«, spreche ich schnell weiter.

»Aber diese Ausbrüche gehörten zu ihrer Ehe irgendwie dazu. Als ich älter wurde, habe ich mich mehr und mehr schuldig gefühlt, weil ich meine Mutter nicht beschützen konnte. Ich habe meinen Vater dafür gehasst, dass er so ein schlechter Mensch war … aber ich habe ihn nie deswegen zur Rede gestellt. Vielleicht macht mich das ja auch zu einem schlechten Menschen.«

Ryle sieht mit nachdenklichem Blick zu mir rüber. »Nein, Lily«, sagt er. »So was wie schlechte Menschen gibt es nicht. Wir sind alle bloß Menschen, die manchmal schlimme Dinge tun.«

Wir sind alle bloß Menschen, die manchmal schlimme Dinge tun. Wahrscheinlich ist es tatsächlich so. Niemand ist immer nur böse oder immer nur gut. Vielleicht müssen sich manche Menschen bloß mehr zusammenreißen als andere, um ihre schlimme Seite zu unterdrücken.

»Jetzt bist du dran«, sage ich.

Ryle reagiert, als hätte er keine große Lust, sein eigenes Spiel mitzuspielen. Er fährt sich seufzend durch die Haare, öffnet den Mund und schließt ihn dann doch wieder. »Mir ist heute ein kleiner Junge unter den Händen weggestorben«, sagt er schließlich mit einer Stimme, der die Erschütterung immer noch anzuhören ist. »Er war erst fünf. Er und sein kleiner Bruder haben im Schlafzimmer ihrer Eltern eine Pistole gefunden. Der Jüngere hat danach gegriffen und sie ist losgegangen.«

Mir wird übel.

»Als er bei uns auf dem OP-Tisch lag, war es zu spät. Wir konnten nichts mehr für ihn tun. Alle meine Kollegen hatten Mitleid mit den Eltern. *Wie entsetzlich. Die armen Leute.* Aber weißt du was? Als ich den beiden gesagt habe, dass ihr Sohn nicht überlebt hat, taten sie mir nicht leid. Im Gegenteil. Es ist nur gerecht, dass sie leiden. Vielleicht erkennen sie dann, wie unfassbar fahrlässig es von ihnen war, eine geladene Waffe so aufzubewahren, dass ihre Kinder sie finden konnten. Sie sind nicht nur daran schuld, dass ihr älterer Sohn jetzt tot ist, sondern auch daran, dass ihr anderer Sohn nie wieder unbelastet glücklich werden kann.«

Ich muss schlucken. Gott, ist das hart. Auf so etwas war ich nicht vorbereitet.

Wie soll eine Familie mit so einer Tragödie jemals fertigwerden? »Der arme Junge«, sage ich. »Ich kann mir gar nicht vorstellen, was so etwas aus einem Menschen macht.«

Ryle schnippt eine Fluse von seiner Jeans. »Das kann ich dir sagen.« Seine Stimme ist trocken. »Es macht ihn kaputt. Und zwar für immer.«

Ich drehe mich auf die Seite, stütze den Kopf in die Hand und sehe ihn an. »Ist das nicht total schwer für dich, tagtäglich solche Schicksale mitzubekommen?«

Er schüttelt den Kopf. »Dadurch, dass ich mich ständig mit dem Tod auseinandersetzen muss, ist er für mich zu einem Teil des Lebens geworden. Ob das jetzt gut ist oder schlecht, weiß ich allerdings auch nicht.« Er sieht mir in die Augen. »Lass mich noch eine nackte Wahrheit von dir hören. Ich habe das Gefühl, meine war ein bisschen kaputter als deine.«

Obwohl ich anderer Meinung bin, beschließe ich, ihm zu erzählen, was ich vor ungefähr zwölf Stunden getan habe, weil ich glaube, dass das ziemlich kaputt war.

»Meine Mutter hat mich gebeten, auf der Beerdigung meines Vaters eine Trauerrede zu halten. Ich habe ihr gesagt, dass ich das lieber nicht machen würde, weil ich Angst hätte, vor all den Leuten in Tränen auszubrechen. Aber das war gelogen. Ich wollte es nicht tun, weil Trauerreden von Menschen gehalten werden sollten, die Achtung vor dem Verstorbenen hatten. Und ich hatte nicht besonders viel Achtung vor meinem Vater.«

»Hast du es trotzdem gemacht?«

Ich nicke. »Ja. Heute Vormittag.« Ich setze mich auf und ziehe die Beine an. »Willst du sie hören?«

Er lächelt. »Na klar.«

Ich verschränke die Hände im Schoß und hole tief Luft. »Als ich mich hingesetzt habe, um die Rede zu schreiben, war mein Kopf wie leer gefegt. Eine Stunde vor der Beerdigung habe ich meiner Mutter noch mal gesagt, dass ich lieber doch nichts sagen wollte, aber sie meinte, mein Vater hätte sich gewünscht, dass ich ein paar Worte spreche. Es müsse auch keine lange Rede sein. Sie hat mir vorgeschlagen, einfach ein paar Eigenschaften aufzuzählen, für die ich ihn bewundert hätte. Tja … Genau das hab ich getan.«

Ryle stützt sich auf den Ellbogen. »Und … was hast du gesagt?«

»Wenn du möchtest, kann ich meine Rede für dich gern noch mal nachspielen.« Ich stehe auf, straffe die Schultern und stelle mir die Trauergemeinde vor, der ich heute Vormittag gegenüberstand. »Hallo.« Ich räuspere mich. »Ich heiße Lily Bloom und bin die Tochter des verstorbenen Andrew Bloom. Vielen Dank, dass Sie heute alle gekommen sind, um unseren Verlust gemeinsam mit uns zu betrauern. Ich möchte die Gelegenheit nutzen, an ein paar der Eigenschaften zu erinnern, für die ich ihn als Mensch bewundert habe. Nämlich erstens …« Ich sehe Ryle an und zucke mit den Schultern.

Er setzt sich auf. »Und?«

Ich lege mich wieder auf meinen Liegestuhl. »Nichts. Das war's. Mehr habe ich nicht gesagt. Ich stand noch zwei volle Minuten vor den Leuten, ohne ein einziges Wort von mir zu geben. Mir fiel einfach nichts ein, wofür ich meinen Vater als Mensch bewundert hätte, also habe ich nur stumm in die Menge gestarrt, bis meine Mutter irgendwann begriffen hat, was los ist, und meinen Onkel gebeten hat, mich vom Rednerpult wegzuholen.«

Ryle sieht mich skeptisch an. »Ist das dein Ernst? Du hast eine Anti-Trauerrede auf deinen eigenen Vater gehalten?«

Ich nicke. »Aber ich bin nicht stolz darauf. Glaube ich jedenfalls. Ich wäre verdammt froh gewesen, wenn ich einen Vater gehabt hätte, den ich hätte bewundern können. Wäre er ein besserer Mensch gewesen, hätte ich den Leuten liebend gern eine ganze Stunde lang von ihm vorgeschwärmt.«

Ryle lehnt sich wieder zurück. »Wow.« Er schüttelt den Kopf. »Du bist meine Heldin. Du hast es einem alten Ekel noch mal so richtig gegeben.«

»Das ist geschmacklos.«

»Ja, kann sein. Die nackte Wahrheit ist nicht immer unbedingt schön. Hast du selbst gesagt.«

Ich lache. »Na gut. Dann bist du jetzt wieder dran.«

»Das kann ich nicht toppen«, sagt Ryle.

»Ich bin mir sicher, du hast noch irgendwas auf Lager, was zumindest nahe rankommt.«

»Kaum.«

Ich verdrehe die Augen. »Doch, bestimmt. Bitte gib mir nicht das Gefühl, von uns beiden der kaputtere Mensch zu sein. Sag mir den letzten Gedanken, der dir durch den Kopf gegangen ist und den die meisten Leute wahrscheinlich nicht laut aussprechen würden.«

»Na gut.« Ryle dreht mir das Gesicht zu und grinst. »Ich möchte dich ficken.«

Was …?

Es hat mir die Sprache verschlagen.

Er sieht mich mit unschuldigem Augenaufschlag an. »Was denn? Du hast mich nach meinem letzten Gedanken gefragt, also habe ich ihn dir gesagt. Du bist eine schöne Frau. Ich bin ein Mann, der auf Frauen steht. Falls du nichts gegen One-Night-Stands hast, würde ich gern mit dir zu mir nach unten gehen.«

Ich bringe es nicht fertig, ihn anzusehen, weil eine Flutwelle der unterschiedlichsten Gefühle über mich hereinstürzt.

»Tja, Pech«, sage ich nach ein paar Sekunden. »Ich stehe nämlich nicht auf One-Night-Stands.«

»Hab ich mir schon gedacht«, sagt er gelassen. »Na gut. Dann bist du wieder dran.«

Wie kann er nach so einer Bemerkung nur so locker bleiben?

»Das war jetzt aber eine *splitterfasernackte* Wahrheit«, sage ich. »Davon muss ich mich erst mal erholen.« Ich bin immer noch fassungslos über das, was er gesagt hat. Dass er es *laut* gesagt hat. Vielleicht weil ich einfach nicht damit gerechnet hätte, dass jemand, der immerhin Neurochirurg ist, so schonungslos vom *Ficken* reden würde.

»Okay«, sage ich, nachdem ich mich – einigermaßen – gefangen habe. »Ich hätte da was, das sogar zum Thema passt. Mein erstes Mal hatte ich mit einem Obdachlosen.«

Ryle sieht mich an. »Im Ernst? Erzähl mir mehr.«

Ich stütze den Kopf auf meinen rechten Arm. »Ich bin in einer Kleinstadt in Maine aufgewachsen. Unser Grundstück grenzte nach hinten raus an ein anderes, auf dem ein verlassenes Haus stand. Irgendwann habe ich mitbekommen, dass sich dort ein Junge verkrochen hatte, der von zu Hause rausgeworfen worden war. Außer mir wusste niemand, dass er dort lebte. Ich habe Atlas – so hieß er – mit Essen und allem möglichen anderen versorgt und mich ein bisschen um ihn gekümmert. Bis mein Vater irgendwann dahintergekommen ist.«

»Wie hat er reagiert?«

Ich presse die Lippen aufeinander. Keine Ahnung, warum ich ihm von Atlas erzähle, obwohl ich doch so sehr versuche, ihn zu vergessen.

»Er hat ihn zusammengeschlagen.« Mehr möchte ich dazu nicht sagen. »Jetzt wieder du.«

Ryle sieht mich einen Moment lang schweigend an, als wüsste

er, dass das nur die halbe Geschichte war, aber dann wendet er den Blick ab, denkt kurz nach und holt tief Luft. »Ich will nicht heiraten. Die Ehe ist ein Konzept, das mich einfach nicht interessiert«, sagt er. »Ich werde jetzt bald dreißig und habe überhaupt kein Bedürfnis nach einer festen Beziehung. Vor allem will ich definitiv keine Kinder. Das Einzige, was mich interessiert, ist Erfolg. Und zwar jede Menge davon. Aber wenn ich das so offen zugeben würde, würden mich alle für ein arrogantes Arschloch halten.«

»Erfolg in Form von Geld oder von Anerkennung?«

»Beides«, sagt er. »Heiraten und Kinder kriegen kann jeder, aber nicht jeder kann Neurochirurg werden. Ich bin stolz auf das, was ich erreicht habe. Allerdings genügt es mir nicht, ein wirklich guter Neurochirurg zu sein, ich will der Beste auf meinem Gebiet werden.«

»Du hast recht. Das klingt arrogant.«

Er grinst. »Meine Mutter wünscht sich, dass ich weniger arbeite. Sie hat Angst, dass ich mein Leben verschwende.«

»Du verschwendest in ihren Augen dein Leben, weil du Neurochirurg bist?« Ich lache. »Das ist doch verrückt. Kann man es seinen Eltern überhaupt jemals recht machen?«

Ryle schüttelt den Kopf. »Meine Kinder könnten es wahrscheinlich nicht. Es gibt nicht viele Menschen, die so ehrgeizig sind wie ich. Gemessen an mir könnten sie nur scheitern. Deswegen will ich auch keine Kinder.«

»Ich finde es bewundernswert, dass du das so offen zugibst. Die wenigsten Menschen gestehen sich ein, dass sie vielleicht keine gute Eltern wären.«

»Mir ist mein Beruf viel zu wichtig. Ich habe nicht genug Zeit, um sie mit Kindern zu teilen«, sagt er. »Schon eine feste Beziehung wäre mir zu viel.«

»Heißt das, du triffst dich nicht mit Frauen?«

Er sieht mir in die Augen und grinst. »Sexuell unterversorgt bin ich jedenfalls nicht, falls du darauf anspielst. Es gibt Mädchen, die bereit sind, sich auf mich einzulassen, wenn ich mal Zeit habe. Aber an die große Liebe glaube ich nicht. Die Ehe ist meiner Meinung nach mehr Verpflichtung als Bereicherung.«

Wenn ich es doch nur auch so nüchtern sehen könnte wie er. Das würde alles einfacher machen. »Beneidenswert. Ich habe die Vorstellung, dass es irgendwo da draußen den perfekten Mann für mich gibt. Aber ich stelle meistens ganz schnell fest, dass die, die ich kennenlerne, meinen Ansprüchen nicht genügen. Manchmal komme ich mir vor, als würde ich nach so was wie dem Heiligen Gral suchen.«

»Du solltest es mal mit meiner Methode probieren.«

»Und wie sieht die aus?«

»One-Night-Stands.« Er grinst einladend.

Ich bin froh, dass es so dunkel ist, weil mein Gesicht garantiert in Flammen steht. »Ich könnte nie mit jemandem schlafen, den ich überhaupt nicht kenne«, sage ich, merke aber, dass meine Stimme nicht besonders überzeugend klingt.

Er seufzt und lehnt sich zurück. »Nein, die Art von Mädchen bist du nicht«, sagt er in einem Tonfall, als fände er das schade.

Und aus irgendeinem Grund finde ich es plötzlich auch schade. Vielleicht würde ich mich ja sogar auf ihn einlassen, wenn er noch einen Vorstoß machen würde, aber jetzt habe ich ihn wahrscheinlich für alle Zeiten abgeschreckt.

Ryle dreht den Kopf und mustert mich. »Du hast gesagt, dass du mit jemandem, den du nicht kennst, nicht *schlafen* würdest …«, sagt er langsam. »Heißt das, du wärst bereit, andere Dinge mit demjenigen zu machen? Und wenn ja, welche?«

Sein Blick ist so durchdringend, dass mich ein heißer Schauer durchläuft. Möglicherweise muss ich meine Einstellung zu One-Night-Stands ja noch einmal überdenken. Ich glaube nicht, dass ich grundsätzlich dagegen bin. Vielleicht habe ich mich nur deswegen noch nie darauf eingelassen, weil mir bis jetzt noch nie jemand ein solches Angebot gemacht hat, den ich auch nur im Entferntesten interessant gefunden hätte. Hat mir überhaupt schon mal jemand einen One-Night-Stand vorgeschlagen? Gott, Flirten ist noch nie meine Stärke gewesen.

Auf einmal beugt Ryle sich vor, greift nach meinem Liegestuhl und zieht ihn mühelos an seinen heran.

Ich erstarre. Er ist mir jetzt so nahe, dass ich in der kühlen Nachtluft die Wärme seines Atems auf meiner Wange spüre. Wenn ich ihm das Gesicht zuwenden würde, wären unsere Lippen nur Zentimeter voneinander entfernt. Das tue ich aber nicht, weil er mich dann vermutlich küssen würde, und das will ich nicht. Schließlich weiß ich – von ein paar nackten Wahrheiten abgesehen – nichts über ihn. Wobei das keine Rolle mehr zu spielen scheint, als er mir im nächsten Moment die Hand leicht auf die Hüfte legt.

»Wie weit würdest du gehen, Lily?« Seine Stimme ist verführerisch. Weich und tief. Ich spüre sie bis in die Zehen hinunter.

»Ich weiß es nicht«, flüstere ich heiser.

Seine Finger wandern zum Saum meines Tops. Er schiebt es ein Stück nach oben und legt einen schmalen Streifen Haut frei.

Ich atme scharf ein, als ich spüre, wie seine Finger meinen nackten Bauch hinaufgleiten. Entgegen jeder Vernunft wende ich ihm jetzt doch das Gesicht zu und der Blick seiner dunklen Augen nimmt mich vollkommen gefangen. Er sieht erwartungsvoll aus, hungrig und ungeheuer selbstsicher. Langsam bewegt er die Hand unter meinem Shirt höher. Sicher spürt er, dass sich mein Herz gegen meine Rippen wirft wie ein gefangenes Tier. Verdammt, wahrscheinlich kann er es sogar *hören*.

»Gehe ich damit schon zu weit?«, fragt er rau.

Ich kann mir selbst nicht erklären, woher diese verwegene Seite in mir plötzlich kommt, aber ich schüttle den Kopf und sage: »Noch nicht mal annähernd.«

Um seine Mundwinkel spielt ein zufriedenes Lächeln, als er zart über die Unterseite meines BHs streicht, worauf sich mein gesamter Körper mit Gänsehaut überzieht.

In dem Moment, in dem ich die Augen schließe, lässt ein schriller Klingelton mich zusammenzucken. Ryle hält in der Berührung inne, und mir wird klar, dass es ein Handy ist, das da klingelt. *Sein* Handy.

Er drückt die Stirn an meine Schulter. »Verflucht.«

Ich verspüre einen Stich des Bedauerns, als er aufsteht, das Handy aus der Jeanstasche zieht und ein paar Schritte geht, um den Anruf entgegenzunehmen.

»Dr. Kincaid«, meldet er sich und massiert sich den Nacken, während er zuhört. »Verstehe, aber was ist mit Roberts? Ich habe heute keine Bereitschaft.« Stille. Dann: »Na gut. Gib mir zehn Minuten. Ich bin schon unterwegs.«

Er beendet das Gespräch und schiebt das Handy zurück in die Jeans. Als er sich zu mir umdreht, sieht er enttäuscht aus. Er deutet auf die Tür, die ins Treppenhaus führt. »Leider muss ich sofort …«

Ich nicke. »Da kann man nichts machen.«

Ryle betrachtet mich einen Moment, dann hebt er den Zeigefinger. »Nicht bewegen. Darf ich?« Er zieht noch einmal das Handy heraus, richtet die Kamera auf mich und geht ein paar Schritte auf mich zu, um ein Foto von mir zu machen. Obwohl ich vollständig angezogen bin, fühle ich mich aus irgendeinem Grund plötzlich nackt.

Trotzdem bleibe ich, die Arme locker über dem Kopf verschränkt, liegen, als er auf den Auslöser drückt. Ich finde es schön, dass er ein Bild von mir haben will. Dass er mich in Erinnerung behalten möchte.

Er betrachtet das Display einen Moment und lächelt. Ich überlege, ob ich von ihm auch ein Foto machen soll, verwerfe den Gedanken aber sofort wieder. Ich fände es deprimierend, ein Bild von jemandem aufzuheben, den ich nie mehr wiedersehen werde.

»Es hat mich wirklich sehr gefreut, dich kennenzulernen, Lily Bloom«, sagt er. »Ich wünsche dir, dass du es schaffst, alle deine Träume zu verwirklichen.«

Ich lächle verwirrt und auch ein bisschen traurig. Ich glaube nicht, dass ich schon jemals von jemandem so fasziniert war, der so anders ist und der ein vollkommen anderes Leben führt als ich. Aber ich bin angenehm überrascht darüber, dass wir so unterschiedlich dann doch nicht sind.

Ich bin eben auch nicht frei von Vorurteilen.

Ryle bleibt einen Moment stehen, als wäre er hin- und hergerissen, ob er noch etwas sagen soll. Er hebt den Kopf und sieht mich an. Diesmal ist sein Blick ganz offen. Ich sehe das Bedauern darin, bevor er sich wortlos umdreht und zur Tür geht. Einen Moment später höre ich, wie er sie öffnet und seine Schritte im Treppenhaus verhallen. Jetzt bin ich wieder so ungestört, wie ich es mir vorhin gewünscht habe. Aber zu meiner Überraschung stelle ich fest, dass ich mich plötzlich ein bisschen einsam fühle.